제2판

교양으로 읽는

심리학개론

Introduction to Psychology
in Liberal Arts

INTRODUCTION TO PSYCHOLOGY IN LIBERAL ARTS

제2판

교양으로 읽는

심리학개론

장성화 · 성경주 공저

dm 동문사

머리말

인간은 살아가면서 수많은 경험을 하는데 그러한 경험들이 크고 작은 일들을 겪는 가운데 살아간다. 하지만 대부분의 사람들은 힘들고 어려운 경험들을 잘 이겨내지만, 그렇지 않은 일부 사람들은 사소한 일에도 지치고 힘들어하며 많은 스트레스를 경험하는 모습들을 주위에서 볼 수 있다. 이와 같은 경험들로 인하여 인간의 마음과 행동에 대하여 많은 사람들이 서양과 동양을 막론하고 연구해 왔지만, 19세기 후반에 분트를 통하여 인간의 마음과 행동을 과학적으로 연구하면서 오늘날의 심리학이 태어났다. 이처럼 심리학은 역사가 짧지만 자연과학의 발달에 도움을 받아서 현대사회의 다양한 어려움과 인간의 마음과 행동, 즉 정신과정에 초점을 두면서 급속하게 발전하게 된 것이다.

특히 우리나라와 같이 급격한 전환기에 생활하는 사람들의 가치관은 혼란스럽고 신체적, 정신적, 심리적, 사회적 문제 등으로 심한 고통과 어려움을 경험한다. 이러한 이유로 비행과 탈선, 자살행위 등의 사회적으로 심각한 문제들이 나타나고 있다. 이에 대학에서는 교양과목으로 심리학개론을 많이 개설하고 있지만, 대부분의 학생들 눈높이보다 어렵게 집필된 서적들이 많아 대학생들이 교양강좌를 힘들어하는 경우를 보았다. 따라서 본 저서는 심리학개론에 관한 입문서로서 이 수업을 듣는 학생들에게 도움이 되고자 읽기 쉽고 이해가 되도록 집필하였다.

이 책은 총 8장으로 구성되어 있다. 제1장은 심리학의 이해로 내용들을 살펴보면, 과학으로서의 심리학, 심리학의 활동 분야, 심리학의 역사, 심리학의 접근 관점, 심리학의 연구방법에 대해 살펴본다. 제2장 신경과학과 행동에서는 뉴런: 신경세포, 신경전달물질, 뇌신경의 구성, 뇌와 행동, 제3장은 상담이론 및 심리치료가 속하는 내용으로 정신역동적 이론, 인지행동주의 이론, 인본주의 이론, 최근 이론을 살펴본다. 제4장은 이상심리학의 내용으로 성격 관련 장애, 임상적 관련 장애, 불안 관련 장애를 살펴보고, 제5장 동기는 동기의 개념, 종류, 이론, 위기, 동기과정이론에 대하여 살펴본다. 제6장은 개인상담의 내용에 대하여 개인적 요소, 사회적 요소를 살펴보고, 제7장은 가족상담에 대하여 가족유형, 사랑유형, 가족 간 소통을 살펴본다. 마지막으로 제8장은 학교상담에 속하는 내용들로, 학교적 요소와 일반적 요소에 대해 알아본다.

이 책을 집필한 저자들은 심리학개론 수업을 처음 접하는 대학생들에게 도움을 주기 위하여 학생들의 눈높이에 맞게 접근하도록 최선을 다하였다. 그동안 출판된 저서들은 한 학기 동안의 강의로 심리학개론을 가르치기에는 분량이 너무 많다는 지적을 받았다. 따라서 수업시간에 꼭 알고 넘어가야 되는 심리학의 역사, 심리학 이론과 이상심리 등의 내용을 중심으로 구성하였다. 이는 대학생들이 지루하고 재미가 없다고 생각하는 심리학개론 수업을 쉽고, 관심을 가지고 학업에 동참할 수 있도록 집필하였지만, 어쩌면 대학생들의 수준에는 아직 어려움이 있음을 고백한다.

지금보다 더 노력하여 완성도를 높이도록 항상 겸손한 마음으로 전진하도록 하겠다. 이 책을 교재로 사용하시는 분들의 많은 충고와 조언을 부탁드리면서 부끄러움을 무릅쓰고 출판을 하였다.

끝으로 이 책이 나오기까지 많은 어려움이 있었지만, 항상 도움을 준 함성수 교수님과 김정숙 교수님, MCI 대표 김용민 교수님 그리고 한국상담심리교육복지학회 회원님에게 고마운 마음을 전하며, 오랜시간 함께 하여 주신 동문사 이중수 사장님과 직원 여러분들께 고마운 마음을 전합니다.

2021년 8월 쌍수리 연구실에서

지은이 일동

차 례

Chapter 01

심리학의 이해

심리학(psychology)이란 무엇인가? 한마디로 정의를 내리기에는 쉽지 않은 어려움이 많다. 학자들마다 주장하는 견해가 상이하지만, 심리학은 인간 행동 및 동물의 행동 즉, 이러한 행동과 관계된 생리적·심리적·사회적 과정을 연구하는 학문이다. 그리고 심리학은 우리가 살아가는 일상생활 속에서 많이 듣는 말이다. 이 심리학은 인간의 행동과 정신건강을 연구하는 것에 끝나는 것이 아니라, 과학으로 접근하여야 한다. 인간의 본성을 어디에 초점을 두고 보느냐에 따라 관점이 달라지지만, 한쪽으로 지나친 편견을 가지면 안 된다. 따라서 본 저자들은 심리학을 이해하기 위해서는 다양한 관점과 연구방법 및 접근방식 등을 활용하여 인간에 대해 올바르게 이해하여야 하는 것이 사회과학(social science)에서 말하는 심리학이다.

Tip

심리학은 인간의 행동과 정신건강을 연구하는 것에 끝나는 것이 아니라, 과학으로 접근해야 됨

1) 과학으로서의 심리학

심리학의 어원인 psychology는 희랍어의 psyche(푸쉬케, 마음, 영혼)와 logy(로지, 학문)의 합성어로 마음을 다루는 학문이다. 한자로 심리학은 마음 심(心), 다스릴 리(理), 배울 학(學)으로 이루어져 마음을 다스리는 과정을 배우는 학문이다. 따라서 심리학은 사람의 마음과 행동에 관한 과학, 즉 심리학은 인간의 행동을 다루는 과학이다. 이는 과학의 대상이 되려면 눈으로 볼 수 있고, 사람들의 행동은 그 대상이 될 수밖에 없다. 심리학자들은 인간의 행동을 대상으로 하고, 행동은 외적으로 드러나기 때문에 사람들의 행동이 무엇인가를 이해

Tip

psychology는 희랍어의 psyche(푸쉬케, 마음, 영혼)와 logy(로지, 학문)의 합성어로 마음을 다루는 학문

심리학은 마음 심(心), 다스릴 리(理), 배울 학(學)으로 이루어져 마음을 다스리는 과정을 배우는 학문

하는 데는 아무런 어려움이 없다. 그리고 심리학은 기술하고, 설명하고, 예측하며, 나아가 인간의 행동과 정신과정(mental process)에 대한 원리와 방법을 구상하여, 이를 중심으로 인간의 행동을 이해한다. 이 행동은 경험적으로 관찰되도록 사람들이 외적으로 보이는 현상이며, 정신과정은 행동이 나오기까지 내면에서 이루어지는 관점이다. 하지만 심리학에 대한 정의가 학자들마다 바라보는 관점이 달라서 행동과 과학을 어디에 초점을 두느냐에 따라 다른 의미로 해석된다. 따라서 심리학에 대한 불편한 오해를 줄이고, 행동에서의 심리학과 과학에서의 심리학을 구별하기 위해서는 무엇보다 심리학의 정의가 먼저 규명되어야 한다.

Tip

이론심리학은 실험심리학, 생리심리학, 발달심리학, 사회심리학, 학습심리학, 성격심리학 등

응용심리학은 임상심리학, 상담심리학, 교육 및 학습심리학, 산업 및 조직심리학, 범죄심리학 등

심리학의 영역은 이론심리학과 응용심리학으로 구분한다. 먼저, 이론심리학은 실험심리학, 생리심리학, 발달심리학, 사회심리학, 학습심리학, 성격심리학 등으로, 응용심리학은 임상심리학, 상담심리학, 교육 및 학습심리학, 산업 및 조직심리학, 범죄심리학 등으로 나눈다. 이러한 심리학의 정의는 1960년대까지 널리 인정되었지만, 인지심리학과 현상학적 심리학의 발전으로 새로운 정의가 필요하게 되었다.

또한 철학자들은 인식론과 경험론을 중심으로 신경생리를 발전시킨 과학적 방법과 자극의 물리적 속성을 측정하는 방식을 도입하여 의식을 과학적으로 연구하는 방법에서 현대 심리학이 시작되었다. 특히 인간의 이해와 자연과학의 측면을 강조한 데카르트(Descartes)는 철학자이며, 수학자로 행동을 통제하는 정신과 뇌의 역할에 관한 글의 생각에서 생리심리학역사의 출발점이 되었다. 이후 17세기 이탈리아 생리학자인 루이지 알로이시오 갈바니(Luigi Aloisio Galvani)는 개구리 뒷다리

신경에 전기 자극을 가한 실험으로 신경을 통해 전달되는 신호의 특성과 근육이 수축되는 방법에 대한 연구를 했다. 또 19세기 독일 생리학자인 뮐러(Müller)는 실험생리학에 가장 큰 기여를 한 사람으로 생리학에 실험적 기술을 응용하여, 특수 신경 에너지설을 주장하여 모든 신경이 기본적으로 전기적 충동이라는 동일한 신호를 전달하지만, 여러 가지 다른 신경의 신호를 상이한 방식으로 지각하는 것을 연구하였다. 그리고 헬름홀츠(Helmholtz)는 신경충격의 속도를 측정하였다. 특히, 베버(Weber)와 페히너(Fechner)는 물리적인 자극과 심리적인 감각 사이의 관계를 양적으로 측정하는 방법을 연구해 냄으로써 반사 신경기제를 찾아냈다. 즉, 물리적인 자극을 찾아가는 과정에서 정신물리학과 현대 심리학을 설립하는 데 도움이 되었다. 이후에 다윈(Darwin)은 <종의 기원> 책에서 진화를 주장하였고, 다윈의 영향을 받은 갈톤(Galton)은 인간의 유전적 특질에 그리고 피어슨(Pearson)과 스피어먼(Spearman) 등의 도움을 받아 통계적인 연구(상관계수)방법을 현대

Tip

17세기 이탈리아 생리학자인 루이지 알로이시오 갈바니(Luigi Aloisio Galvani)는 개구리 뒷다리 신경에 전기 자극을 가한 실험으로 신경을 통해 전달되는 신호의 특성과 근육이 수축되는 방법에 대한 연구함

르네 데카르트(Rene Descartes, 1596~1650)

요하네스 페터 뮐러(Johannes Peter Müller, 1801~1858)

루이지 알로이시오 갈바니(Luigi Aloisio Galvani, 1737~1898)

Tip

심리실험실을 만들고, 심리학강좌, 제자 양성 등의 다양한 방법으로 현대 심리학을 발전시킨 공로를 인정하여 분트를 현대 심리학의 아버지라고 부름

심리학에 기여하였다. 이러한 발전을 계기로 심리학이 하나의 독립된 학문 분야로 성장시킨 학자가 바로 빌헬름 분트(Wilhelm Wundt)인데, 이는 1879년에 독일의 라이프치히 대학에서 의식을 연구하였다. 그리고 심리실험실을 만들고, 심리학강좌, 제자 양성 등의 다양한 방법으로 현대 심리학을 발전시킨 공로를 인정하여 분트를 현대 심리학의 아버지라고 부른다.

2) 심리학의 활동 분야

심리학의 영역을 이론심리학과 응용심리학으로 구분하고 있지만, 자세히 구분하면 상호보완적이며, 밀접한 관련성이 있어서 확연한 구별이 되지 않는다. 따라서 심리학의 활동 분야를 이론심리학과 응용심리학으로 구분하기보다는 현장에서 많이 사용하는 심리학을 중심으로 살펴보고자 한다(**표 1-1** 참조).

(1) 교육 및 학습심리학(pedagogical psychology)

학교현장 및 교육장면에서 학습동기에 관한 심리학적 지식을 이용하여 학생들의 수업참여도를 높일 수 있는 교수방법 및 개선하는 데 목적이 있다. 따라서 교육심리학자들은 교육과정이 학생들에게 어떠한 영향이 있는지, 학생들의 눈높이에 맞는 학습방법을 제공하고, 발달과정에 맞춰서 교육과정을 제공 및 개발을 필요로 한다.

(2) 상담심리학(counseling psychology)

심리적인 어려움을 호소하거나 마음의 상처를 입은 정상인들을 대상으로 현실적응과 스트레스로 인한 행동이나 부적응 문제를 다루는 데 목적이 있다. 따라서 상담심리학자들은 전문상담교사, 병영생활전문상담관, 청소년 상담센터 그리고 전문상담기관 등에서 개인상담과 집단상담을 실시한다.

> **Tip**
> 심리적인 어려움을 호소하거나 마음의 상처를 입은 정상인들을 대상으로 현실적응과 스트레스로 인한 행동이나 부적응 문제를 다룸

(3) 성격심리학(personality psychology)

사람들마다 개인차가 있으며, 성격형성 과정에 대한 관심을 가지고 연구하는 데 목적이 있다. 따라서 성격심리학자들은 관찰과 심리검사 등을 통해 수집된 객관적인 자료를 중심으로 임상심리학, 상담심리학, 조직심리학 등 심리학의 제반 분야에서 기초자료로 사용한다.

(4) 임상심리학(clinical psychology)

심리적인 장애의 원인, 심각한 부적응에 대한 진단 및 치료, 이상행동에 관심을 가지고 연구하는 데 목적이 있다. 따라서 임상심리학자들은 심리검사를 중심으로 행동장애의 진단에 도움 주고자 대학병원, 연구소, 임상센터, wee센터 등의 전문기관에서 정신장애 및 심리적 장애에 도움을 준다.

> **Tip**
> 심리적인 장애의 원인, 심각한 부적응에 대한 진단 및 치료, 이상행동에 관심을 가짐

(5) 인지심리학(cognitive psychology)

인간의 뇌에 의하여 이루어지는 주의, 지각, 기억, 언어, 사고 등의 정보처리 과정을 탐구하고 그 결과를 응용하는 데 목적이 있다. 따라서 인지심리학은 인식 혹은 인식행위와 관련된 과정이며, 사고, 상상, 지각, 기억, 추론, 문제해결 등의 모든 정보처리 관점에서 인간의 마음과 행동을 이해하는 데 도움을 준다.

(6) 산업 및 조직심리학(industrial & organizational psychology)

Tip

경영과 산업체에서 작업능력과 직무만족을 높이기 위하여 선발과 훈련, 배치와 승진, 근무평가, 생산성 증대를 위해 연구함

경영과 산업체에서 작업능력과 직무만족을 높이기 위하여 선발과 훈련, 배치와 승진, 근무평가, 생산성 증대를 위해 연구하는 데 목적이 있다. 따라서 산업 및 조직심리학은 조직의 효율성을 높이고, 직장생활을 통한 삶의 질의 향상, 인사관리의 개선과 진단, 조직구성원들 간의 갈등 해소 등에 관심을 갖고 도움을 준다.

(7) 지각심리학(perception psychology)

감각기관의 자극으로 생겨나는 외적 사물의 전체상을 바라보는 것을 연구하는 데 목적이 있다. 따라서 지각심리학은 과거의 학습이나 경험을 통해 자신이 가지고 있는 객관적인 견해로 환경에서 얻어지는 개인의 감각적 인식을 통해 이해하고 경험과 학습의 상호작용에 의해서 발달해 나간다. 이는 자신이 원하는 물건을 본다면 무엇보다 디자인을 가장 중요하게 생각한다는 것이다.

(8) 사회심리학(social psychology)

사회적·문화적 장면에서 인간의 행동을 과학적으로 연구하는 데 목적이 있다. 따라서 사회심리학은 사회적 환경에서 개인의 행동, 생각, 느낌에 어떤 영향을 미치는 살펴보고, 인간의 사회화 과정에서 쉽게 나타나는 편견, 동조, 갈등, 집단문화, 이타행동 등의 제반 문제들을 규명하는 데 도움을 준다.

(9) 소비자심리학(consumer psychology)

> **Tip**
> 상품에 대한 소비자들의 태도와 구매행동에 대하여 연구함

상품에 대한 소비자들의 태도와 구매행동에 대하여 연구하는 데 목적이 있다. 따라서 소비자심리학은 기업체의 이익과 연관된 산업심리학과는 달리 소비자 및 광고심리학은 소비자 입장에서 다양한 과전을 바라보아야 한다. 어쩌면 상설매장에서 들려주는 다양한 배경음악과 판매량은 어떤 관계가 있는지를 살펴보아야 한다.

(10) 발달심리학(developmental psychology)

> **Tip**
> 태아에서 출발하여 죽음에 이르기까지 인간의 전 생애 발달과정에 영향을 미치는 영향을 살펴봄

태아에서 출발하여 죽음에 이르기까지 인간의 전 생애 발달과정에 미치는 영향을 살펴보는 데 목적이 있다. 따라서 발달심리학은 유아기, 아동기, 청소년기, 중년기, 노년기까지의 마음과 행동의 모든 발달과정에 대하여 다양한 연구를 하는 것이다.

(11) 생리심리학(physiological psychology)

행동의 생물학적 기초를 연구하는 분야로 뇌의 특정 부위에서 생긴 문제가 정신분열증과 어떠한 문제가 있는가를 살펴보는 데 목적이 있다. 따라서 생리심리학은 유기체의 생물학적 과정과 행동의 관계(신경과학), 약물과 행동의 관계(약물 심리학)에 대해 연구하는 것이다.

(12) 건강심리학(health psychology)

Tip
심리적인 요인과 신체적으로 느끼는 고통 및 질병이 어떠한 관계가 있는지를 살펴봄

심리적인 요인과 신체적으로 느끼는 고통 및 질병이 어떠한 관계가 있는지를 살펴보는 데 목적이 있다. 따라서 건강심리학은 정신적 스트레스인 심리적 요인이 신체건강에 미치는 영향을 연구하는 것이다.

(13) 환경심리학(environmental psychology)

Tip
심리적인 과정과 물리적인 환경 및 상황들 간의 관계를 연구함

심리적인 과정과 물리적인 환경 및 상황들간의 관계를 살펴보는 데 목적이 있다. 따라서 환경심리학은 집, 직장, 회사, 학교 등을 포함한 도시지역, 주변 환경까지 포함되며, 물리적인 환경과 상황들이 개인의 인생에 미치는 다양한 요인을 연구하는 것이다.

(14) 범죄심리학(criminal psychology)

범죄를 일으킨 사람들의 특성, 배경, 환경 등의 관계를 살펴보는 데

목적이 있다. 따라서 범죄심리학은 범죄에 대한 예방과 대책, 수사 그리고 범죄자들의 갱생에 도움을 주고, 다양한 요인을 연구하는 것이다.

표 1-1 심리학의 활동 분야

구분	생물학적	인지적	행동적	정신분석적	인본주의적
교육 및 학습심리학 (pedagogical psychology)		○	○		○
상담심리학 (counseling psychology)			○		○
성격심리학 (personality psychology)	○	○	○		
임상심리학 (clinical psychology)	○	○	○	○	○
인지심리학 (cognitive psychology)		○	○		
산업 및 조직심리학 (industrial & organizational psychology)		○	○		
지각심리학 (perception psychology)		○	○		
사회심리학 (social psychology)		○	○		
소비자심리학 (consumer psychology)		○	○		
발달심리학 (developmental psychology)	○	○	○	○	○
생리심리학 (physiological psychology)	○		○		
건강심리학 (health psychology)	○	○	○	○	

구분	생물학적	인지적	행동적	정신분석적	인본주의적
환경심리학 (environmental psychology)	○	○	○		
계량심리학 (econometric psychology)	○	○	○		
범죄심리학 (criminal psychology)	○	○	○	○	○

3) 심리학의 역사

기원전 400여 년에 데모크리토스(Democtitus)는 인간의 행동을 몸과 마음의 관점에서 연구했다. 이는 우리의 행동이 외적인 자극에 의해 영향을 받으며, 자유 혹은 선택이 존재한다고 최초로 주장한 학자이다. 또한 소크라테스의 제자인 플라톤은 소크라테스의 가르침을 '너 자신을 알라'고 기록하여 후에는 심리학적 사고의 표어로 남겼다. 이처럼 소크라테스는 '너 자신을 알라'의 뜻처럼 자기 자신을 알기 위해서는 합리적인 사고와 내성법(introspection)을 주장했다. 이 후에 아리스토텔레스는 심리학에 관하여(Peri Psyches: About the Psyche) 인간의 마음과 행동은 심리학적인 사고와 그 시대의 과학적 관점을 접목시켰다. 이러한 행동의 주제들은 성격, 지각, 사고, 지능, 욕구, 동기, 감정, 느낌, 기억, 정서 등이 해당된다. 심리학을 하나의 학문분야로 발전시킨 사람은 분트(Wundt)로 독일의 라이프치히대학교에 의식 연구를 위한 최초의 심리 실험실을 만들었다. 이후에 많은 연구자들이 심리학 강좌와 심리 실험실을 개설하여 오늘날의 현대 심리학을 발전시켰다. 즉, 심리학이 발전한 1879년은 우리나라의 연대를 살펴보면 고종 16년(지석영, 종두

Tip

아리스토텔레스는 심리학에 관하여(Peri Psyches: About the Psyche) 인간의 마음과 행동은 심리학적인 사고와 그 시대의 과학적 관점을 접목시킴

법 보급시작)에 해당된다. 심리학의 역사에서는 크게 구성주의, 기능주의, 형태주의, 행동주의, 정신분석의 5가지로 구분한다(**표 1-2** 참조).

(1) 구성주의

빌헬름 분트(Wilhelm Wundt, 1832~1920)는 인간을 이해하기 위해 과학적인 방법으로 심리학을 연구하였기에 분트를 현대심리학의 아버지라고 부른다. 분트는 자연과학의 대상인 외적 경험의 대상과는 전혀 다른 내적 경험이다. 우리 자신의 사고, 감정, 의지를 연구해야 한다고 하여 연구대상을 의식으로 삼고, 자기의 의식적 경험을 스스로 관찰하여 언어로서 보고하는 내성법(introspection)을 발전시켰다.

빌헬름 분트(Wilhelm Wundt, 1832~1920)

Tip

우리 자신의 사고, 감정, 의지를 연구해야 한다고 하여 연구대상을 의식으로 삼고, 자기의 의식적 경험을 스스로 관찰하여 언어로서 보고하는 내성법(introspection)을 발전시킴

사실 구성주의는 분트의 제자인 티취너(Tichener, 1867~1927)가 코넬 대학교의 교수가 되면서 구성주의를 소개하여 20세기의 미국 심리학계에서 주도적인

그림 1-1 빌헴름 분트와 제자들의 실험심리학을 연구하는 모습

역할을 했다(Wortmen et al., 1981). 티취너는 마음의 복잡한 정신 경험을 분석하기 위해 심상, 느낌, 감각으로 구분하고, 내성법을 미각으로 분석할 때는 미각이 짠맛, 쓴맛, 신맛, 단맛 등으로 구성된다. 이러한 내성법은 자기의 심리상태 및 그 변화를 관찰해서, 다른 사람들이 스스로 관찰해서 그것을 글로 옮겨 자료들을 분석하는 방법이지만, 반응의 신뢰성과 타당성의 문제로 객관적인 방법이 되지 못하여 빨리 쇠퇴하였다.

(2) 기능주의

윌리엄 제임스(William James, 1842~1910)

기능주의는 구성주의에 대한 반동으로 태어났다. 윌리엄 제임스(William James, 1842~1910)는 의식의 구성요소를 분석하여 그 내용을 아는 것만으로는 제대로 인간을 이해할 수 없다고 보았다. 그래서 인간이 어떻게 보고, 느끼고, 생각하는지에 대한 심리적 기능을 연구대상으로 삼았다. 기능주의는 생존을 위한 적응 행동에 따른 진화과정을 연구한 진화론에서 도움을 받았고, 학습과 문제해결에 관한 초기연구, 지능검사의 연구 등을 포함한 심리측정연구들이 대부분 기능주의 심리학자들에 의해서 이루어졌다. 이는 의식 경험의 요소로 의식의 구조보다는 마음을 사랑하는 기능을 강조하였다. 그러나 기능주의의 영향을 받았던 왓슨(Watson)의 행동주의가 나타나면서 자연스럽게 쇠퇴하기 시작했다.

(3) 행동주의

존 왓슨(John B. Watson, 1878~1958)

행동주의는 구성주의와 기능주의에 반동하여 과학으로서 심리학은 의식이라는 비물질적인 개념에서 벗어나 외현적이고 관찰 가능한 행동주의에 초점을 두어야 한다고 주장하면서 시작되었다. 존 왓슨(John B. Watson, 1878~1958)은 시카고 대학교에서 1903년 박사학위논문을 진행할 때 그러한 종류의 설문지를 공략하였다. 그 당시는 미국의 전 지역이 기능주의로 주류를 이루었던 시대라서 시카고 대학교에서도 기능주의가 강세였다. 하지만 왓슨은 기능주의자들이 의식을 연구하기 위해 내성을 하는 것을 보고, 이해할 수 없다는 표정을 지었다. 후에 왓슨은 심리학이 물리학이나 화학처럼 자연과학이 되려면 연구대상을 관찰 가능하고 측정 가능한 사건인 외적인 행동으로 제한해야 한다고 주장하였다. 이후에 고전적 조건형성은 파블로프(Pavlov), 조작적 조건형성은 스키너(Skinner) 그리고 로크(Locke)의 경험주의에 영향을 받아서 심리학에서 관찰할 수 없는 마음이나 의식 등을 연구 대상에서 제외하고, 행동만을 연구대상으로 삼았다. 인간이 보이는 모든 행동은 특정한 자극에 대한 반응으로 습득된 결과이다. 따라서 행동주의를 S(stimulus: 자극)−R(response: 반응)의 심리학으로 불렀고, 사람들은 긍정적인 행동을 반복하는 경향성이 있기 때문에 적정한 강화를 통하여 바람직한 행동의 결과를 얻을 수 있다.

Tip

왓슨은 심리학이 물리학이나 화학처럼 자연과학이 되려면 연구대상을 관찰 가능하고 측정 가능한 사건인 외적인 행동으로 제한해야 한다고 주장함

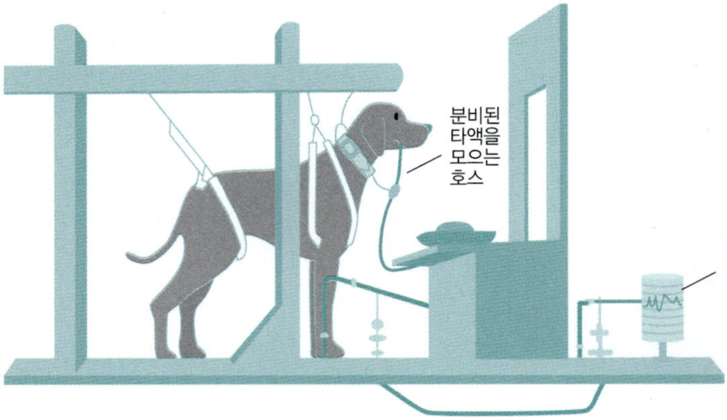

그림 1-2 파블로프가 사용한 실험장치

(4) 형태주의

맥스 베르트하이머(Max Wertheimer, 1880~1943)

형태주의는 독일의 베르트하이머(Max Wertheimer, 1880~1943)가 마음을 구성 요소로 분석해 내려는 구성주의 심리학자들의 시도와 인간을 단순히 환경에 대한 수동적인 반응자로 보았던 행동주의를 반박하였다. 형태주의는 독일어로 Gestalt(게슈탈트)라고 부르며, 영어로 형태(form) 또는 전체(whole)의 의미를 모두 포함하고 있지만, 그 의미를 살릴 수 있는 적절한 단어가 없어서 Gestalt로 사용했다. 형태주의를 주장한 3명의 학자들은 1930년 나치의 위협을 피해 미국으로 이주하였던, 베르트하이머(Max Wertheimer, 1880~1943), 고프카(Kurt Koffka, 1886~ 1941), 퀼러(Wolfgang Köhler, 1987~1967)는 지각에 초점을 맞춰 어떻게 지각이 사고 및 문제해결에 영향을 미치는지 연구하였다. 이는 행동주의와 달리 형태주의는 외적인 행동만으로 인간의 본성을 이해할 수 없다고 주장하였고, 구조주의와는 인간의 지각, 정서 또는 사고과정을 기본요소의 입장에서만 설명할 수는 없다. 즉, 지각은 부분의 합보다 큰 전체라는 것이다. 예를 들어, 청소기를 돌리고 걸레질을 하면서 옷도 정리정돈하는 엄마의 행동을 보고 있던 딸아이가 "엄마, 지금 뭐하세요?"라고 질문하면, 엄마는 "응, 청소하는 거야"라고 답할 것이다. 이때 엄마는 자신의 행동을 하나의 의미 있는 전체로 설명해 주는데, 여기서 "청소"가 바로 형태주의가 되는 것이다.

Tip
지각은 부분의 합보다 큰 전체를 바라봄

(5) 정신분석

지그문트 프로이트(Sigmund Freud, 1856~1939)

정신분석은 인간행동을 결정하는 요소를 무의식에서의 동기와 갈등의 중요성을 강조하였다. 정신분석은 프로이트(Sigmund Freud, 1856~1939)가 창안하였으며, 아들러, 융, 랭크 등에 의해 수정되어 오다가 1940년 이후에 설리반에 의해 체계화되었다. 프로이트는 인간행동에 대해 결정론과 무의식이라는 두 가지 개념을 설명하였고, 기본적으로 심적에너지와 유아기의 경험에 의해 결정된다고 하였다. 이는 빙산의 대부분이 물속에 잠겨 보이지 않듯이 마음의 대부분은 의식할 수 없는 무의식 속에 잠겨 있다. 어렸을 때 형성된 무의식적 갈등을 자유연상이나 꿈의 해석 등의 방법을 통해 의식화시키고, 내담자로 하여금 자신에 대한 통찰을 얻도록 하는 것이다. 즉, 사람들은 마음 깊이 감추어진 충동에 의해 움직이며, 말의 실수나 꿈은 자신의 무의식적 소망이나 원하는 바를 나타낸다. 따라

Tip
어렸을 때 형성된 무의식적 갈등을 자유연상이나 꿈의 해석 등의 방법을 통해 의식화시키고, 내담자로 하여금 자신에 대한 통찰을 얻도록 함

서 프로이트는 인간행동을 결정하는 방식을 의식적 사고보다는 무의식적 사고, 즉 원초적인 성충동과 공격성이 더 큰 역할을 한다. 정신분석에서 정상적인 성격발달은 유아기 시절의 성공적인 결정과 발달단계에서의 심리성적인 단계의 통합에 의해 이루어지지만, 잘못된 성격발달은 어린 시절의 부적절한 생활경험에서 발생하는 외상적인 경험을 할 수 있다.

표 1-2 초기 심리학의 역사 비교

구분	연구대상(주제)	연구목적	연구방법
구성주의	의식경험	정신의 구성분석	분석적 내성법
기능주의	의식경험	정신의 기능연구	내성법, 행동측정
행동주의	관찰 가능한 경험	행동통제	관찰과 실험
형태주의	의식경험	정신의 전체적인 성질 증명	내성법, 증명
정신분석	무의식적 동기	성격이해	의료적인 사례연구

4) 심리학의 접근 관점

심리학의 역사를 살펴보면, 다양한 관점과 접근법들이 있듯이 오늘날의 심리학자들 역시 서로 바라보는 관점들이 다르게 나타나고 있다. 최근에 인간을 이해하기 위한 현대 심리학적 접근에는 생물학적 접근방법, 인지적 접근방법, 행동적 접근방법, 정신분석 접근방법, 인본주의 접근방식으로 구분된다.

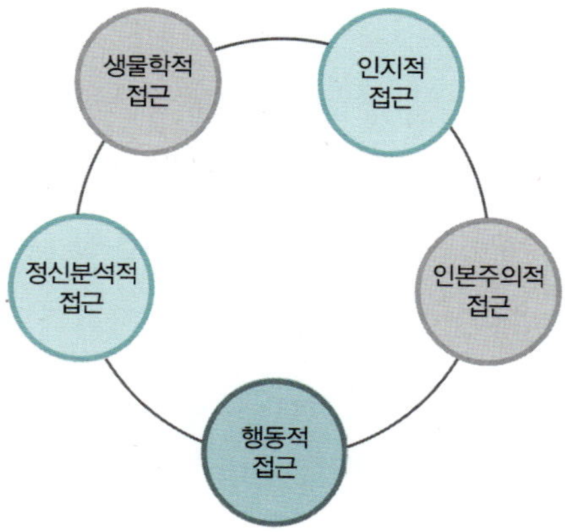

그림 1-3 심리학의 관점

(1) 생물학적 접근방법

Tip
생물학적 접근방법(biological approach)은 인간의 행동, 신경계, 염색체, 호르몬, 뇌, 해부학적 구조, 유전을 두뇌와 신경계 안의 신경세포 사이에서 일어나는 생리학적 방법

생물학적 접근방법(biological approach)은 인간의 행동, 신경계, 염색체, 호르몬, 뇌, 해부학적 구조, 유전을 두뇌와 신경계 안의 신경세포 사이에서 일어나는 생리학적 방법이다. 예를 들어, 술을 매일 마시는 알코올 중독자의 행동을 이해하고자 그가 어떻게 알코올 중독이 되었는가를 연구하게 된다. 이처럼 다양한 생물학적인 관점(유전, 두뇌에서의 전기적, 화학적, 호르몬, 신경계 등)에서 술을 마시는 사람의 신경계와 두뇌 및 술을 먹는 행동간에 어떠한 관계가 있는지 조사한다. 이 연구에 관심을 가지고 있는 심리학자들은 정신건강 및 장애, 정서, 사고, 신경계 그리고 심리적인 현상을 연구할 때 생물학적 접근 방법을 사용하게 된다. 또한 공격성을 연구하는 심리학자들은 공격성이 높은 사람과 공격성이 높지 않는 사람들의 호르몬 분비 유형을 통해 생물학적 접근방법을 사용할 수 있다.

한편, 수학을 잘하는 학생은 우리 두뇌의 왼쪽 부분이 발달된 반면,

미술을 잘하는 학생은 오른쪽 부분이 많이 발달된다. 이처럼 생물학적 접근방법은 인간의 두뇌 중 어느 부위의 기능상의 장애로 인해 어떤 교과의 학습에 지장이 있는가를 밝혀줄 수 있기 때문에 더욱 효과적인 방법이다. 뇌파검사(뇌전도 EEG: electroencephalogram)는 환경자극에 대한 반응으로 일어나는 뇌의 전기적 활동을 기록하는 전극을 사용하여 뇌 반응과 심리적 활동 간의 관계를 연구하고, 양전자 방출 단층 촬영(PET scan: positron emission tomography)은 뇌일혈(뇌출혈: 동맥경화증으로 인해 뇌동맥이 터져서 뇌 속에서 출현됨)이나 질병으로 인하여 손상과 같은 뇌의 비정상을 탐지하는 기계로 뇌 조직을 손상시키지 않고 살아 있는 뇌의 영상을 만들어낸다. 이는 방사성 물질을 주입하여 뇌를 통해 심리적 활동이 어느 부위에서 일어나는지를 보여주는 뇌의 역동적인 영상을 구성한다. 또 기능적 자기 공명 영상법(fMRI: Functional MRI)은 MRI와 PET의 장점을 결합시켜 뇌 속의 세포들로 가는 혈류(피)의 흐름에서 일어나는 자기력의 변화들을 탐구할 수 있다.

Tip

양전자 방출 단층 촬영(PET scan: positron emission tomography)은 뇌일혈(뇌출혈: 동맥경화증으로 인해 뇌동맥이 터져서 뇌 속에서 출현됨)이나 질병으로 인하여 손상과 같은 뇌의 비정상을 탐지하는 기계로 뇌 조직을 손상시키지 않고 살아 있는 뇌의 영상을 만들어냄

(2) 인지적 접근방법

인지적 접근방법(cognitive approach)은 심리학자들이 정신과정의 연구에 초점을 두면서 발전되었다. 이는 인간의 심리와 심리과정을 정보처리체계에 비유하면서, 인간의 심리와 심리과정을 연구한다. 즉, 인간의 두뇌가 어떻게 정보를 받아들이고 처리하며, 행동유형을 만들어 내는가를 연구하는 방법이다. 인지적 접근방법은 행동주의와는 달리 사람들의 눈으로 직

Tip

인간의 두뇌가 어떻게 정보를 받아들이고 처리하며, 행동유형을 만들어 내는가를 연구함

장 피아제(Jean Piaget, 1896~1980)

접 관찰이 되지는 않지만, 사람들의 두뇌 속에서 벌어지는 외부 감각적 자극의 변형(strain), 기호화(encoding), 파지(retention), 인출(recall)이라는 일련의 정보처리과정을 연구하는 것이다. 오늘날 인지적 접근방법은 피아제(Jean Piaget, 1896~1980)가 연구한 인지발달방법(theory of cognitive development)과 정보처리방법(information processing)으로 설명된다.

첫째, 인지발달방법은 인간의 지적 발달이 어떠한 단계를 거쳐 이루어진다는 연구 결과로 인해 발달 및 교육심리학자를 자극하여 많은 후속 연구가 끊임없이 이루어졌다. 특히 이 분야의 대표학자인 피아제는 어린아이와 어른들이 세상을 바라보는 관점이 어떻게 다른지 이해하고, 어떠한 논리를 사용하는지에서 출발했다. 따라서 어린아이들은 어른들의 축소판이 아니라 자기 나름의 발달단계를 경험하고 과제를 수행하면서 인지가 발전된다고 한다.

둘째, 정보처리방법은 자연과학(프로이트의 정신역학은 19세기의 열역학)이 발달되면서 컴퓨터 과학의 영향을 받았다. 즉, 인간의 인지를 정보처리과정으로 보고 이를 컴퓨터에 비유하여 객관적·과학적으로 연구한 것이다. 정보처리방법은 인간의 지각, 기억, 상상, 문제해결, 사고 등 인지의 가설적 과정을 설정 및 연구하며, 특히 지식의 획득과정에 관심이 많다. 컴퓨터를 비교하면 장기기억과 단기기억이 있듯이, 인지심리학자들은 인간의 정보처리 수행능력을 컴퓨터로 비교하여 이해하고자 하였다.

(3) 행동적 접근방법

행동적 접근방법(behavioristic approach)은 인간의 심리보다는 눈으로 볼

이반 파블로프(Ivan Pavlov, 1849~1936)

수 있고, 측정할 수 있는 행동을 연구하는 데 초점을 두었다. 이는 왓슨의 실험실에서 생물학적 접근방법과 인지적 접근방법(의식측정, 정신과정)을 측정하지 않고, 심리학의 연구대상을 마음에서 행동으로 전환하였다. 즉, 사람들은 무엇인가를 이해하려면, 학습된 역사, 상황적 영향, 그러한 과정에 포함된 강화를 하면 된다.

대표적으로 러시아의 생리학자인 파블로프(Ivan Pavlov, 1849~1936)의 고전적 조건형성이론을 보면, 개가 종소리만 들어도 타액(침)을 흘리는 것을 보고하면서 종소리는 조건자극, 타액분비는 조건반응으로 자극-반응을 설명하였다. 이는 자극과 반응이 연결되는 조건화 혹은 조건형성이 된다. 즉, 결과가 좋으면 좋은 결과를 가져왔던 행동은 증가되고, 결과가 나쁘면 나쁜 결과를 가져온 행동은 줄어든다고 볼 때, 인간은 보상과 처벌로 행동을 변화시킬 수 있다고 본다. 어쩌면 외적인 행동이 조건화를 시켰다고 볼 수 있다. 어린 시절에 술과 담배 피우는 모습은 학습된 결과로 볼 수 있다. 이는 영화에서 배우와 주위 어른들이 행동하는 장면에서 술과 담배를 하는 모습을 보고 자랐다면, 술과 담배 피우는 모습이 멋있게 보였다면 조건화되어 술과 담배를 하는 모습에 호의적인 태도를 가질 수 있다.

(4) 정신분석 접근방법

그 당시(1940~1950) 대부분의 심리학자들은 정신분석(psychoanalytic approach)을 연구하였고, 인간의 행동 대부분을 무의식적 과정으로 설명했다. 프로이트(Sigmund Freud, 1856~1939)는 사람들이 무의식적 과정을

지그문트 프로이트(Sigmund Freud, 1856~1939)

인식하지는 못하지만, 인간의 심리와 행동에 영향을 받는다고 주장했다. 인간의 정신은 바다 가운데 떠 있는 빙산과 같으며, 수면 위에 뜬 빙산은 10%의 의식세계와 물속에 잠긴 부분에 해당하는 90%의 무의식의 세계로 구성되어 있다. 이처럼 인간은 무의식 세계의 지배를 받을 수 있으며, 무의식은 주로 충동, 원망, 공격성, 성욕, 사고, 불안, 공포 등은 원초적 본능으로 무의식적 성, 공격적 충동들은 가지고 태어난다. 이러한 무의식의 처리는 사회적으로 인정되는 방식의 예술, 문화적 활동으로 나타난다.

Tip

프로이트(Sigmund Freud, 1856~1939)는 사람들이 무의식적 과정을 인식하지는 못하지만, 인간의 심리와 행동에 영향줌

(5) 인본주의 접근방법

칼 로저스(Carl Rogers, 1902~1987)

인본주의 접근방법(humanistic approach)은 형태주의 심리학과 인지적 접근방식의 영향을 받아서 형성된 방법이다. 이는 자아개념과 자기의식을 강조하여 현상학적 관점으로 불리며, 개인이 가지고 있는 사적인 관점이나 생각, 주관적인 경험을 가장 중요한 연구대상으로 평가한다. 로저스(Carl Rogers, 1902~1987)의 자기성장이론과 매슬로우(Maslow, 1916~1972)의 자아실현이론을 주장하면서 자신의 행동은 자기 정체성을 발견하고 인생의 의미를 부여하기 위해서 자부심과 책임을 가지고 우리에게 주어진 자유를 활용한다. 즉, 인본주의적 접근방식은 인간이 통제할 수 없는 외부의 힘에 영향을 받는 것이 아니라 인간 스스로 자

신을 통제할 수 있는 자유로움과 행동은 개인의 능력에 달려 있다. 이러한 사람들이 자신의 모든 행동을 어떻게 생각하고 어떻게 행동할 것인지를 선택하는 것은 자신의 능력과 잠재력을 발휘하도록 도와주는 것이다. 이와 같이 심리학의 관점 5가지를 분류한 내용은 **표 1-3**과 같다.

표 1-3 심리학의 관점

구분	개념적 초점	인간본성의 견해	정신과정의 강조	환경 및 인간의 강조
생물적	행동의 기초는 생물학적 접근	중립	중간	인간
인지적	사고과정 및 세상에 대한 이해	중립	최대	인간 및 환경
행동적	관찰 가능한 행동	중립	최소	환경
정신분석적	무의식적 요소	부정	최대	인간
인본주의적	잠재력을 실현하고자 하는 인간의 욕망	부정	최대	인간

5) 심리학의 연구방법

심리학의 연구방법은 실험법, 관찰법, 검사법, 조사법, 사례연구 등의 5가지로 살펴보고자 한다.

(1) 실험법

실험법(experimental method)은 심리학에서 인과 관계에 대한 질문에 응답하기 위해 가장 많이 선호하는 연구법이다. 이는 과학적인 절차에 따라 연구 대상에 대한 가설을 설정하고 실험에 의하여 그 가설을 입증하는 절차이다.

Tip

과학적인 절차에 따라 연구 대상에 대한 가설을 설정하고 실험에 의하여 그 가설을 입증함

이를 이해하려면 일곱 가지의 방법이 있다. 첫째, 가설은 독립변인(independent variable: 처치를 가하는 실험요인, 그 효과를 연구하는 변인)과 종속변인(dependent variable: 결과요인으로 독립변인의 처치로 인해서 변하게 되는 변인) 간의 관계로 구분된다. 즉, 성적이 좋은 학생들은 인성이 좋을 것이라고 설정할 수 있다. 다시 말해, 실험에 참가하는 연구 대상자들의 연령, 체중, 학년, 성별 등과 같은 다양한 변인들이 독립적으로 변화시킬 수 있는 것은 독립변인이고 반면, 종속변인은 하나 이상의 독립변인(연령, 체중, 학년, 성별 등)이 어떤 측정 가능한 행동에 미치는 효과를 검증한다. 이 행동은 실험 중에 어떤 일이 일어나는가에 따라서 변할 수 있기 때문에 종속변인이라고 한다. 둘째, 피험자는 실험에 참여한 연구대상을 의미하며, 중학생과 고등학생을 대상으로 스마트폰 중독 실험을 한다면 피험자는 실험에 참여하는 중학생과 고등학생이 되어야 한다. 실험집단(experimental group)은 실험에 참여한 대상자들은 처치를 받고, 통제집단(control group)은 아무런 처치를 받지 않는다. 이처럼 연구가 진행되는 동안에는 처음부터 끝까지 동일하도록 해야 하며, 두 집단 간의 종속변인 측정치 차이는 오직 처치 때문이다. 셋째, 상관계수는 두 개의 변인이 함께 변하는 정도에 대한 계수를 의미하며, 하나의 변인이 다른 변인을 얼마나 잘 예언하는지에 대한 계수를 의미한다. 계수 값은 -1(부적상관)에서 +1(정적상관)의 범위 내에서 관계의 방향과 정도를 통계적으로 처리한다. 넷째, 독립변인은 처치가 가해지는 변인을 의미한다. 가설에 원인이 되는 성적이 독립변인이 된다. 다섯째, 처치는 연구자가 알 수 있도록 독립변인을 수준으로 나누는 것을 의미한다. 즉, 성적을 A학점과 F학점으로 처치하는 것이다. 여섯째, 종속변인은 독립변인에 영향을 받아서 결과를 나타내는 변인이

Tip

상관계수는 두 개의 변인이 함께 변하는 정도에 대한 계수를 의미하며, 하나의 변인이 다른 변인을 얼마나 잘 예언하는지에 대한 계수를 의미함

된다. 가설에서 결과가 되는 인성이 종속변인이다. 일곱째, 통제는 통제연구에 포함된 변인 외의 가외변인을 일정하게 유지하는 것을 의미한다.

(2) 관찰법(자연적 관찰)

관찰법(observation method)은 동물이나 사람들의 행동을 주의 깊게 관찰하면, 상당히 유익한 출발점을 찾을 수 있다. 이는 심리현상을 인위적으로 조작하지 않고 자연 상태에서 연구하는 것을 의미한다. 이 사례는 고속도로에서 버스가 열심히 달리는데, 갑자기 고속버스에 화재가 났을 때 질서 있게 차근차근 한 명씩 빠져 나갔더라면 사상자가 없을 수 있다. 그러나 손님들은 서로 두려운 나머지 급하게 나가려고 하다가 짓밟혀 죽은 사람들이 더 많았다. 이 사례에서 보듯이 군중심리의 단면을 찾아내어 나중에 실험실 안에서 군중들의 행동이 나타나는 주요한 변인으로 사용할 수 있다.

Tip

관찰법은 연구 장면의 자연성이 훼손되지 않은 상태에서 연구가 이루어지기 때문에 외적타당도가 매우 높으며, 한 번에 많은 변인에 대한 자료를 수집할 수 있음

관찰법은 연구 장면의 자연성이 훼손되지 않은 상태에서 연구가 이루어지기 때문에 외적타당도가 매우 높으며, 한 번에 많은 변인에 대한 자료를 수집할 수 있다. 로렌츠(Konrad Lorenz, 1903~1989)는 동물행동학을 처음으로 주장하였고, 환경에 의해서 도출되는 동물행동법의 본질을 발견했다. 그의 연구 중 새끼 거위가 어미를 따르는 것이었는데, 어미의 몸놀림과 울음소리가 자연적으로 새끼를 이끄는 신호가 되어 새끼들이 따르게 된다. 그래서 로렌츠는 움직이며 소리를 내면 새끼 거위는 어미 거위를 따르는 것처럼 따라다닌다는 것을 깨달았다. 얼마 후 갓 태어난 새끼 거위 앞에 어미 거위가 없을 때 어미 거위의

자세로 울음소리를 냈을 때, 새끼 거위는 로렌츠가 가는 곳 어느 곳이든지 따라다녔다. 그리고 관찰법은 다른 방법에 비해 연구자의 편견이 개입될 가능성이 적은 반면, 단점으로는 변인에 대한 조작이나 통제가 없어 인과성 추론을 할 수가 없다. 끝으로 관찰자의 주관을 배제하기 어렵고, 어떤 사실에 대한 기술이라기보다는 해석의 위험성을 가질 수 있다.

(3) 검사법

검사법(test method) 및 심리검사법(psychological test)은 보다 세밀하게 측정이 요구되는 개인의 지능검사, 능력검사, 적성검사, 성격검사, 태도검사, 성취검사 등을 통하여 실험장비를 사용하지 않아도 짧은 시간에 방대한 양의 자료를 얻을 수 있다. 하지만 검사법은 신뢰도, 타당도, 실용성 등을 고려하여 개발된 표준화된 검사지를 실시 및 해석할 때 결과를 수용한다. 심리검사의 특성은 첫째, 인간의 행동이 측정대상이 되므로 객관성이 보장되어야 한다. 둘째, 심리검사는 표준화된 검사도구로 정확성, 타당성, 신뢰성을 높이기 위한 조건이 되어 있어야 한다. 셋째, 심리검사는 채점규칙과 일관성이 있어야 한다. 넷째, 심리검사는 측정하고자 하는 내용을 정확하게 측정하고, 시간과 처리과정에서 경제성 등의 현실성이 있어야 한다. 따라서 심리학 수업을 듣는 학생들은 학교상담센터에서 무료로 심리검사를 받는 것도 유익하다(MMPI-2, MMPI-2-RF, MCI의 Driver, PAI, MBTI, 에니어그램, TCI, 진로검사 등).

Tip

검사법은 신뢰도, 타당도, 실용성 등을 고려하여 개발된 표준화된 검사지를 실시 및 해석할 때 결과를 수용함

(4) 조사법(표본조사)

Tip
조사법(survey method)은 직접적인 관찰이 어려워 질(설)문지 혹은 면담을 해야 함

조사법(survey method)은 직접적인 관찰이 어려워 질(설)문지 혹은 면담을 해야 하는 경우가 있다. 공개적으로 얻기 어려운 개인적인 정보, 정치적 입장, 학업 성적 등에 대한 내용을 설문지 혹은 면담으로 얻을 수 있다. 이러한 조사법을 사용하려면 연구자들은 질문지를 만들고 그 질문지에 응답하는 대상들을 신중하게 정해야 한다. 왜냐하면, 직장인들이 회식 때 선호하는 술에 대한 조사를 하는데, 회식할 때 음료수만 마시는 사람들에게 질문지를 받았다면 나올 수 있는 결과는 없다. 또 질문지 문항들이 마음에 들지 않거나 거슬리는 문항들에 응답을 하지 않는 경우도 있는 반면, 경비가 적게 들고 많은 사람들을 대상으로 연구를 쉽게 할 수 있다는 장점이 있다.

조사법은 첫째, 킨제이(Kinsey) 조사법이다. 그는 미국의 동물학자로서 성행동 관한 연구서를 발표하였다. 이는 인간의 성적 행동을 다루고 있는 두 권의 보고서로 1948년에 남성의 성적 행동(Sexual Behavior in the Human Male)과 1951년에 여성의 성적 행동(Sexual Behavior in the Human Female)을 조사하였다. 이 내용으로는 혼전 성관계, 혼인 성관계, 동성애, 동물과의 성 접촉(수간) 등을 통계학적으로 인간의 성적인 행동을 분석한 최초의 사람으로 유명하다.

둘째, 갤럽(Gallup, 1901~1984)은 여론조사의 창시자라고 불리며, 미국 아이오와 주립대학에서 심리학 박사학위를 취득하였다. 그는 저널리즘과 광고 분야의 강의 중 장모가 아이오와 주지사 입후보를 한 것을 계기로 선거여론조사를 처음으로 시작하였다. 즉, 1947년 조사를 통산 사회발전과 조사기업의 개발이란 슬로건 아래 세계 최대 국제 조사기

구인 갤럽 인터내셔널을 조직(GIA: Gallup International Association)으로, 인간가치관 조사, AIDS 인식조사, UN활동평가, 세계경제위기, 일본 대지진 후 원자력발전 관련 인식, 프란치스코 교황에 대한 이미지 등을 대표적으로 조사하였다.

셋째, 닐슨(Nilson)의 마케팅 조사를 세계에서 가장 많이 사용한다. 이 조사는 전 세계 카드 및 모바일 결제 업계의 소식과 분석을 제공하며, 닐슨 마케팅을 구독자들에게는 브랜드, 발행업체, 취득업체 및 공급업체들에게 필요한 다른 거래 소식지에서는 볼 수 없는 통계자료와 업체들의 홍보, 인재 및 제품 업데이트 등에 정보를 제공한다. 특히 닐슨 마케팅 조사는 어떤 종류의 유료광고도 게재하지 않고, 어떤 광고도 없고 공급업체가 작성한 기사나 후원받은 콘텐츠를 다루지 않는 전문 조사기관이다. 이러한 조사법은 표준화된 질문지, 훈련받은 면접자, 연구집단을 대표하는 응답자의 표집, 조사과정 확인, 적절한 분석기법 등이 해당된다.

(5) 사례연구법

사례연구법(case study)은 임상심리학에서 가장 오랜 기간 동안 이용하고 있는 방법이다. 임상현장에서 일어나는 문제의 개별성과 특유성을 중심으로 일에 대한 기록이나 기억을 토대로 연구한다. 즉, 적응문제나 행동장애가 있는 개인을 진단하고 치료하기 위한 임상사례를 분석하는 것이다.

Tip

임상현장에서 일어나는 문제의 개별성과 특유성을 중심으로 일에 대한 기록이나 기억을 토대로 연구함

힐스테드-레이탄(Halstead-Reitan)과 루리아(Luria) 등의 신경심리학자들은 사람들의 두뇌의 손상이나 질병이 어떤 정신적 행동의 결손을 가

져오는지를 연구하였다. 이러한 사례에서 손상이나 질병의 정확한 성격들은 해부를 통해서 알려졌고, 추후에 신경심리학자들에 의하여 부상, 종양, 독극물 등의 다양한 원인들에 의해서 발생하는 두뇌의 장애들을 분류했다. 예를 들어 피아제(Piaget)는 자신의 세 딸을 대상으로 사례연구법을 적용하여 인지발달론의 근거를 만들기도 했다. 이처럼 일정 기간 동안 세 딸을 주기적으로 관찰하고 기록한 것이 사례연구법이다.

(6) 연구윤리

심리학은 인간과 동물을 대상으로 하는 실험 및 연구가 진행되므로 윤리적인 문제에 있어서 다른 어떤 과학 분야보다 중요하다(IRB, Institutional Review Board, 생명윤리위원회). 1920년 왓슨(John B. Watson)과 레이너(Rosalie Rayner)의 '꼬마 앨버트의 공포증 형성 실험', 1961년 심리학자 밀그램(Stanley Milgram)의 '권위에 대한 복종', 1971년 심리학 교수 필립 짐바르도(Philip Zimbardo)의 '스탠포드 교도소 실험'은 심리학에서 매우 중요하고 의미있는 실험이었다(최근 황우석 박사의 줄기세포 등). 하지만 실험에 참여했던 2살 된 앨버트는 실험을 통해 쥐에 대한 공포증이 생겼으며, 권위자인 선생의 지시를 따른 실험 참여자가 사람의 목숨을 위협할 정도의 450V의 전기쇼크를 실제로 실행하였다. 그리고 교도관 역할이라는 이유로 정당화된 폭력행동은 연구수행과정에서 다양한 윤리문제가 대두된다는 것을 확인할 수 있었다. 이를 통해 연구수행 과정에서 형성되는 심리적 트라우마 치료를 위해서도 연구 윤리성은 중요한 문제이다. 또한 복잡한 현대사회에서 심리상담이 지속적으로 증가하고 있는 만큼 상담자의 윤리도 중요시하고 있다. 특히 심리상

앨버트의 공포증 연합

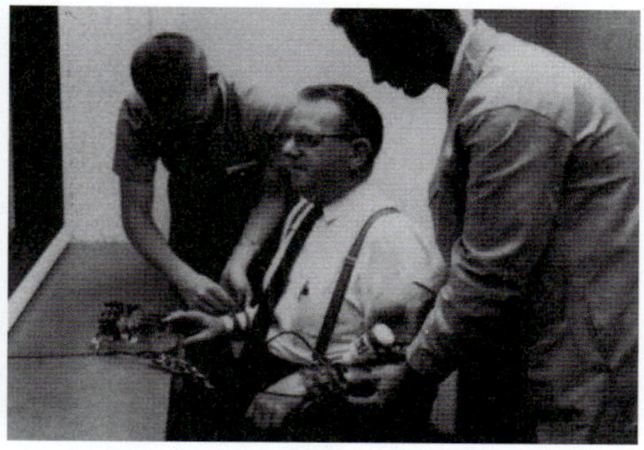

밀그램(Stanley Milgram)의 '권위에 대한 복종'

황우석 사태 : 줄기세포 논문조작

담은 개개인의 내밀한 감정과 경험을 다루고 있기 때문에 각 학회에서는 상담윤리강령을 중요하게 다루고 있다(부록. 한국상담심리교육복지학회 연구윤리 참조). 이와 같이 연구 윤리는 연구수행과정의 진실성과 연구결과 출판의 진실성을 포함하는 광범위한 개념이다(오세진 등, 2017). 따라서 연구 윤리적인 문제들을 예방하기 위하여 다음과 같은 윤리지침이 있다.

① 연구 참여에 대한 동의 및 잠재적 위험의 최소화

연구자는 연구 참여자에게 연구 참여에 대한 자발적인 동의를 얻어야 한다. 이때 연구의 목적, 연구기간 및 절차, 실험방법뿐만 아니라 연구에 대한 잠재적인 위험요인에 대해서도 자세히 말해주어야 한다. 이때 참여자에게 참여동의서(informed consent)를 받는 것이 좋다(신혜원,

2019). 또한 참여자가 실험 참여를 언제든지 철회할 수 있다는 것에 대해서도 말을 해주어야 한다.

② 생명존중의 원칙

심리학 실험에서 동물에 대한 비인도적인 실험은 전문적인 기준과 절차에 따라서 동물 외에 다른 대안이 없을 때만 가능하다. 한국심리학회의 윤리규정(2003)에도 실험과정에서 동물 피험자의 고통을 최소화하기 위해 노력해야 함이 명시되어 있으며, 이는 연구결과에 대한 이익으로 생명존중의 원칙이 침해당할 수 있다.

③ 비밀보장의 원칙

연구 참여자의 신분과 사생활보호는 중요한 문제이며, 연구 참여자에 대한 익명성 보장을 위해 참여자를 유추할 수 있는 단서들에 대한 삭제 및 수정에 대하여 연구자가 명확하게 인지해야 한다. 또한 연구 참여자와 관련된 정보, 자료를 안전하게 보관, 관리할 수 있는 구체적인 방안을 마련해야 할 것이다.

④ 자료의 조작 및 표절

연구조작은 연구자가 원하는 결과를 만들어 내기 위하여 자료를 조작하는 것을 말하는 것이다(오세진 외, 2015). 2005년 황우석 사태에서 알 수 있듯이 연구데이터 위조, 변조 및 부당한 저자표시가 연구부정행위로서 이에 해당된다. 표절 및 자기표절도 주의해야 할 비윤리적인 행위에 해당된다. 따라서 연구자는 표절과 인용의 범주를 명확히 이해하고, 연구를 수행하는 과정에서 데이터의 조작, 위조 등에 대한 연구자 윤리의식을 가져야 할 것이다.

Chapter 02

신경과학과 행동

신경은 정보를 전달하는 신체의 일부분으로 기본단위는 뉴런 혹은 신경세포이다. 이는 외부자극, 사고, 그리고 감정 등을 지각하고 내 의지대로 자신의 몸을 움직이고 행동하는 신경전달을 의미한다. 이처럼 각각의 뉴런이 모여서 신경계를 이루고 뇌와 신체 조직체 간에 정보전달이 어떻게 전달되는지 살펴본다.

1) 뉴런: 신경세포

뉴런(neuron)은 신경계의 기본 즉, 여러 가지의 유형으로 구분되지만 기본적인 구조는 모두 동일하다. 이 뉴런은 세포와 세포체에서 뻗어 있는 섬유들로 구성되어 있다. 뉴런은 정보를 받아들이고, 어떠한 방식으로 처리하며, 그렇게 처리한 정보를 다른 뉴런에, 분비선에, 근육에 전달한다. 이러한 인간의 신경계는 100억 개의 이상의 뉴런이 연결되어 있으며, 이보다 많은 보조세포들이 뉴런에 잘 기능하도록 도움을 준다.

Tip

뉴런은 정보를 받아들이고, 어떠한 방식으로 처리하며, 그렇게 처리한 정보를 다른 뉴런에, 분비선에, 근육에 전달함

(1) 뉴런의 의사소통 과정

① 수상돌기(dendrite)는 꼬인 나뭇가지 모양으로 받아들인 정보를 세포체로 전달한다.

② 축색(axon)은 뉴런에서 뻗어 나와 끝부분의 가늘고 긴 관 모양의 돌기로, 다른 뉴런(받아들인 메시지)이나 근육 혹은 내분비선으로 전달한다. 다시 말해, 축색은 말하고 수상돌기는 듣는다. 그리고 축색의 길이는 몇 mm 정도지만, 어떤 축색은 90cm 정도 되는

것도 있다. 축색의 끝 부분에 물방울처럼 약간 부풀어 있는 것은 종말단추(terminal button)로, 다른 뉴런에게 정보를 전달한다.

③ 수초(myelin sheath)는 많은 뉴런의 축색을 마디마다 덮고 있는 절연 물질이다. 뉴런의 에너지 효율성을 증가시키며 축색에서의 정보 전달을 빠르게 전달해 준다.

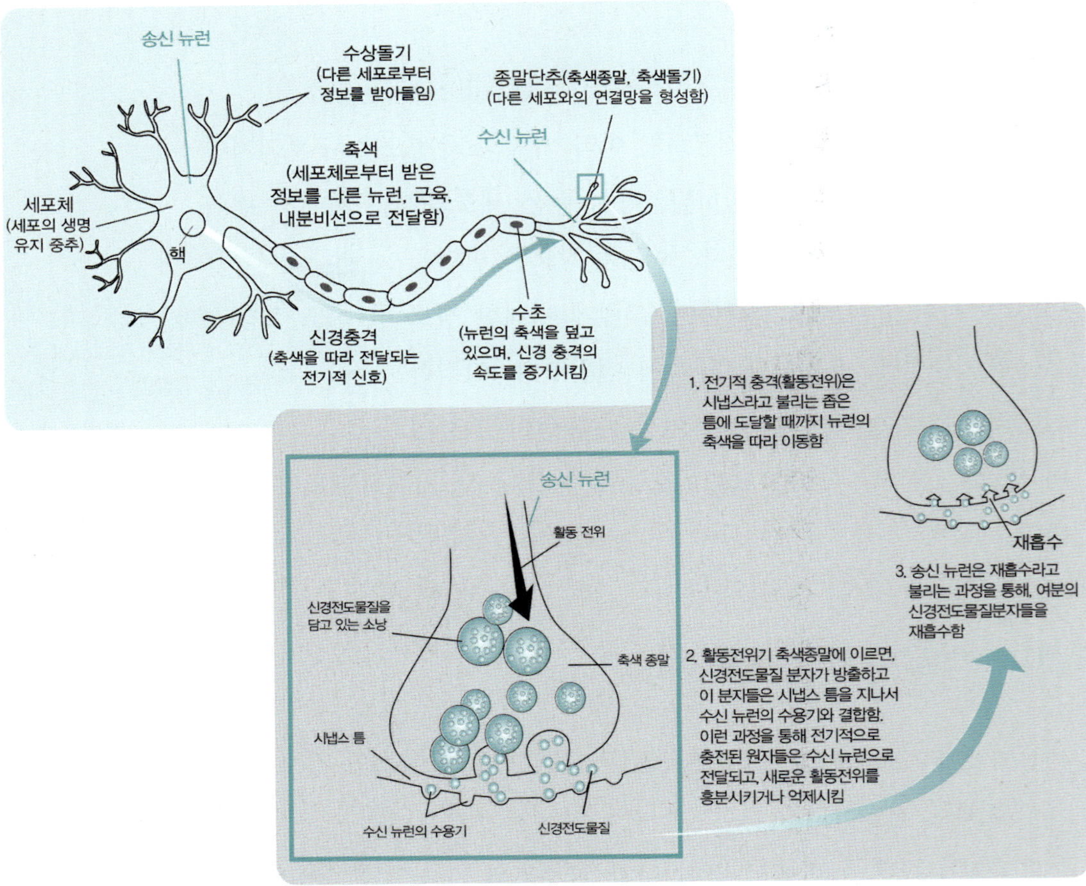

그림 2-1 뉴런의 의사소통과정

④ 활동전위(action potential)는 뉴런이 압력, 열, 빛 등으로 자극 받은 감각수용기로부터 신호를 받으면 이웃 뉴런으로부터 화학적 메

시지를 전달받을 때 활동한다.

⑤ 시냅스(synapse)는 정보를 보내는 뉴런의 축색 끝부분과 받아들이는 뉴런의 수상돌기나 세포체 간의 접합부분이다. 이 접한부분의 미세한 간극은 시냅스 틈(synapse gap)이라고 한다.

Tip

시냅스(synapse)는 정보를 보내는 뉴런의 축색 끝부분과 받아들이는 뉴런의 수상돌기나 세포체 간의 접합부분

(2) 뉴런의 유형

뉴런의 유형은 감각뉴런, 운동뉴런, 연합뉴런으로 분류한다.

① 감각뉴런(sensory neuron)은 감각기관에서 받아들인 정보를 뇌와 척수로 전달하는 중추신경계(CNS: 두뇌와 척수)이다. 이는 영상, 소리, 냄새, 감촉, 맛 등과 같은 감각자극이 감각기관인 손, 피부, 눈, 귀, 혀, 코 등에 전기신호용기를 발생시켜 감각 뉴런을 통해 중추신경계로 그 신호를 전달하여 정보를 받아들여 반응을 결정한다.

② 운동뉴런(motor neuron)은 중추신경계에서 만들어진 신호를 반응기에 전달해 자극에 대한 반응을 일으키는 기능을 하는 뉴런이다. 뇌와 척수로부터 근육이나 분비선으로 신경충동으로 전달한다. 이는 근육뿐만 아니라 몸의 곳곳에 있는 내분비샘과 외분비샘 같은 분비샘에서 작용하여 소화효과의 분비 등을 일으킨다.

③ 연합뉴런(intemeuron)은 감각뉴런과 운동뉴런 사이를 이어주는 뉴런으로, 뇌의 뉴런이 대부분이 연합뉴런에 해당된다. 특히 감각뉴런이 전달한 정보를 받아들이고 분석하여 판단하는 등 통합적으로 정보를 분석하고 해석하는 것이 연합뉴런이다. 뇌에는 연합뉴런이 많아서 구조적으로나 기능적으로 매우 복잡하다고 볼 수 있다.

2) 신경전달물질

Tip

뉴런은 특정한 신경전달물질을 방출하며, 다양한 행동의 측면을 통제함

뉴런은 특정한 신경전달물질을 방출하며, 다양한 행동의 측면을 통제한다. 즉, 뉴런들 사이의 시냅스 틈에서 작용하는 화학 메시지, 정보를 보내는 뉴런에서 방출된 신경전달물질은 시냅스 틈을 건너가서 받아들이는 뉴런의 수용기 영역에 흡착되어 그 뉴런이 신경흥분을 생성하는 데 영향을 준다. 그리고 특정 신경전달물질이 너무 많이 분비되거나 결핍되는 경우에는 비정상적인 행동이 나타난다. 이러한 비정상적인 원인은 유전적인 원인, 뇌손상, 약물중독 등에서 문제가 발생한다. 신경전달물질은 6가지(아세틸콜린, 도파민, 세로토닌, 노르에피네프린, 가바, 글루타메이트)로 구분된다.

(1) 아세틸콜린

헨리 핼릿 데일(Henry Hallett Dale, 1875~1968)

헨리 핼릿 데일(Henry Hallett Dale, 1875~1968)은 영국의 약리학자와 생물학자로 런던 케임브리지 대학교 트리니티 칼리지를 졸업한 뒤 호밀의 맥각병(깜부기: 여러 가지 곰팡이 때문에 생기는 식물병(곡물, 옥수수, 벼, 풀, 양파, 보리 등) 연구로 시작하여, 1914년에 아세틸콜린(ACh: Acetylcholine)을 심장조직에서 처음 발견하고, 1921년 독일 생리학자인 오토뢰비(Otto Loewi, 1873~1961)는 사고 뇌에 기분 감정기억이 있는 화학물질인 신경전달물질에 의해 조절된다는 것을 처음으로 명명하였다.

이후 헨리 핼릿 데일과 오토 뢰비는 화학적 신경전달물질을 연구한 공로를 인정받아 1936년에 노벨평화상(의학상)을 받았다. 바로 아세틸콜린은 최초의 신경전달물질로 학습과 기억의 역할뿐만 아니라 운동뉴런(근육운동, 학습, 기억)과 근육 간의 연결에서도 메시지로 작용한다. 그래서 가장 잘 알려진 신경전달물질이며, 이는 신경-근시냅스와 뇌 속에서도 많이 나타난다. 알츠하이머병(Alzheimer's)에 걸리면 아세틸콜린(ACh)를 생성하는 뉴런들이 퇴화된다.

Tip

아세틸콜린은 최초의 신경전달물질로 학습과 기억의 역할뿐만 아니라 운동뉴런(근육운동, 학습, 기억)과 근육 간의 연결에서도 메시지로 작용함

(2) 도파민

아비드 칼슨(Arvid Carlsson, 1923~ 2018)

닐스-아케 힐라프(Nils-Ake Hillarp, 1916~1965)

도파민(dopamine, 3,4-dihydroxyphenethylamine, $C_8H_{11}NO_2$)은 런던의 Wellcome 연구소가 조지 바거(George Barger)와 제임스 이웬(James Ewens)에 의해 1910년에 모노아민기 즉, 도파민이라고 불리게 되었다. 하지만 신경전달물질로서 도파민은 1958년 스웨덴의 아비드 칼슨(Arvid Carlsson, 1923~2018)과 닐스-아케 힐라프(Nils-Ake Hillarp, 1916~1965)에 의해 국립심장연구소인 화학 약리실에서 발견되었다. 칼슨(Carlsson)은 노르에피네프린과 에피네프린의 전구물질뿐만 아니라 신경전달물질인 도파민의 기능으로 노벨상(2000년)을 받았다.

다시 말해, 카테콜아민(부신수질과 교감신경에서 주로 분비되는 아드레날린, 노르아드레날린, 도파민은 성질이 비

Tip

카테콜라민은 코티졸과 비슷한 면이 많아 흥분과 스트레스 상태에서 주로 분비됨

슷해서 카테콜라민이라고 통합하여 부름)은 유기화학물이며, 다양한 동물들의 중추신경계에서 발견되는 호르몬이다. 그리고 도파민이 과다하게 분비되거나 활발하면 조울증이나 조현병(정신분열병)을 일으킬 수 있지만, 반대로 도파민이 부족하면 우울증을 일으키거나, 도파민을 생성하는 신경세포가 손상되어 운동장애를 일으켜 파킨슨병(Parkinson's disease)이 나타난다.

(3) 세로토닌

모리스(Maurice M. Rapport, 1920~ 2011)

세로토닌(serotonin, 5-hydroxytryptamine)은 1948년 생화학자인 모리스(Maurice M. Rapport, 1920~2011)가 처음 발견하였고, 그 당시 혈액 혈청 연구에서 이 물질을 중요시하여 serum+tonic의 합성어로 세로토닌이라고 명명하였다. 이는 모노아민 신경전달물질의 하나로 우울증, 불안장애, 몇 가지 인격 장애 등과 관련성이 있으며, 프로작(prozac, 미국에서는 아스피린 만큼 널리 알려진 우울증 약)을 포함한 항우울제는 세로토닌의 수준을 높여주는 것으로 밝혀졌다. 또 기분, 배고픔, 수면, 체온조절 등과 관련되는 신경계에서 기능한다.

Tip

모노아민 신경전달물질의 하나로 우울증, 불안장애, 몇 가지 인격 장애 등과 관련성이 있으며, 프로작(prozac, 미국에서는 아스피린 만큼 널리 알려진 우울증 약)을 포함한 항우울제는 세로토닌의 수준을 높여줌

미국의 신경생리학자 마이클 거슨(Michael Gershon)은 사랑과 행복의 감정을 유발하는 신경전달물질인 세로토닌의 95%가 장에서 만들어지는 것을 확인한 후, 장을 제2의 뇌라고 명명하였다. 이는 장 속의 좋은 세균이 음식물에 포함된 트립토판(아미노산의 일종)이라는 물질을 분해시키는 과정에서 세로토닌이 나온다고 보고하였고,

이 때문에 좋은 세균이 기능을 잘 수행하는 사람은 정서적 안정감을 느낀다. 장 건강이 좋지 않을 경우는 불안감과 우울감이 발생할 확률이 높다. 환각제로 사용되는 리세르그산(LSD: Lysergic acid)은 각종 약물 중독, 우울증 등 다양한 정신질환에 효과가 있는데 세로토닌시냅스에 작용하여 환각현상이 일어나며, 여러 가지 향정신성 약물들을 시냅스에 작용하여 우울증 치료에 효과가 나타난다. 최근에는 육체에 미치는 영향이 너무 커서 행복 호르몬(happiness hormone)이라고 부른다.

(4) 노르에피네프린

다카오카(Takamine Jōkichi, 1854~1922)

다카오카(Takamine Jōkichi, 1854~1922)가 지금의 노르에피네프린(norepinephrine) 혹은 노르아드레날린(noradrenaline)이라는 것을 1901년에 분리했다. 이는 에피네프린(epinephrine)과 아드레날린(adrenalin)은 같은 동일한 물질이며, 자율신경계의 교감신경계에서 발견되는 호르몬과 신경전달물질을 포함한 다양한 기능을 한다.

우울증과 정서적 장애에는 노르에피네프린에 나오는 도파민의 부족과 연계성이 있다(McNeal, Cimboilc, 1986). 그리고 동기와 정서에 연계성이 있는 뇌의 뉴런이 시냅스하는 부위에서 많이 발견되며, 이것이 부족하거나 공급이 잘 안 되면 기분을 저하시킨다. 노르에피네프린은 정서행동, 각성과 관련된 신경계에서 많이 사용되고 있으며, 코카인, 암페타민 같은 약물은 도파민을 사용하는 시냅스와 노르에피네프린의 작용을 증진시켜 분비를 증가시키거나 재흡수를 차단

Tip

노르에피네프린은 정서행동, 각성과 관련된 신경계에서 많이 사용되고 있으며, 코카인, 암페타민 같은 약물은 도파민을 사용하는 시냅스와 노르에피네프린의 작용을 증진시킴

하여 자기 과신을 증진시키려고 활력을 유발시킨다.

(5) 가바

유진 로버츠(Eugene Roberts, 1920~2016)

가바(GABA: gamma amino butyric acid)는 1952년 미국의 생화학자 유진 로버츠(Eugene Roberts, 1920~2016)가 감마아미노부티르산(Gamma amino butyric acid)을 발견하였다. 가바(GABA)를 포유류 중추신경계의 주요 억제성 신경전달물질로 대뇌신경계를 억제하여 다른 뉴로펩타이드와 함께 수면을 조절함과 뇌 전체 시냅스의 1/3에 달할 정도로 신경전달물질로 가장 많이 이용하고 있다. 즉, 가바(GABA) 수준이 낮아지거나 없다면 신경활동이 증가하여 불안감, 경련, 발작, 떨림, 불면증과 관련된 경험을 할 수 있다. 그래서 뇌에서 가바(GABA) 수준이 부족하거나 낮아지면 간질발작이 발생한다. 이처럼 불안감이 뇌 속에서 과도하게 흥분된 시냅스 전도가 유발되는데 발리움(Valium), 리브리움(Librium) 같은 항불안성 약물은 시냅스 틈에 대한 가바(GABA)의 분비물을 증가시켜 흥분한 뉴런을 억제하여 항불안 작용, 항우울작용, 항경련작용, 혈압강하 효과를 감소시킨다.

Tip

가바(GABA) 수준이 낮아지거나 없다면 신경활동이 증가하여 불안감, 경련, 발작, 떨림, 불면증과 관련됨

(6) 글루타메이트(글루탐산)

1908년 일본의 화학자 이케다 기쿠나에(Kikunae Ikeda, 1864~1936) 교수가 글루타메이트(glutamate)를 발견했다. 이는 중추신경계에서 쉽게

이케다 기쿠나에(Kikunae Ikeda, 1864~1936)

볼 수 있는 일반적인 신경전달물질로, 아미노산(생물의 몸을 구성하는 단백질의 기본 구성 단위)은 매우 단순한 생명체의 신경계에도 발견되므로 가장 초기의 신경전달물질이라고 한다. 이중 아미노산은 흥분성 신경전달물질인 글루타메이트와 억제성 신경전달물질인 가바(GABA)로 구분되며, 뇌간과 말초신경계에서 주로 관찰된다. 글루타메이트는 흥분성 신경전달물질로 중추신경계의 15~20% 정도를 차지하고 뇌를 안정시키는 신경전달물질이다. 이것은 뇌에서 감각인지, 학습, 단기 및 장기 기억을 하는 데 필요한 물질로 아이가 태어나면서 시각, 청각, 후각, 미각, 감각 등의 많은 정보를 인지하고 기억한다. 이 글루타메이트로 아이들은 엄마의 목소리와 얼굴을 인식하고, 엄마라는 단어에 의미를 두고 기억한다. 글루타메이트의 공급과잉은 두뇌를 과하게 흥분시켜 편두통이나 경련을 초래한다.

3) 뇌신경의 구성

외부로부터 자극에 대한 반응하는 정보전달은 감각기관에서 감각신경인 척수와 뇌로 전달된 후 운동신경을 통해 근육과 분비선으로 전달된다. 즉, 뇌와 척수를 중추신경계(CNS)라고 부르고 신체의 각 부분을 연결시켜 주는 뉴런이 말초신경계(PNS)이다.

(1) 중추신경계

Tip

중추신경계(central nervous system)는 뇌와 척수로 구성

중추신경계(central nervous system)는 뇌와 척수로 구성되어 있다. 척수신경계가 척수와 신체 각 부분을 연결시켜주는 척수신경은 312쌍으로 있고, 이러한 뇌신경은 주로 머리 부분의 신경과 내장 기관을 직접 뇌로 연결시켜 주는 신경으로 모두 12쌍으로 구성되어 있다. 즉, 머리 부분 및 얼굴, 운동은 뇌신경으로 들어가고 나오지만, 몸과 사지의 운동, 그리고 감각은 척수신경을 타고 들어가고 나온다.

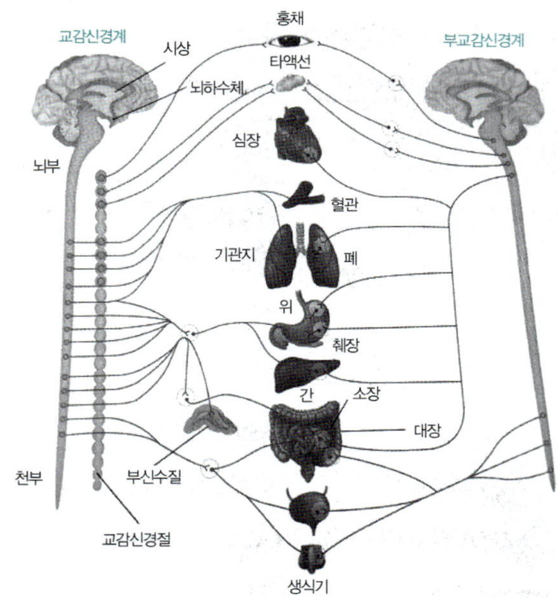

교감신경계		부교감신경계
촉진	심장박동	억제
수축	혈관	확장
상승	혈압	강하
확장	기관지	수축
소량(진함)	침분비	다량(연함)
억제	동공	촉진
확대	혈당량	축소
증가	생식선	촉진
억제	방광	수축

그림 2-2 자율신경계를 구성하는 교감신경계와 부교감신경계

(2) 말초신경계

말초신경계(peripheral nervous system)는 체성신경계(somatic nervous system)

와 자율신경계(autonomic nervous system)로 구성되어 있다.

① 체성신경계

체성신경계는 감각신경과 운동신경계로 다시 세분화되고 첫째, 감각신경은 피부, 근육, 관절로부터 외부자극에 대한 정보를 중추신경계로 전달하여, 우리가 느끼는 통각, 촉각, 압각, 온도감각 등을 알 수 있다. 둘째, 운동신경은 중추신경계로부터 근육으로 정보를 전달하여 운동을 하도록 전달하고 자세와 몸의 균형을 바로 잡도록 도와준다.

Tip

체성신경계는 감각신경과 운동신경계로 다시 세분화되며, 감각신경은 피부, 근육, 관절로부터 외부자극에 대한 정보를 중추신경계로 전달하여, 우리가 느끼는 통각, 촉각, 압각, 온도감각 등

자율신경계는 운동신경 혹은 활동에 의식을 잘하지 않고, 교감신경계와 부교감신경계로 다시 세분화함

② 자율신경계

자율신경계는 운동신경 혹은 활동에 의식을 잘하지 않고, 교감신경계와 부교감신경계로 다시 세분화한다.

첫째, 교감신경계는 우리가 유해자극이나 스트레스를 받는 경우에 우리의 신체를 방어해 주는 기능이다. 다시 말해, 두려움을 느끼거나 공포를 느낄 때 교감신경계는 심장박동을 나도 모르게 빠르게 움직이게 하고, 혈당이 높아지고, 동맥을 확장시키고, 땀을 분비하여 몸을 식혀주거나 경계심을 일깨워 행동할 준비 자세를 갖도록 한다.

둘째, 부교감신경계는 교감신경계와 반대되는 기능을 한다. 예를 들어, 두려움을 느끼거나 공포를 느낄 때 부교감신경계는 심장박동을 나도 모르게 느리게 움직이게 하고, 혈당이 낮아지고, 동맥이 수축되는 등의 기능을 하도록 한다. 즉, 건강한 사람은 교감신경계와 부교감신경계가 서로 조화를 잘 이루어 심리적 안정감이 유지되지만, 심한 스트레스를 계속해서 받아 교감신경계가 지나치게 높아지면 고혈압,

편두통 등의 다양한 질환이 나타날 수 있다.

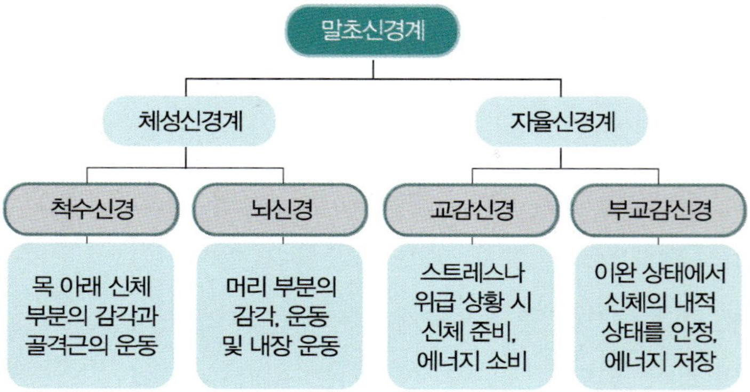

그림 2-3 말초신경계 조직도

(3) 뇌전도 검사

뇌전도 검사에 많이 사용하고 있는 종류는 뇌파검사, 양전자 방출 단층 촬영 그리고 기능적 자기 공명 영상법이 많이 사용되고 있으므로 세 가지 유형에 대하여 살펴본다.

① 뇌파검사(뇌전도 EEG: electroencephalogram)는 뇌신경세포가 활동할 때 생기는 전기적 파동으로 환자들의 의식과 마음상태에 따라 파동의 속도가 달라지는 특징을 검사한다. 뇌의 부위별 기능과 역할을 살펴보면, 전두엽(앞머리 부분)은 종합적인 판단력과 인지능력을, 두정엽(정수리 부분)은 운동능력을, 후두엽(뒷머리 부분)은 시작을, 측두엽(옆머리 부분)은 청각을, 좌뇌(왼쪽 뇌)는 이성적 사고, 논리적 사고를, 우뇌(오른쪽 뇌)는 감성 공감력, 직관력을 확인한다. 이러한 뇌파의 종류는 다음과 같다.

표 2-1 뇌파의 종류

뇌파 종류	주파수(HZ)	기능
델타파(Delta, δ)	0.5~4	수면파라고도 하며, 잠들어 있거나 무의식 상태일 때 발생함
세타파(Theta, θ)	4~8	졸음파라고도 하며, 세타파는 잠에 빠져들 때 통과하는 지각과 꿈의 경계상태로 불리고, 창조력과 학습능력을 결정하는 데 있어 중요함
알파파(Alpha, α)	8~13	긴장을 완전히 풀어 이완시켜주는 안정파로, 정신을 집중해 연구하거나 명상할 때, 눈을 감고 깊은 생각에 잠겼을 때 발생함
베타파(Beta, β)	13~30	의식은 깨어 있을 때의 노파로 일상생활 중 대부분 사람의 노파는 베타파로 외부에 대한 자각과 인지활동이 가능함
감마파(Gamma, γ)	30 이상	고도의 정보정리에 관여하는 가장 중요한 뇌파이기도 하지만, 극도의 흥분 상태나 각성 상태에서도 나타남

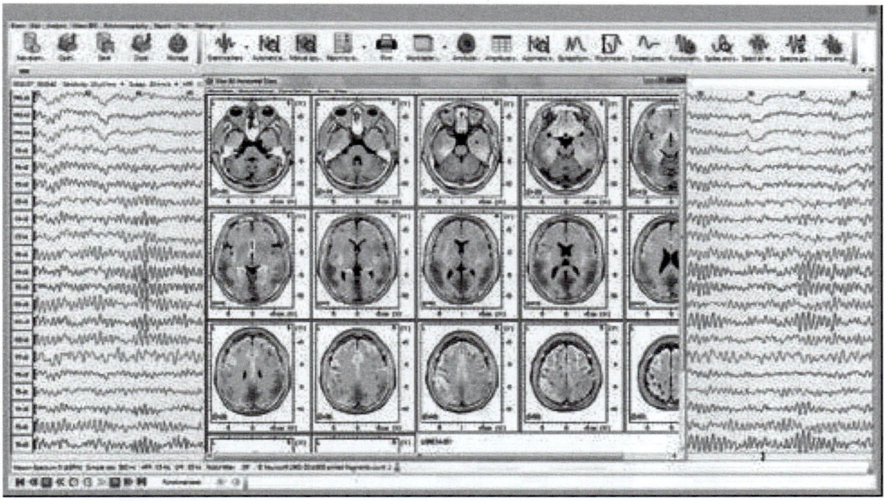

그림 2-4 뇌파검사 모습(출처: http://www.brainsecrets.co.kr/default/menu03/menu03_prod01.php?sub=31 정량화뇌파 검사시스템)

② 양전자 방출 단층 촬영(PET scan: positron emission tomography)은 포도당에 감사선을 발생하는 방사성 물질을 합성하여 플루오르 데옥시 글루코스(FDG: Fluoro Deoxy Glucose, 다른 검사방법에 의해 이상이 밝혀졌거나, 이상의 의심되는 환자 그리고 악성종양 진단을 받은 환자에 있어서

악성도의 평가에 도움을 주기 위해 비정상적인 포도당 대사를 측정함)의 주사액을 만들어 이를 정맥에 주사한 후 40분간 감마선을 감지하는 양전자방출단층촬영(PET)을 이용하여 전신을 3차원 스캔하여 포도당이 많이 모인 부위를 찾아낼 수 있고, 이에 따라 전신의 암세포 유무와 위치를 알아낼 수 있어 각종 암에 해당되는 것을 조기진단할 수 있는 검사이다. 즉, 사람들의 인체 내에서 대사되는 물질에 양전자를 방출하는 물질을 부착시켜 만든 방사성 의약품을 환자의 몸속에 주사한 다음 특수한 기계장치를 이용하여 체내에서 방출하는 양전자를 다양한 각도에서 검출하여 인체의 단면영상을 관찰하는 검사이다.

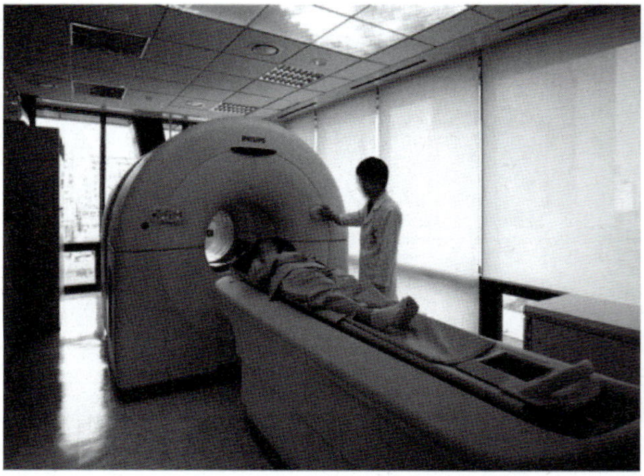

그림 2-5 양전자 방출 단층 촬영 모습(출처: https://blog.naver.com/t7500000/220467947743)

③ 기능적 자기 공명 영상법(fMRI: Functional MRI)은 뇌의 신경학적 활성부부위를 검사한다. 이는 운동(손가락 까닥거림 등), 감각활동(표면자극), 인지활동(계산, 읽기, 회상 등), 감정활동(공포 등)에 대한 활성부위 측정이 가능해졌다.

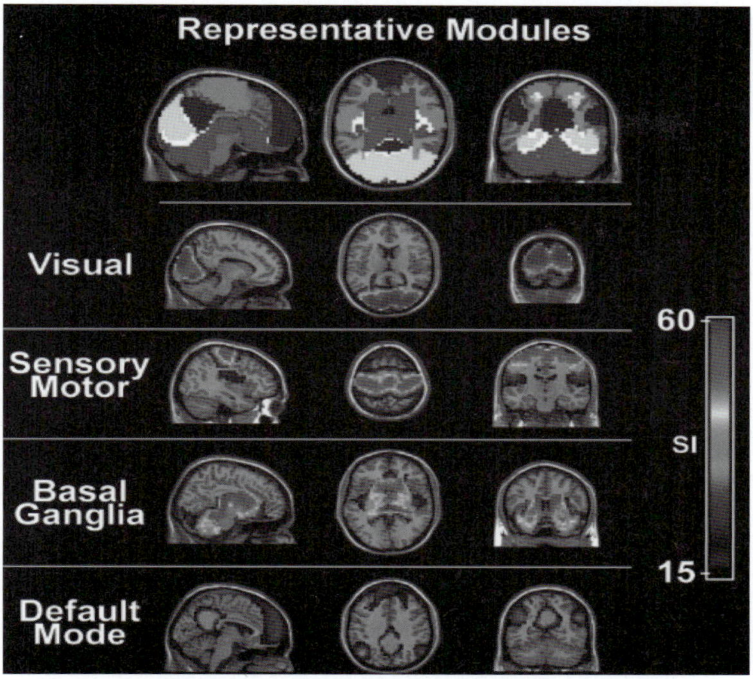

그림 2-6 기능적 가지공명 영상법의 기본적 모델(출처: https://blog.naver.com/meryang63/221435077213)

4) 뇌와 행동

인간의 뇌는 매우 복잡한 구조로 구성되어 있으며, 생각하고, 느끼고, 행동하는 모든 활동의 영역이 뇌에서 이루어지기 때문에 뇌 기능은 매우 복잡하다. 이러한 뇌의 구조는 전뇌, 중뇌, 후뇌로 구분되며, 전뇌의 하위부위로 종뇌(대뇌피질, 기저핵, 변연계)와 간뇌(시상, 시상하부)로, 중뇌는 중뇌개와 중뇌피개로, 후뇌는 후뇌(소뇌, 뇌교)와 수뇌(연수)로 구성되어 있다.

표 2-2 뇌의 해부학적 구조

주요부위	하위부위	주요구조물	세부구조물
전뇌 (forebrain)	종뇌 (telencephalon)	대뇌피질 (cerebral cortex)	전두엽 (frontal lobe) 두정엽 (parietal lobe) 후두엽 (occipital lobe) 측두엽 (temporal lobe)
		기저핵 (basal ganglia)	
		변연계 (limbic system)	해마 (hippocampus) 편도체 (amygdala) 중격 (septum)
	간뇌 (diencephalon)	시상 (thalamus) 시상하부 (hypothalamus)	
중뇌 (midbrain)	중뇌 (midbrain)	중뇌개 (tectum)	상소구 (superior colliculus) 하소구 (inferior colliculus)
		중뇌피개 (tegmentum)	
		중뇌망상체 (midbrain reticular formation)	
후뇌 (hindbrain)	후뇌 (hindbrain)	소뇌 (cerebellum) 교 (pons)	
	수뇌 (myelencephalon)	연수 (medulla)	

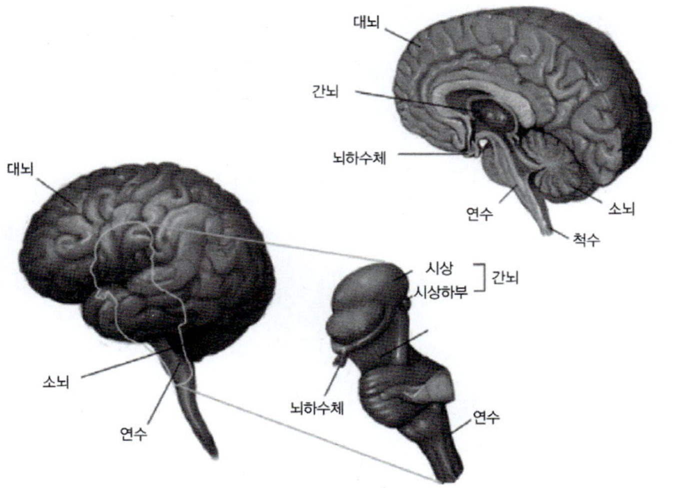

그림 2-7 뇌의 구조(출처: doopedlia.co.kr 참조)

(1) 전뇌: 종뇌

전뇌의 하위부위인 종뇌는 대뇌피질과 기저핵, 변연계로 구성되어 있다. 먼저, 대뇌피질은 뇌의 바깥쪽 표면으로 독립된 두 개의 반구로 분리되어 있으며, 각 반구는 뇌량에 의해 연결되어 있다. 특히 대뇌피질은 네 개의 엽으로 구성되어 있다(**그림 2-8** 참조).

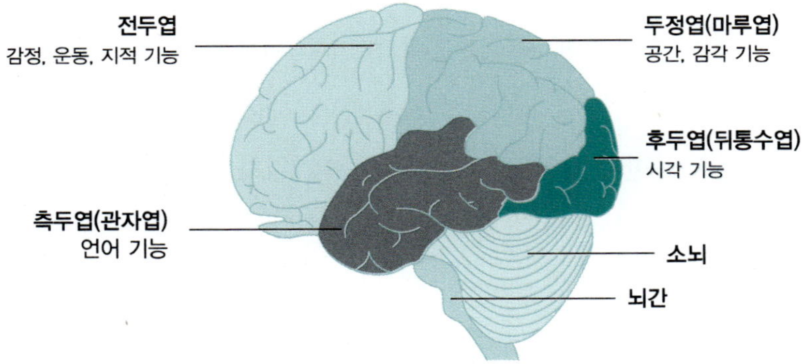

그림 2-8 대뇌피질의 네 개의 엽

① 전두엽(frontal lobe)은 대뇌 반구의 전방에 위치해 있고, 두정엽, 후두엽, 측두엽 등은 대뇌피질을 구성하는 주요 부분의 하나이다. 다시 말해, 이는 추리, 계획, 운동, 감정, 문제해결과 연관되어 있고, 전두엽은 기억력과 사고력 등의 고등행동(척추동물)을 관찰한다. 특히 다른 연합영역으로부터 들어오는 정보를 조정 및 행동을 조절한다. 이마 앞 쪽에 위치한 대뇌피질 영역 말하기와 근육운동, 계획시우기와 판단에 관여한다.

Tip

전두엽은 기억력과 사고력 등의 고등행동(척추동물)을 관찰하며 다른 연합영역으로부터 들어오는 정보를 조정 및 행동을 조절함

② 두정엽(parietal lobe, 마루엽)은 대뇌 반구의 위쪽 후방에 위치하며, 기관에 운동명령을 내리를 운동중추이다. 체감각 피질과 감각연합으로 구분되어 있고 촉각(사물이 피부에 접했을 때 생기는 감각), 압각(손 위에 올린 것의 무게, 피부에 가해지는 압력이나 진동을 느낄 때의 감각), 통각(아픔을 느끼는 감각으로 자극의 일정 수준보다 높으면 반사적으로 자극을 밀어내는 방어 반응), 냉각(차가운 것을 접했을 때), 온각(뜨거운 것을 접했을 때) 등의 체감각처리에 관여하며 피부, 골격계, 내장 등으로부터 감각신호를 담당한다. 머리 위쪽에서부터 뒤쪽으로 위치한 대뇌피질 영역, 촉각과 신체 위치에 대한 감각입력을 받아들인다.

③ 후두엽(occipital lobe, 뒤통수엽)은 시각연합영역과 시각피질이라고 하는 시각중추가 있어 시각정보의 처리를 담당하고 즉, 눈으로 들어온 시각정보가 시각피질에 도착하면 사물의 위치, 모양, 운동 상태를 분석한다. 따라서 뒤통수 쪽에 위치한 대뇌 피질 영역, 반대편 시야로부터 시각정보를 받아들이는 시각영역이 포함된다.

④ 측두엽(temporal lobe, 관자엽)은 대뇌반구의 양쪽 가에 있는 부분으로 청각연합영역과 청각피질이 있어 청각적인 정보를 담당한다. 먼저, 기저핵은 대뇌피질 아래쪽에 있는 핵으로 운동통제에 기

여하며, 변연계는 정서반응의 조절과 학습, 기억, 동기 등의 중요한 기능을 담당한다. 그리고 해마는 학습과 기억과정에 결정적인 역할을 담당하고, 편도체는 공격행동과 정서반응의 학습에 중요한 역할을 담당한다. 특히, 중격(septum: 유쾌한 감정)은 편도체와 정서적 연관성이 깊고, 성적행동과 관련이 있다.

(2) 전뇌: 간뇌

간뇌는 중뇌의 윗부분과 종뇌에 의해 덮여 있으며, 시상과 시상하부가 해당된다. 먼저, 시상(thalamus)은 후각을 제외한 모든 감각정보(대뇌피질과 시각, 청각 등)를 중계하는 역할을 하며, 시상하부(hypothalamus)는 아몬드 크기로 시상의 아랫부분과 뇌의 기저부에 위치하고 있다. 즉, 자율신경계와 내분비계를 통제, 생존과 관련된 행동을 한다.

> **Tip**
> 시상(thalamus)은 후각을 제외한 모든 감각정보를 중계하는 역할을 하며, 시상하부는 시상의 아랫부분과 뇌의 기저부에 위치함

(3) 중뇌: 중뇌개, 중뇌피개

중뇌는 교(pons)와 간뇌(diencephalon) 사이에 위치를 하고 있으며, 중뇌개, 중뇌피개, 중뇌망상체로 구성되어 있다. 먼저, 중뇌개(tectum)의 상소구(superior colliculus)는 시각반사와 움직이는 자극에 반응하며, 하소구(inferior colliculus)는 청각정보의 중계중추의 기능을 한다. 또 다른 중뇌피개는 여러 하위변인의 핵들과 신경섬유 다발로 구성되어 있고, 끝으로 중뇌 망상체는 수면, 운동, 각성, 주의, 근긴장도 등에서 중요한 역할을 하고 있다.

(4) 후뇌: 소뇌, 교

후뇌는 소뇌(cerebellum)와 교(pons)로 구성되며, 소뇌는 외형상 대뇌의 축소판으로 소뇌의 일차적인 기능은 자세유지와 빠르고 협응적인 운동을 조절한다. 그리고 교는 소뇌의 아래쪽 연수와 중뇌 사이에 있는 부위, 대뇌의 정보를 소뇌로 중계하는 역할을 담당하고, 교는 망상체에서 수면과 각성을 조절하는 핵들로 구성되어 있다.

(5) 후뇌: 연수

연수는 뇌의 가장 아래쪽 있으며, 척수와 연결되어 있다. 특히 연수는 핵(체감각적인 정보를 시상으로 중계함)과 망상체로 형성되어 있고, 연수 망상체들은 골격근의 근긴장도 조절, 심장박동과 호흡을 통제하는 등 생명유지에 필수적인 기능을 한다.

Chapter 03

상담이론 및 심리치료

1) 정신역동적 이론

(1) 프로이트의 정신분석

지그문트 프로이트(Sigmund Freud, 1856~1939)

정신분석적 접근방법은 프로이트의 인간 정신세계의 구조와 작용에 관한 이론에 기초하여 인간 심층심리의 이해에 초점을 두며, 심리학보다는 정신의학분야에 뿌리를 두고 있다. 그는 인간의 정신구조를 바다 한가운데 떠 있는 빙하와 같다고 보았다. 따라서 인간의 정신을 크게 나누었을 때, 빙하에 있어서 수면 위에 뜬 부분에 해당하는 10%의 의식의 세계와 물속에 잠긴 부분에 해당하는 90%의 무의식의 세계로 구성되어 있고, 이렇게 볼 때 인간의 대부분의 행동은 무의식 세계의 지배를 받는다고 할 수 있다. 즉, 프로이트는 정신분석학적 접근 중에서도 인간의 보다 본능적이고 무의식적인 욕구의 표출을 강조한 것이다.

Tip

프로이트는 정신분석학적 접근 중에서도 인간의 보다 본능적이고 무의식적인 욕구의 표출함

또 다른 하나는 삶의 본능에 있어 우리에게 정신적·성적 에너지로 간주되는 리비도에 의한 역동이론의 전개를 들 수 있다. 여기서 무의식의 힘, 특히 성적인 본능의 힘이 가중되는데, 무의식적인 과정은 평소 사람들이 잘 인식하지 못하는 정신의 심층에 속해 있다는 사실에 주목해야 한다. 의식은 '현실주의'를 따르며, 무의식은 '쾌락주의'의 지배를 받는다.

① 정신분석의 접근방법

정신분석적 접근방법은 정신의 구조에 영향을 주는 세 가지 개념인 원초아, 자아, 초자아이다(그림 3-1 참조).

첫째, 원초아(Id, 원초적인 본능의 지배하에 있는 나)는 인간의 생물학적인 토대에 기초하고 있으며 모든 욕구에 있어 에너지의 근원으로 작용한다. 또한 결과를 고려하지 않고 즉각적으로 에너지를 방출시켜 긴장을 감소시키고 욕구를 만족시키려는 경향이 있다(쾌락원리). 때로는 현실과 무관하게 만족을 추구하기도 한다(일차과정). 예를 들어, 음식이나 물, 배설 등에 대한 욕구, 성적 욕구, 공격적 욕구이다.

둘째, 자아(Ego, 현실적인 나)는 원초아의 쾌락 추구, 초자아의 완벽 추구와는 달리 현실을 추구한다. 초자아의 요구에 맞추어서 원초아의 욕구를 만족시키거나 표현하며(현실원리), 자아는 환상·소원·상상으로부터 현실을 구분할 줄 안다. 자아는 복잡한 인지기능 즉, 사고나 판단의 능력을 보유하고 있다(이차과정).

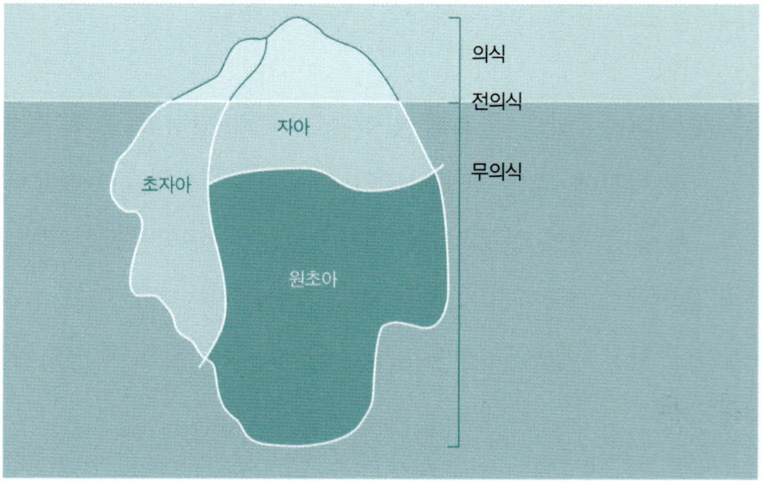

그림 3-1 프로이트의 정신분석학 도식화

셋째, 초자아(Supper ego, 도덕적인 나)는 우리가 추구하는 사회의 도덕이나 윤리적 규범이다. 사회적 법칙이나 관습에 따라 사람들이 행동하도록 하며, 현실적인 조건들과 효율적으로 타협하고 조절하는 것보다는 절대 기준을 가진 도덕성에 더 비중을 둔다. 또한 초자아가 강한 사람은 흑백논리식 판단이나 완벽함을 추구한다.

넷째, 원초아, 자아, 초자아의 상호관계는 다음과 같다.

- **원초아**: 오늘은 황단보도가 너무 멀다. 그냥 우리 무단횡단을 하면 더 빨리 갈 수 있을 같아. 그렇게 하는 것이 훨씬 좋겠어!
- **자아**: 얘들아, 싸우지 마! 교통질서는 사람의 안전을 위해 존재하는 것 아니겠어? 내가 생각할 때는 교통질서를 지키는 것도 중요하지만 지금 여기는 차도 없는 것 같아서 안전할거 같아. 우리 시간도 없으니까 바로 건너는 게 좋겠어. 다들 나를 따라와 가자!
- **초자아**: 야! 절대로 안 돼!!! 문화시민으로서 교통질서를 잘 지켜야지! 좀 시간이 걸리고 힘들더라도 횡단보도로 건너야 해!

② 프로이트의 방어기제

방어기제(defense mechanism)는 지금까지 폭넓은 개념으로 사용되고 있다. 이 방어기제는 학습의 영향을 크게 받고 있으나 대체로 습관적이고 무의식적인 수준에서 이루어지고 있다. 대부분의 경우 방어기제는 현실의 왜곡과 자기기만의 수단으로 사용되고 있다. 그렇기 때문에 방어기제는 스트레스 상황을 현실적으로 대응한다는 의미에서만 보면 결코 적응적이라고 볼 수 없는 대응양식이다(이성진·박성수, 2004).

> **Tip**
> 방어기제는 학습의 영향을 크게 받고 있으나 대체로 습관적이고 무의식적인 수준에서 이루어짐

방어를 위한 반응이 지나쳐 습관화되면 스트레스를 주는 요소가 그대로 누적되어 그것이 새로운 스트레스 유발요인으로 작용하게 되고

심각한 부적응의 원인이 된다. 그래서 방어기제가 인생의 주요문제를 다루는 능력을 손상하지 않는 범위 내에서 사용되는 경우 이를 정상적 대응의 기제라고 본다. 이러한 방어기제를 기만형, 대체형, 도피형의 기제 등 세 가지의 범주로 나누었을 때 **그림 3-2**와 같다(조수환, 2001; 추정선, 2003; 원호택, 1999; 방선욱, 2003).

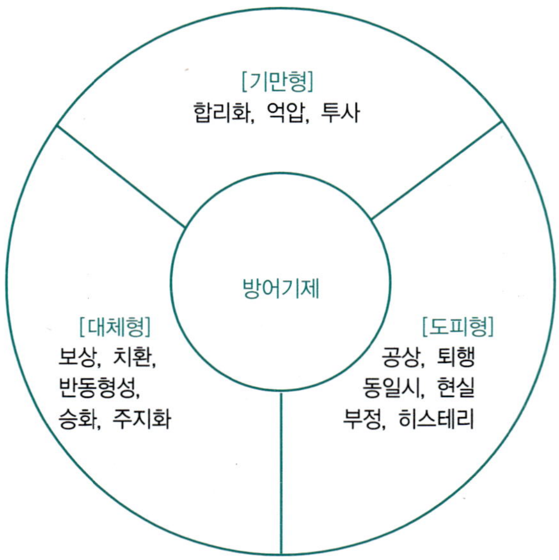

그림 3-2 방어기제의 도식화

㉠ 기만형

기만형 방어기제는 자신의 불안이나 위협이 되는 스트레스를 자기의 감정이나 태도를 변경시킴으로써 스스로 그것에 대한 인식을 달리하려는 무의식적 방어기제로서 합리화, 억압, 투사 등이 있다.

Tip

기만형 방어기제는 자신의 불안이나 위협이 되는 스트레스를 자기의 감정이나 태도를 변경시킴으로써 스스로 그것에 대한 인식을 달리하려는 무의식적 방어기제로서 합리화, 억압, 투사 등

첫째, 합리화(rationalization)는 자아가 경험한 상황이 고통스럽거나 받아들이기 어려운 경우, 사실적인 이

유 대신에 그럴듯한 이유를 찾는 것을 의미한다. 예를 들어, 이솝 우화에 보면 목마른 여우가 길을 가다가 포도를 발견하고는 따먹으려고 갖은 방법을 시도하다가 도저히 딸 수가 없자 그동안 노력을 기울인 것이 창피하기도 하고 그것을 딸 능력이 없다는 것을 스스로 인정하기가 싫어서 "신포도이기 때문에 따봐야 먹을 수가 없다"고 선언하고 길을 간다는 일화가 있다. 또한 시험시간에 부정행위를 한 여학생이 다른 친구들도 모두 부정행위를 많이 하는데 자기 자신은 조금만 보고 답안지를 작성하였다고 생각하고 있는 것을 의미한다.

둘째, 억압(repression)은 고통스러운 감정이나 경험을 봉쇄하기 위하여 가장 흔히 사용되는 기제이다. 즉, 망각의 한 형태라고 할 수 있는데, 억압의 극단적인 한 형태가 기억상실증(amnesia)이다. 억압된 욕구는 불안과 비합리적인 행동을 유발하는 원인이 된다. 또한 억압은 억제(suppression)와는 다르기 때문에 혼돈되어서는 안 된다. 즉, 억제는 의도적으로 충동적인 행동이나 충동을 저지하는 능력을 말하며, 어떤 일에 몰두하기 위하여 고통스런 기억을 일시적으로 보류해두는 기억상실증과 같은 식이다. 억제된 생각은 개인이 알고 있으나 억압된 충동이나 기억은 알 수 없는 경우가 많다. 이처럼 억압된 내용은 망각된 것이 아니어서 최면상태나 약물 등을 투입하면 의식화될 수 있고, 방어기제가 작용해야 할 필요가 없는 시점에 도달하면 의식화될 수 있다. 예를 들면, 슬픔이 너무 커서 오히려 미친 듯이 크게 웃는가 하면, 매우 소심한 사람이 크게 소리를 지르고 방종한 행동을 하는 것을 의미한다.

Tip

억압(repression)은 고통스러운 감정이나 경험을 봉쇄하기 위하여 가장 흔하게 사용되는 기제

셋째, 투사(projection)는 인정하고 싶지 않은 감정이나 소망, 태도, 성격 특징이 자신에게 속한 것이 아닌, 다른 사람에게 속한 것이라고 지

Tip

투사(projection)는 인정하고 싶지 않은 감정이나 소망, 태도, 성격 특징이 자신에게 속한 것이 아닌, 다른 사람에게 속한 것이라고 지각함

각하게 된다. 즉, 자신의 감정이나 소망이 견디기 어려운 고통스런 감정을 불러일으키는 경우 이러한 감정이나 소망이 자아 밖에 존재하는 것으로 생각한다. 따라서 비난하거나 경멸할 만한 특징을 개인 자신이 소유하고 있음을 깨닫지 못하게 된다. 이러한 투사기제를 사용하는 경우, 다른 사람의 무의식에 지나치게 민감하게 되고, 편견, 부당한 의심이나 경계, 오해 그리고 남에게로의 책임전가, 현실왜곡이 나타나게 된다. 예를 들어, 학교에서 친구와 싸움을 해서 선생님께 벌을 받게 된 아이가 다른 아이가 먼저 때려서 싸운 것이기 때문에 자기는 아무런 잘못이 없고 다른 아이에게 잘못이 있다고 판단하는 것이 투사의 좋은 예이다.

ⓛ 대체형

인간은 욕구충족 과정에서 장애가 나타날 때 스트레스를 경험하게 되며, 아울러 달성할 수 있는 다른 목표를 설정하여 그것을 달성함으로써 스트레스를 해소하는 기제이며, 보상, 치환, 반동형성, 승화, 주지화 등이 이에 속한다.

첫째, 보상(compensation)은 어떤 일에 실패했다든가 자신에게 약점이 있을 경우, 이를 극복하기 위해서 다른 특성을 강조하는 것을 말한다. 즉, 자신의 바람직하지 못한 특성을 위장하거나 메우기 위해 장점이나 바람직한 특성을 강조하거나 발전시킴으로써 부적합감을 극복하려고 한다. 예를 들면, 학업성적이 열등하여 운동이나 다른 활동을 통해 만족을 추구하거나 스트레스를 해소시키려는 경우나, 자신의 낮은 학력을 자녀의 높은 학력을 통하여 대신하려는 경우가 모두 보상 행위에 속하는 것들이다. 또는 키가 작은 사람은 키에 대한 열등감이 있

을 수 있기 때문에 이를 메우기 위해 열심히 운동해서 근육을 자랑하는 것과 유사하다.

Tip
치환(substitution)은 바랬던 목표에서 대용의 목표로 에너지를 전환시킴으로써 스트레스를 해소시키고자 함

둘째, 치환(substitution)은 바랬던 목표에서 대용의 목표로 에너지를 전환시킴으로써 스트레스를 해소시키고자 하는 적응양식이다. 혹자는 이를 전이된 보상이라 부르기도 한다. 예를 들어, 세발자전거를 갖고 싶어 하던 욕구가 좌절되면 장난감 자전거를 갖고 만족해한다든지 상사에게 꾸중을 들은 사람이 부하 직원에게 화풀이를 하는 등의 기제가 여기에 속한다.

셋째, 반동형성(reaction formation)은 자기에게 불안을 주고 위협이 되는 상황에서 벗어나기 위하여 그와는 반대되는 태도나 행동양식을 과장하여 그것을 방패삼으려는 기제이다. 가령 자기의 강한 성적 충동을 그대로 나타낼 수 없어서 반대로 성에 대해 극히 혐오를 나타낸다거나, 자신을 너무 괴롭히는 시어머니를 미워하는 것보다 시어머니가 좋아하는 선물을 하는 경우가 여기에 속한다.

넷째, 승화(sublimation)는 당초에 목표나 욕구 에너지를 사회적으로 용인되는 다른 목표나 욕구를 충족시킴으로써 긴장이나 스트레스를 해소하려는 심리적 기제이다. 프로이트(Freud)는 승화란 리비도가 사회적으로 수용될 수 있는 출구로 방향이 변경되는 무의식적 과정이라고 하면서 예술 작품을 이렇게 승화된 예가 되는 것으로 간주하였다. 즉, 무의식적 성적 욕구를 사회적으로 받아들여질 수 있는 보다 보람 있고, 바람직한 행동양식으로 대치하여 간접적으로 만족하고 있는 것으로 보인다. 성적 욕구만이 아니라 공격성도 그렇게 전환시켜 긴장이나 불안을 해소시킬 수 있다.

다섯째, 주지화(intellectualization)는 인지적 과정을 통하여 자기의 불안이나 스트레스를 해소시키려는 노력이다. 가령, 지능이나 교육 수준이

높은 사람들이 궤변이나 분석적 사고를 통하여 불안이나 스트레스에 대처하려 드는 경우가 있다.

ⓒ 도피형

현실에서 도피함으로써 만족을 얻거나 스트레스를 해결하려는 기제들로서 공상, 퇴행, 동일시, 현실부정, 히스테리 등이 여기에 속한다.

첫째, 공상(fantasy)은 좌절된 욕구충족을 비현실 즉, 상상의 세계에서 충족하려는 기제이다. 흔히 백일몽이라고 하는데, 현실에서 도피함으로써 만족을 구하는 것이다. 이러한 공상의 기제에는 지식, 지위, 명예 따위를 상상적으로 얻는 승리의 주인공으로 미화시켜 자기실현, 우월감, 지배성 등을 나타내는 형태가 있는가 하면, 비극의 주인공으로 고난과 핍박을 과대시하여 자기 자신의 존재 가치나 중요성을 돋보이게 하려는 기제이다.

Tip

퇴행(regression)은 만족했던 것보다 원시적이고 유치했던 이전의 수준으로 되돌아가 스트레스를 해소시킴

둘째, 퇴행(regression)은 만족했던 것보다 원시적이고 유치했던 이전의 수준으로 되돌아가 스트레스를 해소시키려는 노력을 말한다. 즉, 유아나 원시적인 감정과 사고, 태도로의 복귀인 것이다. 노신사가 친구들과 어울려 중학생처럼 떠들고 행동하는 경우가 이에 해당된다. 다시 말해서 여섯 살 된 여자 아이가 새로 태어난 아기에게 주어지는 관심과 애정이 자기 자신에게 어떤 위협으로 느껴질 때 부모에게 관심을 얻기 위하여 아기처럼 오줌을 싸거나 어리게 행동하는 것을 퇴행이라고 할 수 있다.

Tip

동일시(identification)는 자신보다 훨씬 훌륭하다고 인정되는 어떤 개인이나 집단과 강한 정서적 유대를 형성함으로써 만족을 추구하거나 스트레스를 해결함

셋째, 동일시(identification)는 자신보다 훨씬 훌륭하다고 인정되는 어떤 개인이나 집단과 강한 정서적 유대를 형성함으로써 만족을 추구하거나 스트레스를 해

결하려는 심리적 기제이다. 가령 자기가 존경하는 사람의 옷차림, 머리 모양 혹은 여러 가지 행동양식을 구하며 자기의 가치를 확대시킴으로써 약점이나 결함 혹은 스트레스를 완화시키려는 따위가 그것이다. 예를 들면, 초등학교 축구부 어린이가 유명한 손흥민 선수를 우상으로 삼고 그와 동일시하려는 생각과 ○○○ 경찰서장은 내 초등학교 동창생이라고 말하는 것을 동일시한다고 할 수 있다. 이러한 동일시는 어린 시절의 성격 발달에 많은 영향을 미치므로 어린이에게 야망과 이상을 심어준다. 하지만 너무 지나치면 망상에 사로잡혀 어린 시절의 성격 발달에 부적응행동이 나타나는 경우가 있다.

넷째, 현실부정(denial)은 불쾌하고 위협이 되는 현실이나 스트레스에 대한 기각을 거부함으로써 자아를 지키려는 심리적 기제로서 두 가지의 유형이 있다. 유입되는 정보를 의도적으로 거부하는 형태와 그 정보를 받아들이되 타당하지 않은 정보로 의식화하여 처리해 버리는 경우이다.

다섯째, 히스테리(hysteria)는 불안, 위협, 스트레스를 신체적인 증상을 통하여 해소시키려는 기제이다. 즉, 신체적으로는 이상이 없지만 하나의 증상으로 나타남으로써 그것을 해소시켜 보려는 도피기제이다.

③ 오디이푸스와 엘렉트라 콤플렉스

오이디푸스 콤플렉스는 프로이트가 소포클레스(Sophokles)의 <Oedipus Rex> 신화를 인용하여 임상연구에 적용하였다. 이 오이디푸스 콤플렉스는 대략 만 3~6세 사이의 아이들이 이성 부모에게 강렬한 사랑을 느껴 그 부모를 독점적으로 차지하려고 하는 반면, 동성 부모에게는 강한 부정적 감정을 일으키게 된다는 이론이다. 아버

Tip

오이디푸스 콤플렉스는 대략 만 3~6세 사이의 아이들이 이성 부모에게 강렬한 사랑을 느껴 그 부모를 독점적으로 차지하려고 하는 반면, 동성 부모에게는 강한 부정적 감정을 일으킴

지를 죽이고 어머니를 차지했다는 결과만을 가져와 오이디푸스 콤플렉스 이론에 이름을 붙였기 때문에 '오이디푸스'가 어머니를 차지하기 위해 아버지를 죽였다는 오해를 받기도 하는데, 신화 속 오이디푸스는 사실 이론에서 의미하는 것과는 다르다.

신화 속 오이디푸스에 대한 내용을 살펴보면, 오이디푸스는 코린트의 왕 폴리부스와 왕비 페리보이아의 아들로서 행복한 왕자의 삶을 살고 있었다. 어느날 연회석상에서 술에 취한 오이디푸스의 친구가 말했다. "오이디푸스! 너는 주워 온 자식이야." 아버지 폴리부스가 정색을 하고 친부지간이라고 나무랐지만, 오이디푸스는 의심스러운 점이 있었다. 그래서 델포이 신전으로 찾아가 아폴론에게 신탁을 청했다. 아폴론은 오이디푸스가 질문한 친자 여부를 답해 주지 않고 "너는 아버지를 죽이고 어머니와 간음을 하게 될 것이다"라고 말한다. 오이디푸스는 상심했고 아버지와 어머니를 떠나면 운명도 어쩔 수 없을 것이라는 결론을 내려 눈물을 흘리며 코린트로 돌아가지 않고 방랑의 길을 떠나게 된다.

길을 가던 오이디푸스는 마차를 타고 오던 한 노인을 만났다. 길을 비키라며 언쟁을 하다가 격분한 나머지 노인을 살해한다. 그는 테베의 왕 라이오스였는데, 사실은 그가 오이디푸스의 친아버지였다. 라이오스는 아들에게 죽는다는 예언 때문에 갓난아이였던 오이디푸스를 외국으로 보내 인연을 끊고 살았던 것이었다. 오이디푸스가 발걸음을 재촉하여 도착한 곳은 친부 라이오스가 다스리던 테베라는 곳이었다. 그곳은 공포와 혼란으로 어수선한 곳이었다. 질투의 여신 헤라가 보낸 스핑크스라는 괴물 때문에 사람들이 죽어나가고 있었던 것이다. 그러니 테베의 왕 라이오스의 사망도 사람들의 관심사 밖이었다.

라이오스 왕이 죽은 후 임시로 섭정을 하고 있던 크레온은 스핑크스를 물리칠 방법이 없었다. 그래서 결국 스핑크스를 처치하는 사람을 테베의 왕으로 삼겠노라 공언을 했다. 스핑크스는 사람이 지나가면 수수께끼를 내어 풀지 못하면 잡아먹는 괴물이었다. 스핑크스와 마주친 오이디푸스는 수수께끼를 풀어 테베의 왕이 되었고, 라이오스 왕의 왕비였던 이오카스테를 아내로 맞아들였다. 아내로 맞이한 라이오스 왕의 왕비는 사실은 오이디푸스의 친어머니였다. 결과적으로 오이디푸스는 전혀 알지 못한 채 아버지를 죽이고 어머니를 차지하게 된 셈이다.

프로이트의 주장에 따르면, 누구나 태어나서 처음 대하는 애착의 대상은 어머니이다. 또한 어린아이에게도 성욕이 있다는 것, 그리고 남자 아이의 성적 욕망은 어머니를 첫 번째 사랑의 대상으로 삼는다는 것이다. 그리고 그 아이는 자신을 아버지와 동일시하는 과정을 거치게 되면서 일정한 기간 동안 아이에게 있어서의 아버지는 욕망의 장애물로 인식된다. 이 상황에서 단순하고 긍정적인 오이디푸스 콤플렉스가 생긴다는 것이 프로이트의 주장이다(고유식, 2004). 그리고 아버지와 자신을 동일시하려는 아이의 바람은 아버지에 대한 적대적 성향으로 변하면서 그것이 어머니로부터 아버지의 자리를 빼앗고 그를 제거하려는 욕망으로까지 발전한다. 이처럼 아버지에 대한 양가적 태도와 어머니에게 애정만을 느끼는 대상관계에 놓인 남자아이들의 경우 '단순하고 긍정적인' 오이디푸스 콤플렉스라고 한다(박찬부, 1998).

오이디푸스 콤플렉스의 해소는 도덕성, 달리 말하면 '초자아'의 발달을 가져온다. 아이들은 폭력적인 충동에 따라 행동하지 않고 사회문화적 관습에 복종하는 법을 배우게 되는데, 이 중 근친상간 금기는 가장 기본적인 것이다(조병기, 2006). 그러나 자신들이 오이디푸스 콤플렉스를 성공적으로 헤쳐 나가지 못한 사람들은 미성숙한 채로 남게 되고 다음 단계로 성장해 나가지 못하며, 한쪽 부모 혹은 양쪽 부모 모두가 자신을 꼼짝 못 하게 한다고 느낀다. 그 외에도 직업을 가질 때나 대인관계를 맺을 때 심리적인 문제들을 수용하기보다는 행동화(acting-out)해 버리고, 충동 조절이 되지 않아 권위적인 대상과의 관계가 어려운 등 많은 문제를 겪게 된다.

Tip

엘렉트라 콤플렉스는 오이디푸스 콤플렉스와 반대되는 개념으로, 딸이 아버지에게 애정을 품고 아버지 옆에는 강한 존재인 어머니가 있다는 것에 질투심을 느끼며 경쟁자로 인식하여 반감을 보이는 등 부정적인 감정을 일으킴

엘렉트라 콤플렉스는 오이디푸스 콤플렉스와 반대되는 개념으로, 딸이 아버지에게 애정을 품고 아버지 옆에는 강한 존재인 어머니가 있다는 것에 질투심을 느끼며 경쟁자로 인식하여 반감을 보이는 등 부정적인 감정을 일으킨다는 이론이다.

(2) 융의 분석심리학

융(Carl Gustav Jung, 1875~1961)

융(Carl Gustav Jung)은 1875년 스위스 북동부 작은 마을에서 목사의 아들로 태어났고, 스위스 바젤 대학 의학부를 나온 뒤 취리히 대학 의학부 정신과의 오이겐 블로일러 교수 문하에 들어갔다. 그곳의 교수직에 있으면서 단어연상검사를 연구하여 '콤플렉스' 학설의 기초를 마련하였고 정신분열증의 심리적 이해와 이에 대한 정신치료를 처음으로 시도했다. 이 당시 프로이트 학설에 접하여 한때 프로이트의 정신분석학파의 핵심인물로 활동하기도 했으나, 프로이트의 초기학설인 성욕중심설의 부적절함을 비판하고 독자적으로 무의식세계를 탐구하여 분석심리학을 창시하였다.

Tip

프로이트의 초기학설인 성욕중심설의 부적절함을 비판하고 독자적으로 무의식세계를 탐구하여 분석심리학을 창시함

융은 자기 자신의 무의식과 수많은 사람들의 심리

분석 작업을 통해서 얻은 방대한 경험 자료를 토대로, 원시종족의 심성과 여러 문화권의 신화, 민담, 동서양의 철학과 사상, 종교현상들을 비교 고찰한 결과, 인간심성에는 자아의식과 개인적 특성을 가진 무의식 너머에는 의식의 뿌리이며 정신활동의 원천이고 인류 보편의 원초적 행동 유형인 많은 원형(原型)들로 이루어진 집단적 무의식의 층이 있음을 확인하였다. 그는 자신의 경험으로부터 심리치료법을 개발하여 이론화하였고 심리치료를 받는 사람들에게 '개체화'라는 자신의 신화를 발견하는 과정을 통해 더 완전한 인격체가 될 수 있다고 생각하였다. 더 나아가 모든 사람의 무의식 속에서 의식의 일방성을 자율적으로 보상하고 개체로 하여금 통일된 전체를 실현케 하는 핵심적인 능력을 갖춘 원형 즉, 자기 원형이 작동하고 있음을 증명하였다.

융은 의식이 우리의 중심이 아님을 말하고 있다. 우리의 의식은 문명화된 의식이다. 의식은 자아의 세계이다. 이 '자아'라는 것은 '자기'에서 떨어져 나온 것이다. 그렇기 때문에 자아는 우리의 중심이 아니다. 오히려 자아는 우리의 중심인 자기를 향해 나아가야 하는 것이다. 우리는 자아의 세계가 전부인 줄로만 착각하며 살아간다. 왜냐하면 자기의 세계와 같이 설명되지 않는 세계는 존재하지 않는다고 생각한다.

사실 우리 시대에 있어서 의식과 무의식의 해리는 자아의 세계를 전부로 생각하는 데서 비롯되었다. 그렇다면 꿈을 통하여, 신화를 통하여, 상징을 통하여, 자기의 세계에서 자아의 세계를 향해 건네주는 메시지에 우리는 귀를 모아야 하겠다. 왜냐하면 의식의 치명적인 손실은 꿈에 의해 보완되고 있기 때문이다.

우리의 세계는 설명 가능한 세계만이 전부가 아님을 말하고 있다. 무엇보다도 우리는 저 깊은 내면의 무의식을 향해 마음을 열어야 한다. 특히 자아의 세계 안에서의 '이성'이라는 것은 지극히 불완전하기 때문에, 우리의 이성으로는 마음의 전체성을 결코 파악할 수 없다.

융은 다음과 같이 말한다. "비판적 이성이 지배하면 할수록 인생은 그만큼 빈곤해진다. 그러나 무의식과 신화를 우리가 의식하면 의식할수록 우리는 더 많은 삶을 통합할 수 있다." 집단 무의식의 내용인 원형에는 페르소나, 아니마, 아니무스, 그림자, 자기로 구성된다(**그림 3-3** 참조).

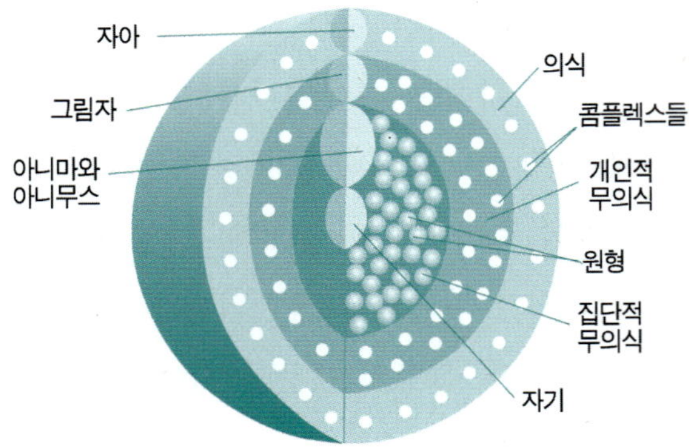

그림 3-3 마음의 구조 및 페르소나 구성 도식화

① 원형

㉠ 페르소나

페르소나는 환경의 요구에 조화를 이루려고 하는 적응의 원형이다. 즉, 페르소나는 개인이 사회에 대한 이해를 바탕으로 사회에서 가정하는 자신의 역할을 의미한다. 페르소나는 가면을 뜻하는 희랍어로 개인이 사회적 요구들에 대한 반응으로써 밖으로 내놓은 공적 얼굴이다. 페르소나를 통해 다른 사람과 관계하면서 좋은 인상을 주거나 자신을

Tip

페르소나는 가면을 뜻하는 희랍어로 개인이 사회적 요구들에 대한 반응으로써 밖으로 내놓은 공적 얼굴임

은폐시킨다. 겉으로 표현된 페르소나와 내면의 자기가 너무 불일치하면 표리부동한 이중적인 성격으로 사회적 적응에 곤란을 겪게 된다. 집단적 견해 속에서 살아가는 가운데 집단에 의해서 요구되는 태도, 생각, 행동규범, 역할을 분석심리학에서는 페르소나 또는 외적 인격이라 부른다. 그리고 '나'는 사회생활을 하는 가운데 여러 가지 페르소나를 '썼다 벗었다' 하며 그때그때의 사회집단에 적응해나간다.

Tip
집단적 견해 속에서 살아가는 가운데 집단에 의해서 요구되는 태도, 생각, 행동규범, 역할을 분석심리학에서는 페르소나 또는 외적 인격이라 부름

㉡ 아니마와 아니무스

페르소나는 자아가 바깥세계에 적응할 때 필요한 수단이기는 하지만 삶의 최종목표는 아니다. 왜냐하면 '나'는 바깥세계뿐만 아니라 또 하나의 중요한 세계인 내면세계 즉, 무의식과 관계를 맺어야 하며 그 속에 있는 무궁무진한 가능성을 발견해야 하기 때문이다. 또한 내적 인격은 사람이 외적 인격-페르소나를 가지고 외부세계와 관계를 맺는 것처럼 우리의 내면세계와 관계를 맺는 징검다리와 같은 것으로써, '나'와 무의식의 더 깊은 층을 있게 한다. 즉, 자아가 내면세계와 관계를 맺는 징검다리와 같은 것으로서, '나'와 무의식의 더 깊은 층을 연결해 주는 매개자이다. 그리고 아니마와 아니무스는 바로 이 내적 인격을 의미한다(이부영, 2001).

융은 여성 속의 남성성을 아니무스, 남성 속의 여성성을 아니마라고 부른다. 즉, 생물학적 성과 내면화되어 있는 성은 모두 개인의 생물학적·사회적 발달에 맞는 적당한 모습으로 발달되어야 한다. 이러한 아니마와 아니무스는 성장하는 단계에서 서로 대응되는 특징을 가지고 있지만 최종단계로 다가갈수록 많은 특징들을 공유하게 된다. 그러나 사회에서는 남성의 남성성을, 여성의 여성성을 강화는 압력이 존재하

며 그 결과 여성은 내면의 아니무스, 남성은 내면의 아니마를 억누르게 된다. 따라서 이성성은 거의 무의식적 수준으로 억압되고 내면화되기 시작한다.

건강한 성격으로 발달하기 위해서는 아니마와 아니무스가 서로 균형 있게 발달되어야 한다(지상현, 2002). 즉, 융은 남녀가 사회적 역할에 집착하지 말고, 내면의 여성적 감정이나 남성적 판단력을 함께 발전시켜야 한다고 말했다. 자기 안의 아니마와 아니무스를 긍정적으로 살려내야만 그들의 인격은 왜곡되지 않고 충분히 자아를 실현한다는 것이다(변신원, 2005).

원형은 태어날 때부터 가지고 나오는 인간의 가장 보편적이며 가장 원초적인 행동유형의 여러 조건이다. 아니마와 아니무스를 말하고자 할 때 집단적 무의식을 구성하는 원형적 측면과의 관련성을 말하지 않을 수 없다.

Tip

아니마란 남성 속의 여성, 아니무스는 여성 속의 남성을 의미함

아니마와 아니무스는 많은 원형 가운데 하나이지만 그중에서도 매우 특수한 원형이다. 남성이 여성에 관해 여성이 남성에 대해 인류 태초로부터 경험한 모든 것의 침전, 그래서 선험적으로 결정된 남성이 여성에게 그리고 여성이 남성에게 반응하도록 하는 여러 형태 유형의 조건들이 원형으로서의 아니마와 아니무스이다. 그러나 여성원형, 남성원형의 특성은 집단사회에서 통용되는 남성관, 여성관과는 많은 차이가 있다.

또한 마음의 구조에서 아니마와 아니무스는 의식의 중심인 나의 무의식적 그림자와 자기(그 사람이 지닌 전체 정신을 발휘할 수 있는 원동력이자 그의 삶의 목표) 사이에 걸쳐 있다. 그래서 그것은 나와 자기를 잇는 다리와 같다고 한다(이부영, 1998). 그런데 나와 아니마·아니무스 사이에는 그림자가 있다. 그러므로 그림자를 의식화하지 않고는 아니마를

의식화하기 어렵다. 그림자가 아니마·아니무스를 감싸고 있어 그 모습을 뚜렷이 볼 수 없기 때문이다. 그렇다고 실제 분석과정에서 그림자를 모두 의식화한 뒤에 아니마와 아니무스의 의식화를 시작하는 것은 아니다. 두 가지 요소는 서로 교대로 등장하여 의식화를 촉구하게 마련이다.

보통 남성은 어떻고 여성은 어떻다고 말할 때 그것은 역사 속에서 드러난, 사회적 통념으로 굳어진 여성관, 남성관이다. 사람들이 흔히 남자답다든가 아니면 여성답다고 말할 때의 남성성, 여성성의 관념도 남성과 여성에 대한 집단적인 견해이다. 그것은 시대와 집단사회에 따라 그 강조점이 바뀔 수 있는 관념이다. 그런데 아니마와 아니무스는 남성으로서 또는 여성으로서의 페르소나에 대응하는 무의식의 내적 인격이다. 물론 아니마와 아니무스라는 개념 속에 개인적 무의식에 속하는 것도 있으므로 의식의 태도 여하에 따라 그 보상하는 면이 개인적으로 다를 수 있다. 또한 집단적인 사회적 남성관, 여성관 속에도 원형적 바탕에서 나온 것이 끼어들 수 있다. 따라서 그러한 집단적 남성관과 여성관에는 시대나 사회에 따라 변하지 않는 부분이 있을 수 있다.

융의 자기실현에서 페르소나는 무조건 버려야 하는 것이 아니라 구별해야 하는 것이다. 청소년기에서 성인기에 이르기까지 형성되는 페르소나 즉, 외적 인격은 북돋워줄 필요가 있다. 따라서 남성의 페르소나나 여성의 페르소나도 배워서 익힐 줄 알아야 한다. 그런 면에서 전통적인 남성관과 여성관은 반드시 자기실현에 역행하는 것만은 아니다. 다만, 페르소나와의 지속적이고 맹목적인 동일시는 무의식으로부터의 단절을 일으키고 결국 정신적 해리라는 여러 가지 신경증적 장애를 유발시키기 때문에 페르소나는 배우되 이를 상대적인 것으로 구별하고 무의식의 내적 인격을 의식화하는 데 주력해야 한다.

ⓒ 그림자

그림자는 인간의 어둡거나 사악한 측면을 나타내는 원형이다. 즉, 인류 역사를 통해 의식에서 억압되어 어두운 무의식에 있는 자료 및 인간의 원초적인 동물적 욕망을 기여하는 원형이다. 그림자는 사회에서 나쁘다고 생각하는 측면이 있기는 하지만, 어떤 면에서는 생명력, 자발성, 창조성의 원천이 되기도 하여 이로움을 주기도 한다. 그림자는 인간의 양면성, 밝고 긍정적인 면과 어둡고 부정적인 면을 반영한 원형이다. 빛이 없이는 그림자를 상정할 수 없다. 사회에서 부정되거나 부도덕하고 악하다고 생각되는 것은 그림자 원형과 관련되어 있다. 따라서 상담 및 심리치료에서 가장 장애가 되는 원형이 그림자이다. 상담자는 인간의 이러한 부정적인 측면을 내담자가 조절할 수 있도록 돕는 게 필요하다.

Tip

그림자는 인간의 양면성, 밝고 긍정적인 면과 어둡고 부정적인 면을 반영한 원형임

② 융의 MBTI

마이어(Myer)

MBTI(Mayers-Briggs Type Indicator)는 융(Jung, 1920)의 성격이론을 바탕으로 마이어와 브릭스(Myer & Briggs)가 1941년 이후 계속적으로 연구 개발하여 개인이 타고난 성격유형을 객관적이고 과학적으로 찾아낼 수 있도록 개발한 인간이해의 도구이다(김정택·심혜숙·제석봉 역, 1995). 심리유형론은 융의 심리학설 가운데서 비교적 초기의 학설로 융은 일반적인 태도상에서 보이는 내향적 태도와 외향적 태도, 그리고

정신기능을 중심으로 하는 감각과 직관, 사고와 감정, 판단과 인식 등의 네 가지 기능으로 분리하고 있다(Jung, 1971).

브릭스(Briggs)

㉠ MBTI 선호지표에 따른 성격 특성

첫째, 융이 태도라 부르는 외향성(E: extraversion)과 내향성(I: introversion)은 주의집중 및 정신에너지의 방향이다(Hostie, 1957). 외향성에서는 정신에너지가 객관적인 외계의 여러 가지 표상으로 흐르고, 내향성에서는 정신에너지가 주관적인 정신구조와 정신과정으로 구분된다. 융은 정신에너지의 방향은 선천적으로 결정되며, 인간은 외향 혹은 내향이라는 양극 중에서 어느 한쪽으로 더 기울어진다고 보았다(Jung, 1971). 따라서 외향성의 사람들은 주로 외부세계를 지향하고, 인식과 판단에 있어서도 외부의 사람이나 사물에 초점을 맞춘다. 반면에 내향성의 사람들은 내부세계를 지향하며, 자기 마음속의 개념이나 이념에 맞추어 인식하고 판단한다.

Tip
융은 정신에너지의 방향은 선천적으로 결정되며, 인간은 외향 혹은 내향이라는 양극 중에서 어느 한쪽으로 더 기울어짐

둘째, 감각형과 직관형은 정보수집 혹은 인식 기능을 수집하는 마음의 기능을 의미한다. 먼저, 감각(S: sensation)이란 감관·지각이며, 감각기관의 자극에 의해 생기는 모든 의식적 경험을 포함한다. 이는 자기가 현재 직접 경험하고 있는 일을 중시하며 현실적이고 관찰능력이 뛰어나 세세한 것까지 기억을 잘하며 구체적이다. 반면, 직관(N: intuition)은 가능성, 의미와 전체 관계를 이해하는 기능으로서, 직접적으로 주어진 경험이란 점에서는 감각과 비슷하다. 하지만 육감이나 영감에 의존하여 구체적인 사실이나 사건보다는 이면에 감추어져 있는 의미, 관계, 가능성 또는 비전을 보고자 하

Tip
감각형과 직관형은 정보수집 혹은 인식 기능

므로 전체를 파악하고 본질적인 패턴을 이해하려고 한다. 따라서 감각과 직관은 비합리적 기능이라고 하며, 그것은 이들에게는 지향성이 없고, 판단이 필요치 않기 때문이다.

셋째, 사고형과 감정형은 어떤 선택이나 의사결정을 하여 판단을 내리는 마음의 기능이다. 먼저, 사고(T: thinking)는 여러 관념을 결합시켜 일반 개념 또는 문제해결에 도달하는 지적 기능이다. 이는 객관적인 기준을 바탕으로 하여 정보를 비교 분석하고, 논리적 결과를 바탕으로 하여 판단을 하며, 인정에 얽매이기보다 원칙과 정의와 공정성, 무엇이 옳고 그른가에 따라 판단한다. 또 감정(F: feeling)은 자아에 주어진 내용에 일정한 가치를 부여하고 그에 따라 그 관념을 받아들이기도 하고 배격하기도 하는 평가기능이다. 즉, 논리나 분석보다는 자기 자신이나 타인에게 어떤 영향을 미칠 것인가 하는 점을 고려하여 판단하며, 친화적이고, 따뜻하다. 그리고 조화로운 인간관계를 중시하며 원리 원칙보다는 사람의 마음을 다치지 않게 하는 데 더 신경을 쓴다. 이와 같이 사고와 감정은 합리적인 기능이라고 하는데, 그것은 두 기능이 판단행위를 필요로 하기 때문이다(Hostie, 1957).

Tip
사고형과 감정형은 어떤 선택이나 의사결정을 하여 판단을 내림

넷째, 판단형과 인식형은 외부세계에 대한 생활양식과 태도에 대한 기능을 의미한다. 먼저, 판단형(J: judging)의 사람들은 활동을 미리 준비하고, 계획하여 어떤 일이든 조직적·체계적 그리고 계획적으로 진행시키기를 좋아하며, 항상 모든 일을 미리 준비하는 편이다. 또한 단호하고 목적의식이 구체적이며 뚜렷하다. 반면, 인식형(P: Perceiving)은 자발적이고 호기심이 많고 적응력이 높다. 즉, 새로운 사건이나 변화를 추구하며, 분명하게 끝을 맺기보다는 여러 가지에 관심을 가지고 일을 벌이는 경향

Tip
판단형과 인식형은 외부세계에 대한 생활양식과 태도에 대한 기능을 의미함

이 있으며, 유연한 생활양식을 선호한다.

이와 같은 네 가지의 선호축에 따라 MBTI의 16가지 성격유형 분류에 따른 검사지는 **그림 3-4**와 같다. 이들 각각의 유형은 동일한 가치가 있으며 각 유형은 자기만의 독특한 재능과 장점이 있고, 각자 취약한 영역, 주의하고 개발할 부분이 있다(심혜숙·김정택, 1993).

ISTJ	ISFJ	INFJ	INTJ
ISTP	ISFP	INFP	INTP
ESTP	ESFP	ENFP	ENTP
ESTJ	ESFJ	ENFJ	ENTJ

그림 3-4 MBTI의 16가지 성격유형 분류

표 3-1 MBTI 검사지 예시 문항

MBTI의 문항은 다음과 같다.
내 생각에 더 좋은 칭찬이라고 생각하는 것은?
A. 선견지명을 가졌다고 말해 주는 것이다. (　　)
B. 상식이 있는 사람이라고 말해 주는 것이다. (　　)

ⓛ MBTI의 4가지 기능유형의 특성

마이어와 맥콜리(Myers & McCaulley, 1985, 1995)는 선호경향을 집단화하는 데 인식기능(S, N)과 판단기능(T, F)의 배합에 따라 ST, SF, NF, NT의 네 가지 기능유형으로 구분되며, 이들은 인간관계나 일 처리방식에 있어서 관련이 있다고 하였다(김정택 외, 1995).

첫째, 감각-사고형(ST)은 사실적·실질적인 유형으로 이들은 감각을 통해 수집하고 증명할 수 있는 사실에 관심을 두며 논리적 분석에 의해 의사결정을 한다. 이들은 사고를 신뢰하기 때문에 인정에 얽매이지 않으며 사실에 대한 냉정한 분석이 요구되는 분야에서 성공할 가능성이 많다. 즉, 사실을 객관적으로 분석하고 사람보다는 물건과 사건을 다루는 일에 능력을 발휘한다.

둘째, 감각-감정형(SF)은 동정적·우호적인 유형으로 이들은 사실에 관심을 기울이나 의사결정은 개인의 주관이나 온정을 바탕으로 한다. 이들은 감정을 신뢰하며 다른 사람에게 미치는 영향을 중시하여 자신의 따뜻한 온정을 펼 수 있는 직업에 성공과 만족을 누린다. 즉, 사실을 인간적인 우호나 동정으로 해결하며 사람을 위하는 일에 능력을 발휘한다.

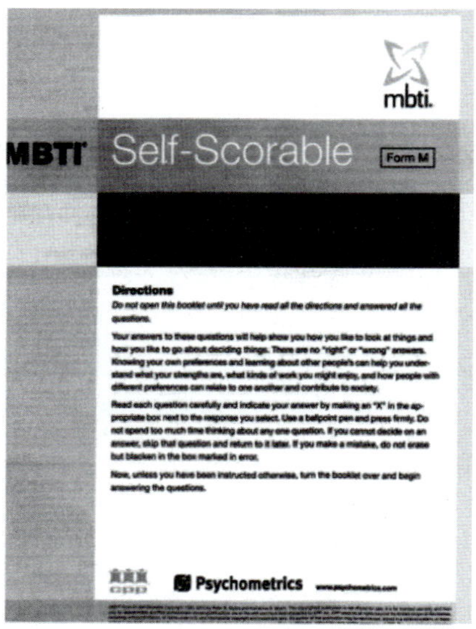
mbti.

MBTI® Self-Scorable Form M

Directions

Do not open this booklet until you have read all the directions and answered all the questions.

Your answers to these questions will help show you how you like to look at things and how you like to go about deciding things. There are no "right" or "wrong" answers. Knowing your own preferences and learning about other people's can help you understand what your strengths are, what kinds of work you might enjoy, and how people with different preferences can relate to one another and contribute to society.

Read each question carefully and indicate your answer by making an "X" in the appropriate box next to the response you select. Use a ballpoint pen and press firmly. Do not spend too much time thinking about any one question. If you cannot decide on an answer, skip that question and return to it later. If you make a mistake, do not erase but blacken in the box marked in error.

Now, unless you have been instructed otherwise, turn the booklet over and begin answering the questions.

cpp Psychometrics

그림 3-5 MBTI 검사지

셋째, 직관-감정형(NF)은 열정적·통찰적 유형으로 이들은 구체적 상황에 관심을 두기보다 사실 이면에 깔려 있는 상징적 의미, 이론적 관계, 복잡한 커뮤니케이션에 관심이 많으며, 직관적 통찰을 인간관계에 사용한다. 따뜻한 온정과 헌신으로 가능성을 추구하고 정열적이며 언어에 재능이 많다. 다시 말해, 사실보다는 가능성에 주목하고 열정적·통찰적이며 이해하고 소통하는 분야의 일을 선호한다.

넷째, 직관–사고형(NT)은 논리적·창의적인 유형으로 이들은 이론적 관계나 추상적 양식에 초점을 맞춘다. 이들은 인정에 얽매이지 않고 객관적·합리적인 분석을 바탕으로 판단을 내리므로 과학적 연구, 행정적 분야의 개발과 같이 자신들이 특별한 관심을 가진 분야의 문제 해결에서 역량을 발휘한다. 즉, 가능성을 중시하면서 창의적·이론적이며 기능적인 분야에서 능력을 발휘한다.

기존의 성격검사가 문제행동이나 문제 성향을 진단하는 도구로써 결과론적 상태의 보고가 대부분이었던 반면, MBTI 성격유형검사는 비진단적 성격검사로써 개인과 집단의 성장발달을 위한 여러 프로그램으로 개발되어 광범위하게 사용되고 있다(심혜숙·김정택, 1993). 따라서 MBTI의 네 가지 기능유형의 특징을 살펴보면 표 3–2와 같다.

표 3–2 MBTI 네 가지 기능 유형의 특징

구분	ST	SF	NF	NT
선호경향	감각과 사고	감각과 감정	직관과 감정	직관과 사고
주의집중	사실	사실	가능성	가능성
위 상황을 처리하는 기능	객관적 분석	인간적 따뜻함	인간적 따뜻함	객관적 분석
이에 따라 기울어지는 경향	실질적, 사실적	동정적, 우호적	열정적, 통찰적	논리적, 창의적
능력 발휘분야	물건과 사실을 다루는 기능적	사람들을 위한 실제적 봉사분야	이해하고 상호 소통하는 분야	이론적이고 기능적인 발달분야
가능한 분야의 보기들	응용과학, 사업, 행정, 회계, 법, 생산직, 건축 등	의료, 지역봉사, 교직, 감독 종교봉사, 사무직, 판매 등	사회과학, 연구, 문학, 음악예술, 종교봉사, 의료, 교직 등	순수과학, 연구, 관리직, 컴퓨터, 법, 엔지니어 등

2) 인지행동주의 이론

(1) 파블로프의 행동주의

파블로프(Pavlov)

행동주의 이론과 방법은 20세기에 인류가 이룩한 가장 뛰어난 지적 성취로, 인간행동에 대한 과학적 접근이라고 할 수 있다. 19세기 이전에는 비정상적인 행동을 귀신과 악령의 투입으로 설명하였으나, 20세기를 전후하여 정신분석이론이 대두되면서, 체계적이고 조직적인 분석이 이루어졌다. 정신분석이론은 20세기 전반 50년을 지배하였으나 행동수정이 나오면서 그 효과성을 비판받기 시작했다. 행동수정은 파블로프(Pavlov)의 고전적 조건형성, 스키너(Skinner)의 조작적 조건형성, 손다이크(Thorndike)의 도구적 조건형성, 인간의 심리적 장애를 고전적 조건형성원리에 적용한 왓슨(Watson)의 실험, 반두라(Bandura)의 사회학습으로부터 많은 영향을 받았으며, 특히 스키너의 조작적 조건형성의 행동원리는 학교, 기관, 가정 등의 여러 상황에서 응용되고 있으며, 그 주요 원칙은 강화(reinforcement), 벌(punishment), 소멸(extinction)이다(Frank, 1969; Martin & Pear, 2006).

Tip
행동주의 이론과 방법은 20세기에 인류가 이룩한 가장 뛰어난 지적 성취로, 인간행동에 대한 과학적 접근임

① 행동수정

행동수정(behavior modification)은 인간행동의 원리, 원칙에 입각하여 그 행동을 개선하는 데 가치가 있으며, 심한 학습장애 아동부터 매우 우수한 아동에까지 다양하게 적용된다. 분야도 교육학, 사회학, 상담학,

의학, 재활 등에서 행동수정의 적용이 증가하고 있다. 행동수정은 인간행동을 분석하고 수정하는 심리학의 응용분야로 넓은 의미로는 행동의 변화라는 의미를 담고 있다. 그러나 상담학에서 행동수정은 학습에 관한 행동주의를 가리키며, 좁은 의미에서는 행동주의 학습이론 중 조건형성 이론에 관한 두 갈래의 이론적 경향을 고전적 조건형성과 조작적 조건형성으로 나누어 볼 수 있는데, 두 갈래의 이론에 근거한 행동의 재교육이 곧 행동수정이라 할 수 있다(박성수, 1995). 따라서 행동수정은 개인이 사회에 능률적으로 적응해 나감에 있어서 필요한 행동을 개발시켜 의미 있는 변화를 일으키는 것이다. 이는 행동수정 이전의 행동보다도 훨씬 더 적응적이어야 한다는 것을 의미한다.

Tip
행동수정은 개인이 사회에 능률적으로 적응해 나감에 있어서 필요한 행동을 개발시켜 의미 있는 변화를 일으킴

② 토큰강화

행동수정 기법에서 가장 많이 사용되는 방법은 토큰강화(token reinforcement)이다. 즉, 토큰강화는 스키너(Skinner, 1938)의 학습이론을 응용한 것이며, 임의로 방출된 반응에 대하여 보상을 제시해 줌으로써 그 반응이 강화되는 것에 목적을 두고 있다(김남성, 1983). 따라서 행동수동 절차에서 기대만큼의 행동이 일어났을 때 적절하게 보상을 해 줌으로써 기대행동의 발생빈도가 증가할 것이고, 바람직한 행동으로 수정될 것으로 기대를 모았던 것을 일컬어 토큰강화라고 한다. 이는 바람직한 행동수정이 일어났을 때 사용되는 스티커나 칭찬 등을 토큰이라고 하며, 토큰을 주어서 원하는 물건이나 권리와 맞바꿀 있게 해 줌으로써 부적인 행동을 수정하는 데 그 효과가 매우 크다. 또 학교 현장 및 일선 교회에서 많이 사용되고 있다.

Tip
바람직한 행동수정이 일어났을 때 사용되는 스티커나 칭찬 등을 토큰이라고 하며, 토큰을 주어서 원하는 물건이나 권리와 맞바꿀 있게 해 줌으로써 부적인 행동을 수정함

③ 강화의 원리

강화를 실시하는 데 있어서 중요한 원리를 아피트와 코놀리(Apter & Conoley, 1984)는 8가지로 제시하였다.

첫째, 강화는 학습자에게 미치는 영향에 의해서 결정된다. 즉, 아동을 보살펴주는 성인에게는 매우 부정적으로 여겨지는 우연한 것이라도 아동에게는 중요한 강화의 요인이 될 수 있다.

둘째, 강화는 자동적으로 행동에 영향을 주며, 학습자를 기쁘게 해주는 즉흥적인 효과성이 있다.

셋째, 강화는 학습자를 위한 행동규준과 명백히 연결되어야 하며, 학습자 스스로가 원하는 물품을 얻기 위하여 어떻게 행동해야 하는지를 알아야 한다.

넷째, 강화는 일관성 있게 지속되어야 하며, 당초의 목표에 도달했을 경우에 강화를 실시한다.

다섯째, 강화는 수정된 행동이 나타난 직후에 즉시 이루어져야 한다. 즉, 칭찬을 받고 싶어 하는 욕구를 지연시킬 수 있는 심리적 여유가 없다. 바람직한 행동에 대해서는 즉시 긍정적인 피드백을 통하여 그 행동을 형성하는 데 매우 중요한 시점이다.

여섯째, 강화는 학습결과의 각 단계마다 적용되며, 행동수정이 바람직하게 형성되기까지 각 단계에서 학습자들의 눈높이에 맞는 적절한 강화를 실시해야 한다.

일곱째, 학습자들이 학습하는 기간에는 칭찬(피그말리온 효과), 용기, 격려 등의 말을 자주 해 줌으로써 성취동기를 높여준다.

여덟째, 학습자 과제의 수준에 맞게 강화의 강도와 유형을 다양하게 해주어야 한다. 행동수정의 기술은 반응적 기술과 조작적 기술로 나뉘고, 분류기준은 세 가지로 제시되었다(Eileen, Edwin & Robert, 1971).

- 문제가 되는 행동이 주로 행동의 어느 영역에 속하느냐에 따라 기술이 달라진다. 조작적 행동을 포함하는 행동문제에는 조작적 기술, 즉 정적강화(positive reinforcement), 부적강화(negative reinforcement), 변별강화, 소거, 조형 등이 적용된다.
- 기존의 행동을 강화시키려는 경우에는 정적강화, 고전적 조건화, 행동연습법, 모델 제시법, 자극조형, 행동계약법 등의 기술이 사용된다. 또한 바람직하지 못한 행동을 감소시키거나 제거시키려고 할 경우에는 주로 소거, 벌, 상반행동의 강화, 행동형성법, 행동계약법 등이 적용된다.

Tip
바람직하지 못한 행동을 감소시키거나 제거시키려고 할 경우에는 주로 소거, 벌, 상반행동의 강화, 행동형성법, 행동계약법 등이 적용

- 행동문제를 다루는 대안적 기술의 효과에 관련된 것으로 바람직한 행동을 강화시키는 기술이 바람직하지 못한 행동을 약화시키는 것보다 효과적이다.

이상에서 살펴본 바와 같이 토큰강화라고 하는 것은 기대했던 행동이 일어났을 때 적절하게 보상해 줌으로써 기대행동의 발생빈도를 증가시키고, 그 과정에서 행동수정을 위해 많이 사용하는 방법이다.

(2) 엘리스의 합리적 정서행동주의

1950년대 알버트 엘리스(Albert Ellis)가 창시한 합리적·정서적 행동치료(REBT: Rational Emotive Behavior Therapy)는 불안, 우울, 분노, 죄책감 등 심리적 문제를 야기시키는 비합리적 사고를 변화시키기 위해 인지적 재구조화를 사용하는 치료법이다.

① 합리적 정서이론

알버트 엘리스(Albert Ellis)

흔히 심리적 문제 앞에 선행된 사건을 원인으로 보기 쉬우나, REBT에서는 개인의 신념체계를 주요 원인으로 본다. 즉, 우리가 경험하는 심리적 문제(부적응적 정서와 행동)는 개인이 경험하게 되는 사건에 대한 지각이나 해석에 의해 좌우된다는 것이다. 예를 들어, 시험을 앞두고 불안해지면 시험이 원인이 아니라 그 개인이 가진 비합리적('이 시험에서 꼭 좋은 성적을 받아야만 해'와 같은) 신념이 원인인 것이다. 따라서 그런 신념이 '합리적이고 행동적인 도전'을 통해 효과적으로 논박될 때 혼란스러운 결과(정서)가 감소되는 것이다.

Tip

합리적 정서이론에서는 기본적으로 사고, 감정, 행동은 서로 상호작용하는 것으로 보며, 인지와 정서를 통합적으로 보았다.

합리적 정서이론에서는 기본적으로 사고, 감정, 행동은 서로 상호작용하는 것으로 보며, 인지와 정서를 통합적으로 보았다. 따라서 성격 변화는 마음과 행동 양방향에서 일어나며, 치료자는 사람들과 대화를 통하여 그들 마음이 변화해서 다르게 행동하도록 하거나 내담자들의 행동을 변화시켜서 그들의 사고를 바꿀 수 있도록 돕는다.

② 심리적 문제의 발생과 치료

많은 내담자들이 적어도 초기에는 자기 반응에 대한 책임이 자신에게 있다는 것을 쉽게 인정하지 않는다. 하지만 우리가 어떤 문제에 부딪히거나 외부 자극을 경험할 때 매우 빠르게 또는 자동적으로 우리 내부의 비합리적 신념이 정서와 행동에 영향을 미쳐 그에 대한 반응을 야기한다. 비합리적 신념은 심층적이고 핵심적인 신념이기 때문에 알아차리기가 쉽지 않다.

'경주는 친구에게 점심을 같이 먹자고 했는데 거절당해서 기분이 상했다. 마치 자신이 무시당한 것 같아 너무 속상했다.', '성화는 축구 시합에서 져서 일주일 내내 짜증을 냈다. 자신이 좀 더 활약하지 못해서 진 것 같아 분이 풀리지 않았다.'

위의 예에서 기분이 상한 이유가 무엇이라고 생각되는가. 얼핏 보기엔 경주가 기분이 상한 이유는 제안을 거절당한 데 있다고 보기 쉽다. 또한 성화는 짜증도 축구 시합에서의 패배가 원인이라고 일반적으로 생각하기 마련이다. 그러나 합리적 정서이론에 따르면 경주가 친구의 거절을 '자신에 대한 무시'라고 생각한 비합리적 신념이, 성화는 시합의 패배를 '내가 잘했으면 지지 않았을 텐데'라고 생각한 비합리적 신념이 작용한 결과이다. 합리적이고 객관적으로 다시 생각해 보면 이들 사건은 친구가 급한 사정이 있다든가, 상대팀의 전력이 월등히 좋았거나 누군가의 실수가 원인일 수 있다.

이와 같이 개인이 겪는 심리적 문제들(우울, 불안, 분노 등)은 절대적 사고, 과잉일반화, 과장된 사고와 같은 잘못된 귀인과 논리적 오류에서 기인되는 비합리적 신념 때문에 발생하고 지속된다. 처음 제안된 비합리적 신념은 12가지였지만 엘리스가 이들을 세 가지 종류로 묶었다.

첫째, '나는 잘해서 반드시 인정을 받아야 한다'는 비합리적 신념이다. 이런 신념은 흔히 자존감을 저하시키는 효과를 가져온다.

둘째, '다른 사람이 나에게 잘해야만 한다'는 비합리적 신념이다. 이는 분노, 증오를 초래한다.

셋째, 비합리적 신념은 '세상 일이 모두 좋게만 돌아가야 하고 원할 때 원하는 대로 일이 진행되어야만 한다'이다. 이는 개인에게 좌절에 대한 내성을 줄이고 우울이나 무력감을 느끼게 한다.

Tip

비합리적 신념에 대해 적극적인 논박으로써 인지재구조화를 이끌어내는 것이 합리적·정서적 행동치료임

이와 같은 비합리적 신념에 대해 적극적인 논박으로써 인지재구조화를 이끌어내는 것이 합리적·정서적 행동치료이다. 즉, 내담자의 불합리한 신념을 합리적이고 적응적인 신념으로 바꿈으로써 심리적 장애를 줄일 수 있다. 여기까지는 일반적인 인지치료와 다를 바가 없다. 하지만 REBT는 다음과 같은 중요한 점에서 인지치료와 다르다.

- 더 적극적이고, 더 지시적이며, 더 빨리 그리고 더 강력하게 내담자의 불합리한 신념을 논박한다.
- REBT는 건강한 부정적 감정(예: 슬픔과 좌절)과 건강하지 못한 부정적 감정(예: 우울과 적대감)을 명확히 구별한다.
- REBT는 인지치료가 무시하는 수치심-공격 연습, 합리적 정서적 심상 및 강한 자기진술과 자기대화 같은 여러 가지 정서유발적인 방법을 강조한다.
- REBT는 사람들이 숙제하는 것을 돕기 위해 강화뿐 아니라 처벌도 자주 사용한다.

REBT는 인본주의적이고 어느 정도 실존주의적이다. REBT는 처음에는 사람들이 자신의 정서와 행동장애를 최소화시키도록 도와주지만, 그들이 보통 때보다 더 행복해지도록 격려하며, 더 많은 자기실현과 인간성장을 추구하도록 한다. REBT가 사람들이 인간이고 살아 있기 때문에 그들이 잘 수행하든지 못하든지에 '관계없이' 그 자신에게 무조건적인 자기수용을 하도록 강조한다는 점에서 다른 치료보다도 로저스의 인간중심적 접근과 가깝다.

3) 인본주의 이론

(1) 칼 로저스의 인간중심

칼 로저스(Carl R. Rogers, 1902~1987)

인간중심 이론은 칼 로저스(Carl R. Rogers, 1902~1987)가 창시한 가장 널리 사용되는 상담심리이론과 기법 중 하나로, 비지시적 상담(nondirective counseling, 1940년~1950년)과 내담자 중심상담(client-centered counseling, 1950년~1957년) 그리고 경험적 상담(empirical psychotherapy, 1957년~1975년)으로 불리다가 1975년 이후에 인간중심이라고 불렀다. 인간중심은 행동주의에서 주장하는 외부 환경이나 정신분석에서 주장하는 내적인 무의식적 충동에 좌우되는 나약한 존재가 아닌 스스로 자신의 문제를 해결하는 능력을 의미한다. 따라서 상담자는 자신의 생각, 가치, 느낌 등을 충분히 사용하여 상담에 적극적으로 개입할 것을 강조하여 내담자가 수용 받고 있다는 것을 느낄 수 있는 분위기와 상담관계 형성을 매우 중요시한다.

Tip

인간중심은 행동주의에서 주장하는 외부 환경이나 정신분석에서 주장하는 내적인 무의식적 충동에 좌우되는 나약한 존재가 아닌 스스로 자신의 문제를 해결하는 능력을 의미함

① 인간중심의 특징

인간중심은 개인의 존엄성과 가치에 대한 믿음, 행동에 대한 지각적 견해, 자기실현경향성, 인간이 본질적으로 선하다는 신념을 갖고 있다. 이 이론의 특징을 살펴보면(이현림, 2008), 첫째, 상담자 중심이 아니라 내담자 중심이며, 문제해결을 위한 최종적인 선택을 내담자에게 부여한다. 둘째, 내담자의 문제를 중요시하기보다는 개인 그 자체를

중요시 한다. 셋째, 상담자는 내담자가 느끼고 있는 것을 느끼는 것이 아니라 내담자의 마음상태를 이해해야 하므로 라포는 필수조건이 된다. 넷째, 내담자가 상담자보다 문제와 문제의 해결방법을 더 잘 알 수 있다고 본다. 반면, 각종 심리검사, 기록, 사례사들도 필요한 것이기는 하지만 때로는 문제해결에 방해요소로 작용되기도 한다. 다섯째, 개인의 과거 경험보다는 현재 상태를 중요시한다. 여섯째, 지적인 면보다는 정의적인 면을 더 강조한다. 그리고 자아실현이 잘 되는 내담자는 자기방어를 위해 현실을 왜곡하지 않고 자기 자신에 대한 올바른 이해에 바탕을 둔 신뢰감과 융통성 있는 마음의 자세와 실존문제에 대한 해답을 자신의 내부에서 찾으려 하며, 인간적인 성숙이 지속되는 과정을 잘 알고 있다.

② 인간중심의 주요개념

Tip

인간은 태어났을 때 온전한 유기체였으나 성장하는 과정에서 중요한 대상으로부터 기대되는 가치관을 갖게 됨

로저스는 개인의 독특한, 주관적인 경험으로 강조했다. 특히 그는 각 개인의 주관적 세계에서 생활하며, 과학자가 말하는 객관적 세계조차도 주관적인 지각, 목적 및 선택 등의 산물이라고 하였다. 따라서 인간의 행동은 지각되는 장에서 경험하는 유기체의 욕구를 만족시키려는 유기체의 전형적이고 목표지향적인 것이다. 즉, 인간은 태어났을 때 온전한 유기체였으나 성장하는 과정에서 중요한 대상으로부터 기대되는 가치관을 갖게 된다. 하지만 유기체의 가치관과 조건화된 가치관 사이의 갈등이 심리적인 문제로 나타난다. 이러한 내용을 중점으로 인간중심의 주요개념을 세 가지로 살펴볼 수 있다.

첫째, 유기체는 개체의 각 요소가 조합된 하나의 유기체를 의미한다. 인간 각 개인의 사상, 행동 및 신체적 존재 모두를 포함하는 전체

로서 유기체를 인간으로 본다. 따라서 로저스는 개인은 태어나면서부터 자신만의 독특한 개성과 무한한 잠재적 능력, 지혜를 가지고 있다고 보았다. 이것은 유기체의 내재적 지혜라고 하며, 이 유기체의 가치화 과정이라고도 한다. 즉, 내재적 지혜 속에는 개인의 개성이나 잠재력이 포함된다.

둘째, 자기실현화 경향성은 유기체를 유지하고 증진시켜 나가려고 하는 방향으로 모든 능력을 발달시키는 유기체의 선천적 경향성을 의미한다. 또한 자기는 실제적 자기(real self)와 이상적 자기(ideal self)로 구분이 된다. 실제적 자기(현실적 자기)는 사람들이 자기 자신을 실제로 바라보는 방식을 일컫는 것이고, 또 다른 이상적 자기는 사람들이 자기 자신을 어떻게 보고 싶어 하는가를 일컫는 것을 의미한다. 따라서 자기는 개인의 전체적인 현상학적 장(어떠한 사건에 대해 스스로 어떻게 지각하고 해석하는가에 따라 사람들의 반응이 나온다는 뜻)으로부터 분화된 부분이라고 볼 수 있다.

셋째, 가치의 조건화는 자신의 경험에 의해서 형성된다. 이는 부모의 태도로부터 영향을 받는데, 즉 부모로부터 칭찬을 받고 수용되기 위해서는 유기체가 자신의 실현화 가능성과 대립하여 가치의 조건화를 형성한다. 아이가 성장하는 과정 중에 부모 양육태도에 따라 유기체는 자신의 경험으로부터 분리되기도 한다. 예를 들어, 성장하는 경험이 부정적이거나 왜곡되어 있다면, 유기체적 경험이 폐쇄적으로 되고, 자아실현이 어려워지는 경향성과 정서적 불안이 유발된다. 다시 말해 인간은 주관적 자기개념을 자기고 다양한 경험을 하면서 살아간다. 어린 시절 부모로부터 많은 사랑을 받는 사람이라고 인식하였다면 자기 자신도 그렇다고 생각하지만, 반대로 자신은 부모로부터 사랑을 받지 못하거나 제대로 사랑을 받지 못했다는 생각이 있어야 한다. 이것을 부조화라 하고, 자기개념이 현실에서의 경험과 일치하지 않을 경우를 말한다.

③ 인간중심의 상담과정

로저스(Rogers)의 상담과 심리치료에 제시한 12단계의 상담과정은 다음과 같다.

첫째, 내담자는 도움을 받기 위하여 방문한다.

둘째, 상담이라는 상황이 명확하며, 1회기나 짧은 시간 동안에 해결되는 것이 아니라 많은 시간과 노력에 의해서 가능하다는 것을 인식한다.

Tip

상담자는 내담자가 문제에 대한 감정표현을 명확하고 자유롭게 할 수 있도록 도움

셋째, 상담자는 내담자가 문제에 대한 감정표현을 명확하고 자유롭게 할 수 있도록 도움을 준다.

넷째, 상담자는 표출되는 부정적 감정표현을 수용하고 인정하며 그것을 정리해 주어야 한다. 즉, 상담자는 내담자의 문제에 따른 감정적 표현을 있는 그대로 받아들이면서 그러한 표현을 하는 이유들을 정리해 줄 수 있어야 한다.

다섯째, 부정적 감정을 완전히 표현할 수 있게 된 후에는 성격 성장에 보탬이 되는 어느 정도의 긍정적 감정이 나타나기 시작한다는 것을 알아야 한다.

여섯째, 상담자는 내담자의 부정적 감정을 받아들인 것과 마찬가지로 긍정적 감정을 인정하고 받아들인다.

일곱째, 부정적 감정과 긍정적 감정을 경험하면 자기이해, 자기수용을 통해 통찰이 나타난다.

여덟째, 통찰과 뒤섞여 여러 가지 의사결정을 할 수 있는 실마리를 찾을 수 있다.

아홉째, 내담자는 서서히 긍정적인 행동을 보이기 시작한다.

열 번째, 보다 깊은 통찰과 성장이 이루어지는 단계이다.

열한 번째, 내담자가 보다 적극적인 긍정적 행동을 취하는 단계이다.

열두 번째, 마지막 단계에 오면 내담자는 비로소 더 이상 상담자의 도움을 받을 필요성을 덜 느끼고, 자신의 문제와 그 해결의 실마리를 찾고 자신의 노력에 정진하면서 상담을 종결한다.

(2) 매슬로우의 욕구이론

매슬로우(Maslow, 1908~1970)

인본주의 심리학의 대표학자인 매슬로우(Maslow, 1954)의 욕구위계이론(hierarchy of need theory)은 개인의 잠재력을 발현시키는 데 장애요인으로 작용하는 확인 가능한 조건을 의미한다. 이에 욕구(needs)는 일반적으로 사회, 경제, 보건과 관련된 용어로 표현된다. 욕구는 단순히 개인이 바라는 상태나 조건들만을 의미하지 않는다. 개인이 지각하거나 표현한 욕구 이외에 개인에게 필요하지만 지각하지 못하는 욕구들도 있기 때문이다. 또한 욕구는 상대적일 수 있기에 모든 대상자들이 동일한 욕구를 가진다고 판단해서는 안 된다.

욕구는 인간의 뇌 속의 생리적·심리적 성질을 포함한 어떤 힘으로, 현재의 불만족한 상황을 바꿀 수 있도록 지각, 통각, 지적 작용, 의욕, 행위 등 어떤 특정한 방향으로 체계화하는 힘으로 볼 수 있으며, 이것은 행위와 지각과 기타 인지과정을 만족으로 이끌어 가도록 조직하는 힘으로 정의할 수도 있다. 따라서 욕구는 내적과정에 의하여 나타나기도 하지만, 머레이(Murry)에 의하면 환경의 강한 압력에 의해서도 욕구가 발생할 수 있다고 하였다(이상필, 1990).

매슬로우는 다른 욕구 개념과 구별하기 위해 욕구를 두 가지 형태로 구별하고 있다. 제1의 형태는 기본적 욕구, 결핍성의 욕구로 음식, 물, 쾌적한 온도, 신체적 안전, 애정, 존중 등에 대한 욕구이다. 제2의 형태는 성장욕구 혹은 자아실현 욕구로 잠재능력, 기능, 재능을 발휘하려는 욕구이다. 매슬로우는 결핍성의 욕구를 저변으로 하여 자아실현 욕구를 정점으로 하는 체계를 가정하였다. 따라서 매슬로우에 의하면 인간은 삶에 의미와 만족을 주는 일련의 선천적 욕구에 의해 동기화된다.

Tip

제1의 형태는 기본적 욕구, 결핍성의 욕구로 음식, 물, 쾌적한 온도, 신체적 안전, 애정, 존중 등에 대한 욕구이다. 제2의 형태는 성장욕구 혹은 자아실현 욕구로 잠재능력, 기능, 재능을 발휘하려는 욕구

① 욕구의 위계

이 욕구는 강도와 중요성에 따라 일종의 계층적 단계로 배열된다. 강도의 순서에 따라 욕구의 위계는 생리적 욕구, 안전의 욕구, 소속감 및 애정의 욕구, 자존감의 욕구, 자아실현 욕구 등의 다섯 가지로 제시하였다(**그림 3-6** 참조).

첫째, 생리적 욕구(physiological needs)는 배고픔, 음식, 갈증, 수면, 배설, 성에 대한 욕구 등이다. 이러한 생리적 욕구는 유기체의 생물학적 유지에 직접적으로 관련된다. 다음 단계의 욕구들을 충족시키기 전에 생리적 욕구가 충족되어야 한다. 생리적 욕구는 모든 욕구 중 가장 중요한 욕구를 의미한다. 예를 들어, 음식, 안전, 애정, 존경이 결핍된 사람은 그중 어떤 것보다 배고픔을 더 절실하게 느낀다. 그러나 일단 배고픔이 해결되면 그 사람은 더 이상 음식물에 매달리거나 생각하지 않는다.

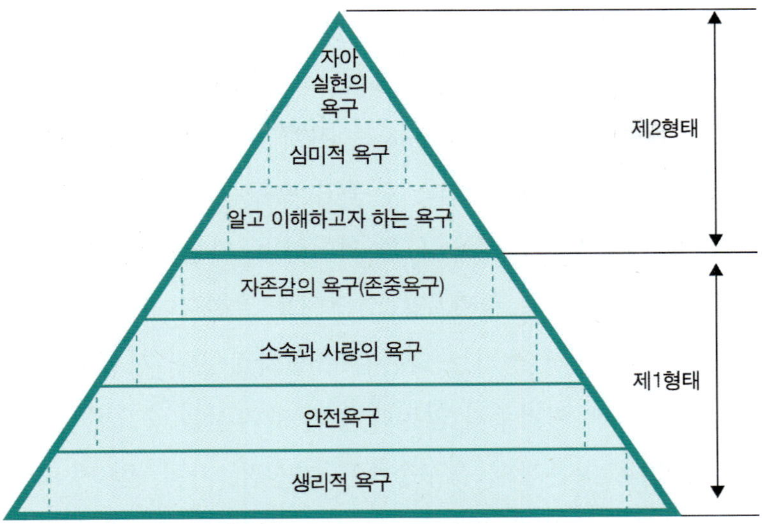

그림 3-6 매슬로우의 욕구위계이론

둘째, 안전의 욕구(safety needs)는 생리적 욕구가 안정되면 생기는 재정적으로 안정되고 싶은 욕구와 같은 것이다. 안전욕구는 환경 내에서의 확실성, 안전, 질서, 고통회피, 보호 등에 대한 욕구를 말한다. 안전욕구는 사회의 법, 질서, 권위에 대한 위협이 있을 때에 절박해진다. 어린아이들은 낯선 사람들이나 익숙하지 않은 환경에 접근하려고 하지 않는다. 또 정상적인 성인들이 미래를 위하여 저축하거나 보험에 가입하고, 직장을 쉽게 바꾸려고 하지 않는 것도 안전의 욕구를 추구하는 것이다. 안전욕구는 전쟁, 범죄, 홍수, 지진과 같은 상황에서나 사회조직의 해체 등이 발생할 때도 잘 나타난다.

셋째, 소속 및 애정의 욕구(belongness & love needs)는 생리적 욕구 및 안전의 욕구가 보장되면 동반자와 가족에 대해 생겨나는 것으로 남들과 어울리고 애정을 나누고 싶어하게 된다. 집단의식이 개인의 주요 목표가 되는 것이다. 애정의 욕구는 애정을 주는 것과 받는 것 양쪽 다 포함한다. 즉, 이러한 욕구는 친구나 연인, 동료들과의 친밀한 관계나 특정 단체 안에서 형성된 사회적 관계를 통해 표현된다. 하지만 이 욕구가 충족되지 않을 경우 고독, 소외감, 우울증을 느끼게 된다.

넷째, 자존감의 욕구(esteem needs)는 자기 자신과 다른 사람들로부터 존경받고 싶은 욕구를 말한다. 존중의 욕구는 능력, 신뢰감, 개인의 힘, 적합성, 성취, 독립, 자유 등을 의미하며, 다른 사람으로부터의 존경은 명성, 수용, 주목, 평판, 영광, 명예를 말한다. 다른 사람이 소중하게 대해 주는 데서 생기는 자존감이 일차적이다. 사실상 다른 사람이 자신을 귀하게 여겨주지 않는다면 자기 자신을 중요한 사람이라고 느끼기 어렵다. 자존감의 욕구충족은 자신감, 가치, 힘, 능력을 갖게 하며, 이 욕구의 좌절은 열등감, 무력감, 좌절감, 자기비하 등을 느끼고 자신의 능력을 확신하지 못하게 된다.

다섯째, 자아실현의 욕구(self-actualization needs)는 자신의 잠재력을 성취하고 싶은 욕구이다. 자신의 본성에 충실하는 것인 자아실현 욕구의 구체적인 형태는 사람마다 다르다. 어떤 사람에게는 이상적인 어머니가 되고 싶은 소망의 형태로, 다른 사람에게는 운동선수, 또 어떤 사람에게는 그림을 그리는 것이나 발명하는 것으로 나타날 수도 있다(Maslow, 1970). 단, 자아실현의 욕구는 사람에 따라 크게 차이가 있기 때문에 욕구 중에서 자아실현욕구의 개인차가 가장 크다.

Tip

자아실현의 욕구는 사람에 따라 크게 차이가 있기 때문에 욕구 중에서 자아실현욕구의 개인차가 가장 큼

따라서 욕구 단계 이론은 낮은 단계에 있는 욕구가 어느 정도 충족되어야 더 높은 단계의 욕구를 의식하거나 동기가 부여된다는 가정을 하고 있다. 예를 들어, 배고프지 않고 애정의 결핍이 없을 때 진, 선, 미에 관심을 갖게 된다는 것이다. 그러나 다음 욕구가 출현하기 전에 하위 욕구가 100% 충족되어야 하는 것은 아니다. 사실상 대부분의 사람들은 기본적 욕구를 일부는 충족시키고 일부는 충족시키지 못한다.

욕구의 위계에서 상위 욕구일수록 충족의 비율이 상대적으로 낮다. 이는 생리적 욕구를 85% 충족시키면, 안전의 욕구는 70%, 애정의 욕구는 50%, 자존감의 욕구는 40%, 자아실현의 욕구는 10%를 충족한다. 한편, 매슬로우는 욕구의 단계 서열에 예외가 있음을 인정하였다. 즉, 욕구서열이 일반성을 가지거나 이 서열이 절대적인 것은 아니라는 것이다. 이는 단식을 해가며 자기의 이상을 주장하는 사람, 나라를 위해 목숨을 걸고 참전하는 사람 등은 이 욕구의 서열을 따르지 않기 때문이다(이인정 · 최혜경, 1995).

Tip

생리적 욕구를 85% 충족시키면, 안전의 욕구는 70%, 애정의 욕구는 50%, 자존감의 욕구는 40%, 자아실현의 욕구는 10%를 충족함

② 잠정적 욕구

잠정적 욕구는 다음과 같은 세 가지로 분류한다.

첫째, 알고 이해하려는 욕구이다. 이 욕구는 지성의 동기부여적 측면을 나타내는데, 구체적으로는 사실을 인식하고 의구심을 만족시키려는 데에 특징이 있다. 그런가 하면, 이들과는 대조되는 이해와 설명에 대한 욕구도 있는데, 그것은 시스템화하고 조직화하며 분석하고 관계성과 의미를 추구하려는 욕구를 말한다.

둘째, 심미적 욕구가 모든 사람에게 적용 가능한지에 대해서는 명백한 해답을 주지 못하였다. 그들을 보다 효과적으로 다루려 할 때 어떻게 해야 하는지에 관심을 보였을 뿐이다. 그리하여 매슬로우는 주어진 환경 속에서 심미에 대한 열망과 추함이 있을 때의 박탈감이나 아픔에 관하여 주의를 기울임으로써 상술한 목적을 해결하려 하였다.

셋째, 결핍과 성장욕구는 자기실현 욕구에 해당되며 그 이외의 요구들은 모두 결핍욕구로 분류된다. 그러나 매슬로우는 이들 용어를 사용함에 있어서 일관성을 유지하지 못했다. 이는 경우에 따라 그가 특

정 욕구 — 자기존경욕구 — 를 자아실현욕구도 아니고 그렇다고 결여욕구도 아닌 애매한 것으로 분류하는 태도를 보였기 때문이다. 즉, 결핍욕구가 충족되지 못할 때 신체적·정신적 건강은 보장되지 못한다. 따라서 이들 욕구의 충족을 통해서 개인은 병리적 상태에서 벗어날 수 있다(Maslow, 1943). 반면, 성장욕구는 그 반대의 특성을 나타냄으로써 이를 만족시킬 때 상승적인 건강을 보장해 준다.

(3) 아들러의 개인심리학

아들러(Alfred Adler, 1870~1937)

아들러(Alfred Adler, 1870~1937)는 어려서 구루병(골연화증)을 앓았고, 신체적으로도 열등했다. 더군다나 4세 때는 폐렴으로, 이후에는 손수레에 치여서 죽을 고비를 두 번이나 넘기기도 했다. 성장해서도 신체적으로 체구가 작아 열등감을 겪으며 지냈다. 초기에는 프로이트와 교류하면서 지지적인 입장이었으나, 이후 그의 이론에 반대하며 개인심리학회를 1912년에 만들었다.

이때 프로이트가 자신에게서 등을 돌린 아들러를 비꼬며 프로이트 자신을 거인으로 아들러는 난쟁이로 묘사했다. 이는 아들러의 작은 체구를 난쟁이로 묘사한 것이었다. 그러자 아들러는 이를 받아쳐서 '자신이 난쟁이인 것은 맞지만, 자신은 거인의 어깨 위에 올라간 난쟁이'라고 말했다. 프로이트를 넘어선 그 위에 올라섰다는 식으로 받아친 것이다.

Tip

아들러는 자신의 성장배경과 관련하여 열등감과 우월성 추구와 관련한 이론을 만들어 냈고, 여섯 형제 중 둘째로 태어난 경험과 연구를 바탕으로 가족구도/출생순위에 따른 성격특징을 구분함

아들러는 자신의 성장배경과 관련하여 열등감과 우월성 추구와 관련한 이론을 만들어 냈고, 여섯 형제

중 둘째로 태어난 경험과 연구를 바탕으로 가족구도/출생순위에 따른 성격특징을 구분한 것으로도 유명하다. 아들러에 의하면 아이들은 가족이라는 집단에서 공통점을 공유하고 있지만, 각 아이의 심리적 환경은 출생순위에 영향을 받는다고 한다. 다음의 내용을 보면 정확히 알 수 있다.

① 첫째 아이

첫째 아이는 한마디로 "폐위된 왕"이다. 일반적으로 동생이 태어나기 전까지는 응석받이로 자라게 된다. 또한 의젓하고 열심히 일하며 앞에 나서려고 한다. 그러나 동생이 태어나면 자신의 자리에서 쫓겨났다는 사실을 알게 된다. 첫째 아이는 새로운 인물(침입자로 여겨지는 동생)이 나타나서 자신이 누리던 사랑을 훔쳐갔다고 믿는다.

대부분의 가정에서 첫째와 둘째의 성격은 반대인데, 그 까닭은 부모에게 사랑받기 위해 아이들이 경쟁하는 데에서 찾을 수 있다. 많은 경우, 맏이는 동생처럼 행동해서는 사랑받을 수 없고, 의젓하게 행동해야 사랑받는다는 것을 알게 된다. 이것은 성장 과정 속에서 성실성과 책임감이 발달하기 쉬운 환경에 놓인다는 의미이다.

② 둘째 아이

둘째 아이는 태어날 때부터 누군가 다른 형제와 관심을 나누어 가졌다. 일반적으로 둘째 아이는 경쟁 속에 있는 것처럼 행동하고, 항상 압박을 받는 상태에 있다. 나이가 어린 아이는 형(누나)의 약점을 찾는 요령을 익히고, 형이 실패한 것을 달성함으로써 부모나 교사로부터 칭찬을 받으려 애쓴다. 따라서 형이 아주 공부를 잘하는 경우에는 동생이 스트레스를 많이 받고 다른 능력을 개발하려 하는 예를 어렵지 않게 찾을 수 있다.

③ 막내 아이

막내 아이는 가족의 어린아이로 가장 많은 관심을 받는다. 다른 아이들이 모두 자기보다 시간적으로 앞서 태어났기 때문에 막내는 가정 내에서 독특한 역할을 한다. 그리고 자신이 원하는 길을 가는 경향이 있다. 또한 가족들 누구도 생각하지 못한 방식으로 행동하기도 하며, 가족 내에서 환풍기 역할을 하기도 한다. 그러나 책임지는 데에 소홀한 경향도 있다.

④ 독자

Tip

독자(독녀)는 맏이의 특징과 같은 높은 성취동기를 가질 수도 있지만, 다른 형제들과 나누거나 협동하는 것을 배우지 못함

독자(독녀)는 맏이의 특징과 같은 높은 성취동기를 가질 수도 있지만, 다른 형제들과 나누거나 협동하는 것을 배우지 못할 수 있다. 자신만의 가족세계를 만든 것처럼 어른들을 대하는 방법을 배울 수 있다. 때로 부모의 사랑을 너무 많이 받아서 부모 중 한 사람에게 또는 두 사람 다에게 의존적으로 매여 있을 수도 있다. 무대의 중앙에 있기를 바라기도 하며, 자신의 위치가 도전을 받으면, 이를 불공정하다고 생각한다. 경우에 따라서는 어린애다운 대접을 못 받고, 어른과 상호작용을 많이 하여, 말하는 것이 어른스럽기도 하다. 너무 의존적이거나 지나치게 독립적이라는 극단적인 형태를 보이기도 한다.

남자 형제만 있는 어린이는 남성적인 성격 특징을 지니며, 남자 형제 속에서 자라는 여자 어린이는 남성적으로 되어서 야심이 많고 공격적이며, 지적 발달도 빠르다.

여자 형제들 가운데서 자란 남자 어린이는 여성적이고 공격성이 적

으며 대담성도 덜하다. 이러한 특성들은 형제들과의 동일시와 모방을 통해서 얻어진 결과이다. 형제 간의 나이 차이가 2세에서 4세 사이일 때 동기간의 경쟁과 질투가 가장 심하게 나타나서 성격을 형성하는 데 부정적 효과를 갖는다.

연년생일 경우에는 유아의 인지가 분명하지 못하기 때문에 동생을 경쟁 대상이나 위협적 존재로 보지 않지만, 터울이 2세에서 4세 사이에는 경쟁심이 강하게 나타난다. 그러나 터울이 7세나 8세 정도가 되면 형은 부모로부터 정서적으로 어느 정도 독립되어서 동생을 위협적으로 느끼지 않는다. 그리고 동생은 형이나 누나, 언니나 오빠를 동일시의 모델로 삼고 따르기 때문에 갈등이 생기지 않는다.

4) 최근 이론

(1) 에릭 번의 교류분석

에릭 번(Eric Berne, 1910~1970)

교류분석(transactional analysis)은 미국의 정신과 의사인 에릭 번(Eric Berne, 1910~1970)에 의해 창안된 인간 행동에 관한 하나의 이론 체계이다. 번은 인간이 생존을 영위해 나가기 위해서는 사회적 상호 교제가 필요한데, 이때 서로 교환되는 기본 요소를 교류(transaction)라고 하였다. 의사소통의 원만함을 추구하는 데는 대인관계에 있어서의 질적인 교류가 중요하며, 이 교류는 개인의 심리적 자세를 형성하는 데 결정적인 영향을 미친다. 특히 교류 과정에서 형성된 심리적 자세의 특성

Tip

번은 대인관계에 있어서 의사소통의 분석에 기초한 상담 기법으로 상호교류분석 이론임

은 현재의 인간관계에서 이루어지고 있는 의사소통의 질, 즉 개인이 갖게 될 대인관계의 특성을 좌우한다는 것이다. 또한 개인의 대인관계의 친밀함을 도모하는 데 매우 중요한 영향을 미친다고 본다. 이와 같은 입장에서 번은 대인관계에 있어서 의사소통의 분석에 기초한 상담 기법으로 상호교류분석 이론을 구축하였다.

① 상호교류분석

상호교류분석을 좀 더 간단하게 정의한다면 상호 반응하고 있는 인간 사이에서 이루어지는 교류를 분석하는 것이라고 할 수 있다. 교류의 원어 트랜잭션(transaction)은 원래 거래, 흥정하는 것 등을 의미하는 상업 용어이지만 교류분석에서의 교류는 단순히 표면상의 말의 교화뿐만 아니라 마음속 깊이 전해지는 미묘한 의미, 정교한 의도, 숨겨진 느낌 등의 여러 측면을 포함하는 높은 수준의 의사소통을 의미한다(오영희·엄정애, 1999). 이는 주로 대인관계 및 의사소통에 적용될 수 있다. 상호교류분석은 전반적으로 어려운 용어는 쓰지 않고 가능하면 많은 사람들과 친숙한 언어를 사용하여 누구나 쉽게 이해하고 받아들일 수 있도록 만들어져 있다. 국제 교류분석 협회(ITAA)는 교류분석을 한 개인의 성장과 개인의 변화를 위한 체계적인 심리치료법이며 성격이론으로 정의 내리고 있다(우재현, 1999).

② 자아상태 분석

교류분석 이론은 1950년대 미국의 정신의학자인 에릭 번에 의해 고안되고 계속 발전되어 대인관계나 의사소통 그리고 아동발달이론으로 그 영역을 넓히고 있다. 번은 교류분석을 정의하는 과정에서 자아

상태(ego-states)에 대하여 정신분석에서 말하는 자아라는 추상적이고 객관적인 생각과는 달리, 지금 여기에서(here and now) 본인 자신이 확실히 구체적으로 '그것'이라고 의식할 수 있는 것 혹은 본인이 자각할 수 있는 생각, 느낌, 행동의 방식으로 정의 내리고 있다. 즉, 자아상태란 일관된 감정과 경험의 유형이 그에 상응하는 일관된 행동유형과 직접으로 관련되어 있다는 것이다(우재현, 1999 재인용). 따라서 사고, 감정 그리고 이것과 연관된 일련의 행동양식을 통합한 하나의 시스템이라 할 수 있다.

교류분석(TA)은 '능동적이고, 역동적이며, 관찰 가능한 세 가지 자아상태 — 어버이(parent), 어른(adult), 어린이(child) — 가 각 개인 내에 존재하면서 작동한다'에 대한 초기의 신념들을 바탕으로 아동기부터 인생각본(life-script: 계획)을 만들어 나간다(그림 3-7 참조).

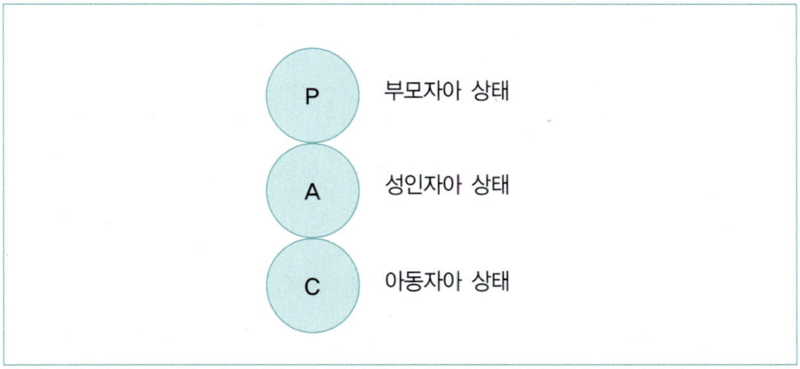

그림 3-7 교류분석의 자아상태 구조 분석

이런 실존적인 신념들은 한 개인이 타인들과 되풀이하는 정형화된 게임(games: 솔직하지 못한 사회적인 상호작용)에 관여함으로써 강화된다. 마지막으로 심리적인 에너지 활력에 대한 역동적인 표상을 자아도표

(Ego-gram)상에 그림으로 나타내게 되는데, 자아도표상의 주인공이 자신의 행동을 바꾸려는 결정을 능동적으로 하지 않는 한, 그 상태로 계속 머물게 된다. 따라서 효율적인 교류분석 치료자는 내담자들의 변화와 성장을 촉진하는 촉매자 역할을 하는 것으로 볼 수 있다(김규수·류태보, 1998).

번의 자아상태에 대한 이론은 심리적 실재(psychological reality)란 비연속적인 완전한 자아상태에 기초한다고 주장하였던 폴 훼더른(Paul Federn)의 자아심리학으로부터 많은 영향을 받았다. 이외에도 번은 프로이트의 성격구조와 아들러의 생활양식 그리고 융의 원형(archtype)이론, 호니, 프롬, 설리반이 강조한 사회적 상호작용으로부터 영향을 받았다. 비록 번은 이들의 영향을 받았지만 그 나름대로의 독창적인 이론으로 발전시켰다. 무엇보다도 교류분석이론은 인간 자신이 사고, 감정, 행동이라는 세 가지 차원을 조화롭게 통합할 수 있다는 인간의 긍정성을 인정하는 가치체계에 기초를 두고 있다. 이러한 인간에 대한 가설은 다른 측면에서 볼 때 모든 인간은 자신의 사고, 감정, 행동 등에 대한 책임이 있다는 의미이다. 따라서 교류분석에서는 상담자와 내담자의 능력을 동등하게 취급하여 내담자 스스로가 자신의 어떤 부분을 변화시킬 것인지에 대해 결정하는 데 있어서 주도권을 갖게 된다. 이와 같이 교류분석에서는 개인 자신을 신뢰하며 스스로 생각하고 이해하여 결정할 수 있다.

Tip

교류분석이론은 인간 자신이 사고, 감정, 행동이라는 세 가지 차원을 조화롭게 통합할 수 있다는 인간의 긍정성을 인정하는 가치체계에 기초 둠

(2) 빅터 프랭클의 의미요법

빅터 프랭클(Victor Frankl, 1905~1997)은 37세 때, 죽음만이 유일한 도피

빅터 프랭클(Victor Frankl, 1905~1997)

처인 것 같은 고문과 기아, 핍박 등 잔학한 인간의 악몽 세계로 3년간 오디세이(Odyssey) 같은 생활을 시작하였다. 그의 지옥 같은 생활은 고향인 오스트리아의 비엔나에서 동북쪽으로 가는 기차에서부터 시작되었다. 1,500명의 승객들은 아무도 그들이 어디로 가고 있는지 몰랐다. 프랭클이 탄 칸에는 80명이 있었다. 기차 안은 몹시 붐벼 짐꾸러미나 손에 들고 있던 소지품 위에서 잠을 자야만 했다.

기차는 며칠 밤낮을 계속 여러 도시와 광활한 들길을 지나갔다. 그러던 어느 날 이른 아침 마침내 기차가 속도를 늦추며 역에 닿았다. 승객들은 걱정스럽게 창문으로 내다보고 그곳이 어디인가를 알게 되자 절망 속에 빠져 들었다. 그곳 이름이 보였다. 어떤 사람들은 흐느껴 울었으나 대부분은 침울하게 입을 다물고 있었다. 바로 아우슈비츠(Auschwitz)였다.

날이 밝자 점차 악명 높은 나치 죽음의 상징인 수용소의 가시 철망과 감시탑이 눈에 들어왔다. 프랭클은 연이은 교수대에 시체가 매달린 모습을 상상하였다. "나는 공포감에 사로잡혔다. 그러나 이것은 차라리 나았다. 왜냐하면 우리는 차차 그 무시무시하고 끔찍한 공포에 익숙해져야 했기 때문이었다."

그해 1942년 빅터 프랭클은 동족 유태인 600만의 생명을 앗아간 극히 조직적이고 능률적인 살인마의 세계 속으로 끌려 들어갔다. 그는 살아남은 극소수 중 한 사람일 것이다. 그러나 그의 심신은 이루 말로 다할 수 없는 고통 즉, 믿어 왔던 모든 것을 엄격히 시험해야 하는 가혹한 시련을 겪어야 했다. 아버지, 어머니, 형제, 아내(누이를 제외하고는 가족 전부)가 그 대학살에 죽음을 당했다. 그러나 그는 살아남았다. 무엇보다도 프랭클은 저항할 수 없는 고통과 죽음의 문턱에서조차도 삶에 대한 의미와 목적을 찾을 수 있다는 신념을 굳건히 하며 시련을 견뎌낸 것이다.

인간의 실존에 문제가 되는 것은 우리를 기다리고 있는 운명이 아니라 그 운명을 받아들이는 방법이다. 프랭클은 고통과 죽음을 포함하여 모든 상황에서 의미를 찾을 수 있다고 믿는다. 살아 있다는 것은 고통이다. 그러나 '고통 속에서 의미를 찾는 것이 곧 살아 있는 것이다'고 그는 기록하고 있다. 프랭클은 심리적 건강을 위해 의미에의 의지(will to meaning)를 중요시해야 한다고 강조했다. 실제로 이것은 그 안에서 다른 모든 것을 조직하는 골격이다.

① 의미요법

의미요법(로고테라피, Logotherapy)이란 말은 로고(Logos)와 테라피(Therapy)가 합쳐진 합성어(合成語)이다. 로고란 말은 헬라어에서는 '진리'란 의미이고 성경에서는 '말씀'이란 의미로 쓰이고 있다. 테라피란 말은 '치료'란 의미이다. 그래서 헬라어로나 영어로서의 말의 의미를 그대로 표현하자면 '진리요법' 혹은 '말씀요법'이 된다. 즉, 의미치료란 삶의 의미를 찾기 위한 독특한 치료기법일 뿐 아니라 실존의 의미와 의미를 찾고자 하는 인간의 욕구를 다루는 이론인 것이다. 그러므로 의미치료는 기본적으로 의미가 결여된 채 세상을 살아가는 사람을 다루는 심리치료 방법이다. 그러나 프랭클이 지적했듯이 인간의 본성 이론과 생활철학에 입각하지 않은 심리치료 형태는 있을 수가 없다.

Tip

의미치료란 삶의 의미를 찾기 위한 독특한 치료기법일 뿐 아니라 실존의 의미와 의미를 찾고자 하는 인간의 욕구를 다루는 이론임

Tip

의미치료에서 추론한 인간 본성 이론은, 의지의 자유(freedom of will), 의미에의 의지(will to meaning), 삶의 의미(meaning of life)임

의미치료에서 추론한 인간 본성 이론은, 의지의 자유(freedom of will), 의미에의 의지(will to meaning), 삶의

의미(meaning of life)이다. 프랭클은 인간의 상태가 생물학적 본능이나 아동기 때의 갈등, 혹은 다른 어떤 외부적 힘에 의해 결정된다는 심리학이나 정신의학의 입장에 반대되는 입장을 갖고 있다. 그는 외부 조건에 의해 삶이 영향을 받지 않는 것은 아니지만(그가 아우슈비츠에서 겪은 것처럼) 그럼에도 불구하고 그 조건에 대응할 반응은 우리가 자유롭게 취한다고 주장한다. 우리는 외부 세력에 무감각하지 않지만 — 외부 세력에 의해 환경이 변화될 수 있게 되기도 한다 — 그 힘을 다룰 입장을 정하는 것은 우리의 자유이다. 환경과 운명 위에 우리를 서게 만드는 것은 이 본원적 자유인 것이다.

의미에의 의지(will to meaning)와 삶의 의미(meaning of life)는 자아(self)를 구하는 게 아니라, 실존의 목적을 뒷받침해 줄 의미를 끊임없이 구하는 우리의 욕구와 관계된 것이다. 프랭클의 가설에는 의미에의 의지라는, 인간의 다른 모든 동기를 지배할 수 있을 정도로 강력한 하나의 기본적인 동기가 있다. 심리적 건강을 위해서 지극히 필요한 것인 동시에 극한 상황에서(프랭클이 아우슈비츠에서 직면했던 것 같은) 목숨을 부지하기 위해서만이라도 필수 불가결의 것이다. 삶에 의미가 없다면 계속 살아야 할 이유가 없다.

Tip
삶의 의미는 당연히 사람마다 특이하고 독특함

삶의 의미는 당연히 사람마다 특이하고 독특하다. 사람마다 다를 뿐 아니라 시시각각으로 다르기도 하다. 모든 이에게 보편적으로 적용될 수 있는 만인 공통의 의미에의 의지란 있을 수 없다.

프랭클은 삶에 의미를 주는 상황은 다양해도 각각의 상황에는 하나의 해답밖에 있을 수 없다고 주장한다. 문제는 어떤 상황은 의미를 지니지 못한 데에 있는 게 아니라 — 모든 것에 의미가 있으므로 — 어떻게 그 의미를 발견할 것인가에 있다. 그렇다면 의미를 찾는다는 것이 당혹스럽고 도전적인 내부 긴장을 감소시키는 것이 아니고 오히려 증가시키는 것일 수가 있다. 사실상 프랭클은 이런 긴장의 증가를 심리적 건강을 위해 겪어야 하는 선행조건으로 보고 있다. 긴장감이 결여되어 있고 안전과 균형만을 추구하는 삶에서는 노에제닉 신경증(noögenic neurosis)에 걸릴 수밖에 없는데, 이는 곧 의미가 결여되어 있는 삶이다. 건강한 성격은 이미 성취하여 완성한 것과 앞으로 해야 할 것 사이의 간격으로 인하여 생기는 어느 정도의 긴장감, 즉 현재의 자기 모습과 앞으로의 모습 사이의 간격으로 인한 긴장감을 가지고 있다. 이러한 간격으로 인해 건강한 사람들은 삶에 의미를 느낄 수 있는 목표에 도달하려고 노력을 하게 된다. 이들은 실행할 새로운 목적을 가지려고 끊임없이 삶에 도전하게 된다. 그리고 이런 계속적 도전이 삶에 정열과 희열을 가져다준다.

② 건강한 성격의 7가지

프랭클은 건강한 성격이 갖는 일련의 특징을 제시하지는 않았지만 대개 다음과 같은 일곱 가지의 사람임을 알 수 있다.

첫째, 자기 행동 과정을 자유롭게 선택한다.

둘째, 자기가 살아가며 행하는 행위와 운명을 보는 태도에 개인적 책임의식이 있다.

셋째, 자기 외부의 힘에 의해 제한받지 않는다.

넷째, 자기에게 적합한 삶의 의미를 갖고 있다.

다섯째, 자기 생활에 의식적 통제력이 있다.

여섯째, 창조적·경험적·태도적 가치를 표현할 수 있다.

일곱째, 자신으로 향하는 관심을 초월한다.

현대에 와서 삶의 의미의 결여라는 문제는 정신과 의사, 심리학자들은 현대인에게 심리적 문제가 증가되고 있는 원인으로 삶의 의미결여를 하나의 요인으로 보고 있다. “왜” 살아야 하는가 하는 삶의 이유를 잃은 사람들이 증가하고 있고, 또 삶의 이유를 잃었다는 것은 살기가 아무리 편리하고 풍요로워도 우리가 “어떻게” 살아가야 하는가를 참기 어렵게 만든다. 프랭클의 의미 요법을 생각하며 건강한 성격의 사람이 되어야 할 것이다.

Chapter 04

이상심리학

1) 성격 관련 장애

(1) A형(편집성, 조현성, 조현형) 성격장애

A형 성격장애(cluster A personality disorders)는 이상하고 괴이하며 사회적으로 엉뚱하고 고립되어 있는 특성을 보이며, 편집성 성격장애, 조현성 성격장애, 조현형 성격장애가 이에 속한다. 이 장애의 증상은 정신분열증(schizophrenia)의 증상과 다소 유사하며, 특히 전조단계 및 잔여단계에서 보이는 덜 심한 증상과 비슷하다.

① 편집성 성격장애

편집성 성격장애(Paranoid Personality Disorder)를 지닌 사람은 근거가 확실치 않음에도 불구하고 남들이 자신을 속이고 있다고 의심하는 경우가 많고 남들의 사소한 말이나 행동도 자신과 결부시켜 위협적인 것으로 지각하는 경향이 있다. 그래서 주변에 일어나는 사건도 자신에게 불리하거나 해로운 쪽으로 잘못 해석하는 때가 많으며 남들에게서 받았다고 느끼는 모욕, 경멸들을 용서하거나 쉽게 풀지 않고 자신을 공격했다고 여기면 즉시 화를 내거나 반격을 하기 때문에 까다롭고 논쟁적이라는 인상을 받게 된다. 또 뚜렷한 이유 없이 배우자나 애인의 정절에 대해 의심하기도 한다. 따라서 이 장애를 지닌 사람들은 주변 사람들과 지속적인 갈등을 경험하기 때문에 스트레스를 많이 받고 우울증, 공포증, 강박장애, 알코올 남용과 같은 정신장애를 나타낼 가능성이 높다.

Tip

편집성 성격장애(Paranoid Personality Disorder)를 지닌 사람은 근거가 확실치 않음에도 불구하고 남들이 자신을 속이고 있다고 의심하는 경우가 많고 남들의 사소한 말이나 행동도 자신과 결부시켜 위협적인 것으로 지각함

편집성 성격장애 진단기준 301.0(F60.0)

A. 다른 사람의 동기를 악의가 있는 것으로 해석하는 등 타인에 대한 전반적인 불신과 의심이 있다. 특히 성인기 초기에 시작되며 여러 상황에서 나타나고 다음 중 4가지 이상으로 나타난다.

1. 충분한 근거없이 다른 사람이 자신을 관찰하고 해를 끼치고 기만하다고 의심을 한다.
2. 친구 및 동료들의 충정이나 신뢰에 대한 근거 없는 의심에 사로잡혀 있다.
3. 어떠한 정보가 자신에게 나쁘게 이용될 것이라는 잘못된 두려움 때문에 다른 사람에게 비밀을 털어놓기를 꺼린다.
4. 보통 악의 없는 말이나 사건에 대해 자신의 품위를 손상하는 또는 위협적 의미가 있는 것으로 해석한다.
5. 지속적으로 원한을 품고, 모욕이나 상처를 줌, 그리고 경멸을 용서하지 못한다.
6. 다른 사람에게는 분명하기 않은 자신의 성격이나 평판에 대한 공격으로 지각하고 곧 화를 내고 반격한다.
7. 정당한 이유 없이 애인이나 배우자의 정절에 대해 반복적으로 의심을 한다.

B. 조현병, 정신병적 양상을 동반한 양극성장애 또는 우울장애, 다른 정신병적 장애의 경과 중 발생한 것은 여기에 포함시키지 않는다. 또 다른 의학적 상태의 생리적 영향으로 인한 것이 아니다.
주의점은 진단기준이 조현병의 발병에 앞서 만족했다면 병전(premorbid)을 추가해야 한다.

② 조현성 성격장애(분열성)

Tip
조현성 성격장애 혹은 분열성 성격장애(Schizoid Personality Disorder)를 지닌 사람은 타인에 대해서 무관심하고 주로 혼자서 지냄

조현성 성격장애 혹은 분열성 성격장애(Schizoid Personality Disorder)를 지닌 사람은 타인에 대해서 무관심하고 주로 혼자서 지내는 경향이 있다. 가족을 제외한 극소수의 사람을 제외하면 친밀한 관계를 맺는 사람이 없으며 이성에 대해서도 무관심하여 독신으로 생활하는 경우가 많다. 타인의 칭찬이나 비판에도 무관심한 듯이 감정반응을 나타내지 않으며 감정이 메말라 있다는 인상을 준다. 그리고 다른 사람에게 방해받지 않는 삶을 살고 싶어하며 사회적 관계에서 보상을 기대하지 않기 때문에 타인과의 접촉이 요구되지 않는 분야(기계조립, 동물사육 등)에서 재능을 나타낸다. 이들은 인생의 목표가 없는 듯이 무기력하거

나 표류하는 삶을 살아간다. 특히 강한 스트레스가 주어지면 짧은 기간 동안 정신증적 증상을 나타내기도 하는데, 망상장애나 정신분열증으로 발전되는 경우도 있다.

조현성(분열성) 성격장애 진단기준 301.20[F60.1]

A. 다양한 형태의 사회적 유대로부터 반복적으로 유리되고 대인관계에서 제한된 범위의 감정 표현이 전반적으로 나타난다. 이러한 증상은 성인기 초기에 시작되며 여러 상황에서 나타나고 다음 중 4가지 이상에 해당될 때 조현성 성격장애로 진단한다.
1. 가족과의 관계를 포함해서 친밀한 관계를 버리지 않고 즐기지도 않는다.
2. 항상 혼자서 하는 행위를 선택한다.
3. 다른 사람과의 성적 경험에 대한 관심이 거의 없다.
4. 거의 모든 분야에서 즐거움을 취하려 하지 않는다.
5. 일차 친족 이외의 친한 친구가 없다.
6. 다른 사람의 칭찬이나 비난에 무관심하다.
7. 감정적 냉담, 유리 혹은 단조로운 정동의 표현을 보인다.

B. 조현병, 정신병적 양상을 동반한 양극성장애 또는 우울장애, 다른 정신병적 장애 혹은 자폐스펙트럼장애의 경과 중 발생한 것은 조현성 성격장애로 진단하지 않고, 다른 의학적 상태의 생리적 영향으로 인한 것이 아니다.
주의점은 진단기준이 조현병의 발병에 앞에 만족했다면 '병전'을 추가해야 한다.

③ 조현형 성격장애(분열형)

조현형 성격장애(Schizotypal Personality Disorder)는 분열형 성격장애라고도 하며, 이 장애를 지닌 사람은 조현성(분열성) 성격장애의 동일한 특성을 포함하면서 그 강도와 심각성은 더한 상태라 할 수 있다. 이들은 괴상한 신념이나 마술적 사고(예: 미신, 천리안에 대한 믿음, 텔레파시나 육감, 아동이나 청소년의 경우 기괴한 환상이나 집착)를 갖고 있을 수도 있고, 말이 특이하거나 불분명하게 사용되는 단어들이 포함되어 있을 수도 있으며 행동과 외관 또한 기이하다. 또 관계사고(어떤 사건이

Tip

조현형 성격장애(Schizotypal Personality Disorder)는 분열형 성격장애라고도 하며, 이 장애를 지닌 사람은 조현성(분열성) 성격장애의 동일한 특성

자기에게 특별하고 색다른 의미를 갖고 있다는 믿음), 의심하는 성향, 편집성 사고가 흔하며, 정서가 위축되어 있고 단조로운 것처럼 보인다. 따라서 조현형(분열형) 성격장애자는 다른 성격장애자보다 심각한 사회적 부적응을 경험하며, 심한 스트레스를 받으면 일시적으로 정신증적 증상(예: 망상, 환각)을 나타내기도 하고 정신분열증이나 다른 정신병적 장애로 발전되는 경우도 있다.

조현형 성격장애 진단기준 301.22 (F21)

A. 친분관계를 급작스럽게 불편해하고, 능력의 감퇴, 인지 및 지각의 왜곡, 행동의 괴이성으로 구별되는 사회적 및 대인관계의 결함의 광범위한 형태이다. 이는 성인기 초기에 시작하며 여러 상황에서 나타나고 다음의 내용 중 5가지 이상으로 나타난다.

1. 관계사고(심한 망상적 관계망상은 제외됨)이다.
2. 행동에 영향을 주며, 소문화권의 기준에 맞지 않는 이상한 믿음이나 마술적인 사고를 갖고 있다(미신, 천리안, 텔레파시, 육감 등에 대한 믿음과 다른 사람들이 내 느낌을 알 수 있다고 생각하고 아동이나 청소년에게는 기이한 공상이나 생각에 몰두함).
3. 신체적 착각을 포함한 이상한 지각 경험이다.
4. 이상한 생각이나 말을 한다(모호한, 우회적, 은유적, 과장적으로 수식된, 상동적인 말을 함).
5. 의심하거나 편집성 사고가 있다.
6. 부적절하고 제한된 정동이 있다.
7. 기이하거나 편향되고 괴이한 행동이나 외모의 모습을 보인다.
8. 일차 친족 이외에 친한 친구나 측근이 없다.
9. 친하다고 해서 불안이 감소하지 않으며 자신에 대한 부정적인 판단보다도 편집증적인 공포와 관계되어 있는 과도한 사회적 불안이다.

B. 조현병, 정신병적 양상을 동반한 양극성장애 또는 우울장애, 다른 정신병적 장애, 자폐스펙트럼장애의 경과 중 발생한 것은 여기에 포함시키지 않는다.
주의점은 진단기준이 조현병의 발병에 앞서 만족했다면 '병전'을 추가해야 한다.

(2) B형(연극성, 자기애성, 반사회성, 경계성) 성격장애

B형 성격장애(cluster B personality disorders)는 극적이고 감정적이며 변덕스러운 특성을 보이며 연극성 성격장애, 자기애성 성격장애, 반사회성

성격장애, 경계성 성격장애가 이에 속한다.

① 연극성 성격장애

연극성 성격장애(Histrionic Personality Disorder)를 지닌 사람은 타인의 애정과 관심을 끌기 위한 지나친 노력과 과도한 감정표현이 주된 특징이며, 자신이 관심의 대상이 되지 못하는 상황을 불편하게 느끼고 우울해지거나 화를 내기도 한다. 이들은 사람들과 이야기를 잘하고 쉽게 어울리며, 감정표현이 극적이고 화려하다. 모든 사람들과 사교적으로 친밀한 것처럼 보이지만, 종종 의상, 화장 또는 머리 색깔 같은 외모를 통해서 관심을 끌려는 모습을 보이고, 관계나 감정에 깊이가 없으며, 피상적인 수준에 머무는 경우가 대부분이다. 심한 경우 연극적인 행동과 과장되고 변덕스러운 정서를 보이며, 거절에 대한 두려움을 지니며 자신의 요구가 관철될 수 있도록 타인을 조정하는 기술이 뛰어나다. 또한 자신의 중요한 요구가 좌절되는 상황에서는 자살하겠다고 위협하거나 상식을 벗어난 무모한 행동을 나타내기도 한다.

Tip

연극성 성격장애(Histrionic Personality Disorder)를 지닌 사람은 타인의 애정과 관심을 끌기 위한 지나친 노력과 과도한 감정표현이 주된 특징이며, 자신이 관심의 대상이 되지 못하는 상황을 불편하게 느끼고 우울해지거나 화를 냄

연극성 성격장애 진단기준 301.50[F60.4]

과도한 감정성과 주의를 끄는 광범위한 형태로, 성인기 초기로부터 시작되는 여러 가지 상황이 다음과 같은 5가지 이상으로 나타난다.

1. 자신이 관심의 중심에 있지 않는 상황을 불편해한다.
2. 다른 사람과의 관계 행동이 자주 외모나 행동에서 부적절하게 성적 혹은 유혹적 내지 자극적인 것으로 특징을 보인다.
3. 감정이 빠른 속도로 변화하고 피상적으로 표현한다.
4. 자신에게 관심을 집중시키기 위해 지속적으로 외모를 사용한다.
5. 지나치게 인상적이고 세밀함이 결여된 형태의 언어를 사용한다.
6. 자기극화, 연극성, 과장된 감정의 표현을 보인다.
7. 피암시적이고, 다른 사람이나 상황에 의해 쉽게 영향을 받는다.
8. 실제보다도 더 가까운 관계로 생각한다.

② 자기애성 성격장애

Tip

자기애성 성격장애(Narcissistic Personality Disorder)를 지닌 사람은 자신에 대한 과장된 평가로 인한 웅대한 자기상에 집착하며 대단한 탁월함과 성공을 원함

자기애성 성격장애(Narcissistic Personality Disorder)를 지닌 사람은 자신에 대한 과장된 평가로 인한 웅대한 자기상에 집착하며 대단한 탁월함과 성공을 꿈꾼다. 따라서 자신은 주변 사람들과는 다른 특별한 존재이며 특별한 대우를 받아야 한다는 특권의식을 지니게 되어 매우 거만하고 오만한 행동을 나타낸다. 다른 사람들이 자신을 칭찬하고 찬양해 주기를 바라며, 그렇지 않을 때는 주변 사람들을 무시하거나 분노를 느낀다. 이들은 다른 사람의 입장이 되어 생각하고 느끼는 공감능력이 결여되어 있으며 대인관계에서 매우 자기중심적(self centered)이고 일방적이다. 따라서 주변 사람들로부터 따돌림을 당하거나 잦은 갈등을 경험하게 되어 우울해지거나 분노를 느끼게 된다.

자기애성 성격장애 진단기준 301.81(F60.81)

과대성(공상, 행동상), 숭배에의 요구, 감정이입의 부족이 광범위한 양상으로 있고 이는 청년기에 시작되며 여러 상황에서 5가지 이상으로 나타난다.

1. 자신의 중요성에 대한 과대한 느낌을 가진다(성취와 능력에 대해서 과장하며, 적절한 성취 없이 특별한 대우를 받고자 기대함).
2. 무한한 성공, 권력, 명석함, 아름다움, 이상적인 사랑과 같은 공상에 몰두한다.
3. 자신의 문제는 특별하고 특이해서 다른 특별한 높은 지위의 사람(기관)만이 그것을 이해할 수 있다.
4. 과도한 숭배를 요구한다.
5. 특별한 자격이 있는 것 같은 느낌을 가진다(특별히 호의적인 대우를 받기를, 자신의 기대에 대해 자동적으로 순응하기를 불합리하게 기대함).
6. 대인관계에서 착취적이다(자신의 목적을 달성하기 위해서 타인을 이용함).
7. 감정이입의 결여로 타인의 느낌이나 요구를 인식하거나 확인하려 하지 않는다.
8. 다른 사람을 자주 부러워하거나 다른 사람이 자신을 시기하고 있다고 믿는다.
9. 오만하고 건방진 행동이나 태도를 보인다.

③ 반사회성 성격장애

반사회성 성격장애(Antisocial Personality Disorder)를 지닌 사람은 아동기나 청소년기부터 품행장애(예: 폭력, 거짓말, 절도, 결석이나 가출 등)를 보이며, 18세 이상의 성인일 때 진단을 받게 된다. 이들의 특성은 사회적 규범이나 법을 무시하고 자신의 쾌락과 이익을 위해서 수단과 방법을 가리지 않는다. 그 결과 폭력, 절도, 사기와 같은 범죄행동을 반복하여 법적인 구속을 당하는 일이 흔하다. 그리고 타인의 고통을 초래한 자신의 행동에 대해서 자책하거나 후회하는 일이 없으며 유사한 불법행동을 반복하는 경향이 있다.

Tip

반사회성 성격장애(Antisocial Personality Disorder)를 지닌 사람은 아동기나 청소년기부터 품행장애(예: 폭력, 거짓말, 절도, 결석이나 가출 등)를 보이며, 18세 이상의 성인일 때 진단을 받음

행동양상은 충동적이고 호전적이어서 육체적인 싸움을 자주 하고 폭력을 휘두르며 가족을 구타하기도 하고, 무책임하며 무모하여 위험한 일(예: 음주운전, 과속, 범죄, 마약복용)을 겁 없이 행동한다. 이처럼 반사회성 성격장애자는 잦은 폭력과 범법행동, 직업적응의 실패, 가족부양의 소홀, 성적문란, 채무 불이행, 거짓말이나 사기행각, 무모한 위험행동, 문화시설의 파괴행동을 함으로써 주변 사람과 사회에 커다란 피해를 입히게 된다.

반사회성 성격장애 진단기준 301.7[F60.2]

A. 15세 이후에 시작되고 다음과 같은 다른 사람의 권리를 무시하는 행동 양상이 있고 다음 중 세 가지 이상을 충족한다.
1. 체포사유가 되는 행위 반복 같은 법적 행동에 관련된 사회적 규범을 맞추지 못한다.
2. 반복적 거짓말, 가명사용, 자신의 쾌락이나 이익을 위해 타인을 속이는 사기성이 있다.
3. 충동성 또는 미리 계획을 세우지 못한다.
4. 신체적 싸움, 폭력 반복으로 나타나는 불안정성과 공격성이 있다.
5. 자신 또는 타인의 안전을 무시하는 무모성이 있다.

6. 일정한 직무 행동 유지 또는 재정적 의무 이행 실태 등의 지속적 무책임성이 있다.
7. 타인 가해, 학대, 절도에 대해 개의치 않고, 합리화 등 양심의 가책이 결여되어 있다.

B. 최소 18세 이상이어야 한다.
C. 15세 이전에 품행장애가 시작된 증거가 있다.
D. 반사회적 행동은 조현병이나 양극성장애의 경과 중에만 발생되지는 않는다.

④ 경계성 성격장애

Tip

경계성 성격장애(Borderline Personality Disorder)를 지닌 사람의 가장 큰 특징은 심리적 불안정성임

경계성 성격장애(Borderline Personality Disorder)를 지닌 사람의 가장 큰 특징은 심리적 불안정성이다. 이들은 혼자 있을 때 만성적인 공허감이나 우울감에 시달리며, 불안정하면서 격렬한 애정과 분노가 교차하는 강렬한 대인관계를 형성하는 특징을 보이는데, 흔히 이성을 이상화하여 강렬한 애정을 느끼고 급속하게 연인관계로 발전하기도 한다. 그러나 상대방이 자신을 버리고 떠나가는 것을 두려워하여 늘 함께 있어주거나 평가절하하며 강렬한 증오나 경멸을 나타내거나 자해나 자살과 같은 극단적인 행동을 하게 된다. 또한 이들은 자아정체감이나 자아상에 있어서 지속적으로 현저하게 불안정한 혼란 행동을 보인다. 자기 지각에 갑작스럽고 극적인 변화가 나타나며, 삶의 목적이나 가치, 직업적인 야망이 급격하게 변하는 양상도 보인다. 안정된 자아상의 결여로 다양한 돌출행동을 나타내며, 본인들 스스로도 자신에 대한 혼란감을 경험한다. 그리고 폭식, 알코올이나 약물남용, 문란한 성생활, 자해 등과 같이 매우 충동적인 행동으로 자신에게 위해를 끼치는 일이 흔하다. 따라서 스트레스가 가중되면 일시적으로 망상적 사고나 해리 증상 같은 정신증적 증상을 보이기도 하고, 특히 기분장애가 나타날 때는 자살가능성도 높게 나타난다.

경계성 성격장애 진단기준 301.83(F60.3)

대인관계, 자기상, 정동의 불안정성과 현저한 충동성의 광범위한 형태로 성인기 초기에 시작되며 여러 상황에서 나타나고 5가지 이상을 충족한다.

1. 실제 혹은 상상 속에서 버림받지 않기 위해 미친듯이 노력한다(5번 진단기준에 있는 자살행동이나 자해행동은 포함되지 않음).
2. 과대이상화와 과소평가의 극단 사이를 반복하는 것을 특징으로 하는 불안정하고 격렬한 대인관계의 양상이다.
3. 정체성 장애는 자기 이미지 혹은 자신에 대한 느낌의 현저하고 지속적인 불안정성이 있다.
4. 자신을 손상할 가능성이 있는 최소한 2가지 이상의 경우에서의 충동성(소비, 물질남용, 좀도둑질, 부주우한 운전, 과식 등), 주의할 점은 5번 진단기준에 있는 자살행동이나 자해행동은 포함하지 않음).
5. 반복적 자살 행동, 제스처, 위협, 자해 행동을 한다.
6. 현저한 기분의 반응성으로 인한 정동의 불안정(강렬한 삽화적 불쾌감, 과민성 혹은 불안이 보통 수시간 동안 지속되며 아주 드물게 수일간 지속됨)성이다.
7. 만성적 공허감이다.
8. 부적절하고 심하게 화를 내거나 화를 조절하지 못한다(자주 울화통을 터뜨리거나 늘 화를 내거나 자주 신체적 싸움을 함).
9. 일시적이고 스트레스와 연관된 피해적 사고 및 심한 해리증상이 있다.

(3) C형(회피성, 의존성, 강박성) 성격장애

C형 성격장애(cluster C personality disorders)는 쉽게 불안해하고 근심이 많으며, 무서움을 잘 느끼는 특성을 보이며 회피성 성격장애, 의존성 성격장애, 강박성 성격장애가 이에 속한다.

① 회피성 성격장애

회피성 성격장애(Avoidant Personality Disorder)를 지닌 사람은 비난, 거절 또는 반대에 대한 두려움으로 매우 민감하여, 호감을 받을 것이라는 확신이 없으면 대인관계를 회피한다. 이들은 낯선 상황이나 새로운 일을 두려워하고 늘 익숙한 환경 내에 머물려 하며 가능하면 사회적 책임을 맡지 않으

Tip

회피성 성격장애(Avoidant Personality Disorder)를 지닌 사람은 비난, 거절 또는 반대에 대한 두려움으로 매우 민감하여, 호감을 받을 것이라는 확신이 없으면 대인관계를 회피함

려 하는 등 개인적인 대면상황을 피한다. 그래서 자신이 중심적인 역할을 하지 않는 업무를 좋아하며 책임과 적극성이 요구되는 직무를 감당하지 못해 직업적 영역에서도 어려움을 보이고 위축된 모습을 나타낸다. 그래서 자신을 무능하고 다른 사람들보다 열등한 사람이라고 믿으며, 모험을 감행한다거나 안 해본 일을 시도하는 것을 주저한다. 마치 사회공포증과 매우 유사한 증상을 보이며 흔히 기분장애나 불안장애를 동반하기도 한다.

회피성 성격장애 진단기준 301.82[F60.6]

사회관계의 억제, 부적절감, 부정적 평가에 대한 예민함이 광범위한 양상으로 나타나고, 이는 청년기에 시작되며, 여러 상황에서 4가지 이상으로 나타난다.

1. 비판이나 거절, 인정받지 못함 등 때문에 의미 있는 대인 접촉이 관련되는 직업적 활동을 회피한다.
2. 자신을 좋아한다는 확신 없이는 사람들과 관계하는 것을 피한다.
3. 수치를 당하거나 놀림 받음에 대한 두려움 때문에 친근한 대인관계 이내로 자신을 제한한다.
4. 사회적 상황에서 비판의 대상이 되거나 거절되는 것에 대해 집착한다.
5. 부적절감으로 인해 새로운 대인관계 상황에서 제한된다.
6. 자신을 사회적으로 부적절하게, 개인적으로 매력이 없는 다른 사람에 비해 열등한 사람으로 바라본다.
7. 당황스러움이 드러날까? 염려하여 어떤 새로운 일에 관여하는 것 혹은 개인적인 위험을 감수하는 것을 드물게 마지못해서 한다.

② 의존성 성격장애

의존성 성격장애(Dependent Personality Disorder)를 지닌 사람은 자신이 혼자서 살아가기에는 너무 나약한 존재라는 생각을 지니고 있어 혼자서 일을 해결하지 못하고 다른 사람에게 의존하는 행동을 한다. 그리고 의존대상으로부터 외로움이나 버림받는 것을 피하기 위해 순종적이고 헌신적 태도를 취하며 의존대상과 친밀한 관계가

Tip

의존성 성격장애(Dependent Personality Disorder)를 지닌 사람은 자신이 혼자서 살아가기에는 너무 나약한 존재라는 생각을 지니고 있어 혼자서 일을 해결하지 못하고 다른 사람에게 의존하는 행동을 함

끝나면 일시적으로 심한 혼란을 경험하는데, 곧 다른 의존대상을 찾아 유사한 의존적 관계를 형성하는 경우가 대부분이다. 타인의 돌봄과 지지를 얻기 위해서는 심지어 불쾌한 일까지도 자원해서 하기도 한다. 이러한 특성 때문에 착취적인 특성을 가진 사람과 관계를 맺게 되면 지나친 자기희생이나 언어적·신체적·성적 학대를 당하기도 한다. 또한 이들은 사회적 활동에 소극적이며 책임을 져야 하는 지위를 피하고, 결정을 내려야 하는 상황에 이르면 심한 불안을 느낀다. 그래서 대인관계가 대체로 협소하며 의지하는 몇 사람에게만 국한되는 경향이 있다.

의존성 성격장애 진단기준 301.6[60.7]

돌봄을 받고자 하는 광범위하고 지나친 욕구가 복종적이고 매달리는 행동과 이별 공포를 초래하며, 이는 청년기에 시작되며 여러 상황에서 5가지 이상으로 나타난다.

1. 타인으로부터의 과도히 많은 충고, 또는 확신 없이는 일상의 판단을 하는 데 어려움을 겪는다.
2. 자신의 생활 중 가장 중요한 부분에 대해 타인이 책임질 것을 요구한다.
3. 지지와 칭찬을 잃는 것에 대한 공포 때문에 타인과의 의견 불일치를 표현하는 데 어려움을 나타난다(보복에 대한 현실적인 공포는 포함하지 않음).
4. 계획을 시작하기 어렵거나 스스로 일을 하기가 힘들다(동기나 에너지의 결핍이라기보다는 판단이나 능력에 있어 자신감의 결여임).
5. 타인의 돌봄과 지지를 지속하기 위해 불쾌한 일이라도 자원해서 한다.
6. 혼자서는 자신을 돌볼 수 없다는 심한 공포 때문에 불편함과 절망감을 느낀다.
7. 친밀한 관계가 끝나면 자신을 돌봐주고 지지해 줄 근원으로 다른 관계를 시급히 찾는다.
8. 자신을 돌보기 위해 혼자 남는 데 대한 공포에 비현실적으로 집착한다.

③ 강박성 성격장애

강박성 성격장애(Obsessive-Compulsive Personality Disorder)를 지닌 사람은 지나치게 완벽주의적인 면을 보인다. 세부사항, 규칙, 목록, 순서, 시간계획이나 형식에 집

Tip

강박성 성격장애(Obsessive-Compulsive Personality Disorder)를 지닌 사람은 지나치게 완벽주의적인 모습을 보임

착하여 일의 전체적인 조망을 할 줄 모르며 결단력이 부족해 어떤 일을 먼저 해야 할지, 최상의 방법은 무엇인지와 같은 생각을 하다가 결국은 결정을 하지 못해 어떤 일도 시작하지 못하고 결국 효율적으로 처리하지 못한다. 이들은 감정표현을 억제하는 경향이 강하며 매사가 형식적이고 메마르며 이성과 도덕을 중요시하고 충동적인 행동을 하는 사람들을 혐오한다. 또 경제적인 여유가 있음에도 불구하고 만일의 재난상황에 대비하여 저축해 두어야 한다는 생각으로 인해 자신과 가족을 위해서 돈을 쓰지 못하고 저축을 한다. 한편, 낡고 쓸모없는 것들을 버리지 못하며 심지어는 감상적인 가치조차 없는 물건도 가지고 있으려 한다. 이러한 특성들 때문에 가족과 주변 사람들은 고통스러워하며 갈등을 겪는 일이 많다. 이 장애는 남자가 여자보다 2배 정도 더 많으며 강박장애를 함께 겪기도 하는데 두 장애의 관계는 그다지 강하지 않다. 그리고 강박성 성격장애는 강박장애의 특징인 강박관념과 강박행동을 보이지 않아야 하고, 명칭은 유사하지만 두 장애를 분명하게 구별해야 한다.

강박성 성격장애 진단기준 301.4[F60.5]

융통성, 개방성, 효율성을 희생시키더라도 정돈, 완벽, 정신적 통제, 대인관계의 통제에 지나치게 집착하는 광범위한 양상으로 청년기에 시작하며 4가지 이상으로 나타난다.

1. 내용의 세부, 규칙, 목록, 순서, 조직, 스케줄에 집착되어 있어 활동의 중요한 부분을 놓친다.
2. 완벽함을 보이나 이것이 일의 완수를 방해한다(자신의 완벽한 기준을 만족하지 못해 계획을 완수할 수 없음).
3. 여가 활동이나 친구 교제를 마다하고 일이나 성과에 지나치게 열중한다(경제적으로 필요한 것이 명백한 것은 아님).
4. 지나치게 양심적인, 소심함, 도덕윤리, 가치관에 관하여 융통성이 없다(문화적·종교적 정체성으로 설명되지 않음).
5. 감정적인 가치가 없는데도 낡고 가치 없는 물건을 버리지 못한다.
6. 자신의 일하는 방법에 대해 정확하게 복종적이지 않으면 일을 위임하거나 함께 일하지

않으려 한다.
7. 자신과 타인에 대해 돈 쓰는 데 인색하다. 돈을 미래의 재난에 대해 대비하는 것으로 인식하다.
8. 경직되고 완강함을 보인다.

2) 임상 관련 장애

(1) 외상후 스트레스 장애

Tip

외상(trauma)이란 죽음이나 심각한 신체적 손상을 초래하는 충격적인 사건에 의해 정신적인 충격을 겪거나 마음의 상처를 있음

외상(trauma)이란 죽음이나 심각한 신체적 손상을 초래하는 충격적인 사건에 의해 정신적인 충격을 겪거나 마음의 상처를 입는 것을 일컫는다. 외상은 외상을 촉발시킨 사건의 심각성에 의해 결정되기도 하지만 그 사건을 어떻게 받아들이느냐 하는 개인의 주관적인 반응에도 크게 영향을 받기 때문에, 자연재해(지진, 홍수, 쓰나미, 화산폭발), 강간, 폭행, 교통사고, 극심한 공포, 무력감, 전쟁뿐 아니라 사랑하는 이들의 죽음과 같은 사건들도 외상이 될 수 있다.

외상후 스트레스 장애는 개인이 극도로 심각한 외상사건을 보거나 듣거나 경험한 이후에 여러 가지의 다양한 증상이 발생하는 증후군으로, 극한의 위협적인 요인에의 노출로 인한 정신적·생리적 기능의 파괴적인 영향을 의미한다(Flannery, 1999). 일반적으로 반응이 마비되거나 각성 상태가 증가되는 증상이 지속되며 사회적·직업적 혹은 다른 중요한 기능 영역에서 임상적으로 심각한 고통이나 장해를 초래하게 되는데, 이를 외상후 스트레스 장애(PTSD: Post Traumatic Stress Disorder)라고 한다(APA, 1994).

① 외상후 사건의 재경험

외상후 스트레스 장애는 외상적 사건을 지속적으로 재경험하게 되어 침습적 증상, 회피와 무감각 증상, 지나친 각성 등의 증상을 나타내는데, 세 가지 증상을 구체적으로 살펴보면 다음과 같다(박철옥, 2007).

㉠ 지속적인 재경험

Tip

충격적인 외상 사건을 경험한 사람들의 경우는 당시의 외상적 사건에 대한 지속적인 재경험을 침습적 증상을 경험함

충격적인 외상 사건을 경험한 사람들의 경우는 당시의 외상적 사건에 대한 지속적인 재경험을 침습적 증상처럼 경험하게 된다. 이는 외상후 스트레스 장애만의 독특한 특성으로 의도하지 않았지만 자신도 모르게 불쑥 들어오는 반복적이고 침입적인 회상과 악몽의 경험, 외상적 사건이 다시 일어나는 것과 같이 행동하거나 느끼는 것, 회상이나 환영, 외상적 사건과 비슷하거나 상징적인 내적 단서와 외적 단서에 노출될 경우 강렬한 심리적 고통과 신경생리학적 반응 등의 다양한 형태로 나타난다.

㉡ 지속적인 회피와 마비 증상

지속적인 회피와 마비 증상을 경험하게 된다. 충격적 외상경험에 노출된 후에 외상과 관련된 사고, 감정, 대화를 피하려 하거나, 중요한 활동에 참여하려 하지 않고, 관심이 줄어들고, 다른 사람들로부터 거리감을 느끼게 된다. 매사가 단축된 느낌을 경험하고 외상과 관련된 기억을 각성시키는 활동, 장소, 사람들을 피하고 외상의 중요한 측면을 회상하지 못하는 등의 회피와 마비 증상이 나타난다. 즉, 충격적인 경험을 회상하게 만드는 다른 경험을 피하려는 노력은 자연스러운 반응일 수 있지만 외상적 사건에 대한 습관적이고 만성적 회피는 외상

에 대처하고 외상을 극복하는 데 어려움을 경험하게 된다.

ⓒ 과각성 증상을 경험

과각성 증상을 경험하게 된다. 즉, 과각성은 작은 반응에도 과민하게 반응하고, 상대적으로 지속적인 긴장, 불안, 짜증을 경험하거나 사소한 스트레스에도 상대적으로 불안, 공포, 분노 등의 반응을 일으킬 수 있다. 즉, 충격적인 외상사건을 경험한 자는 생리적 각성 증상으로 심장박동, 혈압, 피부반응, 수면곤란, 집중곤란, 놀람, 호흡 증가 등이 나타난다.

Tip

과각성은 작은 반응에도 과민하게 반응하고, 상대적으로 지속적인 긴장, 불안, 짜증을 경험하거나 사소한 스트레스에도 상대적으로 불안, 공포, 분노 등의 반응이 일어남

이러한 세 가지의 외상적 사건들을 경험한 후 한 가지 이상이 1달 이상 지속적으로 나타나 일상생활에 심각한 지장을 받게 될 때 외상후 스트레스 진단을 받게 된다. 또한 외상적 사건을 경험한 후 바로 증상이 나타나는 경우도 있으나 사건을 경험한 후 한동안 정상적인 생활을 잘하다가 몇 달 혹은 몇 년 뒤에도 나타날 수 있는 증상이 외상후 스트레스 장애이다. 단적으로 얼마 전 신문기사에 나왔던 것처럼 삼풍백화점 붕괴사고, 28사단 총기난사, 성수대교 붕괴사건, 대구 지하철 화재사건 등과 같은 외상적 사건을 경험한 후 생존자나 목격자들의 일부가 외상후 스트레스를 겪고 있는 것으로 나타났다.

② 임상적 특징

외상후 스트레스 장애의 임상적 특징들에는 일차적인 증상과 이차적인 증상들 간에 구별이 있다.

첫째, 일차적 증상들은 DSM-5에 따라 진단기준의 기초를 구성하는

것들로 외상적 사건의 재경험이, 외부환경에 대한 지속적 회피와 마비된 반응성, 증가된 각성반응의 증상, 죄책감 등이다. 이러한 일차적 증상으로는 반복되는 괴로운 꿈, 악몽, 외상적 사건이 재발하고 있는 것처럼 행동하거나 느낌, 상징적 단서에 노출되었을 때의 심리적 고통, 생리적 재반응 등이 있다.

둘째, 이차적 증상을 우울증, 불안, 충동적 행동, 신체화, 긴장 등 외상후 스트레스와 공존하나 장애 판단기준의 일부를 구성하지 않는 증상과 증상군을 의미한다.

Tip

이차적 증상을 우울증, 불안, 충동적 행동, 신체화, 긴장 등 외상후 스트레스와 공존하나 장애 판단기준의 일부를 구성하지 않는 증상과 증상군을 의미함

먼저, 우울이 이차적 증상으로 대표적이다. 외상의 희생자들에게서 우울은 아주 일반적으로 나타난다. 환자들 대부분이 우울하게 느끼고, 활력 수준이 낮고 침체되어 있다. 이러한 우울은 환자들에게 무가치감, 피로감, 식욕 및 의욕상실 등으로 나타나기도 한다. 우울증상은 특히 자살의 전조가 될 수 있기 때문에 주의를 기울여야 한다. 다음으로 불안이다. 불안 역시 우울과 함께 아주 오랫동안 외상후 스트레스 장애 증상의 발현으로 보고되었다. 거의 모든 환자들이 긴장, 신경쇠약, 두려움 등을 호소한다. 심장의 두근거림 또는 아무런 이유 없이 갑자기 두려워지는 현상들도 환자집단 중 50% 이상에서 보고되었다. 이 밖에도 이차적 증상에는 충동적 행동, 물질남용으로 신체화 증상, 시간, 시간감각에서의 변화 등이 있다(이순진 외, 2000). 따라서 권석만(2003)은 외상후 스트레스 장애 환자에게는 불안조절 훈련이 도움이 되는데, 긴장이완훈련, 호흡훈련, 인지적 재구성, 역할학습 등을 통해 스트레스와 불안에 대처하는 기술과 능력을 향상시키는 방법이다. 즉, 외상적 사건은 특정한 장소와 시점에서 일어난 특수한 예외적 사건이며 더 이상 이런 일이 반복되어 나타나지 않을 것이라는 점을 인식시킴

으로써 외상적 경험과 일상적 경험을 분리시켜 받아들이게 한다. 이러한 근거로 DSM-5의 외상후 스트레스 장애 진단기준은 다음과 같다.

외상후 스트레스장애 진단기준309.81[F43.10]

주의점: 다음의 기준은 성인, 청소년 그리고 7세 이상의 아동에게 적용한다. 6세보다 더 어린 아동을 위해서는 다음의 해당 기준을 참조한다.

A. 실제적인 것이든 위협을 당한 것이든 죽음, 심각한 부상 또는 성적인 폭력을 다음 중 한 가지(또는 그 이상)에서 나타난다.
  1. 외상 사건을 직접 경험하는 것
  2. 외상 사건이 다른 사람에게 일어나는 것을 직접 목격하는 것
  3. 외상 사건이 가까운 가족이나 친구에게 일어났음을 알게 되는 것. 가족, 친척 또는 친구에게 생긴 실제적 또는 위협적인 죽음의 경우, 사건이 폭력적 또는 돌발적으로 발생한 것이어야 함
  4. 외상 사건의 혐오스러운 세부 내용에 반복적으로 또는 극단적으로 노출된 경험(예를 들어, 변사체 처리의 최초 대처자, 아동학대의 세부사항에 반복적으로 노출된 경찰관)

     주의점: 진단기준 A4는 노출이 일과 관계된 것이 아닌 한 전자미디어, 텔레비전, 영화 또는 사진을 통해 노출된 경우는 적용하지 않는다.

B. 외상 사건이 일어난 후에 시작된 외상적 사건과 관련이 있는 침습 증상이 다음 중 한 가지 또는 그 이상에서 나타난다.
  1. 외상 사건들의 반복적, 불수적이고 침습적인 고통스러운 기억

     주의점: 7세 이상의 아동에서는 외상성 사건의 주제 또는 양상이 표현되는 반복적인 놀이로 나타날 수 있음
  2. 외상 사건과 관련된 고통스러운 꿈의 반복적 경험

     주의점: 아동에게서는 내용을 알 수 없는 악몽으로 나타나기도 함
  3. 외상 사건이 실제로 일어난 것처럼 느끼고 행동하는 해리 반응(예: 플래시백)

     주의점: 아동에게서는 외상의 특정한 재현이 놀이로 나타날 수 있음
  4. 외상 사건과 유사하거나 그러한 사건을 상징하는 내적 또는 외적 단서에 노출될 때마다 강렬한 심리적 고통의 경험
  5. 외상 사건을 상징하거나 그와 유사한 내적 또는 외적 단서에 대한 심각한 생리적 반응

C. 외상성 사건이 일어난 후에 시작된, 외상성 사건과 관련이 있는 자극에 대한 지속적인 회피가 다음 중 한 가지 또는 2가지 모두에게 명백하다.
  1. 외상 사건과 밀접히 관련된 고통스러운 기억, 생각, 감정을 회피하거나 회피하려는 노력

2. 외상 사건과 밀접히 관련된 고통스러운 기억, 생각, 감정을 유발하는 외적인 단서들(사람, 장소, 대화, 활동, 대상, 상황)을 회피하거나 회피하려는 노력

D. 외상성 사건이 일어난 후에 시작되거나 악화된, 외상성 사건과 관련이 있는 인지와 기분의 부정적 변화가 다음 중 2가지 또는 그 이상에서 나타난다.
1. 외상 사건의 중요한 부분을 기억할 수 없는 무능력(두부외상, 알코올, 약물 등의 이유가 아니며 전형적으로 해리성 기억상실에 기인)
2. 자신, 타인 또는 세계에 대한 지속적이고 과장된 부정적 믿음 또는 기대(예를 들어, 나는 나쁘다, 누구도 믿을 수 없다. 이 세계는 전적으로 위험하다. 나의 전체 신경계는 영구적으로 파괴되었다)
3. 외상 사건의 원인이나 결과에 대한 왜곡된 인지를 지니며, 이러한 인지로 인해 자신이나 타인을 비난함
4. 부정적인 정서 상태(예: 공포, 분노, 죄책감이나 수치심)
5. 중요한 활동에 대한 현저하게 저하된 흥미 또는 참여
6. 다른 사람들 간의 사이가 멀어지거나 소원해지는 느낌
7. 긍정 정서를 경험할 수 없는 지속적인 무능력(예: 행복감, 만족 그리고 사랑의 느낌, 경험 능력 결여)

E. 외상 사건이 일어난 후에 시작되거나 악화된, 외상성 사건과 관련이 있는 각성과 반응성의 뚜렷한 변화가 다음 중 2가지 또는 그 이상에서 현저하다.
1. (자극이 없는 상태이거나 사소한 자극에도) 전형적으로 사람 또는 사물에 대한 언어적, 신체적 공격성으로 표현되는 민감한 행동이나 분노 폭발
2. 무모하거나 자기파괴적인 행동
3. 과도한 경계
4. 과도한 놀람 반응
5. 집중의 곤란
6. 수면 장해

F. 위에 제시된(B, C, D, E의 기준을 모두 충족시키는) 장해가 1개월 이상 나타난다.

G. 이러한 장해로 인해서 심각한 고통이 유발되거나 사회적, 직업적 또는 다른 중요한 기능에 현저한 손상을 초래한다.

H. 장해가 물질(체료약물, 알코올)의 생리적 영향이나 다른 의학적 상태로 인한 것이 아니다.

다음 중 하나는 명시할 것:
해리증상 동반: 개인의 증상이 외상후 스트레스 장애의 기준에 해당하고, 또한 스트레스에 반응하여 다음에 해당되는 증상을 지속적이거나 반복적으로 경험한다.
1. 이인증은 스스로 정신과정 또는 신체로부터 떨어져서 마치 외부 관찰자가 된 것 같은 지속적 또는 반복적 경험(꿈속에 있는 느낌, 자신이나 신체의 비현실감 또는 시간이 느리게 가는 감각을 느낌)
2. 비현실감은 주의 환경의 비현실성에 대한 지속적 또는 반복적 경험(개인을 둘러싼 세계를 비현실적, 꿈속에 있는 듯한, 멀리 떨어져 있는, 왜곡된 것처럼 경험)

주의점: 해리증상은 물질의 생리적 효과(알코올중독 상태에서의 일시적 기억상실, 행동) 또는 다른 의학적 상태(복합 부분 발작)로 인한 것이 아니어야 한다.

다음의 경우 명시할 것:
지연되어 표현되는 경우 (어떤 증상의 시작과 표현은 사건 직후 나타날 수 있더라도) 사건 이후 최소 6개월이 지난 후에 모든 진단기준을 만족할 때

6세 이하 아동의 외상후 스트레스 장애 포함
A. 6세 이하 아동에게 있어서는 실제적 또는 위협적인 죽음, 심각한 부상, 성폭력에 의한 노출이 다음 방식 중 한 가지 혹은 그 이상에서 나타난다.
   1. 외상 사건들에 대한 직접적인 경험
   2. 사건들이 다른 사람들, 특히 주 보호자에게 일어난 것을 생생히 목격함
      주의점: 목격이 전자미디어, 텔레비전, 영화 또는 사진을 통한 경우는 포함하지 않음
   3. 외상성 사건들이 부모 또는 보호자에게 일어난 것을 알게 됨

B. 외상성 사건들이 일어난 후에 시작된 외상성 사건과 관련이 있는 침습증상의 존재가 다음 중 한 가지 또는 그 이상에서 나타난다.
   1. 외상성 사건의 반복적, 불수의적, 침습적인 고통스러운 기억
      주의점: 자연발생적, 침습적인 기억이 고통스럽게 나타나야만 하는 것은 아니고, 놀이를 통한 재현으로 나타날 수도 있음
   2. 꿈의 내용과 정동이 외상성 사건과 관련되는 반복적으로 나타나는 고통스러운 꿈
      주의점: 꿈의 무서운 내용이 외상성 사건과 연관이 있는지 아닌지 확신하는 것이 가능하지 않을 수 있음
   3. 외상성 사건이 재생되는 것처럼 아동이 느끼고 행동하게 되는 해리성 반응(플래시백). 그리고 반응은 연속선상에서 나타나며, 가장 극한 표현은 현재 주변 상황에 대해 인식의 완전한 소실일 수 있고, 이러한 외상은 특정한 재현은 놀이로 나타날 수도 있음
   4. 외상성 사건을 상징하거나 닮은 내부 또는 외부의 단서에 노출되었을 때 나타나는 극심하거나 장기적인 심리적 고통이 있음
   5. 외상성 사건을 상기하는 것에 대한 현저한 생리적 반응

C. 외상성 사건이 일어난 후에 시작되거나 악화된, 외상성 사건과 관련이 있는 자극의 지속적인 회피 또는 외상성 사건과 관련이 있는 인지와 감정의 부정적 변화를 대변하는 다음 중 한 가지 혹은 그 이상의 증상이 있다.

자극의 지속적 회피
   1. 외상성 사건을 상기시키는 활동, 장소, 물리적 암시 등을 회피 또는 회피하려는 노력
   2. 외상성 사건을 상기시키는 사람, 대화, 대인관계 상황 등을 회피 또는 회피하려는 노력

인지의 부정적 변화
   3. 부정적 감정 상태의 뚜렷한 빈도 증가(공포, 죄책감, 슬픔, 수치심, 혼란)

4. 놀이의 축소를 포함하는 주요 활동에 대해 현저하게 저하된 흥미 또는 참여
5. 사회적으로 위축된 행동
6. 긍정적인 감정 표현의 지속적인 감소

D. 외상성 사건이 일어난 후에 시작되거나 악화된, 외상성 사건과 관련이 있는 각성과 반응성의 변화가 다음 중 2가지 혹은 그 이상에서 명백하다.
1. 전형적으로 사람 혹은 사물에 대한 언어적 또는 신체적 공격성으로 표현되는 민감함 행동과 분노폭발(자극이 거의 없거나 아예 없이)
2. 과각성
3. 과장된 놀람 반응
4. 집중력 문제
5. 수면장해(수면개시, 유지곤란 또는 불안정한 수면)

E. 장해 기간이 1개월 이상이어야 한다. 장해가 부모, 형제, 또래 또는 다른 보호자와의 관계, 학교생활에서 임상적으로 유의한 고통과 손상을 초래한다.

F. 장해가 물질(체료약물, 알코올)의 생리적 영향이나 다른 의학적 상태로 인한 것이 아니다.

다음 중 하나를 명시할 것:
해리 증상 동반: 개인의 증상이 외상후 스트레스장애의 기준에 해당하고, 다음에 해당하는 증상을 지속적이거나 반복적으로 경험한다.
1. 이인증은 스스로 정신과정 또는 신체로부터 떨어져서 마치 외부 관찰자가 된 것 같은 지속적 또는 반복적 경험(꿈속에 있는 느낌, 자신이나 신체의 비현실감 또는 시간이 느리게 가는 감각을 느낌)
2. 비현실감은 주위 환경의 비현실성에 대한 지속적 또는 반복적 경험(개인을 둘러싼 세계를 비현실적, 꿈속에 있는 듯한, 멀리 떨어져 있는, 왜곡된 것처럼 경험)

주의점: 해리증상은 물질의 생리적 효과(알코올중독 상태에서의 일시적 기억상실, 행동) 또는 다른 의학적 상태(복합 부분 발작)로 인한 것이 아니어야 한다.

다음의 경우 명시할 것:
지연되어 표현되는 경우 사건 이후 최소 6개월이 지난 후에 모든 진단 기준을 만족할 때(어떤 증상의 시작과 표현은 사건 직후 나타날 수 있더라도)

(2) 주의력결핍 및 과잉행동장애

주의력결핍 및 과잉행동장애(ADHD: Attention Deficit Hyperactivity Disorder)로 진단되는 아동들의 원인은 매우 다양하다. 일반적으로 이 장애는 유전적 요인이나 미세한 뇌손상 등의 생물학적요인과 부모의

성격이나 양육방식과 같은 심리사회적 요인이 복합적으로 작용하여 유발된다고 보고 있다.

주의력결핍 아동은 같은 또래의 아동에 비하여 매우 산만하고 부주의한 행동을 나타낼 뿐만 아니라 자신의 행동을 적절히 통제하지 못하고 충동적인 과잉행동을 보인다. 이 아동들은 대부분 증상이 발생된 후 몇 년이 지나서야 진단되고 있으며 장애를 일으키는 충동적인 증상 및 부주의 증상이 7세 이전에 발생되어야 한다. 그러나 4~5세 아동에게는 진단을 내리기 어려운데 그 이유는 이 시기의 아동은 아직 어리기 때문에 큰 아동에 비해 주의력이 부족하고 자기조절 능력이 부족하여 과잉행동이 나타날 수도 있기 때문이다.

Tip
주의력결핍 아동은 같은 또래의 아동에 비하여 매우 산만하고 부주의한 행동을 나타낼 뿐만 아니라 자신의 행동을 적절히 통제하지 못하고 충동적인 과잉행동을 보임

주의력결핍 과잉행동장애(ADHD)는 특히 가만히 앉아 있어야 하는 상황에서 자신의 행동을 조절할 줄 몰라 끊임없이 움직이고, 손가락을 두드리고, 다리를 흔들고, 아무런 이유 없이 남을 툭툭 치고, 수다스럽게 말을 많이 하며, 안절부절못해 크고 작은 말썽과 사고를 자주 일으키기 때문에 주변 사람들로부터 부정적인 피드백을 받기 쉽다.

주의력결핍 과잉행동의 부주의한 행동은 학업적·직업적·사회적 상황에서 드러나며, 특히 세부적인 면에 대해 면밀한 주의를 기울이지 못하고 학업이나 다른 과업에서 부주의한 실수를 하게 된다. 성인의 사회경제적 지위는 일반적으로 낮은 수준에 불과하며, 또 보통 사람들보다 더 자주 직장을 옮겨 다니고, 아동은 지능수준에 비해서 학업 성취도가 저조해 학습장애(산수계산, 읽기, 철자법)를 경험하기도 한다.

또 이들은 질문이 채 끝나기 전에 성급히 대답을 하거나 자신의 차례를 기다리지 못하는 등 다른 사람의 활동을 방해하거나 간섭하는 행동으로 보일 수 있어 아동의 경우 또래와 어울리거나 관계를 형성

하는 데 어려움을 겪기도 한다. 충동성은 사고(예: 물건 뒤집어엎기, 사람과 부딪치기, 뜨거운 냄비 가로채기)를 일으키고, 결과에 대한 예상 없이 위험스러운 활동을 하게 만든다. 그래서 주의력결핍 과잉행동장애를 진단받은 아동은 부정적인 자아개념을 형성하고 정서적으로 불안정하며 공격적이고 반항적인 행동을 나타내는 경향이 있는데, 이 장애가 청소년기까지 지속되는 경우 품행장애(conduct disorder)가 발생될 위험성이 높으며 이러한 품행장애를 나타내는 청소년의 약 50%는 성인이 되어 반사회성 성격장애를 나타낸다는 보고가 있다. 따라서 주의력결핍 과잉행동장애는 예후가 좋지 않다(DSM-5 주의력 결핍 과잉행동장애 진단은 다음과 같다).

참고서

주의력결핍 과잉행동장애 진단기준

A. 기능 또는 발달을 저해하는 지속적인 주의력결핍 및 과잉행동-충동성이 부주의성 혹은 과잉행동-충동성의 특징이 있다.

1. 주의성은 9가지의 증상 가운데 6개 이상이 적어도 6개월 동안 발달 수준에 적합하지 않고 사회적, 학업적, 직업적 활동에 직접적으로 부정적인 영향을 미칠 정도로 지속된다. 단, 주의점은 이러한 증상은 단지 반항적 행동, 적대감, 과제나 지시 이해의 실패로 인한 양상이 아니어야 한다. 후기 청소년이나 성인(17세 이상)의 경우에는 적어도 5가지 증상이 만족해야 한다.
   a. 자주 세부적인 면에 대해 면밀한 주의를 기울이지 못하거나, 학업, 작업 또는 다른 활동에서 부주의한 실수를 저지른다(세부적인 것을 못 보고 넘어가거나 놓치고, 작업이 부정확함).
   b. 자주 과제를 하거나 놀이를 할 때 지속적으로 주의 집중을 할 수 없다(강의, 대화, 긴 글을 읽을 때 계속해서 집중하기 어려워함).
   c. 자주 다른 사람이 직접 말을 할 때 경청하지 않는 것처럼 보인다(명백하게 주의 집중을 방해하는 것이 없는 데도 마음이 다른 곳에 있는 것처럼 보임).
   d. 자주 지시를 완수하지 못하고 학업, 잡일 또는 작업장에서의 임무를 수행하지 못한다(과제를 시작하지만 빨리 주의를 잃고 쉽게 곁길로

나감).

e. 자주 과제와 활동을 체계화하는 데 어려움이 있다(순차적인 과제를 처리하는 데 어려움, 물건이나 소지품을 정리하는 데 어려움, 지저분하고 체계적이지 못한 작업, 시간 관리를 잘하지 못함, 마감시간을 못 맞춤).

f. 자주 지속적인 정신적 노력을 요구하는 과제에 참여하기를 기피하고 싫어하거나 저항한다(학업, 숙제, 후기 청소년이나 성인의 경우는 보고서 준비, 서류 작성, 긴 서류 검토).

g. 과제나 활동에 꼭 필요한 물건들(학습과제, 연필, 책, 도구, 지갑, 열쇠, 서류작업, 안경, 휴대전화) 등을 자주 잃어버린다.

h. 자주 외부자극에 의해 쉽게 산만해진다(후기 청소년과 성인의 경우에는 관련이 없는 생각들이 포함될 수 있음).

i. 자주 일상적인 활동을 잊어버린다(잡일하기, 심부름하기, 후기 청소년과 성인의 경우에는 전화 회답하기, 청구서 지불하기, 약속지키기 등).

2. 과잉행동–충동성은 9개 증상 가운데 6개 이상이 적어도 6개월 동안 발달 수준에 적합하지 않고 사회적, 학업적, 직업적 활동에 직접적으로 부정적인 영향을 미칠정도로 지속된다. 단, 주의점은 이러한 증상이 단지 반항적 행동, 적대감, 과제나 지시이해의 실패로 인한 양상이 아니어야 한다. 후기 청소년이나 성인(17세 이상)의 경우는 적어도 5가지 증상에 만족해야 한다.

a. 자주 손발을 만지작거리며 가만두지 못하거나 의자에 앉아서도 몸을 꿈틀거린다.

b. 자주 앉아 있도록 요구되는 교실이나 다른 상황에서 자리를 떠난다(교실이나 사무실 또는 다른 업무 현장, 자리를 지키는 게 요구되는 상황에서 자리를 이탈함).

c. 자주 부적절하게 지나치게 뛰어다니거나 기어오른다(단, 청소년 혹은 성인에서는 주관적으로 좌불안석을 경험하는 것에 국한될 수 있다).

d. 자주 조용히 여가활동에 참여하거나 놀지 못한다.

e. 자주 끊임없이 활동하거나 마치 모터에 의해 움직이는 것처럼 행동한다(음식점이나 회의실에 장시간 동안 가만히 있을 수 없거나 불편해하고, 다른 사람에게 가만히 있지 못하는 것처럼 보이거나 가만히 있기가 어려워 보일 수 있음).

f. 자주 지나치게 수다스럽게 말한다.

g. 자주 질문이 끝나기 전에 성급하게 대답을 한다(다른 사람의 말을 가로채고, 대화 시 자신의 차례를 기다리지 못함).

h. 자주 자신의 차례를 기다리지 못한다(줄 서 있는 동안 등).

i. 자주 다른 사람의 활동을 방해하거나 침해한다(대화나 게임, 활동에 참견하거나, 다른 사람에게 묻거나 허락을 받지 않고 다른 사람의 물건을 사용하기도 함, 청소년 혹은 성인의 경우 다른 사람이 하는 일을 침해하거나 꿰찰 수 있음).

B. 몇 가지 주의력결핍 또는 과잉행동-충동성 증상이 12세 이전에 나타난다.

C. 몇 가지 주의력결핍 도는 과잉행동-충동성 증상이 2가지 이상의 환경에서 존재한다(가정, 학교나 직장, 친구들 도는 친척들과의 관계, 다른 활동에서).

D. 증상이 사회적, 학업적, 직업적 기능의 질을 방해하거나 감소시킨다는 명확한 증거가 있다.

E. 증상이 조현병 또는 기타 정신병적 장애의 경과 중에만 발생되지는 않으며, 다른 정신장애(기분장애, 불안장애, 해리장애, 성격장애, 물질중독 혹은 금단)로 더 잘 설명되지 않는다.

다음 중 하나를 명시할 것:

314.01[F90.2] 복합형: 지난 6개월 동안 진단기준 A1(부주의성)과 진단기준 A2(과잉행동-충동성)를 모두 충족한다.

314.00[F90.0] 부주의 우세형: 지난 6개월 동안 진단기준 A1(부주의성)은 충족하지만, 진단기준 A2(과잉행동-충동성)는 충족하지 않는다.

314.01[F90.1] 과잉행동/충동 우세형: 지난 6개월 동안 진단기준 A2(과잉행동-충동성)는 충족하지만, A1(부주의성)은 충족하지 않는다.

다음의 경우 명시할 것:

부분관해 상태: 과거에 완전한 진단기준을 충족하였고, 지난 6개월 동안에는 완전한 진단기준을 충족하지는 않지만 여전히 증상이 사회적, 학업적, 직업적 기능에 손상을 일으키는 상태이다.

현재의 심각도를 명시할 것:

경도: 현재 진단을 충족하는 수준을 초과하는 증상은 거의 없으며, 증상으로 인한 사회적, 학업적, 직업적 기능의 손상은 경미한 수준을 넘지 않는다.

중등도: 증상 또는 기능적 손상이 경도와 고도 사이에 있다.

고도: 진단을 충족하는 수준을 초과하는 다양한 증상 혹은 심한 몇 가지 증상이 있다. 이러한 증상이 사회적 또는 직업적 기능에 뚜렷한 손상을 야기한다.

우리나라 초등학교 아동 480만 명 가운데 3~8%인 약 26만 명 정도가 주의력결핍 과잉행동장애 아동으로 추정되며, 평균적으로 한 학급당 적어도 한두 명은 주의력결핍 과잉행동 때문에 도움을 필요로 하는 셈이다. 반면 한국의 소아정신과에서 주의력결핍 과잉행동으로 진료를 받는 환자의 수는 2003년도는 약 14,000명에 불과했다. 하지만 최근에 진행된 국민건강보험공단의 연도별 건강보험 주의력결핍 과잉행동장애 진료현황에 의하면, 2013~2017년 건강보험 가입자 중 ADHD 진료인원수는 10대(전체 환자 중 56.9%)로 가장 높게 나타났다. 이는 어린 시절에 주의력결핍 과잉행동에 대한 인식 부족으로 인해 많은 주의력결핍 과잉행동 아동들이 치료기회를 놓치고, 부모와 교사들도 상당한 좌절감과 스트레스 속에서 고통을 받는 것이다. 그만큼 조기진단과 치료가 절실하다.

① 주의력결핍 과잉행동 치료

주의력결핍 과잉행동 치료는 약물치료와 행동치료 그리고 부모교육이 함께 이루어져야 효과적이다. 첫째, 가장 대표적인 치료약물은 리탈린(Ritalin; methylphenidate hydrochloride)이며, 이런 약물의 각성 작용은 주의력결핍 과잉행동 아동을 안정시키고 주의집중력을 높여 학업성취도를 향상시키고 산만한 행동을 감소시키는 데 효과가 있다. 그러나 이러한 약물은 식욕감퇴, 두통, 틱과 같은 부작용을 초래할 수 있다. 하지만 약물치료만으로는 효과가 만족스럽지 못할 수 있어 다양한 행동치료를 함께 병행해야 한다. 둘째, 행동치료는 아동의 바람직한 행동을 증가시키고 문제행동을 없애거나 줄이기 위해 보상과 처벌을 체계적으로 사용하는 것으로 토큰법, 타임아웃, 정지 표시판 등을 활용한다. 셋째, 이러한 기법을 부모에게 교육하여 가정에서 실시하도록 하는 것이 매우 중요하다. 이를 통해 부모와 아동의 관계가 개선되고 효과적인 의사소통이 이루어짐으로써 주의력결핍 과잉행동장애 치료와 더불어 아동이 긍정적인 자아상을 지니고 성장할 수 있다.

주의력결핍 과잉행동 평정척도는 DSM-IV/5(1994)를 기본으로 하여 총 18문항으로 구성되어 있으며, 국내에서는 소유경 등(2002)이 신뢰도 및 타당도 연구를 수행하였고, 김영신 등(2003)이 7~12세 초등학생 연령층에 대한 규준 자료를 발표하였다(**표 4-1** 참조). 부모용과 교사용 각각에 대해 성별과 연령에 따른 규준이 산출되어 있어 임상 장면에서 주의력결핍 과잉행동장애 진단이나 치료효과와 평가에 유용하다. 총점이 부모용은 19점 이상, 교사용은 17점 이상일 경우에 주의력결핍 과잉행동장애가 의심된다.

표 4-1 ADHD 평정척도(부모 · 교사용)

지난 일주일 동안 아이가 집안에서 보인 행동을 가장 잘 기술한 번호에 동그라미 하십시오.

전혀 그렇지 않다 — 약간 혹은 가끔 그렇다 — 상당히 혹은 자주 그렇다 — 매우 자주 그렇다

0 ———— 1 ———— 2 ———— 3

번호	문항내용	0	1	2	3
1	학교 수업이나 일 혹은 다른 활동을 할 때, 주의집중을 하지 않고 부주의해서 실수를 많이 한다.				
2	가만히 앉아 있지 못하고 계속 움직이거나 몸을 꿈틀거린다.				
3	과제나 놀이를 할 때, 지속적으로 주의집중하는 데 어려움이 있다.				
4	수업시간이나 가만히 앉아 있어야 하는 상황에서 자리에서 일어나 돌아다닌다.				
5	다른 사람이 직접 이야기하는데도 귀 기울여 잘 듣지 않는 것처럼 보인다.				
6	상황에 맞지 않게 과도하게 뛰어다니거나 기어오른다.				
7	지시에 따라서 학업이나 집안일이나 자신이 해야 할 일을 끝마치지 못한다.				

8	조용히 하는 놀이나 오락 활동에 참여하는 데 어려움이 있다.				
9	과제나 활동을 체계적으로 하는 데 어려움이 있다.				
10	항상 '끊임없이 움직이거나' 마치 '모터가 달려서 움직이는 것처럼' 행동한다.				
11	공부나 숙제 등 지속적으로 정신적 노력이 필요한 일이나 활동을 피하거나 싫어하거나 또는 하기를 꺼린다.				
12	말을 너무 많이 한다.				
13	과제나 활동을 하는 데 필요한 것들(장난감, 숙제, 연필 등)을 잃어버린다.				
14	질문을 끝까지 듣지 않고 대답한다.				
15	외부 자극에 의해 쉽게 산만해진다.				
16	자기 순서를 기다리지 못한다.				
17	일상적인 활동을 잊어버린다(예: 숙제를 잊어버리거나 도시락을 두고 학교에 간다).				
18	다른 사람을 방해하고 간섭한다.				

(3) 틱장애

틱(tic)은 아무런 목적 없이 갑작스럽고, 재빨리 일어나며 비율동적으로 동일하게 반복되는 현상을 말하며, 운동 틱과 음성 틱으로 구분된다. 운동 틱(motor tic)은 눈, 머리, 어깨, 입, 손 부위를 갑자기 움직이는 특이한 동작이 반복되는 경우로서 단순 운동 틱(simple motor tic)과 복합 운동 틱(complex motor tic)으로 구분된다.

Tip

운동 틱(motor tic)은 눈, 머리, 어깨, 입, 손 부위를 갑자기 움직이는 특이한 동작이 반복되는 경우로서 단순 운동 틱(simple motor tic)과 복합 운동 틱(complex motor tic)으로 구분

음성 틱(vocal tic)은 갑자기 소리를 내는 행동으로서 헛기침하기, 킁킁거리기, 컥컥거리기, 엉뚱한 단어나 구절을 반복하기, 외설스런 단어를 반복하기 등

음성 틱(vocal tic)은 갑자기 소리를 내는 행동으로서 헛기침하기, 킁킁거리기, 컥컥거리기, 엉뚱한 단어나 구절을 반복하기, 외설스런 단어를 반복하기 등이 있다. 이러한 틱 증상은 대개 1초 이내로 짧으며, 당사자에게 저항할 수

없는 것으로 경험되기도 하지만 경우에 따라서는 다양한 시간 동안 억제될 수도 있다. 틱장애에 대한 이해가 부족한 경우 이런 증상을 보이는 아동들은 나쁜 버릇을 가진 것으로 간주되거나 틱이 나타나는 신체부위에 실제 기질적 이상이 있는 것으로 오해받기 쉬워 병원을 내원하는 경우도 많은 편이다. 일반적으로 틱 증상을 보이는 아동들은 독립적으로 나타나는 경우도 있지만 우울증, 격리불안, 학습장애, 충동장애, 주의집중의 곤란, 강박장애와 함께 나타나는 경우가 많다.

① 투렛장애

틱장애의 DSM-5 진단기준에서 투렛장애(Tourette's disorder)는 상동증이지만, 비율동적 운동과 발성이 특징이다.

뚜렛장애 진단기준 307.23(F95.2)

주의점은 틱은 갑작스럽고 빠르면 반복적이고 비율동적인 동작이나 음성증상을 의미한다.

A. 다수의 운동 틱과 한 가지 이상의 음성 틱이 질병 경과 중 일부 기간 동안 나타난다. 2가지 틱이 반드시 동시에 나타날 필요는 없다.
B. 틱 증상은 자주 악화와 완화를 반복하지만 처음 틱이 나타난 시점으로부터 1년 이상 지속된다.
C. 18세 이전에 발병한다.
D. 장해는 물질(예: 코카인)의 생리적 영향이나 다른 의학적 상태(예: 헌팅턴병, 바이러스성 뇌염)로 인한 것이 아니다.

② 만성(지속)운동 또는 음성 틱장애

만성(지속)운동 또는 음성 틱장애(persistent(chronic) motor or vocal tic disorder)의 특징은 운동 틱이나 음성 틱의 발현이지만, 둘 다 나타나지는 않는다는 것이다. 이는 다수의 운동 틱과 한 가지 이상의 음성 틱이 모두 필수적으로 나타나야 한다는 점에서 투렛장애와 다르다.

만성(지속)운동 또는 음성 틱장애 진단기준 307.22[F95.1]

주의점은 틱은 갑작스럽고 빠르며 반복적이고 비율동적인 동작이나 음성증상을 의미한다.

A. 한 가지 또는 다수의 운동 틱 또는 음성 틱이 장애의 경과 중 일부 기간 동안 존재하지만, 운동 틱과 음성 틱이 모두 나타나지는 않는다.

B. 틱 증상은 자주 악화와 완화를 반복하지만 처음 틱이 나타난 시점으로부터 1년 이상 지속된다.

C. 18세 이전에 발병한다.

D. 장해는 물질(예: 코카인)의 생리적 영향이나 다른 의학적 상태(예: 헌팅턴병, 바이러스성 뇌염)로 인한 것이 아니다.

E. 투렛장애의 진단기준에 맞지 않아야 한다.

다음으로 명시할 것:
운동 틱만 있는 경우
음성 틱만 있는 경우

③ 잠정적 틱장애

잠정적 틱장애(provisional tic disorder)은 DSM-5의 일과성 틱장애가 수정된 것으로, 1년 미만의 기간 동안 틱을 가진 사람들에 대한 진단범주가 필요하다는 점에서 일과성 틱장애 범주는 잠정적 틱장애로 이름이 변경되었다.

잠정적 틱장애 진단기준 307.21[F95.0]

주의점은 틱은 갑작스럽고 빠르며 반복적이고 비율동적인 동작이나 음성증상을 의미한다.

A. 한가지 또는 다수의 운동 틱 또는 음성 틱이 존재한다.

B. 틱은 처음 틱이 나타난 시점으로부터 1년 미만으로 나타난다.

C. 18세 이전에 발병한다.

D. 장해는 물질(예: 코카인)의 생리적 영향이나 다른 의학적 상태(예: 헌팅턴병, 바이러스성 뇌염)로 인한 것이 아니다.

E. 투렛장애나 만성(지속성)운동 또는 음성 틱장애의 진단기준에 맞지 않아야 한다.

④ 달리 명시된 틱장애 및 명시되지 않는 틱장애

달리 명시된 틱장애와 명시되지 않는 틱장애(other specified tic disorder)는 손상된 틱장애가 나타나지만, 틱장애 전체 진단기준에 충족되지 않는 경우에 사용된다.

달리 명시된 틱장애 307.20[F95.8]

이 범주는 사회적, 직업적, 다른 중요한 기능 영역에서 임상적으로 유의한 고통, 손상을 일으키는 틱장애의 특징적인 증상들이 두드러지지만, 주의력결핍 과잉행동장애 또는 신경발달장애의 진단부류에 속한 장애 중 어느 것에도 완전히 기준이 부합되지 않는 발현 징후들에 적용한다. 달리 명시된 틱장애 범주는 발현 징후가 틱장애 또는 어떤 특정 신경발달장애의 기준에 부합되지 않은 특정한 이유를 소통하기 위해 임상가가 선택한 상황들에서 사용된다. 이는 달리 명시된 틱장애를 기록하고 이어 특정한 이유를 기록한다(18세 이후에 발병한 경우).

명시되지 않는 틱장애 307.20[F95.9]

이 범주는 사회적, 직업적, 다른 중요한 기능 영역에서 임상적으로 유의한 고통 또는 손상을 일으키는 틱장애의 특징적인 증상들이 두드러지지만, 틱장애 또는 신경발달장애 진단부류에 속한 장애 중 어느 것에도 기준이 완전히 부합되지 않는 발현 징후들에 적용된다. 명시되지 않는 팀장애 범주는 기준이 틱장애 또는 특정 신경발달장애의 기준에 부합되지 않은 이유를 명시할 수 없다고 임상가가 선택한 상황들에서 사용되며, 좀 더 특정한 진단을 내리기에는 정보가 불충분한 발현 징후들을 포함한다.

Tip

후기 청소년기나 성인기에 가면 증상이 호전되거나 사라지는 양상을 보이지만, 스트레스를 받는 동안에는 악화되는 반면, 편안한 상태로 어떤 활동에 집중할 때는 현저히 감소됨

틱장애의 예후는 만성 경과를 가지며 일생 지속될 가능성도 있고 대개는 후기 청소년기나 성인기에 가면 증상이 호전되거나 사라지는 양상을 보이지만, 스트레스를 받는 동안에는 악화되는 반면, 편안한 상태로 어떤 활동에 집중할 때는 현저히 감소된다. 그러나 긴장된 상태나 신체 감각적 충

동이 증가하게 될 경우에는 결국 틱을 해야만 해소되며 틱의 해부학적 위치, 수, 빈도, 복합도, 심각도는 시간이 지남에 따라 변하기도 한다. 틱장애의 발병 연령은 2~15세 사이로 5~7세가 가장 흔한 발병 연령이며, 남아가 여아보다 3~4배 정도 많으며 최근 들어서 틱 증세를 보이는 아동이 증가하고 있는 경향이다.

틱장애의 원인으로는 유전적인 요인이 가장 크며 출산을 전후한 합병증이 관련이 있기도 하고 도파민, 세로토닌, 오피오이드 등의 신경전달물질 체계의 이상 또는 뇌의 기능적·기질적 이상이 원인이 되기도 하지만 아직 원인에 대한 뚜렷한 연구결과는 없다.

지금까지 많이 적용되고 있는 틱장애를 위한 치료방법으로는 신경전달물질을 조정할 수 있는 약물치료가 가장 효과적인 것으로 보고되고 있으며, 최근에는 심리적인 갈등이나 정서적 긴장을 해소하기 위한 심리치료도 많은 도움을 주는 것으로 나타났다. 또한 아이의 틱 증세에 대한 부모의 올바른 이해와 받아주는 태도는 아이가 자신감을 가질 수 있도록 하여 틱장애를 극복하는 데 도움이 된다고 한다.

(4) 신체증상 관련 장애

신체증상 관련 장애(somatic symptom and related disorders)는 심리적인 원인 때문에 다양한 신체적 증상이 나타나는 것을 의미한다. 이는 신체증상장애(somatic symptom disorders), 질병불안장애(illness anxiety disorder), 전환장애(conversion disorder) 등으로 구분된다.

① 신체증상장애

신체증상장애(somatic symptom disorders)는 정신사회적 스트레스가 다양

Tip

신체증상을 호소하는데, 흉통, 호흡곤란, 두근거림, 빈맥, 두통, 어지러움, 구역질, 구토, 복통, 소화불량, 변비, 설사, 성기능장애, 관절통 등의 다양한 신체증상임

한 신체증상으로 표현되어 나타나는 정신장애이다. 이는 신체화장애(somatization)가 신체증상장애로 재정의되었고, 이것을 지닌 사람은 다양한 신체증상을 호소하는데, 흉통, 호흡곤란, 두근거림, 빈맥, 두통, 어지러움, 구역질, 구토, 복통, 소화불량, 변비, 설사, 성기능장애, 관절통 등의 다양한 신체증상이다. 특히 이 특징 중 하나는 질병과 관련된 과도한 걱정이며, 신경계 증상, 위장, 심폐, 여성생식기계의 기능장애, 전신 통증 등이 높은 빈도를 차지하는 증상들로 나타난다. 이러한 증상에 정신과적 약물의 사용은 매우 효과적이며, 약물 사용으로 증상이 소실된다. 끝으로 심리치료할 때 경청과 공감, 원인이 되는 사건을 파악, 정신적 원인에서 기인한 것을 직면시키거나 혹은 인지행동치료나 바이오피드백을 병행하면 많은 도움이 된다. 따라서 DSM-5의 신체증상장애의 진단 기준은 다음과 같다.

신체증상장애의 진단 기준

A. 현저한 스트레스와 관련된 한개 이상의 신체적 증상과 일상생활의 지장
B. 과도한 생각, 감정, 행동
  1. 증상에 대한 치우친, 지속적인 생각들
  2. 건강과 증상에 대한 높은 불안의 지속
  3. 증상과 건강 염려에 대한 과도한 시간, 에너지 투자
C. 신체적 증상이 현재에도 지속되지 않더라도 6개월 이상 증상이 지속되어온 경우
  주의점 : 통증이 주가 되어야 하며, 6개월 이상 지속되어야 함
  주의점 : 경도는 기준 B 중 한 개, 중등도는 기준 B 중 2개 이상, 고도는 기준 B 중 2개 이상 그리고 여러 개의 증상 혹은 심각한 1개의 증상

② 질병불안장애

질병불안장애(illness anxiety disorder)는 자신이 심각한 병이나 질병에 걸

렸다고 생각하는 집착과 공포를 나타내는 경우이며, 건강염려증(hypochodriasis)이라고도 한다. 이러한 증상의 환자들은 심장병, 암과 같은 심각한 질병에 기인할지도 모르는 두려움을 갖고 있으나, 실제로 이러한 증상에 대한 의학적 증거를 찾기가 어렵다. 이와 같은 두려움은 의학적 검진 후에 지속되는 경우가 있다. 특히 Barsky, Geringer, Wool(1998)는 질병불안장애를 인지와 지각의 장애로 보았으며, 정상적인 신체감각, 사소한 질병의 증상, 정서적·신체적 반응을 확대하여 매우 해로운 것으로 지각하게 됨으로써 신체에 집착하게 된다. 따라서 이 장애를 심리치료할 경우는 인지행동치료가 3가지 정도로 효과가 있는 것으로 나타났다(Warwick, Clark, Cobb, Salkovskis, 1996).

Tip

질병불안장애(illness anxiety disorder)는 자신이 심각한 병이나 질병에 걸렸다고 생각하는 집착과 공포를 나타냄

첫째, 신체적 감각을 질병과 관련된 것으로 해석한 내용을 확인하여 치료한다. 둘째, 특정한 신체적 부위를 집중적으로 관심을 가지고 걱정하므로 유사한 신체적 감각이 느껴지는 체험을 하도록 한다. 셋째, 의사나 병원을 방문하여 질병을 확인하고, 심리적인 안정감을 갖도록 한 후 행동을 감소시킨다. 이와 같이 DSM-5의 질병불안장애 진단기준은 다음과 같다.

질병불안장애 진단기준

A. 심각한 질병에 걸려 있거나 걸리는 것에 대해 몰두한다.
B. 신체증상들이 나타나지 않거나 신체증상이 있더라도 단지 경미한 정도다. 다른 의학적 상태가 나타나거나 의학적 상태가 악화될 위험(예: 강한 가족력이 있음)이 클 경우 병에 대한 몰두가 분명히 지나치거나 부적절하다.
C. 건강에 대한 높은 수준의 불안이 있으며, 건강 상태에 대해 쉽게 경각심을 가진다.
D. 지나친 건강 관련 행동(예: 반복적으로 질병의 신체 징후를 확인)을 보이거나 순응도가 떨어지는 회피행동(예: 의사 예약과 병원을 회피함)을 보인다.
E. 질병에 대한 집착은 적어도 6개월 이상 지속되지만, 그 기간 동안 두려움을 느끼는 구체적인 질병은 변화할 수 있다.

F. 질병에 대해 집착하는 것이 다른 정신질환, 즉 신체증상장애, 공황장애, 범불안장애, 신체이형장애, 강박장애, 신체형 망상장애 등으로 더 잘 설명되지 않는다.

다음 중 하나를 명시할 것:
진료추구형: 왕진 또는 검사와 시술을 진행하는 것을 포함하여 의학적 치료를 자주 이용한다.
진료회피형: 의학적 치료를 거의 이용하지 않는다.

③ 전환장애

전환장애(conversion disorder)는 신경학적 손상을 시사하는 한 가지 이상의 신체적 증상이 나타나는 경우로 기능성 신경증상장애(functional neurological symptom disorder)라 한다. 이는 심리적인 갈등이나 압박이 신체적 기능에 변화를 가져오지만 의학적 증거를 찾기는 어렵다. 이 장애는 주로 감각기관이나 운동기관의 장애로 신체적 원인 없이 갑자기 볼 수 없게 되거나, 손과 발이 경련이 일어나거나, 팔다리가 마비, 눈이 안 보인다거나, 소리가 안 들린다거나, 걸을 수 없는 경우가 있다. 즉, 신체기능의 일부나 전부를 상실한듯한 신경학적 증상을 보이는 질환으로, 과거에는 히스테리 신경증 전환형(hysterical neurosis, conversion type)으로 불리던 장애이다. 치료방법은 개발되어 있지는 않지만, 전환장애를 보이는 환자들의 대부분이 신체화경향을 함께 나타내는 경우가 많기 때문에 신체화장애에 적용되는 치료방법을 많이 사용한다. 따라서 전환장애 기준은 다음과 같다.

Tip

감각기관이나 운동기관의 장애로 신체적 원인 없이 갑자기 볼 수 없게 되거나, 손과 발이 경련이 일어나거나, 팔다리가 마비, 눈이 안 보인다거나, 소리가 안 들린다거나, 걸을 수 없는 경우

전환장애(기능성 신경증상장애)

A. 하나 또는 그 이상의 변화된 수의적 운동이나 감각 기능의 증상이 있다.
B. 임상 소견이 증상과 인정된 신경학적 혹은 의학적 상태의 불일치에 대한 증거를 제공한다.

C. 증상이나 결함이 다른 의학적 상태 또는 정신질환으로 더 잘 설명되지 않는다.
D. 증상이나 결함이 사회적, 직업적, 다른 중요한 기능 영역에서 임상적으로 현저한 고통이나 손상을 초래하거나, 의학적 평가가 필요하다.

증상 유형을 명시할 것:
- 쇠약감이나 마비 동반
- 이상운동 동반(예: 떨림, 근육긴장이상, 간대성 근경련, 보행장애)
- 삼키지 증상 동반
- 언어 증상 동반(예: 발성곤란, 불분명한 언어)
- 발작 동반
- 무감각증이나 감각 손실 동반
- 특정 감각 증상 동반(예: 시각, 후각, 청력 장애)
- 혼합증상 동반

다음의 경우 명시할 것:
급성삽화: 증상이 6개월 이하로 존재할 때
지속성: 증상이 6개월이나 그 이상 지속될 때

다음의 경우 명시할 것:
심리적 스트레스 요인을 동반하는 경우(스트레스 요인을 명시할 것)
심리적 스트레스 요인을 동반하지 않는 경우

(5) 자해와 자살

Tip
자해하는 사람들은 어린시절부터 신체적·언어적·정서적 폭력 등에 노출되어 자연스럽게 학습된 무기력을 경험함

우리는 최근 언론을 통해서 자해(self-harm)와 자살(suicidal)에 대한 뉴스를 자주 접하게 되는데, 자해는 부정적 정서를 해결하기 위하여 삶을 한 번에 끊어버리지 않는 다양한 방법을 반복적으로 실행하는 부적응적인 행동을 의미한다. 하지만, 자살은 삶을 한 번에 끊어버리는 것으로 본다.

이와 같이 자해와 자살은 서로 다른 기능을 가지고 있다. 자해하는 사람들은 어린시절부터 신체적·언어적·정서적 폭력 등에 노출되어 자연스럽게 학습된 무기력을 경험하게 된다. 예를 들면, 남편에게 신혼초부터 폭력을 당했던 아내들이 힘으로 제압되어 형성된 학습된 무기력으로 삶을 포기하거나, 남편에게서 벗어나기 위해 최선을 다하여

발버둥치게 되는 방법으로 자해를 선택하는 경우도 있다.

한편, 남편에게서 벗어나려고 시도했지만 벗어날 수 없을 때는 자포자기하는 심정으로 스스로 목숨을 끊어버리는 경우를 자살이라고 한다. 이때 우리가 알아야 할 것은 자해는 수치심과 죄책감이라면, 자살은 충동성이라고 볼 수 있다. 따라서 우리는 자해 경험이 있는 청소년들을 만나거나 상담을 진행할 때 자살 경험이 있는 청소년들처럼 대하면 자해 청소년은 자기의 마음을 전혀 이해하지 못한다고 느낀다. 즉, 자살은 죽고자 하는 목적이 있고, 자해는 살려고 하는 목적이 있다. 최근 자해 경험이 있는 청소년은 SNS에 자신이 자해하려고 했던 사진과 글을 유행처럼 올리는 경향이 있다. 따라서 청소년들이 관심을 받고 싶어하는 것이 있으나, 단순히 자해 청소년이 관심만 받고 싶어 하는 것으로 여기지 말아야 한다. 그래서 자해와 자살에 대하여 살펴보자.

① 자해

자해(self-harm or self-injury)는 고의적 자해(deliberate self-harm), 자기훼손(self-mutilation), 자기상해(self-injury) 등으로 명명되어 오다가 2013년 DSM-5에 추가 연구가 필요한 진단기준에 의하여 자살 의도가 없는 자해로 추가되었다(American Psychiatric Association, 2013). 이러한 근거로 자해는 죽고자 하는 행동에 따라 비자살적 자해(NSSI: nonsuicidal self-injury)와 자살적 자해(SSI: suicidal behavior or suicidal self-injury)로 구분되며(Nock, 2010; Posner, Brodsky, Yershova, Buchanan & Mann, 2014), 먼저 비자살적 자해는 자살을 의도 없이 고의적 혹은 직접적으로 해를 입히는 행위를 의미한다.

Tip

비자살적 자해는 자살을 의도 없이 고의적 혹은 직접적으로 해를 입히는 행위임

그림 4-1에 제시된 것과 같이 죽고자 하는 의도와 관계없이 자신의

신체를 훼손하는 행위로, 심리적·신체적 안녕을 위협하지만, 자살적 견해(자살, 자살시도, 방해된 시도, 포기된 시도, 준비행동)는 극단적인 경우 목숨까지 끊어버린 것까지 이어질 수 있다. 이처럼 자살 의도 없이 정서적 고통을 줄이기 위해 신체적 고통을 감내하면서 반복적으로 행하는 비자살적 발병률 연령이 평균 16세로 비자살적 자해는 30세 이전에서 가장 많이 나타나고 있다.

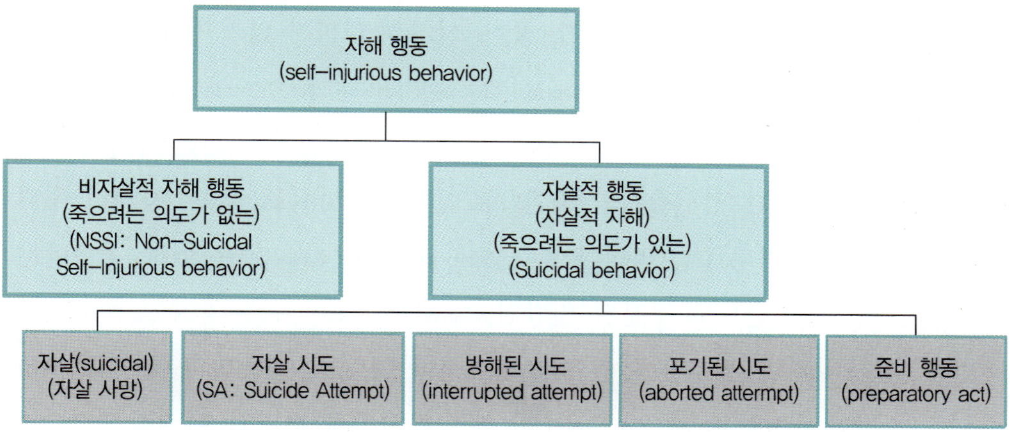

그림 4-1 자해행동의 분류(출처: Crosby, Ottega & Melanson, 2011)

다시 말해, 미국심리학회(APA)는 DSM-5에 자살적 자해 장애와 비자살적 자해 장애를 구분하는 기준 중 하나가 "죽고자 하는 의도"로 보고 있다. 이는 자살적 자해가 죽을 의도를 가지고 행하는 행동이라면, 비자살적 자해는 죽을 의도가 없는 행동이라는 것이다. 이 자기파괴적 행동(self-destructive behavior)은 장기적으로는 자기 자신에게 해가 됨에도 불구하고, 순간적인 만족을 얻기 위해 이루어지는 행동을 의미한다. 이러한 행동에는 직접적 행동과 간접적 행동으로 나누며, 직접적 행동은 자기 자

Tip

미국심리학회(APA)는 DSM-5에 자살적 자해 장애와 비자살적 자해 장애를 구분하는 기준 중 하나가 "죽고자 하는 의도"로 봄

신을 파괴적 행동으로 자신을 때리거나 날카로운 흉기 등을 사용하여 자신의 신체인 손목을 긋거나 중요한 부위를 직접적인 위해를 가해는 행동을 한다. 또 다른 간접적 행동은 자신의 신체에 해를 입히기 위하여 오랜 기간 단식을 하거나 알콜 의존 혹은 기타 물질 등을 이용한다(이동훈·양미진·김수리, 2010). 따라서 비자살적 자해로 인해 신체적으로 손상되거나 질병에 감염이 되는 등의 위험성이 높아지고(DSM-5: American Psychiatric Association, 2013), 칼 혹은 뾰족한 물건으로 손목에 선 긋기, 불로 지지기, 때리기, 물기, 상처 치료하지 않기 등의 행동이 포함된다(Nock, Joiner Jr, Gordon, Lloyd-Richardson & Prinstein, 2006; Whitlock, Muehlenkamp & Eckenrode, 2008). 이전에는 비자살적 자해는 임상집단인 발달장애나 정신장애의 일환으로 발생하거나(Nock, 2010), 경계선 성격장애의 하나로 고려되다가(American Psychiatric Association, 2000), 최근에는 비임상집단으로 구분된 일반인(Klonsky, May & Glen, 2013; Nock, 2010)에게도 나타나 정신장애 진단과 관련성이 없다는 연구가 나타나, 클론스키와 올리노(Klonsky & Olino, 2008)는 정신장애 판단과 관련성 없이 그 자체로 장애로 보아야 된다고 주장한다. 따라서 DSM-5에 비자살적 자해를 추가적인 연구가 필요하여 독립 진단기준으로 분류하였다(American Psychiatric Association, 2013, **표 4-2** 참조).

표 4-2 비자발성 자해 진단기준

A. 지난 1년간, 5일 또는 그 이상, 신체 표면에 고의적으로 출혈, 상처, 고통을 유발하는 행동(예: 칼로 긋기, 불로지지기, 찌르기, 과도하게 문지르기)을 자신에게 스스로 가하며, 이는 단지 경도 또는 중등도의 신체적 손상을 유발할 수 있는 자해 행동을 하려는 의도에 의한 것이다(즉, 자살 의도가 없음).
주의점은 자살 의도가 없다는 것이 개인에 의해 보고된 적이 있거나, 반복적인 자해 행동이 죽음에 이르게 하지는 않을 것이라는 점을 개인이 이미 알고 있었거나 도중에 알게 된다고 추정된다.

B. 개인은 다음 주 D하나 또는 그 이상의 기대 하에 자해 행동을 시도한다.
1. 부정적 느낌 또는 인지 상태로부터 안도감을 얻기 위해서이다.
2. 대인관계 어려움을 해결하기 위해서이다.
3. 긍정적인 기분 상태를 유도하기 위해서이다.

주의점은 개인은 원했던 반응이나 안도감을 자해 행동 도중 또는 직후에 경험하게 되고, 반복적인 자해 행동에 대한 의존성을 시사하는 행동 양상을 보일 수 있다.

C. 다음 중 최소한 한 가지와 연관된 고의적인 자해 행동을 시도한다.
1. 우울, 불안, 긴장, 분노, 일반화된 고통, 자기비하와 같은 대인관계 어려움이나 부정적 느낌 또는 생각이 자해 행위 바로 직전에 일어난다.
2. 자해 행위에 앞서, 의도한 행동에 몰두하는 기간이 있고 이를 통제하기 어렵다.
3. 자해 행위를 하지 않을 때에도 자해에 대한 생각이 빈번하게 일어난다.

D. 행동은 사회적으로 용인되는 것(예: 보디 피어싱, 문신, 종교적 또는 문화적 의례의 일부)이 아니며, 딱지를 뜯거나 손톱을 물어뜯는 것에 제한되지 않는다.

E. 행동 또는 그 겨로가는 대인관계, 학업 또는 다른 중요한 기능 영역에서 임상적으로 현저한 고통이나 방해를 초래한다.

F. 행동은 정신병적 삽화, 섬망, 물질 중독 또는 물질 금단 기간에만 일어나는 것이 아니다. 신경발달장애가 있는 개인에게서는 반복적인 상동증의 일부로 나타나는 것이 아니다. 또한 자해 행동이 다른 정신질환이나 의학적 상태로 더 잘 설명되지 않는다(예: 정신병적 장애, 자폐스팩트럼 장애, 지적장애, 레쉬-니한증후군, 자해를 동반하는 상동증적운동장애, 발모광(털뽑기장애), 피부뜯기장애).

이와 같은 비자발적 자해를 시도했던 청소년들 경우는 친구관계에서 놀림을 당하거나 따돌림을 경험하는 등의 부정적인 결과가 나타나기도 한다. 특히 비자발적 자해를 경험한 사람들의 부모 및 친구 등의 주변 사람들에게 상당한 심리적인 충격과 정서적 고통을 준다(Wilkinson & Goodyer, 2011). 끝으로 비자발적 자해를 시도한 경험이 있는 청소년들을 살펴볼 때는 자해행동의 반복성이 있는지를 확인해야 한다.

② 자살

자살의 어원은 라틴어에서 유래되어 sui(자기 자신을)와 cide(죽이다)의 합성어로 스스로 자신의 의사에 의해 목숨을 끊는 행위이다. 다시 말해, 자살(suicidal)은 스스로 생명을 끊는 행위를 의미하며, 죽음을 초래하는 것이다. 최근에 유명한 연예인들의 자살사건들이 언론매체를 통하여 너무도 쉽게 노출되어 모방 자살을 시도하는 경향성이 있는 데, 이를 베르테르 효과라고 한다. 이는 괴테의 소설인 <젊은 베르테르 슬픔> 중에서 주인공인 베르테르가 자살한 내용을 읽었던 젊은이들이 유행처럼 자살을 시도하여 나온 용어이다. 이러한 연예인들의 베르테르 효과 때문에 언론사에 자살보도 권고기준은 **표 4-3**과 같다(중앙자살예방센터, 2013).

Tip
괴테의 소설인 <젊은 베르테르 슬픔> 중에서 주인공인 베르테르가 자살한 내용을 읽었던 젊은이들이 유행처럼 자살을 시도하여 나온 용어임

표 4-3 자살보도 권고기준

1. 언론은 자살에 대한 보도를 최소화해야 합니다.
2. 자살이라는 단어는 자제하고 선정적 표현을 피해야 합니다.
3. 자살과 관련된 상세 내용은 최소화해야 합니다.
4. 유가족 등 주변 사람을 배려하는 신중한 자세가 필요합니다.
5. 자살과 자살자에 대한 어떠한 미화나 합리화도 피해야 합니다.
6. 사회적 문제 제기를 위한 수단으로 자살 보도를 이용해서는 안 됩니다.
7. 자살로 인한 부정적 결과를 알려야 합니다.
8. 자살 예방에 관한 다양하고 정확한 정보를 제공합니다.
9. 인터넷에서의 자살 보도는 더욱 신중해야 합니다.

한국은 2003년 이후 자살공화국이라는 오명 때문에 자살을 시도하는 연령대별로 구분하여 보니, 청년기인 19~34세의 자살위험요인은 정신건강문제, 학업문제 순으로, 중년기인 35~49세는 업무부담, 자살시도, 우울장애 순으로, 장년기인 50~64세는 우울장애, 가족관계 순으로, 노년기인 65세 이상은 자살시도, 신체적 부상 등의 순으로(중앙심리부검센터, 2018) 나타난 반면, OECD(2019) 국가의 자살하는 연령대별로는 10대 30.9%, 20대 44.8%, 30대의 36.9% 연령별 중 20대가 가장 높은 자살률을 가지고 있는 것으로 나타났다. 이는 강석화와 나동석

(2013)은 대학생의 스트레스와 자살관계에서 우울은 슬픔, 열등감과 무기력한 상태에 빠지게 되어 심각한 절망감으로 자살을 시도하는 것으로 보고되었다.

Tip
국내의 자살률은 지속적으로 증가하여 2018년 통계청기준으로 10만명 당 자살률이 26.6명으로 하루 평균 37.5명이 자살함

이와 같이 국내의 자살률은 지속적으로 증가하여 2018년 통계청기준으로 10만 명당 자살률이 26.6명으로 하루 평균 37.5명이 자살을 하고 있다. 특히 OECD 국가의 평균 11.9명의 약 2배 이상 높고 15년간 OECD 국가 중 자살률 1위로 조사되었다(통계청, 2018; OECD, 2019). 이와 같이 자살을 많이 하는 이유를 바우마이스터(Baumeister, 1990)는 '자기도피 이론'에 의하면 사람들은 자신과 고통스러운 자기인식으로부터 도피하기 위해 자살을 선택한다고 보았으며, 고통으로의 도피 과정을 6단계로 설명하였다. 자기도피 이론은 기대와 현실의 괴리, 상황에 대한 자기비난, 부정적인 자기지각, 부정적 정서, 인지적 몰락, 억제의 감소이다. 또한 윌리엄(Williams, 1997)은 '고통으로 인한 외침'에서 자살은 스트레스 사건으로 설명하였고, 벡(Beck, 1967, 2001)은 '자동적 사고'와 '인지삼제'로 주장하였다.

특히, 자동적 사고는 역기능적 신념을 바꾸기 위해 자동적 사고를 점검하고 변화시키는 데 목적이 있다. 또 인지삼제는 세 가지(자기자신, 미래, 경험 등)로 구분되며, 첫째, 자기자신에 대한 부정적인 견해로 인하여 결점이 많고, 부적절하며, 연약하여 아무것도 할 수 없다는 심리적·도덕적·신체적 결함이 있다고 자기자신을 비난한다.

둘째, 자신의 미래에 대한 부정적 견해로 인하여 자기 자신의 어려움이나 고통이 무한정 진행될 것이라는 부정적 사고, 좌절, 어려움, 그리고 박탈감 등이 먼저 생각이나 무엇을 하더라도 실패할 것이라고 사고한다.

셋째, 자신의 경험에 대한 부정적 견해를 통해 삶의 목표를 방해하는 극복 불가능한 장애물들로 생각하거나 자신에게 너무 심한 요구를 가하여 할 수 없다고 사고한다. 이처럼 자살을 시도하는 사람들은 외롭고 혼자 남겨져 있으며, 소외당하거나 사람들로부터 관심을 전혀 받지 못한다고 생각한다. 그래서 국내의 자살률은 세계에서 가장 높은 수준을 보이고 있을 만큼 심각한데, 학력이 낮을수록, 여성에 비해 남성이, 신체적인 질병이나 사고와 다르게 자발적인 선택에 의한 것이라서 자살은 가족 및 주위 사람들에게 깊은 상처를 주고 있다. 따라서 자살이라는 위험군에 속한 사람들을 도와 줄 수 있는 다양한 예방법이 개발되어, 막대한 인적자원과 경제적 자원의 손실을 막기 위해서 자살률의 감소를 위한 대책 마련이 시급한 상태이다. 따라서 정부와 공공기관에서는 자살에 대한 위험요인의 사람들의 우울증, 약물남용, 불안, 자살시도 경험, 불안정한 가족, 이별, 부적응 문제, 낮은 자존감 등이 있고(Hater & Marold, 1992), 자살을 암시하는 몇 가지 신호를 인식해야 한다(Santrock, 1998). 첫째, 경고신호를 무시하지 않고, 둘째, 자살이라는 주제에 대해 이야기하기를 원하면 피하지 말고(들어주고), 셋째, 비난조로 말하거나 혐오스러운 반응을 하면 안 되고, 넷째, 전문적인 도움을 청하도록 설득하고, 다섯째, 형식적인 반응이나 위로를 하지 않는다.

이러한 근거로 자살행동장애의 제안된 기준은 다음과 같다.

표 4-4 자살행동장애의 제안된 진단기준

A. 지난 24개월 내에 자살시도를 한 적이 있다.
주의점: 자살시도는 행동 착수 시점에 자살 시도자에 의해 이행되는 자신을 죽음에 이르게 할 수 있는 자발적인 일련의 행동이다. 행동 착수 시점이란 특정한 방법으로 행위가 일어난 시점을 말한다.
B. 행위는 자살 의도가 없는 자해의 진단기준을 충족하지 않는다. 즉, 부정적 느낌이나 인지 상태로부터 안도감을 얻기 위해 또는 긍정적인 기분을 얻기 위해 신체 표면에 자해를 하는 행동은 포함하지 않는다.
C. 진단은 자살사고이나 준비행위에는 적용되지 않는다.
D. 행위는 섬망이나 혼돈 상태에서 시작된 것이 아니다.
E. 행위는 단지 정치적 또는 종교적 목적으로 이행된 것이 아니다.

다음의 경우 명시할 것:
현재 증상 있음: 마지막 시도로부터 12개월이 경과하지 않음
조기 관해 상태: 마지막 시도로부터 12-24개월 경과

3) 불안 관련 장애

(1) 불안

불안은 인간이 익숙하지 않은 환경에 처했을 때 나타나는 기본적인 반응으로 심리적 부적응의 대표적 증상이다. 적정한 수준의 불안은 개인의 능력을 향상시키고 상황에 적응할 수 있도록 하지만 극도의 불안은 주어진 상황에 대처하는 능력을 저하시키고 부적응 문제를 유발한다. 현대사회는 끊임없는 경쟁을 요구하고 다양한 능력을 인정받으려는 상황에서 불안은 피할 수 없는 특성이다. 검사지를 통해 나의 불안 정도를 살펴본다.

불안 검사지는 김정택과 신동균(1978)이 번역하여 표준화한 STAI (State Trait Anxiety Inventory: Spielberger, Gorsuch & Lushene, 1970)로 상태불안과 특질불안을 측정하기 위하여 각 20문항씩 구성되어 있다(**표 4-5** 참조). 상태불안은 현재 느끼고 있는 상태적인 불안을 측정하고, 특질불안은 일상적으로 느껴지는 지속적인 불안을 측정한다. 점수의 범위는 20점에서 80점까지이며 점수가 높을수록 불안수준이 높다고 진단한다. 52~56점은 상태불안 수준이 약간 높음, 57~61점은 상태불안 수준이 상당히 높음, 62점 이상은 매우 높다고 진단할 수 있다.

Tip

상태불안은 현재 느끼고 있는 상태적인 불안을 측정하고, 특질불안은 일상적으로 느껴지는 지속적인 불안을 측정함

표 4-5 STAI 불안검사

순번	불안 척도 검사지	전혀 그렇지 않다	조금 그렇다	보통 그렇다	대단히 그렇다
1	나는 기분이 좋다.	①	②	③	④
2	나는 쉽게 피로해진다.	①	②	③	④
3	나는 울고 싶은 심정이다.	①	②	③	④
4	나도 다른 사람들처럼 행복했으면 한다.	①	②	③	④
5	나는 마음을 빨리 정하지 못해서 실패를 한다.	①	②	③	④
6	나는 마음이 놓인다.	①	②	③	④
7	나는 차분하고 침착하다.	①	②	③	④
8	나는 너무 많은 어려운 문제가 밀려 닥쳐서 극복할 수 없을 것 같다.	①	②	③	④
9	나는 하찮은 일에 너무 걱정을 한다.	①	②	③	④
10	나는 행복하다.	①	②	③	④
11	나는 무슨 일이건 힘들게 생각한다.	①	②	③	④
12	나는 자신감이 부족하다.	①	②	③	④
13	나는 마음이 든든하다.	①	②	③	④
14	나는 위기나 어려움을 피하려고 애쓴다.	①	②	③	④
15	나는 울적하다.	①	②	③	④
16	나는 만족스럽다.	①	②	③	④

17	사소한 생각이 나를 괴롭힌다.	①	②	③	④
18	나는 실망을 지나치게 예민하게 받아들이기 때문에 머릿속에서 지워버릴 수가 없다.	①	②	③	④
19	나는 착실한 사람이다.	①	②	③	④
20	나는 요즈음의 걱정거리나 관심거리를 생각만 하면 긴장되거나 어찌할 바를 모른다.	①	②	③	④

이러한 내용을 중심으로 불안장애의 유형(DSM-5)은 다음과 같다.

① 공황장애

Tip

공황장애(panic disorder)는 공황발작을 반복적으로 경험하며, 갑자기 엄습하는 강렬한 불안이 몰려옴

공황장애(panic disorder)는 공황발작을 반복적으로 경험하며, 갑자기 엄습하는 강렬한 불안이 몰려오는 것을 의미한다. 이러한 공황장애 환자들은 공황발작 시 죽거나 통제력을 상실하게 될 것 같은 두려움과 한 번 공황발작을 경험하게 되면 이후에 또 다른 발작을 경험할 것 같은 불안감이 지속된다. 이러한 공황장애는 DSM-5의 진단기준에 13개의 증상 중 적어도 4개 이상이 나타나야 되며, 갑자기 강한 공포가 찾아온다.

공황장애 진단기준

1. 심장박동이 빨라지고 점점 강렬하여 심장박동수가 점점 더 빨라짐
2. 진땀을 흘림
3. 몸이나 손발이 떨림
4. 숨이 가빠지고 막히는 느낌
5. 질식할 것 같은 느낌
6. 가슴의 통증이나 답답함
7. 구토감이나 복부통증이 있음
8. 어지럽고 몽롱해지며 기절할 것 같은 느낌
9. 한기 혹은 열감을 느낌
10. 몸이 감각적으로 마비감이나 찌릿찌릿한 감각을 느낌
11. 비현실감이나 자기 자신과 분리된 듯한 이인감을 느낌
12. 자기통제를 상실하거나 미칠 것 같은 두려움을 느낌

13. 죽을 것 같은 두려움을 느낌
주의점: 이 증상은 갑작스럽게 나타나 10분 이내에 그 증상이 최고조에 도달하여 극심한 공포를 느끼며, 첫 공황발작은 피곤, 흥분, 성행위, 정서적 충격 등을 경험한 후에 나타나는 경향이 있으나, 대부분의 경우 예측하기가 어렵고 갑자기 나타남

② 광장공포증

Tip

광장공포증(agoraphobia)은 특정한 장소나 상황에 처하는 것에 대해 두려움을 보이는 장애임

광장공포증(agoraphobia)은 특정한 장소나 상황에 처하는 것에 대해 두려움을 보이는 장애를 의미한다. 즉, 상황에 처해 있는 것에 대한 불안 혹은 전혀 예상하지 못한 공황발작이나 공황유사증상이 일어났을 때 도움을 받기 어려운 장소나 상황에 처해 있거나, 다리 위에 있든지, 여행을 하는 것 등에 대한 불안을 나타난다. 그러한 상황을 회피하거나 그 상황 속에서 심한 불안감이나 불편감을 견디거나 동반자를 필요로 한다. 이러한 광장공포증은 DSM-5의 진단기준에 5개의 증상 중 적어도 2개 이상이 나타나야 되며, 현저한 불안과 공포가 찾아온다.

광장공포증 진단기준

1. 대중교통수단(자동차, 기차, 배, 버스, 비행기 등)을 이용하는 것
2. 개방된 공간(주차장, 시장, 다리 등)에 있는 것
3. 폐쇄된 공간(극장, 영화관, 마트, 쇼핑몰 등)에 있는 것
4. 줄을 서 있거나 군종 속에 있는 것
5. 집 밖에서 혼자 있는 것

주의점: 이 상황을 두려워하거나 회피하는 이유가 공황과 유사한 증상이나 무기력하고 당혹스러운 증상(노인의 경우 쓰러질 것 같은 공포, 오줌을 지릴 것 같은 공포 등)이 나타날 경우에 그러한 상황을 회피하기 어렵거나 도움을 받을 수 없다는 생각 때문임

③ 사회불안장애

Tip

다른 사람을 만나거나 상호작용하는 사회적 상황을 두려워하며, 다른 사람들 앞에서 무엇인가를 수행할 때 두려움을 경험함

사회불안장애(social anxiety disorder)는 다른 사람을 만나거나 상호작용하는 사회적 상황을 두려워하며, 다른 사람들 앞에서 무엇인가를 수행할 때 두려움을 경험하는 사회공포증(social phobia)이라고 한다. 이는 대인관계 상황 혹은 수행 상황에 대하여 뚜렷하고도 지속적인 두려움을 보이며, 본인 스스로 그러한 두려움이 지나치거나 불합리한 것을 인식한다. 또한 두려워하는 대인관계 상황 혹은 수행 상황을 회피하려 하거나 심한 불안을 경험한다. 두려워하는 상황에 예기불안, 상황의 회피, 실제 상황에서의 고통 등으로 인해 직업기능, 학업기능, 사회적 활동 및 일상생활에 많은 영향을 미친다. 이러한 사회불안장애는 DSM-5의 진단기준은 다음과 같다.

사회불안장애 진단기준

1. 개인이 다른 사람들에 의해서 관찰되고 평가될 수 있는 한 가지 이상의 사회적 상황에 대해서 현정한 공포 및 불안을 느낌
2. 사회적 상황에서 다른 사람들로부터 부정적인 평가를 받을 수 있는 행동을 하거나 불안 증상이 나타날 것을 두려워함

④ 특정공포증

Tip

특정한 자극에 의해 예외 없이 갑자기 공포 반응이 발생하며, 동물, 곤충을 두려워하는 동물형, 천둥, 폭풍 등의 자연환경을 두려워하는 형, 피를 보거나 혹은 주사를 맞거나 신체적 손상을 두려워하는 형, 폐쇄된 공간 및 고소공포증처럼 특정 상황을 두려워하는 상황형

특정공포증(specific phobia)은 특정 대상이나 상황에 대한 현저하고도 지속적인 두려움을 경험한다. 이는 특정한 자극에 의해 예외 없이 갑자기 공포 반응이 발생하며, 동물, 곤충을 두려워하는 동물형, 천둥, 폭풍 등의 자연환경을 두려워하는 형, 피를 보거나 혹

은 주사를 맞거나 신체적 손상을 두려워하는 형, 폐쇄된 공간 및 고소공포증처럼 특정 상황을 두려워하는 상황형 등이 있다. 이러한 특정공포증의 DSM-5의 진단기준은 다음과 같다.

특정공포증 진단기준

1. 특정한 대상 및 상황(비행, 높은 곳, 동물, 주사, 피 등)에 대한 현저한 공포나 불안을 경험하며, 아동의 경우는 공포 및 불안이 울기, 칭얼거리기, 떼쓰기, 얼어붙기 등이 표현됨
2. 공포를 유발하는 대상이 상황에 노출되면 거의 예외 없이 즉각적인 공포반응이 나타남
3. 특정공포증을 지닌 사람은 공포를 느끼는 대상 및 상황을 회피하고, 때론 심한 공포나 불안을 느끼면서 고통 속에서 이러한 공포자극을 참는 경우가 있음
4. 특정한 대상 및 상황에 의한 실제적인 위험과 사회문화적 맥락을 고려할 때, 공포나 불안을 지나친 것이어야 함. 또 공포 및 회피행동이 6개월 이상 지속되어 심한 고통을 경험하거나 사회적, 직업적 활동에 현저한 방해를 받는 경우에 진단함

⑤ 강박장애

강박장애(obsessive-compulsive disorder)는 강한 압박을 의미하며, 심적으로 무엇인가에 집착하여 어찌할 수 없는 상태이다. 즉, 강박사고(obsessions)는 본인도 불합리하다는 것을 알지만, 통제할 수 없는 어떤 생각이 반복적이고 지속적으로 떠오른 것이다. 강박행동(compulsions)의 반응은 어떤 의식적 행동(손 씻기, 정돈하기, 청소하기, 확인하기, 기도하기, 숫자세기 등)을 몇 번이고 되풀이하여 반복하려는 억제할 수 없는 충동에 따른 행동을 의미한다. 이러한 강박장애의 DSM-5의 진단기준에 8개의 증상 중 적어도 4개 이상이 나타난다.

Tip

강박행동(compulsions)의 반응은 어떤 의식적 행동(손 씻기, 정돈하기, 청소하기, 확인하기, 기도하기, 숫자세기 등)을 몇 번이고 되풀이하여 반복하려는 억제할 수 없는 충동에 따른 행동임

A. 융통성, 개방성, 효율성을 희생시키더라도 정돈, 완벽, 정신적 통제 및 대인관계의 통제에 지나치게 집착하는 광범위한 양상으로, 이는 청년기에 시작되며 여러 상황에서 나타나고 다음 중 4가지 또는 그 이상으로 나타난다.
1. 내용의 세부, 규칙, 목록, 순서, 조정 혹은 스케줄에 집착되어 있어 활동의 중요한 부분을 놓침
2. 완벽함을 보이나 이것이 일의 완수를 방해함(예: 자신의 완벽한 기준을 만족하지 못해 계획을 완수할 수 없다)
3. 여가 활동이나 친구 교제를 마다하고 일이나 성과에 지나치게 열중함(경제적으로 필요한 것이 명백히 아님)
4. 지나치게 양심적임, 소심함, 그리고 도덕 윤리 또는 가치관에 관하여 융통성이 없음(문화적 혹은 종교적 정체성으로 설명되지 않음)
5. 감정적인 가치가 없는데도 낡고 가치 없는 물건을 버리지 못함
6. 자신의 일하는 방법에 대해 정확하게 복종적이지 않으면 일을 위임하거나 함께 일하지 않으려 함
7. 자신과 타인에 대해 돈 쓰는 데 인색함. 돈을 미래의 재난에 대비하는 것으로 인식함
8. 경직되고 완강함을 보임

(2) 우울증

현대를 우울증의 시대라고 할 만큼 이 시대를 살아가는 사람은 누구나 정도의 차이는 있지만 한때 우울증을 경험하는 것이 보편적인 현상이다. 학습된 무기력을 연구한 셀리그먼(Seligman)은 우울증은 현대 생활에서 가장 널리 알려진 심리적 장애라고 하면서, 마치 감기 정도로 흔한 장애로 보았다.

우울증은 상실에 대한 슬픈 감정이 내면화된 것으로서, 무력함과 자기 멸시 등 자존감(self esteem)의 저하를 수반하는 기분 장애(mood disorder)로 정서적, 인지적·생리적·사회적인 행동 등 모든 측면에 영향을 주게 된다.

Tip

정서적으로 슬픔, 침울함, 절망감 등 기분의 저조함을 느끼고 때로는 고통, 긴장, 두려움, 죄의식, 공허함 등을 느끼며 삶의 흥미를 상실함

정서적으로 슬픔, 침울함, 절망감 등 기분의 저조함을 느끼고 때로는 고통, 긴장, 두려움, 죄의식, 공허함

등을 느끼며 삶의 흥미를 상실한다. 살아가다 보면 우리는 실망스럽거나 슬픈 일들을 자주 겪게 되며, 이럴 때 누구나 정도의 차이는 있지만 마음이 '우울하다, 울적하다'는 느낌을 받는다. 그러나 어떤 사람들에게는 이런 느낌이 일시적으로 슬프고 우울한 기분이 드는 것을 넘어서 수면이나 식사, 행동, 생각, 신체에까지 영향을 주게 되고, 결국 개인의 생활에 막대한 영향을 미쳐 지장을 초래하는 경우가 생기게 된다. 병적인 우울은 정상적 우울에 비해서 우울 증상이 현저하게 강력하고 광범위하게 나타난다. 즉, 병적인 우울에서는 우울한 기분의 정도가 훨씬 심하고 다양한 우울 증상이 나타난다. 자신은 무능하고 열등하며 무가치하다는 생각이 확고하며 일상생활에 대한 흥미, 의욕, 활력도 현격하게 감소한다. 아울러 식욕 감퇴나 불면증이 심하게 나타나고 자살에 대한 생각뿐만 아니라 실제로 자살시도까지 하게 된다.

그림 4-2 한국판 벡우울척도 2판

벡(Beck, 1967)이 제작한 BDI(Beck Depression Inventory)는 우울의 인지적·정서적·동기적·생리적 증상 영역을 포함하는 21문항으로 이루어져 있으며, 이영호와 송종요(1991)가 번안한 척도를 이병길(2005)이 재사용한 설문지는 **표 4-6**과 같다. BDI의 점수분류는 각 문항마다 0점에서 3점으로 채점되며, 총 점수의 범위는 0~63점으로 구성되어 있다. 점수 분류기준은 1~10점 정상, 11~16점 가벼운 기분장애, 17~20점은 임상적 우울의 경계선, 21~30점은 중 정도의 우울증, 40점 이상은 극도의 우울증이다.

표 4-6 벡의 우울증 검사

1. (　　) 0) 나는 슬프지 않다.
1) 나는 슬프다
2) 나는 항상 슬프고 기운을 낼 수 없다.
3) 나는 너무나 슬프고 불행해서 도저히 견딜 수 없다.

2. (　　) 0) 나는 앞날에 대해서 별로 낙담하지 않는다.
1) 나는 앞날에 대한 용기가 나지 않는다.
2) 나는 앞날에 대해 기대할 것이 아무것도 없다고 느낀다.
3) 나의 앞날은 아주 절망적이고 나아질 가망이 없다고 느낀다.

3. (　　) 0) 나는 실패자라고 느끼지 않는다.
1) 나는 보통 사람보다 더 많이 실패한 것 같다.
2) 내가 살아온 과거를 뒤돌아보면 실패투성이인 것 같다.
3) 나는 인간으로서 완전한 실패자라고 느낀다.

4. (　　) 0) 나는 전과 같이 일상생활 속에 만족하고 있다.
1) 나의 일상생활은 예전처럼 즐겁지 않다.
2) 나는 요즘에는 어떤 것에서도 별로 만족을 얻지 못한다.
3) 나는 모든 것이 다 불만스럽고 싫증난다.

5. (　　) 0) 나는 특별히 죄책감을 느끼지 않는다.
1) 나는 죄책감을 느낄 때가 많다.
2) 나는 죄책감을 느낄 때가 아주 많다.
3) 나는 항상 죄책감에 시달리고 있다.

6. (　　) 0) 나는 벌을 받고 있다고 느끼지 않는다.
1) 나는 어쩌면 벌을 받을지도 모른다는 느낌이 든다.
2) 나는 벌을 받을 것 같다.
3) 나는 지금 벌을 받고 있다고 느낀다.

7. (　　) 0) 나는 나 자신에게 실망하지 않는다.
1) 나는 나 자신에게 실망하고 있다.
2) 나는 나 자신에게 화가 난다.
3) 나는 나 자신을 증오한다.

8. (　　) 0) 내가 다른 사람보다 못한 것 같지는 않다.
1) 나는 나의 약점이나 실수에 대해서 나 자신을 탓하는 편이다.
2) 내가 한 일이 잘못되었을 때는 언제나 나를 탓한다.
3) 일어나는 모든 나쁜 일들은 모두 내 탓이다.

9. (　　) 0) 나는 자살 같은 것은 생각하지 않는다.
1) 나는 자살할 생각을 가끔 하지만 실제로 하지는 않을 것이다.
2) 자살하고 싶은 생각이 자주 든다.
3) 나는 기회만 있으면 자살하겠다.

10. (　　) 0) 나는 평소보다 더 울지는 않는다.
1) 나는 전보다 더 많이 운다.
2) 나는 요즈음 항상 운다.
3) 나는 전에는 울고 싶을 때 울 수 있었지만 요즈음은 울래야 울 기력조차 없다.

11. (　　) 0) 나는 요즈음 평소보다 더 짜증을 내는 편이 아니다
1) 나는 전보다 더 쉽게 짜증이 나고 귀찮아진다.
2) 나는 요즈음 항상 짜증을 내고 있다.
3) 전에는 짜증스럽던 일이 요즈음은 너무 지쳐서 짜증조차 나지 않는다.

12. (　　) 0) 나는 다른 사람들에 대한 관심을 잃지 않고 있다.
1) 나는 전보다 사람들에 대한 관심이 줄었다.
2) 나는 사람들에 대한 관심이 거의 없어졌다.
3) 나는 사람들에 대한 관심이 완전히 없어졌다.

13. (　　) 0) 나는 평소처럼 결정을 잘 내린다.
1) 나는 결정을 미루는 때가 전보다 더 많다.
2) 나는 전에 비해 결정을 내리는 데 더 큰 어려움을 느낀다.
3) 나는 더 이상 아무 결정도 내릴 수 없다.

14. (　　) 0) 나는 전보다 내 모습이 나빠졌다고 느끼지 않는다.
1) 나는 매력 없어 보일까 봐 걱정한다.
2) 나는 내 모습이 매력 없이 변해버린 것 같은 느낌이 든다.
3) 나는 내가 추하게 보인다고 믿는다.

15. (　) 0) 나는 전처럼 일을 할 수 있다.
1) 어떤 일을 시작하는데 전보다 더 많은 노력이 든다.
2) 무슨 일이든 하려면 나 자신을 매우 심하게 채찍질해야만 한다.
3) 나는 전혀 아무 일도 할 수가 없다.

16. (　) 0) 나는 평소처럼 잠을 잘 수 있다.
1) 나는 전에만큼 잠을 자지는 못한다.
2) 나는 전보다 일찍 깨고 다시 잠들기 어렵다.
3) 나는 평소보다 몇 시간이나 일찍 깨고 한 번 깨면 다시 잠들 수 없다.

17. (　) 0) 나는 평소보다 더 피곤하지는 않다.
1) 나는 전보다 더 쉽게 피곤해진다.
2) 나는 무엇을 해도 피곤해진다.
3) 나는 너무나 피곤해서 아무 일도 할 수 없다.

18. (　) 0) 내 식욕은 평소와 다름없다.
1) 나는 요즈음 전보다 식욕이 좋지 않다.
2) 나는 요즈음 식욕이 많이 떨어졌다.
3) 요즈음에는 전혀 식욕이 없다.

19. (　) 0) 요즈음 체중이 별로 줄지 않았다.
1) 전보다 몸무게가 2kg가량 줄었다.
2) 전보다 몸무게가 5kg가량 줄었다.
3) 전보다 몸무게가 7kg가량 줄었다.
* 나는 현재 음식조절로 체중을 줄이고 있는 중이다. 예 (　) 아니요 (　)

20. (　) 0) 나는 건강에 대해 전보다 더 염려하고 있지는 않다.
1) 나는 여러 가지 통증, 소화불량, 변비 등과 같은 신체적 문제로 걱정하고 있다.
2) 나는 건강이 너무 염려되어 다른 일을 생각하기 힘들다.
3) 나는 건강이 너무 염려되어 다른 일은 아무것도 생각할 수 없다.

21. (　) 0) 나는 요즈음 성(sex)에 대한 관심에 별다른 변화가 없다.
1) 나는 요즈음 성(sex)에 대한 관심이 줄었다.
2) 나는 요즈음 성(sex)에 대한 관심이 상당히 줄었다.
3) 나는 요즈음 성(sex)에 대한 관심을 완전히 잃었다.

이러한 내용을 중심으로 우울장애(depressive disorder)의 유형은 다음과 같다.

① 주요우울장애

주요우울장애(major depressive disorder)는 정상인에게서 보이는 단순한 우울증상과는 달리 기분이 저조해 일상생활을 유지하지 못할 정도로

Tip

우울한 기분으로 심리적 문제가 동반되는 좌절감, 죄책감, 고독감, 무가치감, 허무감, 절망감 등과 같은 정서적 고통 등으로 슬픔감정이 강해지면 자주 눈물을 흘림

식욕을 잃어서 체중이 감소하고 신체적으로 초조하거나 활동이 저해된다. 그리고 우울한 기분으로 심리적 문제가 동반되는 좌절감, 죄책감, 고독감, 무가치감, 허무감, 절망감 등과 같은 정서적 고통 등으로 슬픔감정이 강해지면 자주 눈물을 흘리면서 운다. 이러한 상태에서는 부정적이고 비관적인 생각이 커져서 자신이 무능하거나 열등하며, 무가치한 존재로 여겨서 자기비하적인 생각을 많이 한다. 또 어떠한 일을 시작하는 데 어려움을 겪으며, 해야 될 일을 자꾸 미루고 지연시키는 일이 반복되어 금방 피곤함과 지쳐버리는 일이 발생한다. 이러한 우울장애가 심하면 자살 혹은 자해하는 경향성이 나타난다(남자(5~12%)보다 여자(10~25%)에게서 더 많이 발생함). 따라서 DSM-5에서 제시한 주요우울장애의 진단기준은 9개의 증상 중 5개 이상의 증상이 매일 연속적으로 2주간 나타나야 된다.

A. 다음의 증상 가운데 5가지 또는 그 이상의 증상이 2주 연속으로 지속되며, 이전의 기능 상태와 비교할 때 변화를 보이는 경우 증상 가운데 적어도 하나는 (1) 우울 기분이거나 (2) 흥미나 즐거움의 상실이어야 한다.

주의점: 명백한 다른 의학적 상태로 인한 증상은 포함되지 않아야 한다.

1. 하루 중 대부분 그리고 거의 매일 지속되는 우울 기분에 대해 주관적으로 보고(예: 슬픔, 공허함 또는 절망감)하거나 객관적으로 관찰됨(예: 눈물흘림).

주의점: 아동 청소년의 경우는 과민한 기분으로 나타나기도 함

2. 거의 매일 하루 중 대부분 또는 모든 일상 활동에 대해 흥미나 즐거움이 뚜렷하게 저하됨
3. 체중 조절을 하고 있지 않은 상태에서 의미 있는 체중의 감소(예: 1개월 동안 5% 이상의 체중변화)나 증가, 거의 매일 나타나는 식욕의 감소나 증가가 있음

주의점: 아동에서는 체중 증가가 기대치에 미달되는 경우

4. 거의 매일 나타나는 불면이나 과다수면
5. 거의 매일 나타나는 정신운동 초조나 지연(객관적으로 관찰 가능함, 단지 주관적인 좌불안석 또는 처지는 느낌뿐만이 아님)

6. 거의 매일 나타나는 피로나 활력의 상실
7. 거의 매일 무가치감 또는 과도하거나 부적절한 죄책감(망상적일 수도 있는)을 느낌 (단순히 병이 있다는데 대한 자책이나 죄책감은 아님)
8. 거의 매일 나타나는 사고력이나 집중력의 감소 또는 우유부단함(주관적인 호소나 객관적인 관찰 가능함)
9. 반복적인 죽음에 대한 생각(단지 죽음에 대한 두려움이 아닌), 구체적인 계획 없이 반복되는 자살 사고 또는 자살시도나 자살수행에 대한 구체적인 계획

B. 증상이 사회적, 직업적 또는 다른 중요한 기능 영역에서 임상적으로 현저한 고통이나 손상을 초래함
C. 삽화가 물질의 생리적 효과나 다른 의학적 상태로 인한 것이 아니다.

주의점: 진단기준 A부터 C까지는 주요우울 삽화를 구성하고 있다.

주의점: 중요한 상실(예: 사별, 재정적 파탄, 자연재해로 인한 상실, 심각한 질병이나 장애)에 대한 반응으로 진단기준 A에 기술된 극도의 슬픔, 상실에 대한 반추, 불면, 식욕저하 그리고 체중의 감소가 나타날 수 있고, 이는 우울 삽화가 유사하다. 비록 그러한 증상이 이해될 만하고 상실에 대해 적절하다고 판단된다 할지라도 정상적인 상실 반응 동안에 주요 우울 삽화가 존재한다면 이는 주의깊게 다루어야 한다. 이러한 결정을 하기 위해서는 개인의 과거력과 상실의 고통을 표현하는 각 문화적 특징을 근거로 한 임상적인 판단이 필요하다.

D. 주요 우울 삽화가 조현정동장애, 조현병, 조현양상장애, 망상장애, 달리 명시된 또는 명시되지 않는 조현병 스펙트럼 및 기타 정신병적 장애로 더 잘 설명되지 않는다.
E. 조증 삽화 혹은 경조증 삽화가 존재한 적이 없다.

주의점: 조증 유사 혹은 경조증 유사 삽화가 물질로 인한 것이거나, 다른 의학적 상태의 직접적인 생리적 효과로 인한 경우라면 제외 기준을 적용하지 않는다.

② 파괴적 기분조절곤란장애

파괴적 기분조절곤란장애(disruptive mood dysregulation disorder)는 반복적이고 심한 분노를 폭발하는 행동을 나타내는 행동을 의미한다. 이는 만성적인 짜증(irritability, 성인기에 다른 우울장애로 진전되는 경향성이 있음)과 가끔씩 분노폭발(temper tantrums, 막무가내로 분노를 표출하며 공격적이고 파괴적인 행동을 나타냄)이 핵심적인 증상이다. 이러한 경우는 보통 만 6세가 되면 거의 사라지기 때문에 6세 이상의 연령에서 분노폭발을 자주 나타내면 문제행동으로 간주한다.

> **Tip**
> 반복적이고 심한 분노를 폭발하는 행동을 나타내는 행동을 의미함

파괴적 기분조절곤란 장애 진단기준

A. 고도의 재발성 분노발작이 언어적(예: 폭언) 또는 행동적(예: 사람이나 사물에 대한 물리적 공격성)으로 나타나며, 상황이나 도발 자극에 비해 그 강도나 지속 시간이 극도로 비정상이다.
B. 분노발작이 발달 수준에 부합하지 않는다.
C. 분노발작이 평균적으로 일주일에 3회 이상 발생한다.
D. 분노발작 사이에 기분이 지속적으로 과민하거나 거의 매일, 하루 중 대부분의 시간 동안 화가 나 있으며, 이것이 객관적으로 관찰될 수 있다(예: 부모, 선생님, 또래집단).
E. 진단기준 A~D가 12개월 이상 지속되며 진단기준 A~D에 해당하는 모든 증상이 없는 기간이 연속 3개월 이상 되지 않는다.
F. 진단기준 A와 D가 세 환경(예: 가정, 학교, 또래집단) 중 최소 두 군데 이상에서 나타나며 최소 한 군데에서는 고도의 증상을 보인다.
G. 이 진단은 6세 이전 또는 18세 이후에 처음으로 진단될 수 없다.
H. 과거력 또는 객관적인 관찰에 의하면 A~E의 발생이 10세 이전이다.
I. 진단기준 A를 만족하는 기간을 제외하고 양극성장애의 조증 또는 경조증 삽화의 모든 진단기준을 만족하는 뚜렷한 기간이 1일 이상 있지 않아야 한다.

주의점: 매우 긍정적인 사건 또는 이에 대한 기대로 인해 전후 맥락에 맞게 발달적으로 적절한 기분의 고조는 조증 또는 경조증의 증상으로 고려되지 않아야 한다.

J. 이러한 행동이 주요 우울 삽화 중에만 나타나서는 안 되며 다른 정신질환(예: 자폐스펙트럼장애, 외상후 스트레스장애, 분리불안장애, 지속성 우울장애(기분저하증))으로 더 잘 설명되지 않는다.

주의점: 이 진단은 적대적 반항장애, 간헐적 폭발장애 또는 양극성장애와 동반이환할 수 없으나, 주요우울장애, 주의력결핍과잉행동장애, 품행장애, 물질사용장애와는 동반이환할 수 있다. 파괴적 기분조절부전장애와 적대적 반항장애의 진단기준을 모두 만족시키는 증상을 가진 경우 파괴적 기분조절부전장애만 진단을 내려야 한다. 만일 조증 또는 경조증 삽화를 경험했다며 파괴적 기분조절부전장애의 진단을 내려서는 안 된다.

K. 증상이 물질의 생리적 효과나 다른 의학적 또는 신경학적 상태로 인한 것은 아니다.

③ 양극성장애

양극성장애(bipolar disorder)는 우울한 기분상태와 고양된 기분상태가 교차되어 나타나는 것을 의미한다. 이는 기분상태가 우울상태(depressive type)와 조증상태(manic type)의 양극을 이동하며, 사고와 행동이 변하는 것을 양극성 장애라고 한다. 이를 중심으로 제1형 양극성장애(bipolar I dis-

Tip

기분상태가 우울상태(depressive type)와 조증상태(manic type)의 양극을 이동하며, 사고와 행동이 변하는 것을 양극성 장애임

order)는 기분이 비정상적으로 고양된 조증상태를 특징적으로 나타내는 장애이다. 즉, 의기양양하고 자신만만하거나 짜증스러운 기분을 나타내고, 에너지 수준이 비정상적으로 1주일 이상 분명하게 조증 삽화가 나타나야 한다. 이 조증 삽화는 7가지 증상 중 3가지 이상이 심각한 정도로 나타난다.

제1형 양극성장애를 진단하기 위해서는 조증 삽화에 대한 다음의 진단 기준을 만족시켜야 한다. 조증 삽화는 경조증이나 주요 우울 삽화에 선행하거나 뒤따를 수 있다.

[조증 삽화]

A. 비정상적으로 들뜨거나 의기양양하거나 과민한 기분 그리고 목표 지향적 활동과 에너지의 증가가 적어도 일주일간(만약 입원이 필요한 정도라면 기간과 상관없이) 거의 매일 하루 중 대부분 지속되는 분명한 기간이 있다.

B. 기분장애 및 증가된 에너지와 활동을 보이는 기간 중 다음 증상 가운데 3가지(또는 그 이상)를 보이며(기분이 단지 과민하기만 하다면 4가지), 평소 모습에 비해 변화가 뚜렷하고 심각한 정도로 나타난다.
   1. 자존감의 증가 또는 과대감
   2. 수면에 대한 욕구 감소(예: 단 3시간의 수면으로도 충분하다고 느낌)
   3. 평소보다 말이 많아지거나 끊기 어려울 정도로 계속 말을 함
   4. 사고의 비약 또는 사고가 질주하듯 빠른 속도로 꼬리를 무는 듯한 주관적인 경험
   5. 주관적으로 보고하거나 객관적으로 관찰할 수 있는 주의 산만(예: 중요하지 않거나 관계없는 외적 자극에 너무 쉽게 주의가 분산됨)
   6. 목표 지향적 활동의 증가(직장이나 학교에서의 사회적 활동 또는 성적 활동) 또는 정신운동 초조(예: 목적이나 목표 없이 부산하게 움직임)
   7. 고통스러운 결과를 초래할 가능성이 높은 활동에의 지나친 몰두(예: 과도한 쇼핑 등 과소비, 무분별한 성행위, 어리석은 사업투자 등)

C. 삽화는 증상이 없을 때의 개인의 특성과는 명백히 다른 기능의 변화를 동반한다.

D. 기분의 장애와 기능의 변화가 객관적으로 관찰될 수 있다.

E. 삽화가 사회적·직업적 기능의 현저한 손상을 일으키거나 입원이 필요할 정도로 심각하지 않다.
   만약 정신병적 양상이 있다면 이는 정의상 조증 삽화이다.

F. 삽화가 물질(예: 남용약물, 치료약물, 기타치료)의 생리적 효과로 인한 것이 아니다.

주의점: 우울증 치료(예: 약물치료, 전기경련 요법) 중 나타난 경조증 삽화라 할지라도 치료의 직접적인 생리적 효과가 나타날 수 있는 기간 이후까지 경조증 증상이 지속된다면, 이는 경조증 삽화로 진단할 수 있는 근거가 된다. 하지만 진단 시 주의가 필요하고, 한두 가지 증상(증가된 과민성, 불안 또는 항우울제 사용 이후의

초조)만으로 경조증 삽화를 진단하지는 못하며, 이는 양극성 경향에 대해서도 마찬가지다.

주의점: 진단기준 A부터 F까지는 경조증 삽화를 구성한다. 경조증 삽화는 제1형 양극성장애에서 흔히 나타나지만 제1형 양극성장애를 진단하는 필수조건은 아니다.

[주요 우울 삽화]

A. 다음의 증상 가운데 5가지(또는 그 이상)의 증상이 2주 연속으로 지속되며, 이전의 기능 상태와 비교할 때 변화를 보이는 경우 증상 가운데 적어도 하나는 (1) 우울기분이거나, (2) 흥미나 즐거움의 상실이어야 한다.

주의점: 명백한 다른 의학적 상태로 인한 증상은 포함되지 않아야 한다.

1. 하루 중 대부분 그리고 거의 매일 지속되는 우울 기분이 주관적인 보고(예: 슬픔 공허감 또는 절망감)나 객관적인 관찰(예: 울 것 같은 표정)에서 드러남

   주의점: 아동, 청소년의 경우는 과민한 기분으로 나타나기도 함
2. 거의 매일 하루 중 대부분 또는 모든 일상 활동에 대해 흥미나 즐거움이 뚜렷하게 저하됨
3. 체중 조절을 하고 있지 않은 상태에서 의미 있는 체중의 감소(예: 1개월 동안 5% 이상의 체중 변화)나 체중의 증가, 거의 매일 나타나는 식욕의 감소나 증거가 있음

   주의점: 아동에서는 체중 증가가 기대치에 미달되는 경우
4. 거의 매일 나타나는 불면이나 과다수면
5. 거의 매일 나타나는 정신운동 초조나 지연(객관적으로 관찰 가능함, 단지 주관적인 좌불안석 또는 처지는 느낌뿐만이 아님)
6. 거의 매일 나타나는 피로나 활력의 상실
7. 거의 매일 무가치감 또는 과도하거나 부적절한 죄책감(망상적일 수도 있는)을 느낌(단순히 병이 있다는 데 대한 자책이나 죄책감이 아님)
8. 거의 매일 나타나는 사고력이나 집중력의 감소 또는 우유부단함(주관적으로 호소하거나 객관적으로 관찰 가능함)
9. 반복적인 죽음에 대한 생각(단지 죽음에 대한 두려움이 아닌), 구체적인 계획 없이 반복되는 자살 사고 또는 자살 시도나 자살 수행에 대한 구체적인 계획

B. 증상이 사회적, 직업적, 다른 중요한 기능 영역에서 임상적으로 현저한 고통이나 손상을 초래했다.

C. 삽화가 물질의 생리적 효과나 다른 의학적 상태로 인한 것이 아니다.

주의점: 진단기준 A부터 C까지는 주요 우울 삽화를 구성했다.

중요한 상실(예: 사별, 재정적 파탄, 자연재해로 인한 상실, 심각한 질병이나 장애)에 대한 반응으로 극도의 슬픔, 상실에 대한 반추, 불면, 식욕저하 그리고 진단기준 A에 기술된 체중의 감소가 나타날 수 있고, 이는 우울 삽화가 유사하다. 비록 그러한 증상이 이해될 만하고 상실에 대한 적절한 반응으로 판단된다고 할지라도 정상적인 상실 반응 동안에도 주요 우울 삽화가 존재한다면 이는 주의 깊게 다루어져야 한다. 이에 대한 감별을 위해서는 개인의 과거력과 상실에 대한 고통을 표현하는 문화적 특징을 근거로 한 임상적인 판단이 필요하다(이 부분은 아래쪽 '추가설명'에서 더 논의한다)

[제1형 양극성장애]

A. 적어도 1회의 조증 삽화를 만족한다('조증 삽화' 하단의 진단기준 A부터 D까지).

B. 조증 및 주요 우울 삽화는 조현정동장애, 조현병, 조현양상장애, 망상장애, 달리 명시된 또는 명시되지 않는 조현병 스펙트럼 및 기타 정신병적 장애로 더 잘 설명되지 않는다.

(3) 분노

Tip

분노(anger)는 하고자 하는 일을 방해받거나 좌절되었을 때 혹은 타인에 의해 무시, 비난, 공격당했을 때 느끼게 되는 감정반응임

분노(anger)는 하고자 하는 일을 방해받거나 좌절되었을 때 혹은 타인에 의해 무시, 비난, 공격당했을 때 느끼게 되는 감정반응이다. 분노는 아주 가벼운 짜증부터 격노에 이르기까지 다양하며 때로는 억제, 변형, 대치, 승화되기도 한다. 그 이유는 분노를 느끼는 정도는 사람마다 다르며 외부자극의 의미를 "위협과 좌절" 또는 "무시와 비난"이라고 해석하여 받아들이는 예민성에 차이가 있기 때문이다.

분노가 미치는 영향은 스트레스 반응과 마찬가지로 교감신경이 활성화되고 아드레날린이 분비되어, 심장병이나 당뇨병 등 온갖 질병의 유발과 악화에 영향을 준다. 그리고 분노 감정은 흥분과 긴장상태를 수반하는 매우 불쾌한 공격적인 감정으로 상대방에게 난폭한 말이나 공격적인 행동으로 표출되는 경향이 있어, 분노를 조절하지 못하고 파괴적으로 사용할 때에는 자신은 물론 타인의 감정을 상하게 하고 인간관계를 악화시킬 수 있으며 결과적으로 전반적인 삶의 질에까지 영향을 미칠 수 있다. 그렇다고 분노 감정을 표현하지 않고 가슴속에 담아 두기만 하면 마음이 답답해지고 속으로 울화가 치밀어 불쾌했던 일이 계속 생각되는 등 마음이 산란해진다. 그래서 반복되거나 쉽게 분노를 느끼는 사람에게는 분노 조절이 필요하다.

미국 듀크 대학교 정신과 행동과학분야의 레이포트 윌리엄스(Redford B. Williams) 교수는 네 가지 질문으로 분노를 조절한다고 설명했다.

레이포트 윌리엄스
(Redford B. Williams, 1940~현재)

첫째, 얼마나 중요한 일인가이다. 이는 내게 중요한 일이라면 끝까지 가겠지만 사소한 일이라면 잊어버리라는 것이다.

둘째, 정당한 분노인가이다. 이것은 내가 화가 난 것이 적절한 것인가를 보는 것이다.

셋째, 변경이 가능한가이다. 즉, 지금의 상황을 바꿀 수 있느냐는 것이다.

넷째, 가치가 있는가이다. 정말 중요한 일이고, 당연히 이 정도로 화 날 수밖에 없고 게다가 화를 내서 바꿀 수 있다면 이 일이 그럴만한 가치가 있는지를 스스로 평가해 보는 것이다. 네 가지 중 하나라도 "아니오"라고 대답하면 화를 가라앉히고 다른 방법을 모색해야 한다고 말한다. 그리고 적절히 화내는 방법도 익혀두는 것이 좋다. 보통 자기주장 훈련(assertive training)이라고 하는데, 세 가지 단계로 나눈다. 그중 1단계는 감정을 배제하고 정보를 전달하는 것이다. 다음 2단계는 내 감정 상태를 밝히는 것이다. 마지막 3단계는 대처방안을 제시하는 것이다. 예를 들어, 아이가 숙제를 게을리해서 화가 났다면 "지금이 몇 시인데 숙제를 하지 않은 거니? 어제도 숙제를 늦게 해서 고생했잖아. 지금 그렇게 하면 안 된다. 지난번에는 봐줬지만, 지금 나는 몹시 화가 나 있거든! 그러니까 오늘 오후에는 TV 보는 시간을 줄이고, 숙제의 순서를 정해서 마무리하자. 알아들었지?"라고 하는 것이다. 그러나 심리적으로 분노가 나쁜 것만은 아니다. 분노는 나를 보호하는 수단이 될 수도 있고 지혜롭게 잘 승화시킬 수만 있다면 어떤 일을 강력하게 추진하는 삶의 에너지가 되기 때문이다. 분노에서 안전하지 않다면 분노 감정을 예술이나 스포츠 또는 취미생활 등을 통해 건설적이고 생산적으로 발전시키도록 노력해야 한다.

이 검사는 캘리포니아 대학의 노바코(Novaco, 1994) 박사가 제작하고 1997년도에 남궁희승이 번안한 것으로 노바코 분노 척도(Novaco Anger Scale: NAS)라고 하는데, **표 4-7**과 같다.

표 4-7 노바코 분노 척도

노바코 분노 척도(Novaco Anger Scale)

다음 각 문항을 읽고 현재 자신의 생각이나 느낌을 가장 잘 나타낸다고 생각되는 해당 항목에 V 표를 해주십시오.

거의 아니면 조금도 화가 나지 않는다	조금 성이 난다	어느 정도 화가 난다	꽤 성이 난다	대단히 성이 난다
1점	2점	3점	4점	5점

번호	문 항 내 용	1점	2점	3점	4점	5점
1	방금 구입한 기계의 포장을 풀어 플러그를 꽂았으나 그것이 작동하지 않았을 때					
2	무례했던 서비스 기사에게 바가지까지 썼다는 사실을 알게 되었을 때					
3	다른 이들이 나와 똑같이 행동했는데 오로지 당신만 지적을 받을 때					
4	당신의 차가 도로에서 펑크가 났을 때					
5	사람들에게 말을 건넸는데 그들이 당신을 무시하거나 대답을 성의 없게 했을 때					
6	별 볼일 없어 보이는 친구가 대단한 척 행동했을 때					
7	식당에서 친구들을 대신해 커피 4잔을 조심스레 옮기고 있는데 다른 사람과 부딪쳐 커피를 쏟았을 때					
8	당신이 사무실의 공동 옷걸이에 옷을 걸어놨는데 누군가 그것을 떨어뜨리고 다시 걸어 놓지 않았을 때					
9	어느 가게에 들어간 순간부터 불친절한 점원을 만나 이런저런 고초를 당했을 때					
10	어떤 사람과 만나기로 약속했는데 그 사람이 막판에 약속을 어기려고 했을 때					
11	놀림과 조롱을 받았다고 느낄 때					
12	신호등 앞에서 차의 시동이 꺼졌는데 뒤차가 계속 경적을 울릴 때					
13	운전 중이나 주차장에서 당신이 한 운전에 대해 누군가 창을 열고 "운전 어디서 배웠어?라고 말할 때					

14	어떤 사람이 실수를 했는데 그 실수를 당신 탓으로 돌린 경우					
15	내가 뭔가 집중하려고 하는데 누군가 근처에서 자꾸 발소리나 잡음을 낼 때					
16	당신에게 있어 중요한 책이나 물건을 누구에게 빌려줬는데 그 사람이 안 돌려줄 때					
17	바쁜 하루를 보낸 당신. 그러나 당신의 가족이 자신과 함께 하기로 약속한 중요한 것을 깜빡 잊어버렸다. 그런데 당신의 식구는 어떻게 잊을 수 있냐고 불평할 때					
18	당신은 다른 누군가와 이야기에 집중하고 있었다. 그때 누군가 나타나 그 대화에 끼어들게 되고 다른 화제로 이야기가 넘어갔을 때					
19	중요한 시안에 대해서 배우자와 대화를 나누고자 하지만 그가 말을 끊어서 마음을 제대로 표현할 수 없게 되었을 때					
20	어떤 이가 당신과 다른 사람이 논쟁을 하고 있는 틈에 끼어들었을 때					
21	당신은 급히 차로 어디로 가고 있었다. 앞차가 초보운전에 지금 다른 차선이 막혀 이 길로 갈 수밖에 없는데 이 차선은 앞차만 빨리 가면 속도를 더 낼 수 있다. 앞지르기를 하지 못하는 지금 시점의 상황일 때					
22	껌을 밟았을 때					
23	길을 가고 있는데 한 무리의 사람들이 당신을 보며 수군거리는 것을 보았을 때					
24	어디로 황급히 가려던 중 날카로운 무언가에 옷이 걸려 찢어졌다					
25	전화를 거는데 '여보세요'라고 하자마자 상대방이 전화를 끊을 때					

* 총점

0~45점: 일반적으로 느끼는 분노의 정도는 상당히 적은 편에 속한다. 아주 적은 수의 사람들이 여기에 해당되며 침착한 사람이다.

46~55점: 평균적인 사람보다 평화로운 사람이다.

56~75점: 곤혹스런 상황에서 보통의 여느 사람들처럼 적당한 분노를 표출하는 사람이다.

76~85점: 곤혹스런 상황에서 분노를 표출하는 경향이 강하며, 보통 사람보다 화를 더 내는 편이다.

86~100점: 종종 격렬한 분노를 표출한 후 그 감정이 쉽게 사라지지 않는 모습을 보게 되며, 인간폭탄 성격, 불같은 사람이란 수식어가 붙기 쉬운 상태의 사람들이 여기에 속한다. 때때로 걷잡을 수 없는 분노가 충동적인 적대감으로 폭발될 수도 있고, 화 때문에 종종 문제가 생기곤 한다.

(4) 스마트폰 중독

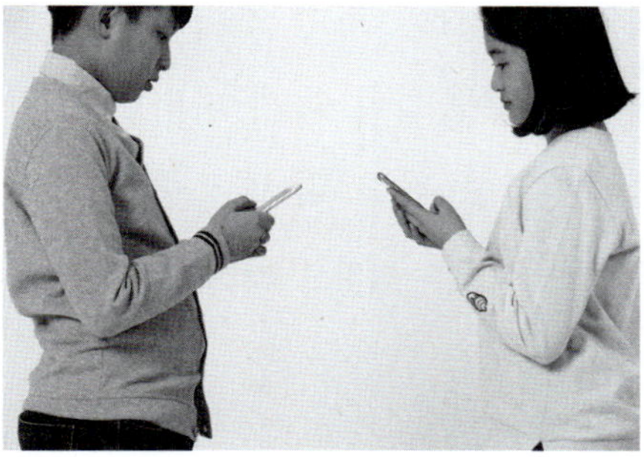

2008년 정보통신부에 의하면, 우리나라 스마트폰 가입자 수는 4,349만 명으로 전체 인구의 90.3%에서 2017년 한국방송통신위원회 조사는 스마트폰 가입자는 4,798만 명을 넘어서 전체 인구의 약 92.7%인 것으로 볼 때 10명 중 9명이 소지하고 있을 정도의 생활의 필수품이 되었다. 특히 5G가 보급되면서 스마트폰이 언제 어디서나 편하게 사용할 수 있는 특성으로 인해 스마트의 접근성과 편리성, 다양한 앱 활동 등의 새로운 콘텐츠 개발로 인하여 일상생활 속 깊이 자리잡았다. 하지만, 스마트폰을 과다 사용하거나 중독 증상으로 학교생활적응에 어려움이 있는 것이 나타났다(유숙경·장성화, 2019). 또 고기숙, 이면재와 김영은(2012)은 스마트폰 중독에 빠진 대학생들과의 심층 면접을 통해 확인한 결과, 대부분이 친구들 간의 관계와 의사소통 목적으로 스마트폰을 사용하며 통제능력이 부족하여 심리적 부작용과 일상생활에서의 건강문제나 학교생활문제를 경험하는 것으로 나타났다. 이처럼 스마트폰 중독은 청소년들에 많은 부정적인 영향을 미치고 있다. 라우션버그(Rauschenberger, 1995), 장성화와 진석언(2009)에 의하면 강박증, 불안, 적대감, 정신증과 스마트폰 중독과 유의한 상관관계가 있으며, 특히 정신건강의 하위변인 중 정신증과 관계가 높은 것으로 나타났다. 스마트폰 중독적 사용여부와 정신분열증 척도의 관계를 분석

Tip

5G가 보급되면서 스마트폰이 언제 어디서나 편하게 사용할 수 있는 특성으로 인해 스마트의 접근성과 편리성, 다양한 앱 활동 등의 새로운 콘텐츠 개발로 인하여 일상생활 속 깊이 찾아옴

한 것에 의하면 스마트폰 중독적 사용집단과 비중독적 사용집단 간에 정신분열증, 경조증, 우울, 불안 등에 있어 유의한 차이가 있는 것으로 나타났다(박순천·백경임, 2004; 장성화·오은정, 2009). 또한 스마트폰을 중독적으로 사용하는 청소년들은 충동성과 우울성이 높게 나타나고 있으며, 비중독적 사용집단에 비해 정신분열증 척도 및 경조증 척도에서 유의미하게 높은 분포를 보이고 있다(양심영·박영선 2005).

① 스마트폰 중독의 특징

스마트폰 중독은 특정 행동에 의한 중독으로서 스마트폰에 대한 의존행동이 상대적으로 빈번하게 나타나 스마트폰 사용에서의 내성이 생기어 사용량이 점차 늘어나고 스마트폰이 없으면 불안과 초조를 경험하는 강박경향으로 인한 일상생활에서의 문제를 경험하는 정도가 높음을 말한다(김영순, 2004; 장성화, 2019). 장혜진과 채규만(2006)은 스마트폰 중독을 의존, 내성, 초조·불안, 금단의 4가지 증상으로 보고 있다. 구체적으로 살펴보면 첫째, 의존이란 스마트폰을 사용하지 않으면 우울하거나 초조함, 답답한 기분을 느끼며, 습관적으로 스마트폰을 사용하게 되는 것으로서 심리적 의존상태가 발생됨을 의미한다.

Tip

스마트폰 중독은 특정 행동에 의한 중독으로서 스마트폰에 대한 의존행동이 상대적으로 빈번하게 나타나 스마트폰 사용에서의 내성이 생기어 사용량이 점차 늘어나고 스마트폰이 없으면 불안과 초조를 경험하는 강박경향으로 인한 일상생활에서의 문제를 경험하는 정도를 말함

둘째, 내성이란 스마트폰 사용에 있어서 더 많은 사용을 해야만 만족을 느끼게 되는 증상을 의미한다.

셋째, 초조·불안으로 스마트폰 사용을 중단하거나 감소하면 정신적으로 더욱더 초조 또는 불안이 야기된다.

넷째, 금단이란 스마트폰에 대한 강박적 사고나 환상을 가지게 되며, 스마트폰을 가지고 있지 않을 때 어떤 중요한 전화들이 와 있을지

를 몹시 궁금해 하고, 초조해하는 증상이 야기되는 것을 의미한다. 한주리와 허경호(2004)는 스마트폰 중독에 대한 여러 논의를 종합하여 스마트폰 사용에 대한 '지속적 몰입', 스마트폰 사용에 대한 '강박증상', 주위에 피해를 입히고 생활에 좋지 않은 영향을 미치는 '생활 장애', 스마트폰에 대한 계속적 사용을 더 이상 통제할 수 없는 주관적 감각인 '통제 상실'을 스마트폰 중독의 특징으로 정의하였다. 따라서 스마트폰 중독이란 폰이 곁에 없으면 불안하고 항상 스마트폰을 만지작거리며 문자메시지를 보내거나 통화를 하는 등의 행위를 해야 마음이 편한 상태로 정의하였다.

② 스마트폰 중독의 문제점

청소년들이 스마트폰에 병적으로 집착하게 되면 더 이상 스마트폰이 의사소통을 위한 도구가 아니라 아이들의 삶을 모두 지배하는 무언가가 되어버린다고 한다. 아이들은 더 이상 가족들과 이야기하지도 않고, 하루 종일 심지어 밤에 잘 때에도 스마트폰을 손에 쥐고 잠이 들 정도가 되며 다른 취미활동이나 학교생활에도 소홀하게 된다. 인터넷 중독에서와 마찬가지로 현실감이 떨어져 스마트폰 내에서의 인간관계에만 집착하게 된다. 정상적인 성격 형성이 어려울 수밖에 없는 것이다. 스마트폰에 집착하는 여러 이유가 있겠지만 특히 청소년은 시기적으로 본인의 정체성을 추구하는, 이른바 질풍노도의 시기를 겪는 중으로 이때는 어른도 아니고 아이도 아닌 소속감이 없는 시기이다. 이 시기의 청소년들은 어딘가에 소속되어 싶어 하고 또 누군가와 마음을 나누고 싶어 한다. 스마트폰을 사용하면 친구들과의 교감을 나눌 수 있는 기회가 많아지고 또 친구들 사이에서 내가 인정받고 있다는 개인적인 만족감이 충족된다. 또한 스마트폰에 지나치게 집착

Tip

스마트폰에 지나치게 집착하는 아이들 중에는 우울, 불안, 적응장애와 같은 정신적인 문제가 같이 동반됨

하는 아이들 중에는 우울, 불안, 적응장애와 같은 정신적인 문제가 같이 동반되어 있는 경우가 많다. 스마트폰 중독 이전에 실제 우울증이나 불안 장애가 있는 청소년들이 일상생활에 적응이 어려워지면서 스마트폰에 집착하는 증상을 보이는 경우가 있음을 뜻한다. 따라서 청소년들 스스로가 스마트폰 중독을 극복할 수 있는 의지와 태도를 갖도록 하는 다양한 프로그램과 우울증 및 불안에 대한 적절한 치료를 해 주는 것이 중요하다.

한국정보문화진흥원에서 신광우, 김동일, 정여주, 고정현, 엄나래(2011)가 성인용 스마트폰 중독 검사를 개발했다. 문항은 총 15문항으로 8번, 10번, 13번 문항은 역채점으로 구성되며, 하위변인은 일상생활 장애(5문항), 가상세계지향성(2문항), 금단(4문항), 내성(4문항)으로 되어 있다. 각 문항은 '전혀 그렇지 않다' 1점에서 '매우 그렇다' 4점으로 구성된 보고식 리커트(Likert) 척도이며, 점수가 높을수록 스마트폰 중독 성향이 높음을 의미한다. 따라서 스마트폰 중독 검사지의 문항 구성과 해석지는 **표 4-8**, **표 4-9**과 같다.

표 4-8 스마트폰 중독 자가진단 검사지

순번	스마트폰 중독 검사지	전혀 그렇지 않다	그렇지 않다	그렇다	매우 그렇다
1	스마트폰의 지나친 사용으로 학교성적이 떨어졌다.	①	②	③	④
2	가족이나 친구들과 함께 있는 것보다 스마트폰을 사용하고 있는 것이 더 즐겁다.	①	②	③	④
3	스마트폰을 사용할 수 없게 된다면 견디기 힘들 것이다.	①	②	③	④
4	스마트폰 사용시간을 줄이려고 해보았지만 실패한다.	①	②	③	④

순번	스마트폰 중독 검사지	전혀 그렇지 않다	그렇지 않다	그렇다	매우 그렇다
5	스마트폰 사용으로 계획한 일(공부, 숙제 또는 학원 수강 등)을 하기 어렵다.	①	②	③	④
6	스마트폰을 사용하지 못하면 온 세상을 잃은 것 같은 생각이 든다.	①	②	③	④
7	스마트폰이 없으면 안절부절못하고 초조해진다.	①	②	③	④
8	스마트폰 사용시간을 스스로 조절할 수 있다.	①	②	③	④
9	수시로 스마트폰을 사용하다가 지적을 받은 적이 있다.	①	②	③	④
10	스마트폰이 없어도 불안하지 않다.	①	②	③	④
11	스마트폰을 사용할 때 그만해야지 라고 생각은 하면 서도 계속한다.	①	②	③	④
12	스마트폰을 너무 자주 또는 오래한다고 가족이나 친구들로부터 불평을 들은 적이 있다.	①	②	③	④
13	스마트폰 사용이 지금 하고 있는 공부에 방해가 되지 않는다.	①	②	③	④
14	스마트폰을 사용할 수 없을 때 패닉상태에 빠진다.	①	②	③	④
15	스마트폰 사용에 많은 시간을 보내는 것이 습관화 되었다.	①	②	③	④

표 4-9 스마트폰 중독 척도의 해석지

구분	문항수 및 신뢰도	문항번호
일상생활장애	5(.81)	1, 5, 9, 12, 13*
가상세계지향성	2(.73)	2, 6
금단	4(.86)	3, 7, 10*, 14
내성	4(.72)	4, 8*, 11, 15
전체	15(.92)	

스마트폰 중독 해석은 고위험 사용자군, 잠재적 위험 사용자군, 일반 사용자군으로 나타나며, 먼저, 고위험 사용자군은 ① 총점이 44점 이상이거나 ② 일상생활장애 요인 15점 이상, 금단 요인 13점 이상, 그리고 내성 요인 13점 이상인 경우이다. 둘째, 잠재적 위험 사용자군

은 ① 총점이 40점 이상 43점 이하이거나 ② 일상생활장애 요인 14점 이상일 경우이고, 셋째, 일반 사용자군은 ① 총점이 39점 이하이거나 ② 일상생활장애 요인 13점 이하, 금단 요인 12점 이하, 내성 요인 12점 이하인 경우로 분류된다.

(5) 인터넷 게임장애

20세기 후반의 정보기술의 발달은 급속한 사회적 변화를 유발시켰다. 특히 호기심이 왕성한 청소년들에게 인터넷이 주는 매력은 매우 커서, 정보의 검색이나 교환 외에도 컴퓨터 게임, 채팅, 동호회 활동 등의 다양한 용도로 사용하고 있다. 이를 통해 그들만의 독특한 문화를 만들어 가고 있으며 청소년 사회를 변화시킨다고 할 만하다(Anderson, Bikson & Mitchell, 1995; King & Kraemer, 1995). 이러한 상황에서 컴퓨터가 급속도로 보급되면서 역기능의 하나로 등장한 정신적·심리적 현상으로, 특히 네트워크 환경과 웹 브라우저의 출현으로 인터넷의 접근이 쉬워지면서 인터넷 중독 혹은 게임 중독이 사회적 문제로 부각되고 있다.

① 인터넷 게임장애의 특징

인터넷 중독(Internet Addiction)이라는 용어는 영국의 정신과 의사인 골드버그(Goldberg, 1996)에 의해 처음으로 사용되었으며, 영(Young, 1996)이 인터넷 중독 척도를 제작하여 미국심리학회에 발표하면서부터 대중적으로 알려지기 시작했다. 우리나라에서는 인터넷 중독이라는 용어가 골드버그(1996)의 병리적이고 강박적인 용어로 처음으로 사용하였다. 이후로 많은 학자들이 인터넷 중독이라는 개념에 대해 다양하게 제시하였는데, 골드버그(1996)는 병적도박과 유사한 개념으로 인터넷 중독이라고 정의하였다. 그러나 2013년 미국 정신의학협회의 DSM-5에서는 인터넷 게임장애라는 용어를 처음으로 사용하였다. 2019년 5월 28일 세계보건기구(WHO)는 게임 중독을 질병으로 구분하여 제11차 국제질병표준분류기준 등 70여 개의 안건이 통과되면서 인터넷 중독, 게임 중독이 질병으로 분류되었다. 이러한 인터넷 게임 중독의 진단 기준을 인터넷 게임에 대한 몰두, 내성과 금단현상, 그리고 부정적 결과라는 기준으로 제시하였다. 인터넷 게임에 대한 몰두는 인터넷을 사용하는 데 시간을 지나치게 많이 소비하여 일상생활에 어려움을 초래하는 경우와 내성은 인터넷을 더 많이 사용해야 만족을 느끼게 되는 것을 의미하며, 금단은 인터넷 사용이 줄어들거나 중단되면 정신 운동성 초조와 불안, 혹은 인터넷 사용에 대한 강박적 사고나 환각 등의 증상을 경험하는 것을 의미한다. 또한 부정적 결과는 인터넷 사용으로 인해 일상적·사회적 활동에 제약을 받거나 부정적인 상황이 나타나는 것을 뜻한다(Egger & Rauterberg, 1996).

Tip

2013년 미국 정신의학협회의 DSM-5에서는 인터넷 게임장애라는 용어를 처음으로 사용함

최근 여성가족부(2019)는 초등학교 4학년, 중학교 1학년, 고등학교 1학년을 대상 인터넷 이용 조사를 실시하였다. 2016년 인터넷 과의존이 115,243명에서 2017년 129,966명, 2018년 140,421명으로 해마다 꾸준히 증가하고 있는 실정이다. 또한 초등학교 4학년, 중학교 1학년, 고등학교 1학년 학생들의 인터넷과 의존을 학교급별로 살펴보면, 2016년 28,738명, 45,000명, 41,505명이 2018년 43,238명, 54,561명, 42,622명으로 초등학생의 경우 중학생이나 고등학생에 비하여 급격히 높은 것을 알 수 있다. 청소년들의 인터넷 중독은 현실공간과 가상공간을 혼란스

Tip

청소년들의 인터넷 중독은 현실공간과 가상공간을 혼란스럽게 하여 폭력적인 행동을 보이거나 일상생활에 있어서의 어려움을 겪음

럽게 하여 폭력적인 행동을 보이거나 일상생활에 있어서의 어려움을 겪게 하는 등의 부작용을 보이고 있다. 이러한 결과는 청소년들이 신체적으로나 정신적으로 발달해 가는 과정 속에 있는 존재라는 특성 때문에 그 피해가 일생에 영향을 미칠 수 있음에도 불구하고 무절제한 인터넷 몰입으로 인해 인터넷 중독에 빠져드는 등의 부작용이 나타나고 있는 상황이다(이선애, 2004; 이경희 · 이정숙, 2017). 인터넷 중독이란 병리적이고 강박적인 인터넷 사용을 일컫는 말로 골드버그(1996)에 의해 처음 제안되었고, 장성화와 박영진(2010)은 인터넷 중독을 인터넷을 병적으로 과다하게 사용함으로서 일상적인 생활에 지장을 초래하는 정도의 신체적 · 사회적 · 정신적 내성 그리고 금단 증상 등과 같은 일반적 병리현상을 인터넷 중독이라고 주장했다.

2007년 정보통신윤리위원회에서 인터넷 실태조사를 실시한 결과, 인터넷을 과다하게 사용하여 수면부족 및 건강악화(81.9%), 학교 공부나 직장업무와 같은 생활 파괴(72.4%), 성격변화(37.0%) 등이 높게 나타났으며, 청소년의 인터넷 이용에 의한 정보화 역기능 평가에서는 개인정보 침해(68.9%), 인터넷 사기(45.4%), 언어폭력(44.8%) 등의 순서로 조사되었다. 또 한국정보문화진흥원은 2004년 이후 10년간 실시하지 않다가 2014년 조사결과는 청소년 중 인터넷 중독 위험군은 12.5%로 나타난 반면, 한국특수아동학회가 2014년에 청각장애 학생을 대상으로 인터넷 실태 조사한 결과, 인터넷 중독 위험군은 24.4%로 나타났다. 이러한 연구를 단순하게 비교하기는 많은 제약이 따르지만, 장애 청소년들이 일반 청소년들보다 더 많이 인터넷 중독 위험군에 속한 것을 볼 때 보다 구체적인 연구가 필요하다. 그리고 인터넷에 중독된 사람들은 마음이 복잡하거나 허전할 때 자신도 모르게 인터넷에 접속하여 시간을 보냄으로써 마음의 위안을 얻는 의존성과 웹에 매달려 있는 시간이 자꾸 길어지고 컴퓨터를 끄고 나오기가 점점 힘들어지며 오래 있어도 작업효율이 떨어지는 내성현상을 보인다. 또 이들에게는 인터넷을 떠나 있으면 인터넷에 관한 백일몽에 빠지기도 하고, 왠지 초조하고 불안해하며, 인터넷상에 무슨 중요한 일이 일어났을 것 같은 생각이 드는 등 금단현상이 나타난다. 일반적으로 금단증상에는 심리적 금단과 신체적 금단 두 가지가 있는데, 중독증상이 심해지면 이 둘이 결합되어 사람의 행동양식을 중독의 극대화로 몰고 가는 행동의 총체적 변화로 나타나게 된다. 이처럼 인터넷 중독증에서는 아직 이러한 고도의 장애까지 보고 되지는 않았지만, 만일 지속적으로 이런저런 핑계를 만들어 인터넷상에 머물고자 하는 경향이 있는 사람이라면 심각하게 자신의 행동양식을 평가해 보아야 한다.

② 인터넷 게임장애의 문제점

인터넷 중독 경향성의 문제점은 첫째, 유희성이다. 모든 미디어 통합의 장이 인터넷이다. 그곳에는 영화, 연극, 음악, 미술, 오락 등 그동안 무수히 인간의 마음을 빼앗아 온 유희적 요소들이 모두 있고 마법, 죽음, 섹스와 같은 요소들도 있다.

둘째, 호기심이다. 인터넷은 정보의 바다에 비유된다.

셋째, 익명성이다. 화장실의 낙서에서처럼 무한자유를 추구하는 인간본성이 인터넷에서 발현된다. 이는 저항정신과도 통해 인터넷에는 유독 반골기질을 가진 이들이 많다.

Tip

화장실의 낙서에서처럼 무한자유를 추구하는 인간본성이 인터넷에서 발현됨

넷째, 권력욕이다. 무엇하나 내 뜻대로 안 되는 현실세계와 달리 인터넷에서는 마우스 클릭만으로 가상세계의 통치자가 된다. 독재 권력은 그것을 유지하는 것이 아무리 힘들고 위험해도 결코 권력을 놓아

주지 않으려 한다.

다섯째, 강박성이다. 가상공간은 무한히 넓다. 동틀 무렵에야 컴퓨터를 끄면서도 다 돌아보지 못한 것이 너무나 께름직하다. 그곳에서 나만 빼놓고 무슨 일인가 벌어지고 있을 것만 같아 확인하지 않고는 견딜 수 없다. 꿈속에서도 다시 컴퓨터를 켜고야 만다. 여섯째, 저 모퉁이만 돌아서면 증후군이다. 바로 저 모퉁이만 돌아서면 무언가 멋진 일이 있을 것 같고 그게 끝인 것 같다. 하지만 그 모퉁이를 돌아서는 순간 또 저쪽에 새로운 모퉁이가 나를 유혹한다. 일곱째, 분열성이다. 인간은 한 가지 존재양식만으로 만족하지 않는다. 가상공간에서는 다중인격체험(여러 아이디어로 활동)을 할 수 있다. 예를 들어, 터미네이터 2, 지킬과 하이드 등이 되는 찌릿한 체험의 근저에는 변신-환생에의 강렬한 소망이 있다.

Tip

인터넷에 지나치게 몰입하는 청소년의 경우 수면시간이 줄어들고 수업시간에 집중할 수 없어서 학업능력과 성적에 큰 영향을 미침

이와 같이 인터넷에 지나치게 몰입하는 청소년의 경우 수면시간이 줄어들고 수업시간에 집중할 수 없어서 학업능력이 떨어지며, 성적에도 큰 영향을 미친다. 그리고 몰래 학교를 빠져나와 인터넷에 매달리며, 정상적인 일상생활을 하지 못하거나 최악의 경우 학교를 그만두기도 한다. 또, 신체적으로는 팔과 어깨, 시력장애, 소화불량, 수면부족, 두통, 심리적으로는 우울, 불안, 공격성, 충동성, 외로움이 증가할 뿐만 아니라 가족, 교사, 친구 등 일상생활에서도 다양한 유형의 문제들이 속출할 수 있다. 따라서 이러한 인터넷 중독에 대해 원인과 예방, 상담 집단 활동을 통한 치료에 관한 연구들을 통해 인터넷 중독에 빠진 청소년들에게 도움을 주어야 한다.

이와 같이 인터넷 게임장애는 물질 중독과 연결하는 공통점을 임상적인 장면에서 찾아내고 있다. 첫째, 부정적인 결과에도 불구하고 반

복적인 의지가 넘치는 행동, 둘째, 이러한 행동에 대한 감소된 통제, 셋째, 이러한 행동의 갈망, 넷째, 이러한 행동에 참여하는 시간에는 즐거운 반응을 경험한다. 이는 물질사용장애에서 나타내는 것과 유사한 내성과 금단 증상이 나타났다. 이러한 근거로 DSM-5가 개발되는 시기에 이 장애의 포함에 관한 논의가 전문가와 일반인들 사이에서 논쟁을 일으키기도 하였지만, 추가 연구가 필요한 진단적 상태로 분류되었다.

표 4-10 인터넷 게임장애의 제안된 진단적 기준

게임을 하기 위해, 다른 사용자들과 함께 게임을 하기 위해 지속적이고 반복적으로 인터넷을 사용하는 행동이 임상적으로 유의한 손상이나 고통을 일으키며, 다음 중 5가지 이상 증상이 12개월 동안 나타난다.

1. 인터넷 게임에 대한 몰두(이전 게임 내용을 생각하거나 다음 게임 실행에 대해 미리 예상함. 인터넷 게임이 하루 일과 중 가장 지배적인 활동이 되는 경우)
   주의점: 이 장애는 도박장애 범주에 포함되는 인터넷 도박과 구분된다.
2. 인터넷 게임이 제지될 경우에 나타나는 금단증상(이 증상은 전형적으로 과민성, 불안, 또는 슬픔으로 나타나지만, 약리학적 금단 증상의 신체적 징후는 없음)
3. 내성(더 오랜 시간 동안 인터넷 게임을 하려는 욕구)
4. 인터넷 게임 참여를 통제하려는 시도에 실패함
5. 인터넷 게임을 제외하고 이전의 취미와 오락 활동에 대한 흥미가 감소함
6. 심리사회적 문제에 대해 알고 있음에도 불구하고 과도하게 인터넷 게임을 지속함
7. 가족, 치료자 또는 타인에게 인터넷 게임을 한 시간을 속임
8. 부정적인 기분에서 벗어나거나 이를 완화시키기 위해 인터넷 게임을 함(예를 들어, 무렴감, 죄책감, 불안)
9. 인터넷 게임 참여로 인해 중요한 대인관계, 직업, 학업, 진로 기회를 위태롭게 하거나 상실함

주의점: 이 장애의 진단은 도박이 아닌 인터넷 게임만 포함되며, 업무 및 직업상 요구되는 활동으로서 인터넷 사용은 포함하지 않으며, 그 외의 기분 전환이나 사회적 목적의 인터넷 사용 또한 포함하지 않는다(성적인 인터넷 사이트도 제외함).

현재의 심각도를 명시할 것: 인터넷 게임장애는 일상적 활동의 손상 정도에 따라 경도, 중등도, 고도로 나눈다. 인터넷게임장애가 덜 심각한 사람은 증상이 더 적고 일상에서의 손상도 더 적을 것이다. 심각한 인터넷게임장애가 있는 사람은 컴퓨터 앞에서 더 많은 시간을 보내며, 대인관계 또는 진로 및 학업기회에 있어서도 상실이 더 클 것이다.

한국형 인터넷 중독 검사지는 정보통신부 한국정보문화진흥원와 서울대 연구팀(2002)에서 전국의 만 9세 이상 18세 미만의 청소년 분포상황을 근간으로 대도시 70%, 중소도시 20%, 농어촌 10%로 근거하여 남녀공학 중심의 학교를 임의로 선정하여 2002년 7월에 2,300여 명을 대상으로 검사를 실시하여 그 자료를 분석하여 만든 한국형 인터넷 중독 진단검사(K-척도)지를 사용하였다. 검사지는 인터넷 중독의 핵심적인 요인을 금단, 내성의 증상과 일상생활장애발생으로 정의하여 전국 초·중·고등학생을 표집하여 표준화 작업과 타당성을 검토하였다. 이 척도는 총 40문항과 4점 평정 문항으로 구성되며, 하위영역은 일상생활장애, 현실 구분 장애, 긍정적 기대, 금단, 가상적 대인관계 지향성, 일탈 행동, 내성으로 이루어져 있다. 본 척도의 해석은 점수 결과에 따라 '고위험군', '잠재적 위험군', '일반사용군'으로 분류하며, 각 문항별 요인과 채점기준은 **표 4-11**, **표 4-12**와 같다.

표 4-11 인터넷 중독 검사지

순번	인터넷 중독 검사지	전혀 그렇지 않다	때때로 그렇다	자주 그렇다	항상 그렇다
1	인터넷 사용으로 인해서 생활이 불규칙해졌다.	①	②	③	④
2	인터넷 사용으로 건강이 이전보다 나빠진 것 같다.	①	②	③	④
3	인터넷 사용으로 학교 성적이 떨어졌다.	①	②	③	④
4	인터넷을 너무 사용해서 머리가 아프다.	①	②	③	④
5	인터넷을 하다가 계획한 일들을 제대로 못한 적이 있다.	①	②	③	④
6	인터넷을 하느라고 피곤해서 수업시간에 잠을 자기도 한다.	①	②	③	④
7	요즘 인터넷을 너무 사용해서 시력 등에 문제가 생겼다.	①	②	③	④
8	다른 할 일이 많을 때에도 인터넷을 사용하게 된다.	①	②	③	④
9	인터넷 사용으로 인해 가족들과 마찰이 있다.	①	②	③	④

순번	인터넷 중독 검사지	전혀 그렇지 않다	때때로 그렇다	자주 그렇다	항상 그렇다
10	인터넷을 하지 않을 때에도 하고 있는 듯한 환상을 느낀 적이 있다.	①	②	③	④
11	인터넷을 하고 있지 않을 때에도, 인터넷에서 나오는 소리가 들리고 인터넷을 하는 꿈을 꾼다.	①	②	③	④
12	인터넷 사용 때문에 부모님이 원하지 않으시는 행위(음란사이트, 사이버머니, 욕설, 헌금 훔치기) 등을 저지르게 된다.	①	②	③	④
13	인터넷을 하는 동안 나는 가장 자유롭다.	①	②	③	④
14	인터넷을 하고 있으면, 기분이 좋아지고 흥미진진해진다.	①	②	③	④
15	인터넷을 하는 동안 나는 더욱 자신감이 생긴다.	①	②	③	④
16	인터넷을 하고 있을 때 마음이 제일 편하다.	①	②	③	④
17	인터넷을 하면 스트레스가 모두 해소되는 것 같다.	①	②	③	④
18	인터넷이 없다면 내 인생에 재미있는 일이란 없다.	①	②	③	④
19	인터넷을 하지 못하면 생활이 지루하고 재미가 없다.	①	②	③	④
20	만약 인터넷을 다시 할 수 없게 된다면 견디기 힘들 것 같다.	①	②	③	④
21	인터넷을 하지 못하면 안절부절못하고 초조해진다.	①	②	③	④
22	인터넷을 하고 있지 않을 때에도 인터넷에 대한 생각이 자꾸 떠오른다.	①	②	③	④
23	인터넷 사용 때문에 실생활에서 문제가 생기더라도 인터넷 사용을 그만두지 못한다.	①	②	③	④
24	인터넷을 하다가 누군가 방해를 하면 짜증스럽고 화가 난다.	①	②	③	④
25	인터넷에서 알게 된 사람들이 현실에서 아는 사람들보다 나에게 더 잘해 준다.	①	②	③	④
26	온라인에서 친구를 만들어 본 적이 있다.	①	②	③	④
27	오프라인에서 보다 온라인에서 나를 인정해 주는 사람이 더 많다.	①	②	③	④
28	실제에서보다 인터넷에서 만난 사람들을 더 잘 이해하게 된다.	①	②	③	④
29	실제 생활에서도 인터넷에서 하는 것처럼 해 보고 싶다.	①	②	③	④
30	인터넷 사용시간을 속이려고 한 적이 있다.	①	②	③	④
31	인터넷을 하느라고 수업에 빠진 적이 있다.	①	②	③	④
32	부모님 몰래 인터넷을 한다.	①	②	③	④

순번	인터넷 중독 검사지	전혀 그렇지 않다	때때로 그렇다	자주 그렇다	항상 그렇다
33	인터넷 때문에 돈을 더 많이 쓰게 된다.	①	②	③	④
34	인터넷에서 무엇을 했는지 숨기려고 한 적이 있다.	①	②	③	④
35	인터넷에 빠져 있다가 다른 사람과의 약속을 어긴 적이 있다.	①	②	③	④
36	인터넷을 한 번 시작하면 생각했던 것보다 오랜 시간을 보내게 된다.	①	②	③	④
37	인터넷을 하다가 그만 두면 또 하고 싶다.	①	②	③	④
38	인터넷 사용 시간을 줄이려고 해 보았지만 잘 안 된다.	①	②	③	④
39	인터넷 사용을 줄여야 한다는 생각이 끊임없이 들곤 한다.	①	②	③	④
40	주위 사람들이 내가 인터넷을 너무 많이 한다고 지적한다.	①	②	③	④

표 4-12 인터넷 중독의 채점기준

요인	문항번호	요인내용
1	1~9번	일상생활장애(Disturbance of Adaptive Function)
2	10~12번	현실구분장애(Disturbance of Reality Testing)
3	13~18번	긍정적기대(Addictive Automatic Thought)
4	19~24번	금단(Withdrawal)
5	25~29번	가상적대인관계지향성(Virtual Interpersonal Relationship)
6	30~35번	일탈행동(Deviate Behavior)
7	36~40번	내성(Tolerance)

사용자군	채점기준
고위험 사용자군	다음의 조건들 중 하나에 충족하는 집단 –총점이 108점 이상 –일상생활 장애 요인의 점수가 26점 이상 –금단요인의 점수가 18점 이상 –내성 요인의 점수가 17점 이상
잠재적위험사용자군	다음의 조건들 중 하나에 충족하는 집단 –총점이 95~107점 사이 –일상생활장애 요인의 점수가 23점 이상 –금단요인의 점수가 16점 이상 –내성 요인의 점수가 15점 이상
일반사용자군	위의 두 집단 중 어느 하나에도 속하지 않는 집단

출처: 정보통신부 한국정보문화진흥원 및 서울대 연구팀(2002).

(6) 묻지마 살인 '사이코패스' 영화를 중심으로

사이코패스(psychopathy)는 정신병(psychosis)의 일종으로 반사회성 성격장애(antisocial personality disorder) 중 하나이다. 이러한 증상은 뇌의 전두엽(frontal lobe)에 이상이 오기 때문으로 알려져 있는데, 이런 증상의 사람을 우리는 사이코패스라고 부른다. 내 주위에 있는 다른 사람들의 슬픔을 전혀 생각하지 못하고 살인을 저질러도 무표정한 얼굴로 아무런 죄의식도 느끼지 못한다. 그리고 공격성을 억제하는 분비물인 세로토닌의 생성이 부족하여 사소한 일에도 공격성을 보인다. 최근에는 사이코패스에 대한 '묻지 마 살인' 사건들이 사회에 큰 충격을 주고 있는 가운데, 이러한 내용을 다룬 영화들이 대중들로부터 관심을 모으고 있다.

Tip

내 주위에 있는 다른 사람들의 슬픔을 전혀 생각하지 못하고 살인을 저질러도 무표정한 얼굴로 아무런 죄의식도 느끼지 못함

2008년 희대의 살인마 유영철을 모티브로 하여 관객의 마음을 싸늘하게 만들었던 하정우, 김

윤석, 서영희 주연의 '추격자'가 아니었을까 싶다. 극중 주인공인 하정우는 무표정한 얼굴로 살인을 하면서 아무런 죄의식을 느끼지 못하는 '지영민' 역을 100% 완벽하게 소화해내 수많은 관객들로부터 지금까지 연기력을 칭찬받고 있다.

2007년 전남 보성 앞바다에서 있었던 20대 남녀 4명을 연쇄살해한 70대 어부 살인사건에서 모티브를 얻은 '실종' 영화는 사이코패스를 다루고 있다. 이 노인은 50년간 물고기를 잡는 평범한 어부였지만, 연쇄살인을 저질러 세상을 놀라게 했던 인물이다. 임상심리사들은 이 노인을 살인에 대한 양심의 가책을 전혀 느끼지 못하는 사이코패스라고 보았다.

또한 2008년 아카데미 최다 작품상, 감독상, 남우조연상, 각색상 등 최다 4개 부문을 수상한 '노인을 위한 나라는 없다'의 안톤 쉬거(하비에르 바뎀)는 광기를 뒤집어쓴 희대의 살인마 모습을 보이는 전형적인 사이코패스였다. 예컨대 사람을 죽이는 데 아무런 이유가 없이 그저 자기 자신이 정해놓은 규칙에 의해서 행동한다. 그래서 언제 어디서 누가 희생될지 전혀 알 수가 없다. 일명 '묻지 마 살인'이다. 이 중에는 어린 시절부터 가족이나 주변 사람들로부터 받아 온 냉대에 대한 자기감정의 분노가 축적돼 오다가, 어느 정도 쌓였던 것이 이성이 미처 통제할 겨를 없이 분출되는 경우가 많다. 평소 불만을 풀어내지 못하고 마음속에 쌓아온 사람들에게 나타나는 잦은 현상이다. 인연이나 연고 혹은 원한도 없이 그저 무의식적으로 낯선 남녀를 죽이고, 길거리에서 사람을 흉기로 찌르고, 고시원에 불을 지른다. 이러한 사이코패스를 소유한 사람들은 보통 사람과 같은 얼굴을 가지고 있지만, 일반적인 감정을 느끼는 데 미숙하다. 즉, 사이코패스에 빠져 있는 사람들은 죄의식을 느끼는 데 익숙하지 못하며 거짓말에 능하고 충동적이며 책임감이 결여되어 있다. 또 폭력적인 성향이 강하며 뇌의 이상으로 약간의 언어장애를 가지고 있을 가능성이 높다. 그래서 사이코패스를 반사회적 성격장애(antisocial personality disorder)라고 부른다.

이러한 영향으로 인터넷에서는 사이코패스(psychopath)인지 가늠해 볼 수 있는 간단한 심리테스트가 올라와 네티즌들에게 많은 호응을 얻고 있다. 이 검사는 캐나다 범죄 심리학자 로버트 헤어 박사가 제시한 사이코패스 판정 도구(PCL-R)를 한림대학교 심리학과 조은경 교수가 번역한 20개 문항의 검사지이다(**표 4-13** 참조).

표 4-13 사이코패스 심리테스트

문항	내용	전혀 그렇지 않다	조금 그렇다	정말 그렇다
1	말 잘하는 것을 매력적이라고 생각한다.	⓪	①	②
2	자기의 가치에 대해 자랑하고 다닌다.	⓪	①	②
3	거짓말을 입에 달고 산다.	⓪	①	②
4	속임수를 경멸하거나 극단적으로 싫어한다.	⓪	①	②
5	범죄를 저질러도 양심의 가책을 느끼지 않는다.	⓪	①	②
6	감동적인 것을 봐도 감동인지 모른다.	⓪	①	②
7	매사에 냉담하고 남이 말하는 것에 공감하지 않는다.	⓪	①	②
8	책임감이 없거나 부족하다.	⓪	①	②
9	일상생활에서 많은 정신적 자극이 필요하고 지루함이 많다.	⓪	①	②
10	기생충처럼 남에게 빌붙어 산다.	⓪	①	②
11	나쁜 행동을 자제할 능력이 부족하다.	⓪	①	②
12	소년비행을 경험하거나 영유아기 때 잔인한 짓을 많이 하였다.	⓪	①	②
13	현실성에 부족한 목표를 길게 끌며, 그것을 할 수 있다고 믿는다.	⓪	①	②

문항	내용	전혀 그렇지 않다	조금 그렇다	정말 그렇다
14	매사에 충동적이다.	⓪	①	②
15	무책임하다.	⓪	①	②
16	소년비행	⓪	①	②
17	약속을 잘 깬다.	⓪	①	②
18	아무 데서 성적인 행동을 서슴지 않는다.	⓪	①	②
19	많고 짧은 연애를 한다.	⓪	①	②
20	범죄적인 재능을 타고났거나, 재능을 범죄로 이용하려고 한다.	⓪	①	②

* 40점에 가까울수록 사이코패스 성향이 있다.

Chapter 05

동기

1) 동기의 개념

동기(motivation)란 단어는 라틴어의 'movers'에서 온 것으로 움직인다(move) 즉, 어떤 행동을 하게 한 이유나 원인을 뜻한다. 따라서 동기란 움직임(movement)을 가져오는 과정이며, 이 움직임은 맹목적인 것이 아닌 방향이 있는 것이다. 동기는 행동에 활력을 주며 어떤 목표를 향하도록 방향을 제시할 뿐만 아니라 목표 달성을 위해 효과적인 행동을 하도록 강화한다. 그러므로 동기는 행동을 유발하고, 방향을 제시하고, 유지하는 신체적, 심리적 상태이며, 흥미, 욕구, 가치, 태도, 포부, 유인가 등과 함께 쓰인다(장성화, 2009).

Tip
동기(motivation)란 어떤 행동을 하게 한 이유나 원인을 하며, 움직임(movement)을 가져오는 과정임

① 흥미(interest) : 어떤 사물이나 사건 혹은 견해를 선택하여 주의를 기울이는 것이다.

② 욕구(need) : 어떤 특정한 활동이나 결과가 제공해 줄 수 있는 무엇인가가 결핍된 상태이다.

③ 가치(value) : 자신의 삶에서 중요하다고 여기는 모든 종류의 목표에 대한 지향성이다.

④ 태도(attitude) : 개인이 현재 지각하고 있는 것에 대상(사람, 사물, 인지적 요소)에 대한 호의적 혹은 비호의적 감정으로, 대상에 대한 인지적 요소(학생이 대상을 무엇이라고 지각하느냐)를 포함한다.

⑤ 포부(aspiration) : 어떤 종류의 성취에 대한 개인의 희망이나 열망이다.

⑥ 유인가(incentive) : 각성된 동기를 만족시키는 힘을 가지고 있으며, 개인에 의해 지각되는 것이다.

이와 같이 동기는 어떤 사람을 특정한 방향으로 움직이도록 만드는 내적과정이다. 즉, 사람들이 어떠한 동기를 갖고 있느냐에 따라서 같은 상황에서도 다른 행동이 나타날 수도 있고, 같은 행동이 다른 강도로 나타날 수도 있다.

출처: https://m.blog.naver.com/mcc7718/221799432160

동기와 구분되는 기본적인 요소로 욕구(need)와 추동(drive)으로 구분된다.

Tip

욕구(need)는 바람직한 생리적, 심리적 상태에 도달하고자 하는 소망을 의미하며, 생존을 유지하기 위해 충족되는 욕구임

첫째, 욕구(need)는 바람직한 생리적, 심리적 상태에 도달하고자 하는 소망을 의미한다. 먼저, 생리적 욕구는 생존을 유지하기 위해서 충족되어야 하는 욕구로서, 공기, 음식, 물, 고통이 없을 것, 적당한 온도, 옷, 하늘을 가릴 수 있는 주거 등이다. 그리고 심리적 욕구는 사회적 인정, 집단의 소속, 자아존중, 권력, 성취 등에 대한 욕구로서 결핍의 문제가 아닌 '성장동기'를 다룬다. 그러므로 개체의 몸속에 신체적 요소로서 자리하는 생리적 욕구와는 달리 심리적 욕구는 경험을 통해 배우고 가지게 된다. 즉, 학습을 통해서 얻어지는 것으로 욕구는 추동을 유발한다.

Tip

추동(drive)은 욕구에 의해 유발된 심리적인 긴장과 각성상태를 의미하며, 긴장을 해소시킬 수 있는 행동을 하도록 하는 것임

둘째, 추동(drive)은 욕구에 의해 유발된 심리적인 긴장과 각성의 상태를 의미하며, 이러한 긴장을 해소시

킬 수 있는 행동을 하도록 하는 것이다. 즉, 추동은 욕구로 인해서 유발되는 것으로 며칠간 배를 굶었을 경우 굶주림이라고 하는 추동이 일어난다. 한편, 뜨거운 햇살 아래서 땀을 흘리고 나면 목마름(thrist)의 추동이 발생한다. 예를 들어, 기말고사 과제물 제출 마감일이 지난 과제물을 작성하기 위해 밥도 먹지 않은 채 밤새도록 컴퓨터 앞에 앉아서 작업을 한 경우 음식물과 수면의 결핍 상태에 빠지게 된다. 다시 말해서 배고픔과 졸음이라는 욕구가 생기고, 이것으로 신체적인 항상성이 깨져서 신체적, 정신적으로 추동이 유발하여 이 추동을 감소시켜 주는 행동을 하도록 동기화한다. 그렇지만 배고픔과 졸음의 상태에서 벗어나고자 하려는 동기 때문에 새벽 3시에 라면을 끓여 먹고 과제물 마지막 부분을 완성하지 못한 채 잠이 들어버릴 수도 있다. 또한 배고픔과 졸음 상태에서 벗어나고자 하는 동기보다 과제물을 빨리 완성하여 성적에 대한 불안감에서 벗어나고자 하는 동기가 더 강하면 새벽 3시에 라면을 먹고 잠이 들어버리는 행동은 하지 않을 것이다. 따라서 욕구(need)와 추동(drive), 그리고 동기(motivation)는 서로 유기적으로 연결되어 있어서 특정상황에서 행동이 일어난다. 그리고 특정행동을 유발하는 동기의 근원이 무엇인가에 대한 입장은 연구자들마다 다소 차이가 있다.

출처: http://www.ridemag.co.kr/news/articleView.html?idxno=3693

2) 동기의 종류

(1) 일차적 동기와 이차적 동기

① 일차적 동기(primatial motives) : 생득적 성향

신체적·생리적 평형상태를 유지하고, 유기체가 생체를 유지하는데 필요한 동기이다. 따라서 일차적 동기는 유기체의 선천적이고 본능적인 것과 관련이 있는 것으로 기아, 갈증, 체온 유지, 수면, 목마름, 배설 등이다. 즉, 일차적 동기의 예는 '성 동기와 공격성(aggressiveness)'이 있다. 사회가 발전하고 복잡해질수록 인간행동의 동기에서 생득적인 일차적 동기보다는 학습된 이차적 동기가 더욱 중요한 역할을 한다. 특히, 환경적 요인이나 상황적 요인에 따라 학습한 동기, 대인관계 속에서 형성하는 사회적 동기는 모두 이차적 동기의 범주에 속한다.

② 이차적 동기(secondary motive): 후천적 경험

이차적 동기는 생득적인 일차적 동기를 제외한 후천적 학습 및 경험으로서의 동기를 말한다. 즉, 경쟁, 우월, 독립, 상벌, 소속감, 권력, 성취, 야망, 사회적 인정, 자아실현 등이다. 이차적 동기의 예는 '권력 동기와 성취동기'이다. 권력 동기는 타인으로부터 인정을 받고 집단 속에서 지위를 확보하고자 하는 욕구를 의미하고, 성취동기는 도전적이고 어려운 과제를 성취함으로서 만족을 얻으려는 의욕 또는 성취하려는 욕구이다.

(2) 내재적 동기와 외재적 동기

수업목표를 성취하고자 하는 학생들의 내재적 동기나 외재적 동기

의 수준은 다르다. 예를 들어, 한 학교의 교실 수업에서 교사는 학생들이 그들의 학습과제를 완전히 수행할 수 있도록 학생들의 내재적 보상을 이용하거나 혹은 외재적 보상을 통하여 동기를 유발시켜 준다(장성화, 2009).

① 내재적 동기(intrinsic motivation)

욕구, 흥미, 호기심, 즐거움 등 내적이고 개인적인 요인들에 유발되며, 학습자가 외적 요인들과는 관계없이 능동적으로 학습에 참여할 때 형성한다. 즉, 주어진 과제 자체나 그것이 가져다주는 성취감을 즐긴다. 학습과 관련하여 내재적으로 동기화된 사람은 학습활동 자체를 좋아하기 때문에 아무도 학습을 강요하지 않는 상황에서도 자발적으로 학습활동에 몰입한다. 따라서 교사는 내재적 동기가 높은 학생들에게 동기유발이나 흥미를 유발시키기 위한 노력을 최소화할 수 있다.

Tip

내재적 동기는 욕구, 흥미, 즐거움 등 내적이고 개인적인 요인들에 의해 유발됨

② 외재적 동기(extrinsic motivation)

외적이고 환경적인 요인으로 자기 자신이 목적을 향해 움직이는 것에 대한 보상, 사회적 압력, 처벌, 성적 등에서 의미를 찾는다.

에겐과 카우착(Eggen & Kauchak, 1992)은 외재적 동기가 학습자의 내면적인 면에 긍정적인 영향을 줄 수도 있으나 대체로 학습자 내부의 동기를 감소시키거나 학습자에게 낮은 자기 인식과 편협한 초점을 향상시킬 수 있다는 점을 비판하고 있다. 외재적 동기는 학습자가 주로 보상을 받기 위해서, 교사의 관심을 받기 위해서 그리고 책망이나 벌을 피해서 활동하는 것으로써, 과제 자체에 관심이 있는 것 보다는 활동한 결과로써 얻을 수 있는 것에 더 많은 관심을 가진다. 결과적으로

Tip

내재적 보상은 그 활동자체에서의 만족감, 성공감, 성취에 대한 자부심, 자아존중감의 향상 및 그 활동의 성취감 등을 의미함

Tip

외재적 보상은 돈, 맛있는 음식, 어떤 특권, 학점, 승진, 인정 등을 말함

내재적 보상(intrinsic rewards)이란 성공적인 학습활동의 동경이 그 활동 자체에서의 만족감, 성공감, 성취에 대한 자부심, 자아존중감의 향상 및 그 활동의 성취감 등을 의미한다.

외재적 보상(extrinsic rewards)이란 학습활동 그 자체와는 관계가 없는 만족감을 제공하는 것으로써, 이는 학생 스스로부터가 아니라 타인에 의하여 통제되는 것이다. 즉, 돈, 맛있는 음식, 어떤 특권, 학점, 승진, 인정 등을 말한다.

3) 동기이론

(1) 본능이론

본능이론(instinct theory)은 다른 동물들 간의 행동과 같이 인간의 행동도 생물학적으로 본능에 뿌리를 두고 있다는 것에 많은 심리학자들이 제안하였다. 즉, 인간의 행동이 학습에 의해 일어나는 것이 아니라 태어날 때부터 가지고 있는 생득적인 프로그램에 의해서 일어난다고 본 것이다. 이러한 입장은 진화론에 영향을 받아 본능이론을 지지하는 대표적이 심리학자로 윌리엄 제임스(William Jams, 1890)와 윌리엄 맥도걸(William McDougall, 1908)이 있다. 먼저, 윌리엄 제임스(William Jams)은 본능적 행동은 반사행동과 학습된 행동의 중간에 위치한 것으로 간주하였다. 즉, 인간의 본능 중에는 동물들이 가지고 있는 것과 유사한

윌리엄 제임스(William James, 1842~1910)

윌리엄 맥도걸
(William McDougall,
1871~1938)

본능도 있지만 인간만이 가지고 있는 고유한 본능도 있다고 설명했다. 특히 제임스가 분류한 인간의 본능에는 경쟁심, 놀이, 호기심, 질투 등이 해당된다. 둘째, 윌리엄 맥도걸(Willam McDougall)은 인간의 어떤 행동들은 인종, 나이에 관계없이 공통적으로 나타나는 생득적 본능이라고 주장한다. 예를 들어, 본능은 특정 자극을 선택적으로 지각하는 경향(배고픈 사람은 먹을 음식만 보임)과, 이 자극을 지각했을 때 일어나는 정서적 흥분, 먹을거리를 추구하려는 목표 경향의 활성화로 구성된다. 또한 맥도걸은 어떤 행동이나 대상은 우리에게 정서적 흥분을 일으켜서 목표 지향적인 행동을 하도록 한다고 주장했다.

인간들에게 나타나는 본능 가운데 하나인 호기심은 다른 동물에게서도 나타난다.

출처: https://www.freegochina.com/kr/news/14082012453171.html

이 본능이론은 인간 행동의 동기를 이론적으로 설명하기보다 단순히 여러 가지 종류의 동기를 구분하고 이름을 붙이는 데까지 연구가 진행되어 비판을 많이 받았다. 그리고 맥도걸은 행동주의 심리학이 성장하는 시기에 본능이론을 주장하면서 영향력을 발휘하지 못했다.

이후에 헨리 머레이(Henry Murray)나 레이몬드 카텔(Raymond Cattell) 등이 성격특성의 한 차원으로 동기의 개인차를 측정하는 방법에 영향을 주었다. 또한 프로이트(Freud)는 사람들이 갖고 있는 생리적 욕구를 본능이라고 언급하며, 성(性)에 대한 본능과 공격 본능이 심적 에너지를 만들어 내고 이것이 긴장의 느낌으로 지각된다고 본다.

(2) 추동감소이론

추동감소이론(drive-reduction theory)은 본능이론에 기초한 설명이 종언이 선언되면서 심리학자들은 인간의 동기를 추동이론으로 돌아섰다. 1943년 헐(Hull)에 의하면, 신체 내에서 발생한 생리적 욕구가 긴장이라는 불유쾌한 상태를 창출하고, 그것이 그 욕구를 경감시킴으로써 신체의 균형을 이루고 덜 긴장된 상태로 되돌리는 방식으로 유기체가 행동하는 것을 추동이론이라고 설명했다. 추동이론은 성행위, 마시기, 먹기 등과 같은 다양한 생물학적 기능을 의미하며, 먹는 행동은 음식이 박탈되어서 배고픔이란 추동이 생기고 이에 의해 음식을 찾아 먹고, 이것은 다시 추동을 감소시킨다는 것이다. 예를 들어, 어떤 사람이 오랫동안 물을 마시지 못했다면 갈등추동에 의해 긴장상태가 일어나고 이러한 촉발된 긴장상태를 감소시키려는 것이 동기가 되어 물을 마시게 하는 행동을 한다.

Tip

추동이론은 성행위, 마시기, 먹기 등과 같은 다양한 생물학적 기능을 의미함

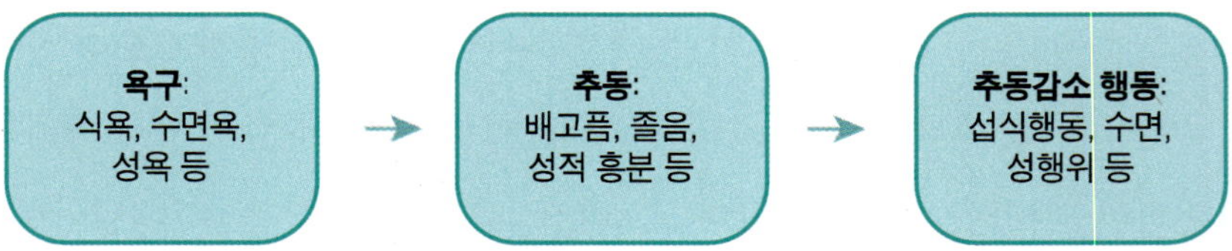

그림 5-1 추동감소이론에 따른 동기화 과정

출처: http://www.mountainjournal.co.kr/news/articleView.html?idxno=133

출처: https://www.stubbyplanner.com/guide/detail.asp?serial=75

이 추동감소이론의 2가지의 한계점이 있다.

첫째, 배고픔, 목마름, 고통 회피 등과 같은 생존 욕구에 지나치게 집중되어 있다. 그러므로 추동이론은 물질적, 생리적 욕구가 일차적인 것이고 더 고차원적인 욕구들은 대부분 부차적이어서 일차적인 욕구 충족만큼 절실하지 않다고 보는 관점도 있다. 즉, 이 이론은 몇몇 생물학적으로 주도된 행동을 설명하는데 사용할 수 있지만, 오늘날 심리학자들은 이 이론이 문제가 있다고 본다.

둘째, 추동감소이론은 긴장상태를 의도적으로 높이는 방향으로 일어나는 행동을 설명할 수 없다. 예를 들어, 호기심을 충족하기 위해 새로운 환경을 탐구하는 암벽등반, 번지점프, 스카이다이빙, 오지탐험가 등, 맛있는 저녁식사를 위해 간식을 먹지 않는 행동, 완벽한 몸매를 위하여 심장에 다소 무리가 가더라도 러닝머신을 달리는 것을 설명하지 못한다. 이처럼 의도적으로 모험과 긴장을 많이 추구하며 스릴을 유발하는 행동은 추동이론으로 설명될 수 없다.

(3) 각성이론

각성이론(arousal theory)은 대부분의 사람들이 긴장을 감소시키기 보다는 증가시키는 것을 추구한다는 사실을 설명하고자 많은 심리학자들은 이 이론을 제안했다. 예를 들어, 지루하거나 피곤할 때 각성을 위해 진한 커피를 마신다든지, 지치고 힘들 때 새롭고 낯선 곳으로 여행을 간다든지, 무엇인가 스릴이 필요해 놀이기구를 타러 가거나, 기분전환을 위해 백화점을 가거나 스포츠 게임에 몰두하는 행동이 해당된다. 그러므로 각성이론은 인간의 신체적으로 최적의 각성 수준을 성취하고 유지하려고 동기화하고, 사람들은 너무 적지도 않고 너무 많지도 않게 최적의 각성수준(optimum level of arousal)을 추구하는 것이다. 즉, 흥분과 각성이 낮을 때는 이를 추구하는 방향성으로 행동하며, 흥분과 각성이 높을 때는 이를 감소시키는 방향으로 행동을 하도록 최적의 흥분과 가성 상태를 유지하려는 것이다.

Tip

각성이론은 인간이 신체적으로 최적의 각성수준을 성취하고 유지하기 위해 동기화하며, 사람들은 적당한 수준에서 최적의 각성수준을 추구함

또한 사람들마다 최적의 자극 수준에 개인차가 있지만(Zuckerman, 1994), 일반적으로 사람들은 자신의 능력과 관련하여 도전적인 활동에 참여할 때 행복과 더 많이 동기화가 된다. **그림 5-2**에 의하면, 각성이 적당할 때 인간의 수행능력은 가장 적절하게 보이지만, 최적 수준은 개인별로 다르고 과업에 따라서도 다르게 나타난다. 예를 들어, 헵(Hebb, 1955)은 6.25전쟁시 미군에 따르면, 전투시 과대각성 때문에 병사들의 25% 정도가 그냥 얼어붙어서 전투 중에 총을 쏘지 못했다는 보고가 있다. 그리고 아주 복잡한 정신적 과업을 수행할 때 과대각성은 아주 나쁜 결과가 나타나는데, 이는 시험에서 자신의 실력보다 훨씬 못미치는 점수를 받는 경우가 있다.

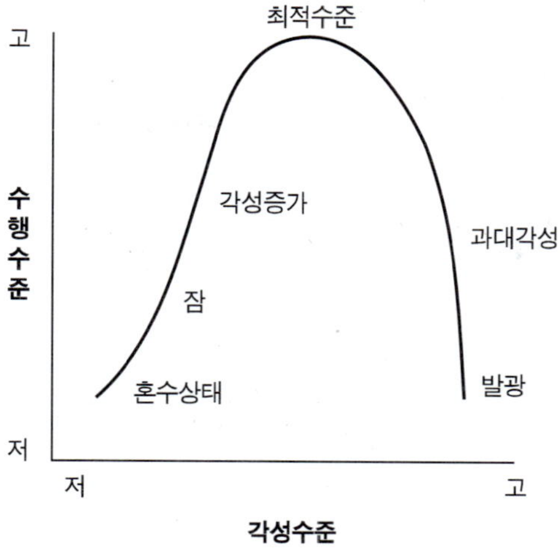

그림 5-2 각성수준과 수행수준

4) 동기의 위기

(1) 매슬로우 욕구위계

매슬로우(Abraham Maslow, 1954)는 인간이 특정한 목적의식을 가지고 어떠한 행동을 하는 것은 단순히 인간이 지니고 있는 논리적인 사고의 결과가 아니라 그 내면에 잠재해 있는 욕구충족의 필요성 때문이다. 인간이 가지고 있는 욕구라는 측면과 관련된 인본주의 심리학자 매슬로우(Maslow)의 대표적인 저서 'Motivation and Personality'에서 다양한 욕구를 설명한다. 특히 그의 대표적인 이론은 **그림 5-3**에 욕구의 위계(Hierarchy of need theory)인데, 이것은 5가지 욕구로 볼 수 있다. 매슬로우의 욕구위계 이론은 본 책의 인간중심이론에 자세히 언급되어 있다.

그림 5-3 매슬로우의 욕구의 위계

① 생리적 욕구(physiological need)

생리적 욕구는 인간의 욕구 중에서 가장 기본적으로 음식, 물, 공기, 수면, 성, 추위, 더위, 휴식 등과 같이 생존에 필수적인 것들을 충분히 충족시키려 하는 욕구이다.

② 안전 욕구(safety)

안전 욕구는 아동들이 부조화보다는 하던 일을 지속하는 것과 리듬을 선호하는 경향, 위험스러운 상황을 피하려고 하는 경향이다.

③ 소속 및 사랑의 욕구(need for belonging and love)

소속 및 사랑 욕구는 타인과의 애정관계를 맺으려고 하거나 어떤 집단에서 소속감을 가지려고 하는 소망을 말한다.

④ 자존 욕구(self-esteem need : 결손 욕구, 기본 욕구)

자존 욕구는 자기 자신이 다른 사람으로부터 존경과 가치 있는 사람으로 인정받기를 원하는 욕구이다.

⑤ 자아실현 욕구(self-actualization need)

자아실현 욕구(지적욕구, 심미욕구 혹은 고등욕구, 성장(실존)욕구)는 자기 자신이 잠재적으로 실현 가능한 자신이 되는 것이다.

(2) 알더퍼 ERG이론

알더퍼(Alderfer)는 매슬로우(Maslow)의 5단계의 욕구를 3단계의 핵심적 욕구로 통합했는데 생존 욕구(existence needs : E), 관계 욕구(relatedness needs : R), 성장 욕구(Growth needs : G)이며, 이들의 첫 글자를 따서 ERG이다.

Tip
알더퍼는 매슬로우의 5단계를 3단계인 '생존 욕구', '관계 욕구', '성장 욕구'로 통합하였음

① 생존의 욕구

인간이 생존하기 위하여 기본적으로 필요로 하는 욕구이다. 이는 신체적 생존을 위한 음식, 물, 수면 등에 관한 욕구와 조직에서의 보수, 직업 안정성, 근무조건 등에 관한 욕구가 포함된다. 생존의 욕구는 대체로 매슬로우(Maslow)가 제시한 생리적 욕구와 안전의 욕구가 포함된다.

② 관계 욕구

관계 욕구는 의미 있고 만족스러운 사회적 관계에 대한 욕구이다. 인간이 사회적 동물로서 다른 사람과 만족스러운 인간관계를 맺으려는 욕구이다. 상사, 동료, 부하, 친구, 가족 등과 인간관계를 맺으려는 욕구이다. 관계의 욕구는 매슬로우(Maslow)가 제시한 안전의 욕구 중 대인관계에 관련된 일부의 소속과 애정의 욕구, 그리고 자존심 등이 포함된다.

③ 성장 욕구

최고 수준의 욕구로서 자존과 자아실현의 욕구를 포함한다. 인간이 성장·발전하며, 자신의 특성이나 잠재력을 최대한 발휘하려는 욕구이다. 자기성취감이나 성장감을 느끼고자 하는 욕구, 새로운 기술이나 지식을 추구하고 개발하고자 하는 욕구이다. 성장의 욕구에는 매슬로우(Maslow)가 제시한 존경의 욕구와 자아실현 욕구가 포함된다.

이는 개인적 발전을 위한 고유의 욕망이다. ERG이론은 욕구좌절, 좌절역행, 만족향상을 기초로 하며(윤기현, 1991), 이 3가지 부분의 ERG 이론과 매슬로우(Maslow) 이론과의 가장 뚜렷한 차이점이라고 할 수 있다.

ERG이론은 매슬로우(Maslow)의 이론에 비해 적어도 두 가지 면에서 더 융통성이 있다고 핸슨(Hanson)은 언급하고 있다. 실존, 관계성 및 성장의 세 수준의 욕구는 어느 정도 동시적으로 작용할 수 있다. 또한 좌절-퇴행 과정을 인정하고 있다. 만약 한 단계 높은 수준의 욕구가 좌절되면 개인은 바로 아래 단계의 욕구에서 더 큰 만족을 얻으려고 노력한다는 것이다. 예를 들어 어떤 이유로 해서 지적 성장의 욕구가 만족되지 않으면 사회적 관계에서 더 큰 만족을 추구하려 한다.

알더퍼(Alderfer)는 매슬로우(Maslow)와 같이 개인의 욕구가 생존 욕구, 관계 욕구, 성장 욕구로 진행해 간다고 보았다. 따라서 알더퍼(Alderfer)는 이 욕구들이 단계를 이룬다기보다 연속적인 것으로 보이며, 동일한 시간에 하나 이상의 욕구가 활성화된다.

(3) 허즈버그 2 요인설

허즈버그(Herzberg)는 매슬로우(Maslow)의 이론을 발전시켜 작업장에 적용하는데 큰 기여를 하였다. 허즈버그(Herzberg)의 이론은 기본적·생리적 욕구와 심리적 욕구를 바탕으로 한다. 전자는 동물적 욕구로서 안전, 음식, 고통의 회피에 대한 욕구이며, 후자는 계속적인 심리적 성장을 경험하고 성취하려는 인간고유성의 욕구로서 자신의 능력을 개발하려는 욕구이다. 즉, 개성적이고 창의적으로 성장하는 과정을 말한다.

① 동기요인

직무에 대한 만족은 직무 자체에 내재하는 요인이고, 이를 동기요인이라 하였다. 동기요인에는 성취감, 발전, 인정, 작업 자체, 책임감, 성장 등이 있다. 작업에 대한 불만은 작업과 관련은 있지만 작업외적인 요소였다. 동기요인은 충족되지 않아도 불만은 일어나지 않지만, 일단 충족되면 높은 만족을 가져오고 적극적인 직무태도를 가지게 한다. 허즈버그(Herzberg)의 이론은 피고용인의 감정을 새로운 접근으로 이해했다는 점과 피고용인들의 동기를 유발할 수 있는 직무설계(job design)에 대한 시사점으로 많은 주목을 받았다.

② 위생요인

불만의 근원이 되는 이들 요소를 허즈버그(Herzberg)는 위생요인이라고 불렀는데, 이들은 작업의 외적환경에 속하며 작업이 붕괴되지 않도록 예방해 주기 때문이다. 따라서 위생요인에는 기업의 정책과 행정, 감독, 상사와의 관계, 직업조건, 봉급, 동료와의 관계, 개인생활, 부하와의 관계, 지위 등이다. 즉 위생요인은 불만족을 감소 또는 제거시킬 뿐이지 만족을 가져다주지는 않는다. 위생요인이라는 용어는 유지요인(maintenance factor)이라고 부르기도 한다. 그러나 많은 연구방법에 따라서 동기요인과 위생요인이 다르게 나타나고 있다는 점과 조직 구성원들의 개인 차이를 고려하고 있지 않다는 문제로 비판을 받기도 한다.

알더퍼(Alderfer)의 ERG이론은 매슬로우(Maslow)의 욕구계층 이론과 욕구의 단계별 속성이 유사한 점도 있지만, 다음과 같은 차이점도 있다.

① 매슬로우(Maslow)의 욕구계층 이론에서는 일단 충족된 욕구는 더 이상 동기요인이 될 수 없다고 하였는데, 알더퍼(Alderfer)의 ERG 이론에서는 어느 단계의 욕구가 충족되지 않으면 하위단계의 욕구로 퇴행할 수도 있음을 지적하고 있다.

② 매슬로우(Maslow)의 욕구계층 이론에서는 강도가 큰 우세한 욕구만이 일어난다고 하였으나, 알더퍼(Alderfer)의 ERG이론에서는 3가지 욕구가 비록 강도에는 차이가 있을지라도 동시에 나타날 수도 있다고 하였다.

③ 매슬로우(Maslow)의 욕구계층 이론에서는 하위단계의 욕구가 충족되지 않으면 상위단계의 욕구로 이동되지 않는다고 하였으나, 알더퍼(Alderfer)의 ERG이론에서는 하위단계의 욕구가 충족되지 않아도 상위단계의 욕구가 발생할 수 있음을 지적할 수 있다. 따라서 매슬로우(Maslow), 허즈버그(Herzberg), 알더퍼(Alderfer)의 이론을 비교하면 **그림 5-4**와 같다.

욕구의 수준	Herzberg의 동기·위생이론	Maslow의 욕구계층이론	Alderer의 ERG이론	동기의 수준
상위 욕구 ↑	동기요인	자아실현의 욕구	G(성장의 욕구)	내적 동기 ↑
		존경의 욕구		
	위생요인	소속과 애정의 욕구	R(관계성의 욕구)	
		안정의 욕구		
↓ 하위 욕구		생리적 욕구	E(실존의 욕구)	↓ 외적 동기

그림 5-4 Maslow, Herzberg, Alderer 이론의 관련성

5) 동기과정이론

(1) 기대이론

기대이론은 브룸(Vroom, 1964)에 의해 제시된 이론이다. 근본적으로 인간의 행동요인(motive) 방향은 유의성(valence), 기대감(expectancy), 수단성(instrumentality) 등의 3가지 요인에 의해 결정된다.

① 유의성

어떤 대상에 대한 개인의 정의적 지향성, 감정 혹은 태도로서, 개인이 어떤 대상에 대하여 지각하는 매력의 정도 혹은 배척의 정도를 의미한다. 즉 개인이 어떤 대상을 바라거나 거부하는 정도이다. 자기가 무슨 일을 하려 할 때 그 일로부터 얻을 수 있는 보상(rewards)을 "얼마나 소중히 여기며 얻고 싶어 하는가" 하는 행위자 자신의 주관적인 선호의 강도를 가리킨다.

Tip
유의성은 개인이 어떤 대상에 대하여 지각하는 매력의 정도 혹은 배척의 정도를 의미함

② 기대감

어떤 행위가 어떤 결과를 초래할 것이라는 가능성에 대한 일시적인 믿음이다. 즉, 기대는 개인이 지각하는 행위-결과 간의 관계이다. 어떤 행위가 어떤 결과를 가져올 것이라는 확실성에서부터 어떤 행위가 어떤 결과를 가져올 수 없을 것이라는 불확실성에 이르기까지 그 강도가 다양할 수 있다. 이는 주관적 판단에 기초한다. 따라서 기대감은 자신의 노력으로 보상받기 위하여 필요한 수단이 되는 수준의 성과(good performance)를 가져올 수 있다는 믿음에 대한 확률이다.

> **Tip**
> 기대는 개인이 지각하는 행위-결과 간의 상관관계임

③ 수단성

수단성은 직접적 결과와 간접적 결과 간의 상관관계에 대한 인식이다. 즉, 열심히 일한 성과가 과연 자기가 바라는 보상을 얻는데 어느 정도 도움이 되나 하는 것에 관한 믿음의 정도를 가리킨다.

인간의 행동의 방향은 그 사람에게 의미가 있다고 여겨지는 방향으로 움직이게 되고, 또한 그 의미 있는 것을 실제적으로 얻을 수 있는 확률이 높은 방향으로 행동을 하게 된다는 것이다. 기대이론의 장점은 상대방으로부터 기대하는 행동이 일어나지 않을 경우 왜 그러한 행동을 하지 않았는지 분석가능하게 해준다. 단점으로는 인간을 철저하게 합리적인 동물로만 파악하고 있다는데 한계성을 가지고 있다.

> **Tip**
> 인간의 행동방향은 그 사람에게 의미가 있다고 여겨지는 방향으로 움직이며, 그 의미 있는 것의 확률이 높은 방향으로 행동함

(2) 목표설정이론

목표설정이론은 기대이론과 유사한 측면이 있으며, 인간 행동의 힘

이 어떻게 유인되는가를 잘 설명해주고 있다. 인간은 해야 된다는 믿음보다, 목표가 확실히 주어지고 그 목표를 성취해야만 하는 것을 스스로 받아들일 때 자신의 사고와 행동이 그 목표에 더욱 집중하게 된다는 것이다(Lock, 1976). 하지만 모든 목표가 인간의 행동을 유인하는 목표로서 작용하는 것은 아니다. 우리가 생활함에 있어서는 여러 성취해야 할 목표가 동시에 존재할 수 있으며, 그 목표들은 서로 갈등관계에 있어서 특정한 목표를 추구하기 위해서는 다른 목표를 포기해야 할 경우도 많기 때문이다.

목표설정과 관련된 연구에서 가장 중요하게 지적되고 있는 것은 목표의 명확성이다. 추상적이고 불명확한 목표는 사람들의 행동요인으로서 작용하지 못하며 가능한 한 목표자체가 무엇을 언제 어떻게 성취되어야 하는지 구체적으로 명시되었을 때 도전의 대상이 된다. 따라서 목표설정에서 중요한 것은 목표자체를 행위자 자신이 의미 있는 것으로 받아들여야 한다는 것이다. 아무리 구체적이고 난이도에 있어서 성취의욕을 유인할 수 있는 요인을 갖춘 목표라고 할지라도 그 목표를 받아들이는 입장에서 큰 의미를 부여할 수 없다면 행동의 유인요소가 될 수 없다. 그러므로 조직의 경우에 있어서는 관련된 사람들이 목표설정에 대한 참여의 길을 열어 주는 것이 바람직하다는 것이다.

Tip

목표설정에서 중요한 것은 목표자체를 행위자 자신이 의미있는 것으로 받아들여야 함

(3) 강화이론

어떤 행동이 지속적으로 유지될 것인가 하는 자신의 내적인 결정보다 그 행동이 가져오는 결과에 대한 환경의 반응에 의해 결정된다. 즉 특정행동의 결과가 긍정적 보상을 받게 되면 그 행동은 점점 강화되어 지속적인 행동의 패턴으로 자리를 잡게 된다는 것이 강화이론(reinforcement theory)이다. 이 이론은 스키너(Skinner)에 따르면, 인간의 행동은 전적으로 그 사람의 환경에 의해 결정되고 유지된다고 설명하였다. 이와 같이 강화이론은 어떠한 방법을 통해 긍정적 또는 부정적인 보상을 해주느냐 하는 방법론에 집중되어 왔다.

Tip
강화는 특정행동의 결과가 긍정적 보상을 받게 되면 그 행동은 점점 강화되어 지속적인 행동의 패턴으로 자리를 잡게 되는 것임

① 어떠한 행동이 바람직한 행동인가를 알기 위해서는 구체적으로 보상대상의 행동을 명확하게 설정하여야 한다. 따라서 보상을 받는 사람도 자신의 어떠한 행동이 보상대상이 되는지를 정확하게 인식할 수 있어야 한다.

② 행동의 중요성에 따라 보상의 정도도 달라야 하며, 중요성에 대한 비중에 관계없이 그저 바람직하다고 무조건 보상을 하게 되면, 정말로 바람직한 행동이 무엇인지가 불명확하여, 중요하다고 여기는 행동의 지속화를 기대하기 힘들다.

③ 보상에서 일관성이 있어야 한다. 보상받을 만한 행동을 했을 때는 틀림없이 보상을 해주고 같은 강도의 보상이 있어야 한다.

④ 보상은 행동 즉시 이루어져야 한다. 만약 보상이 바로 이루어지지 않고 후에 한꺼번에 보상을 해준다든지 상당시간이 경과된 후 보상을 한다면, 자신이 어떠한 행동을 했기 때문에 보상을 받는지에 대한 인식이 불명확하여 보상의 효과가 감소한다.

인간관계에서 강화이론의 의미를 찾는다면 상대방이 나에 대해 어떠한 행동을 하는가 하는 것은 그 사람에게 달려 있는 것이 아니라 내가 그 사람의 행동에 대해 어떠한 반응을 보이느냐에 달려 있다. 즉 상대방의 특정 행동자체가 바람직하다고 여겨지면 그에 상응하는 칭찬을 한다든지 다른 보상을 통해 긍정적인 보상을 해 줌으로써 그 행동이 지속되도록 유인할 수 있다. 반대로 그 사람의 행동이 마음에 들지 않는다면 부정적인 반응을 통해 그 행동이 다시 반복되지 않도록 통제할 수 있다는 것이다. 강화이론에서 제시하는 긍정적 또는 부정적 보상은 정도의 차이는 있지만, 인간의 행동에 영향을 줄 수 있다는 것은 부정할 수 없다. 따라서 강화이론은 인간관계에서 충분히 활용 가능하다.

(4) 사회교환이론

사회교환이론에서 인간관계란 상호 주고받는(cost-reward) 과정에서 발생하며, 그 관계의 결과물(profit-taking)로서 남는 것이 있다고 여겨질 때 상호관계가 지속된다. 즉 그 사람과 보내는 시간, 돈, 갈등, 가끔 겪는

Tip

인간관계는 상대와 보내는 시간, 돈, 갈등, 가끔 겪는 불쾌한 기분, 불안한 감정 또는 그 관계로 인해 일어날 수 있는 다른 사람과의 좋지 않은 관계 등이 해당됨

불쾌한 기분, 불안한 감정 또는 그 관계로 인해 일어날 수 있는 다른 사람과의 좋지 않은 관계 등이 해당한다. 이러한 대가와 보상을 주고받는 과정을 사회교환과정(the process of social exchange)이라고 한다. 사회교환과정의 결과(out come)는 이러한 주고 받는 과정에서 얻게 되는 것으로, 관계로 인해 들어간 비용은 제외된다. 그 결과 상호 자신에게 도움이 된다고 판단되면 그 관계가 지속된다고 하는 것이다. 그렇다면 처음 인간관계를 형성하게 되는 동기를 어떻게 설명하는가? 사회교환이론의 대표학자인 브라우(Brau)는 사람들 사이에 자발적이고 자유로운 상호작용의 매체를 매력적으로 보았다. 또 그에 의하면 인간은 항상 타인에게 매력적인 존재로 인식되어지길 바라며 타인들과의 상호관계 형성도 타인이 가지고 있는 매력적인 요인이 촉발요소로 작용되어 그 요인이 자신에게 어떠한 형태로든 상호관계에서 보상으로 작용할 것이라는 기대에 의해 관계가 형성된다는 것이다.

사회교환이론은 인간관계를 아주 계산적이며, 타산적인 경제적 관계로 보고 인간을 단순한 경제적 동물로 본다는 측면에서 많은 비판의 여지가 있다. 인간관계는 순수하게 그 사람이 좋아서라든지 우연한 기회에 서로 만나 마음을 주고 받다보면 자연스럽게 형성되는 것이지, 매력적인 면이 무엇이고 그 관계를 통해 얻어질 보상에 대해서 계산하고 사람들을 대하는 것은 아니라는 것이다. 따라서 인간은 설령 인간관계 형성과정에서 의식적으로 계산하거나 이익을 따지지 않는다 하더라도 우리가 마음속에 가지게 되는 그 사람에 대한 인상이라든지, 그 사람을 만난 후 남은 감정 등이 곧 그 관계에 대한 결과를 가리킨다.

인간관계는 단순히 계속 주기만 한다고 해서 건전한 관계가 형성되

는 것이 아니고 반대로 받기만 해도 건전한 관계가 형성되는 것이 아니다. 따라서 일방적인 관계는 건전한 관계로 발전하기 어렵다. 인간의 진정한 관계는 줄 것은 주고, 받을 것은 받을 때 그 관계는 공정하며 투명하여 부담 없는 관계로 발전할 수 있다.

Chapter 06

개인상담

1) 개인적 요소

(1) 스트레스의 원인

스트레스(stress)는 라틴어 stringer(팽팽하게 죄다)라는 뜻에서 유래되었고, 19세기에 이르러 stress의 본래 의미에 과학 기술적인 뜻이 포함되었다. 20세기에 스트레스가 의학계에 소개되면서부터 이에 대한 반응 양상이 조직적으로 연구되었고, 학문 분야에서는 연구자의 관심과 연구 분야에 따라 다양하게 정의하였다(이종목, 1989). 또한 우리는 환경의 요구에 대처할 수 없다고 느낄 때, 스트레스(stress)를 경험하고 있는 것이다. 생활에 있어서의 중대하거나 사소한 사건과 상황들은 모두 스트레스의 원천으로 작용될 수 있다.

① 스트레스의 주요 원인

생활 사건들이 스트레스를 주는 이유는 다음과 같이 압력, 좌절, 갈등, 불안 등의 네 가지로 제시되었다.

Tip

생활 사건들이 스트레스를 주는 이유는 다음과 같이 압력, 좌절, 갈등, 불안 등의 네 가지로 제시함

첫째, 압력은 우리가 우리의 행동경향에 박차를 가하고, 격하게 하거나 변경하지 않을 수 없다고 느낄 때 일어난다. 우리의 지능, 외모, 인기, 재능 등에 관한 관심사 때문에 한층 높은 우수한 표준에 도달하기 위해서 자신을 밀어붙일 수도 있다. 이러한 압력감은 외부의 영향으로부터도 나올 수 있다. 외부영향들 중 가장 중대하고 일관된 것은 우리가 경쟁하고, 우리 사회의 급속한 변화속도에 맞추고, 우리의 가족 및 가까운 친구들이 우리에게 기대하는 것에 따라 행동하는 외관상 냉혹한 요구들이다.

Tip

갈등은 우리가 두 개의 양립할 수 없는 요구, 기회, 욕구 및 목표에 당면할 때 일어남

둘째, 좌절 역시 스트레스를 느끼는 원인이 된다. 좌절은 어떤 일이나 사람이 방해가 되기 때문에 개인의 목표달성이 막힐 때 일어난다.

셋째, 갈등은 아마도 가장 흔한 것이라고 할 수 있다. 갈등은 우리가 두 개의 양립할 수 없는 요구, 기회, 욕구 및 목표에 당면할 때 일어난다. 그런 경우 완전히 갈등을 해결하는 방법은 결코 없다. 우리는 목표 중 하나를 포기하거나, 그들 모두 혹은 그들 중 하나를 수정하거나, 아니면 목표 중 하나에 대한 추구를 지연시키거나 혹은 그렇지 않으면 어떤 목표도 완전히 획득될 수 없다는 사실을 수용하는 것을 배워야만 한다.

넷째, 불안은 매우 복잡하고 알기 힘든 스트레스 유발요인이다. 불안한 사람들은 왜 이런 상태를 느끼는지를 항상 모르고 있다. 불안한 사람들은 두려움의 모든 증상을 경험하지만(지긋지긋한 것, 얕은 호흡, 근육긴장, 분명히 사고할 수 없는 것 등) 그러나 왜 그러는지 그 이유는 알지 못한다. 따라서 스트레스 연구가들은 생활변화 평가척도를 개발하였는데, 그 결과를 **표 6-1**에 제시하였다.

또한 스트레스는 2가지 이상의 동등한 힘을 가진 동기, 태도, 가치, 목표들이 동시에 유발되는 상태를 갈등(conflict)이라고 한다. 생활에서 경험하게 되는 이러한 갈등은 우리에게 많은 스트레스의 원인이 된다.

② 레빈의 갈등 유형

갈등을 여러 유형으로 구분할 수 있으나 개인적 갈등의 영역에서 레빈(Lewin)의 갈등 유형을 네 가지로 살펴보면(장성화, 2009; 추정선, 2003; 한국청소년연맹, 2001), **그림 6-1**과 같다.

표 6-1 생활변화 스트레스 측정표

1. 대학생 생활변화 측정표		2. 일반인 생활변화 측정표	
생활사건	점수	생활사건	점수
가까운 가족의 사망	100	자식 사망	74
수감(복역)	80	배우자 사망	73
대학 입학이나 졸업	63	부모 사망	66
임신(임신했거나 시킴)	60	이혼	63
심한 개인적 질병이나 상해	53	형제자매 사망	60
결혼	50	혼외정사	59
대인관계 문제	45	부모의 이혼, 재혼	53
경제적 고충	40	별거	51
친한 친구의 사망	40	해고, 파면	50
방 친구와의 말다툼(2일 1회 이상)	40	정든 친구의 사망	50
가족과 중요한 의견의 불일치	40	결혼	50
개인적인 습관의 변화	30	징역	49
생활환경의 변화	30	결혼 약속	44
직업을 새로 갖거나 그만둠	30	중병, 중상	44
상사나 교수와 문제	25	사업의 일대 재정비	43
뛰어난 개인적 성취	25	직업 전환	43
몇 가지 교과목의 실패	25	정년 퇴직	41
기말시험	20	해외 취업	39
데이트 횟수의 증감	20	유산	38
직업(연구) 조건의 변화	20	임신	37
전과	20	입학시험, 취직 실패	37
수면 습관의 변화	18	자식의 분가	36
수일간의 변화	15	새 가족 등장	36
식사 습관의 변화	15	가족 1명의 병	35
가족과의 재결합	15	성취	35
취미생활의 변화	15	주택, 사업, 부동산 매입	35
사소한 질병이나 상해	15	정치적 신념의 변화	35
사소한 법규의 위반	11	시댁, 처가, 친척과의 알력	34
		학업의 시작, 중단	34
점수 계:		점수 계:	

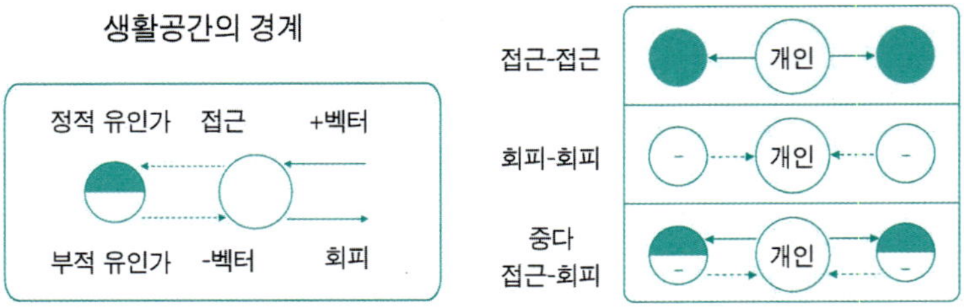

그림 6-1 레빈이 분석한 접근-회피갈등

*화살표는 운동 즉, 접근과 회피경향을 의미함

Tip

접근-접근 갈등(approach-approach conflict)은 정적 유의성을 갖는 두 개의 긍정적인 목표 중 둘 다 가질 수는 없어 하나를 선택함

첫째, 접근-접근 갈등(approach-approach conflict)은 정적 유의성을 갖는 두 개의 긍정적인 목표 중 둘 다 가질 수는 없어서 하나를 선택해야 하는 경우를 말한다. 이런 경우 어느 한쪽을 선택하면 괴로운 갈등상태나 심각한 행동의 혼란을 일으키지 않고 효과적으로 적응해 나갈 수 있을 것이다. 그러나 한쪽 목표를 획득하여 욕구를 만족시키면 나머지 반대쪽에 대한 미련이 강해져서 강한 유의성을 가지게 된다.

Tip

접근-회피 갈등(approach-avoidance conflict)은 대안이 바람직한 측면과 바람직하지 않은 측면을 동시에 갖고 있음

둘째, 회피-회피 갈등(avoidance-avoidance conflict)은 두 가지 대안이 모두 바람직하지 못한 경우 부정적인 갈등이 동시에 나타나 이럴 수도 없고 저럴 수도 없는 경우이다. 학교에 가기 싫고 안 가자니 선생님께 혼나거나 벌이 겁나는 경우이다. 이런 경우에는 어느 한 쪽을 택하기도 싫고 다 포기할 수도 없는 경우를 말한다. 갈등의 경우 그 장면으로부터 도피하여 다른 행동을 취함으로써 해결하려 하거나 공상의 세계에서 일시적인 도피를 꾀한다든지 함으로써 갈등을 해소하려 들 것이다. 이러한 방법에 의해서도 갈등이 해소되지 않으면 정서적 불안과 긴장 상태가 지속되는 부적응 사태를 유발하게 된다.

셋째, 접근-회피 갈등(approach-avoidance conflict)은 대안이 바람직한 측면과 바람직하지 않은 측면을 동시에 갖고 있는 경우이다. 즉, 좋은 목표와 싫은 목표가 동시에 존재하는 경우에 생긴다. 승진 시험에 합격하고 싶으나 공부는 하기 싫다든지, 성적 충동이나 공격욕구는 있지만 사회적 비난이나 벌을 두려워하는 경우이다. 이러한 갈등을 적극적으로 해결하지 못할 경우 그러한 장면으로부터 도피함으로써 해결하려 할 것이다. 그러나 욕구가 완전히 없어지지 않고 오히려 긴장이 더 커진 상태로 남아 있기 쉽다. 이 긴장이 오래 지속되면 불안, 신경증 등의 부적응 행동을 유발할 수도 있다. 따라서 대인관계에서 갈등이란 견해가 다른 두 사람이나 그 이상의 사람들 사이에서 일어나는 불화나 충돌로 해석한다.

넷째, 이중접근-회피 갈등(double approach-avoidance conflict)은 각각 접근-회피 갈등을 보이는 두 개의 목표 중 하나를 선택해야 하는 갈등으로 가장 흔하다. 선택한 후 어떤 선택에라도 단점이 있기에, 결정을 잘한 것인지 아닌지 계속 고심할 수 있으며 이에 따라 스트레스를 느끼게 된다.

(2) 칵테일파티 효과

사람들은 모든 것을 다 보고 들을 수는 없다. 정보처리능력에 한계가 있기 때문이다. 그래서 사람들은 정보를 선택적으로 받아들여 처리한다. 그렇기 때문에 사람들은 시끄러운 파티장, 나이트클럽, 시끄러운 공사장에서도 서로 대화가 가능하다. 자기에게 의미 있는 정보만을 선택적으로 받아들이는 이런 현상을 선택적 지각

Tip

사람들은 시끄러운 파티장, 나이트클럽, 시끄러운 공사장에서도 서로 대화가 가능하다. 자기에게 의미 있는 정보만을 선택적으로 받아들이는 이런 현상을 선택적 지각(selective perception)이라고 함

(selective perception)이라고 한다.

칵테일파티 효과는 감각기억이 존재하기 때문에 가능하다. 감각기억은 다시 청각에서 일어나는 잔향기억과 시각에서 일어나는 영상기억으로 구분된다. 그중에서도 칵테일파티 효과는 잔향기억에서 일어나는 현상이다. 시끄러운 나이트클럽에서 고래고래 소리를 지르며 대화할 수 있는 것도 아주 짧은 순간이긴 하지만 잔향기억이 존재하고 있기 때문이다.

심리학자들은 인간의 합리성을 믿지 않았다. '선택적 지각(selective perception)'이 그중 하나다. 외부 정보를 객관적으로 받아들이는 대신 기존 인지체계와 일치하거나 자기에게 유리한 것만 선택적으로 받아들인다는 것이다. 칵테일파티 효과도 마찬가지로 소리가 식별 안 되는 시끄러운 파티장에서도 자기 이름을 부르는 소리는 잘 들린다. 사람은 소음 속에서도 자기에게 의미 있는 정보는 선택적으로 받아들이는 능력이 있다는 것이다. 선택적 지각은 선택적 노출→주의→이해의 과정을 거친다. 인지 심리학 용어지만 광고·마케팅의 주요 개념이 됐다. 돈을 많이 들인 광고라도 소비자의 선택적 지각을 끌지 못하면 소용없기 때문이다. 소비자가 하루 1,500개 광고를 본다면 70여 개를 지각하고 10여 개를 기억한다는 연구가 있을 정도이다.

선택적 지각은 일상생활에서도 많이 경험한다. 열등감이 많은 사람은 타인의 무심한 행동도 자신을 무시했다고 곡해한다. 우리의 기억은 오해투성이다. 망상증 환자들은 완벽하게 선택적 지각을 한다. 선택적 지각 결과를 나름대로 정교한 논리로 만들어 주변에서 아무리 진실을 얘기해도 듣지 않는다.

Tip

'인지 부조화(cognitive dissonance)'는 자기 태도와 행동 사이에 불일치가 생기면 그 불편함을 해소하기 위해 둘을 일치시키려 함

'인지 부조화(cognitive dissonance)'라는 것이 있다. 자기 태도와 행동 사이에 불일치가 생기면 그 불편함을 해

소하기 위해 둘을 일치시키려 한다는 것이다. 태도에 행동을 맞추기보다 행동에 맞게 태도를 바꾼다. 이 역시 유리한 정보만 택하는 선택적 지각과 비슷한 심리 기제다.

"문 닫고 들어오라"는 말은 틀린 말일까. 논리적으로는 말도 안 되는 소리다. 바람도 아닌데 어떻게 문을 닫고 들어올 수 있을까. 하지만 인간 중심의 관점에서 보면 자연스러운 말이다. 단지 '들어오다'와 '문을 닫다'의 두 언표(言表) 가운데 말하는 사람의 의도를 강조하기 위해 문을 닫으라는 말이 앞에 나온 것뿐이다. 또한 버스나 지하철에서 꾸벅꾸벅 졸다가 어느 순간 정차역 안내 방송을 듣고 잠에서 번쩍 깨어 부랴부랴 내렸던 경험이 누구나 한두 번은 있었을 것이다. 이 '신기한' 일을 <심리학이 경제학을 만나다>(토네이도 펴냄)에서는 '칵테일파티 효과'로 설명하고 있다.

시끄러운 번화가를 걷고 있을 때에도 동전이 떨어지는 소리는 또렷이 들리는 것도 역시 칵테일파티 효과 때문이다. 따라서 칵테일파티 효과는 '확증 편향(confirmation bias)'이란 심리현상과 결합해 올바른 판단을 방해하기도 한다. '확증 편향'은 자신의 행위나 언동을 정당화하기 위해 유리한 정보만을 모으는 현상이다. 단적으로 '1등 당첨 복권 나온 집'이란 현수막이 걸린 가게에 일부러 찾아가 복권을 사는 사람들의 심리, 같은 돈이라도 '공돈'은 더 쉽게 주머니에서 나가게 되는 이유 등이 그 예이다.

(3) 피터팬 증후군

피터팬 신드롬이라고도 한다. 동화에 나오는 피터팬은 어른사회로부터 '공상의 섬'으로 떠나, 이 꿈나라에서 모험하는 영원한 소년이다.

Tip

피터팬 증후군은 육체적으로는 성숙했지만 여전히 어린아이로 남기 바라는 심리를 가리키는 것으로, 1983년 미국 심리학자 댄 카일러 박사가 <피터팬 신드롬>이라는 책에서 처음 사용함

피터팬 증후군은 육체적으로는 성숙했지만 여전히 어린아이로 남기 바라는 심리를 가리키는 것으로, 1983년 미국 심리학자 댄 카일러 박사가 <피터팬 신드롬>이라는 책에서 처음 사용했다. 1970년대 후반부터 미국에서는 어른들의 사회에 끼어들지 못하는 '어른아이'의 남성이 대량으로 발생하기 시작하여, 이들 남성들이 보여주는 마음의 증후군을 설명하기 위해 임상심리학자인 댄 카일러 박사가 피터팬 증후군이란 용어를 사용했으나 최근에는 남녀에 관계없이 실패에 대한 두려움으로 인한 자신감 부족, 무책임, 무기력증 같은 양상을 설명하는 데 광범위하게 사용되고 있다.

이 피터팬 증후군은 전사춘기에서 청년기에 이르는 각 발달단계에서 그 기본증상을 차례로 나타낸다.

첫째, 초사춘기(초등학생~중학 저학년 정도): 무책임~연령적으로는 다 컸지만 언제까지나 어린이로 있고 싶기 때문에 자신의 일을 스스로 할 능력이 모자라 책임 있는 행동을 싫어한다.

둘째, 전사춘기(중학생 정도): 불안~겉으로는 명랑하게 행동하고 있지만 마음속으로는 언제나 불안으로 흠칫한다. 여기에 무책임이 가해지면 자기는 본래 게으름뱅이라든가 틀려먹은 인간이라고 생각하게 된다.

셋째, 중사춘기(중학 고학년~고교생): 고독~사람들을 끌어 모으거나 그룹에 끼어들려고 한다. 그리고 따돌림을 받는 것이 무엇보다 두려우며 주체성이 모자라고 유행에 약하다.

넷째, 사춘기 중기/후기(고교 고학년~대학생): 성 역할의 갈등~'남성다움'에 구애를 받으면서도 여성에게는 항상 모성의 역할을 원한다.

다섯째, 청년기(대학생): 나르시시즘~자신의 완전함을 필요 이상으로

추구하고, 이를 현실적으로 달성할 수 없기 때문에 자기만의 세계로 도망쳐 자기만족에 빠진다.

여섯째, 청년기 후기(대학생~사회인): 남존여비지향(男尊女卑志向)~여성에 대하여 이해성 있는 페미니스트를 자처하지만, 실제로는 책임을 모두 여성에게 떠넘긴다.

일곱째, 20대 후반~30대(사회인): 사회적 불능성~통상적으로는 무기력증과 같은 형태로 나타나 자기 자신에게도 싫증이 나버린다. 이와 같은 피터팬 증후군이 출현한 사회적 배경으로는, 가정의 불안정, 학교교육 및 가정교육의 기능저하와 함께 미국에서의 페미니즘 정착에 따른 여성, 특히 주부들의 자립을 최대의 요인으로 들 수 있다.

피터팬 증후군의 대표적인 행동양식이 졸업기피증이다. 요즘은 여학생도 4년 안에 대학을 졸업하는 경우가 드물 만큼 휴학이 보편화되어 있다. 교육부(2013)가 조사한 전국 161개 대학 166만 6,749명의 재학생 중 30.5%인 50만 8,647명이 휴학을 하였다. 그중 절반 이상이 군입대를 위한 휴학과 가정형편이 어려워졌거나 외국유학, 연수 등을 이유로 일반휴학도 38.1%에 달했다. 알바몬(2018)에 따르면 국내 4년제 대학교 재학생 1,726명 중 40.8%(521명)이 1학기에 휴학 계획이 있는 것으로 나타났다(연합뉴스, 2018). 예를 들어, 부모로부터 학자금을 지원받지 못할 정도의 형편이 아니라면, 휴학을 한 뒤 취업에 필수라는 어학연수나 배낭여행을 하는 게 관례가 됐다. 물론 비용은 대부분 부모 부담이다. 휴학한 만큼 졸업이 늦어지니 부모에게는 이중고통이기도 하다. 또 뚜렷한 목표도 없이 전공을 바꿔가며 공부만 계속하는 '학위사냥꾼'들도 피터팬 증후군을 의심해 봐야 한다. 이들은 공부한다는 핑계로 모든 책임으로부터 벗어나 유예기간을 늘려나간다. '졸업하고 갈 데가 없으면 대학원 가면 되지'라거나 '유학이나 가버릴까?'

또는 유학 가서도 쉽게 대학을 옮길 수 있는 점을 이용해 끊임없이 옮겨 다니며 유학기간을 연장시키기도 한다. 심지어 멀쩡하게 직장을 다니다가도 마음에 들지 않는다며 때려치우고 '컴백 홈'을 선언하기도 한다.

이러한 피터팬 증후군 테스트는 애인이나 아내를 위해 작성된 것이므로 여성이 남성을 관찰하는 식으로 설정되어 있으며, 검사지는 **표 6-2**에 제시하였다.

표 6-2 피터팬 증후군 검사지

문항	내용	일어나지 않는 경우	때때로 일어나는 경우	항상 일어나는 경우
1	실수를 했을 때 야단스럽게 자기가 나빴다고 빌거나, 어떤 비난이건 한사코 변명을 늘어놓거나 한다.	⓪	①	②
2	기념일이나 생일 같은 중요한 날을 잊어버린다.	⓪	①	②
3	파티 같은 데서는 당신을 무시하고 타인, 그것도 여성의 관심을 끌려고 열심히 자기를 과시한다.	⓪	①	②
4	"미안해", "잘못했어" 하는 한 마디를 절대로 못 한다.	⓪	①	②
5	자기가 그런 기분일 때는 상대방 여성도 섹스 기분이라고 믿어 의심치 않는다. 여성에게 전희(前戲)가 필요하다는 것을 생각해본 적도 없다.	⓪	①	②
6	자기 친구를 위해서는 귀찮은 일도 기꺼이 하면서 당신의 부탁은 거의 묵살한다.	⓪	①	②
7	"너무 무관심하다"고 당신이 잔소리를 하지 않는 한 당신의 감정도, 고민도 들으려 하지 않는다.	⓪	①	②
8	자기가 나가고 싶을 때 이외에는 외출하자고 말하는 일이 없고 뭔가를 하자고 자기 쪽에서 제안하는 일도 없다.	⓪	①	②
9	자기감정을 표현하는 것을 굉장히 어렵게 생각하고 있는 것 같다.	⓪	①	②
10	아버지와 밀착하고 싶지만 막상 실제로 아버지와 함께 있으면, (예나 지금이나) 의례적이고 내용도 없는 대화밖에 하지 못한다.	⓪	①	②

문항	내용	일어나지 않는 경우	때때로 일어나는 경우	항상 일어나는 경우
11	자기와 다른 의견에는 귀를 기울이려 하지 않는다.	⓪	①	②
12	화를 내면 걷잡을 수가 없다.	⓪	①	②
13	당신이 보기에는 시어머니가 과잉 요구하는 것 같아서 화가 나는데도 그는 자기 어머니의 요구에 아무 소리 못 하고 순순히 따르기만 한다.	⓪	①	②
14	자기 능력을 인정받지 못한다. 알맞은 직장이 아니라고 하면서도 불평만 할 뿐 아무것도 하려 들지 않는다.	⓪	①	②
15	타인과의 교제에서 성실함과 따스함을 느낄 수가 없다. 자녀가 있을 경우 장남에 대해 그 경향이 특히 심하다.	⓪	①	②
16	알코올이 들어가면 다른 사람이 된다. 허풍을 떨거나 허세를 부리며 떠들다가도 금세 이유도 없이 화를 낸다.	⓪	①	②
17	유행이나 동료 남성들에게 뒤떨어지지 않으려고 실로 눈물겨운 노력을 한다.	⓪	①	②
18	남존여비적인 발언을 한다. "집안을 깔끔하게 하고 다닌다면 마누라가 일하러 나간다 해도 할 말 없지"라는 따위의 말을 한다.	⓪	①	②
19	자주 영문 모를 불안에 떨고 있거나 자신을 잃곤 한다. 그러나 그런 것을 화제로 삼으려 하지 않는다.	⓪	①	②
20	자기의 경우는 뒤로 미루고서 당신을 감정적이라고 비난한다. 당신이 화를 내면 그는 돌처럼 입을 다물어 버린다.	⓪	①	②

피터팬 증후군 테스트의 진단법

- 0~10점: 피터팬 증후군의 케이스가 아니다. 그이의 문제는 그다지 심각한 것은 아니다. 혹 마음에 걸리는 일이 있으면 그이와 차분히 대화를 나누어 보면 어떨까. 대개는 서로의 애정과 협력으로 문제를 훌륭히 해결할 수 있을 것이다.
- 11~25점: 분명히 피터팬 증후군 위험 신호다. 여성인 당신 자신도 자기에 대한 재평가를 할 마음의 준비를 해야 할 것이다. 두 사람의 상황을 개선할 여지는 충분히 있으나 25점에 가까울수록 상당한 노력을 각오해야 한다.
- 25~40점: 틀림없는 피터팬 증후군 상태이다. 전문가를 찾아갈 의사가 그에게 없을 때는 당신이 대신 상담하러 가서 대책을 의논할 필요가 있다.

(4) 파레토의 법칙

이탈리아 공학도 출신의 경제학자인 빌프레도 파레토(Vilfredo Pareto,

빌프레도 파레토(Vilfredo Pareto, 1848~1923)

1848~1923)는 경제학과 사회과학에 풍부한 관심과 조예를 가졌던 학자이다. 파레토는 많은 시간을 사물의 본질을 파악하는 데 보냈고, 인류가 바라는 보다 나은 세계, 그리고 행복한 세계를 창조하기 위하여 성실하고 실천적인 노력을 기울였던 사람이다. 그는 경험적 사실에 기초한 경제이론을 발견하려고 노력한 경제학자인데 그의 평가를 더욱 돋보이게 하는 것은 소득분배의 법칙이다(이경림, 2006).

Tip

파레토 법칙은 경제학 이론의 일반적인 통설로 받아들여지고 있으며, 마케팅 분야에서 당당히 그 위상을 갖게 됨

파레토의 법칙에 관심을 갖고 주목하는 사람들이 많아졌다. 파레토 법칙은 경제학 이론의 일반적인 통설로 받아들여지고 있으며, 마케팅 분야에서 당당히 그 위상을 갖게 되었다. 파레토 법칙은 분배의 일반적 특성을 경험적으로 발견했다는 점과 이를 계수적으로 표현하는 하나의 독자적인 모형을 만들었다는 점에서 의의가 크다고 본다. 그러나 파레토 법칙의 가장 큰 의의는 경험적 사실에 의하여 문제해결을 하려고 했다는 점이다. 당시의 경험과학으로서 경제학의 접근 방법을 명확하게 규명함으로써 이는 앞으로의 경제 분석의 방향을 제시했다고도 볼 수 있는 것이다(박천익, 1998). 이를 '20:80법칙, 80:20법칙'이라고 불리는 수학적 분포에 따라 언제나 전체 중 소수의 비율이 대부분의 부를 소유하게 된다는 것이다. 역사적으로도 부는 언제나 소수가 소유했다(http://economy.hankooki.com). 따라서 80:20의 법칙을 표현하면 **그림 6-2**와 같다.

Tip

'파레토 법칙'이란 상위 20% 사람들이 전체 부의 80%를 가지고 있다거나 상위 20% 고객이 매출의 80%를 창출한다는 의미임

'파레토 법칙'이란 상위 20% 사람들이 전체 부의 80%를 가지고 있다거나 상위 20% 고객이 매출의

80%를 창출한다는 의미로 잘 알려져 있다. 부의 불평등도를 나타내는 것이지만 기업이나 금융회사의 경영이란 관점에서는 경영의 효율성을 높이고 자원의 합리적 배분을 위해 필요한 이론이라는 데 초점이 맞춰진다. 이 법칙은 이미 은행을 비롯해 금융권에서는 하나의 대세로 자리잡고 있다. 실제 은행 수익구조를 살펴봐도 80대 20법칙은 적중한다. 금융 연구원이 최근 한 시중은행 내부 자료를 분석해 발표한 자료에 따르면 은행의 상위 고객 23.5%가 은행 총수신의 89.6%, 총여신의 62.5%를 차지하고 전체 영업이익 기여도도 83.3%에 달하는 것으로 나타났다(http://www.etnews.co.kr).

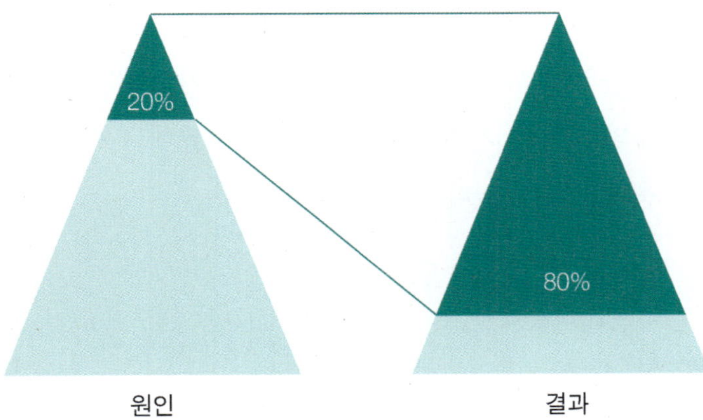

그림 6-2 80:20 파레토의 법칙

학교에서 파레토 법칙의 예를 들어, 영재학급이나 일반학급에서 학생들 중 교사의 지도 의도를 잘 받아들이는 우수 학생은 20% 정도이다. 20%의 학급임원이 올바른 리더의 역할을 하면 담임교사로서 학급 경영의 80%를 수월하게 할 수 있다. 수업에 20%의 효과를 보는 80%의 자료보다는 80%의 효과를 보는 20%의 자료를 선택하는 것이 학습 효과를 높인다. 학교에서 교과목별 연구회를 두어 그 교과목 분야

Tip

형성평가 결과 상위 20%에 해당하는 학생들과 기초학습이 부족한 학생들이 짝을 지어 도우미와 배우미로 공부하게 하면 학급 전체의 성적이 향상됨

에 정통한 20%의 교사가 연구한 것을 다른 교사들에게 전달하면 많은 교사가 다양한 분야의 지도방법을 얻게 된다. 학급의 우수아 20%가 교사 활동의 80%를 원활하게 해 준다.

형성평가 결과 상위 20%에 해당하는 학생들과 기초학습이 부족한 학생들이 짝을 지어 도우미와 배우미로 공부하게 하면 학급 전체의 성적이 향상한다. 담당 학급의 학생 지도를 제외한 학교의 주요 사안들이 20%의 부장교사들에 의해 결정이 되고 80%의 교사가 협조하여 학교 일이 이루어진다. 논문이나 책 한 권이 가지는 가치의 80%가 그 책의 20% 분량에 담겨 있다는 등의 예를 들 수 있다(이경림, 2006). 또한 우리가 많이 이용하는 은행이나 카드사의 경우는 상위 20%의 고객들이 매출의 80%를 차지하는 것과 일반기업체는 20%의 핵심부품들이 수익의 80%를 가져다주는 등 제품의 판매나 마케팅에서도 이 법칙을 적용해 볼 수 있다(옷, 휴대폰 요금 등).

2) 사회적 요소

(1) I'm OK-You're OK

해리스(Harris)는 <자기긍정(I'm OK)-타인긍정(You're OK)>이라는 책에서 녹음기에 비유하여 사람의 과거경험을 논하고 있다. 인간의 두뇌는 평생의 모든 경험을 테이프에 기록하는 고성능 녹음기와 같이 작동하며, 녹음기가 녹음하듯이 경험과 관련된 여러 느낌들을 녹음한다고 설명한다. 또한 그는 자신과 타인에 관련해서 기본적인 네 가지 인

토마스 해리스(Thomas A. Harris)

생관을 정했는데, 남들이 자기를 어떻게 보고 있으며, 자기가 남들을 어떻게 보는가 하는 두 개의 관점이나 태도가 긍정적이냐 부정적이냐의 정도에 따라 이 네 개의 유형이 형성된다고 했다(장성화, 2009).

사람들은 아주 어렸을 때 경험했던 자기용납 또는 자기포기 그리고 타인으로부터의 용납과 거절들의 체험에 따라서 자신에 대해 OK와 Not-OK의 태도를 가지게 된다. 이러한 사람들의 태도를 종합하여 네 가지 인생관을 분류해냈는데 첫째, 나도 OK, 너도 OK의 인생관, 둘째, 나는 OK, 너는 Not-OK의 인생관, 셋째, 나는 Not-OK, 너는 OK의 인생관, 넷째, 나도 Not-OK, 너도 Not-OK의 인생관이다(이숙, 2002; 홍용기 외, 2003). 따라서 긍정적 태도 혹은 부정적 태도에 따른 교류분석을 보면 **그림 6-3**과 같다.

그림 6-3 교류분석에 의한 대인관계 구조

Tip

자기긍정-타인긍정의 자세로 나도 OK, 너도 OK의 인생관을 갖는 사람들은 정신적으로 낙관적이고 건전한 인생관을 형성해 나가며 자유롭게 대인관계와 환경에 잘 적응함

첫째, 자기긍정-타인긍정의 자세로 나도 OK, 너도 OK의 인생관을 갖는 사람들은 정신적으로 낙관적이고 건전한 인생관을 형성해 나가며 자유롭게 대인관계를 맺을 수 있고 또한 환경에 잘 적응할 수 있다. 그들은 자신을 받아들임으로 자신을 있는 그대로 표현하며 현실적인 목표를 세우며 그 목표를 위하여 긍정적인 자세로 살아간다. 그들은 또한 타인을 받아들이기 때문에 인간관계가 원만하며 관용성이 있고 열려 있다. 그들은 일반적으로 타인에게 완전을 요구하지 않으며 있는 그대로 용납한다. 이러한 심리적 자세를 가진 부모에게서 자라나는 유아들은 승자(winner)적 각본을 갖게 되어 자신과 부모를 사랑하게 되고 함께 잘 지내며, 성장한 후에도 다른 사람과 더불어 잘 지낼 줄 알게 된다.

둘째, 자기긍정-타인부정의 자세로 나는 OK, 너는 Not-OK의 인생관을 갖는 사람들은 오만하며, 과대 망상적이다. 그들은 자신에게서 잘못을 발견하지 못하고 타인에게서만 잘못을 발견한다. 그러므로 일이 잘못되면 항상 타인을 비판하고 불평한다. 그들은 타인에게서 Not-OK를 찾는 사람이므로 친구를 잘 사귀지 못하며 항상 타인에게 비판적인 충고를 주려고 애쓴다. 현대의 젊은이들은 이러한 인생관을 많이 갖고 있어 타인을 비판함으로써 자기 자신에 대한 불만의 출구로 삼는다. 이러한 부모에게서 자라는 유아들은 자신이 희생당하거나 박해받는다고 느끼며, 그 자세로 다른 사람들을 희생시키고 박해하기 쉽다. 그들은 또 성장한 후에도 자신들이 불행하게 된 이유를 다른 사람에게 돌리고 비난하기 쉽다.

셋째, 자기부정-타인긍정의 자세로 나는 Not-OK, 너는 OK의 인생관을 갖고 있는 사람들은 자신은 사랑받을 가치가 없는 사람으로 여

기며 그래서 침울과 낙담을 벗 삼아 살아간다. 자신의 가치를 매우 낮게 평가하기 때문에 비굴해지며 감정적으로나 육체적으로 남과 함께 있기를 두려워한다. 아기였을 때에 충분한 사랑을 받지 못했거나, 벌을 많이 받았던 사람들은 성장해 나가면서 자신을 가치 없는 무익한 존재라고 결정한다. 이런 부모에게서 자라나는 유아들은 대개 "패자각본"을 갖게 되어 부모가 자기와 함께 있어준다 하더라도 자신은 사랑받을 만한 가치가 없고 함께할 자격도 없다는 결단을 하게 된다.

넷째, 자기부정-타인부정의 자세로 나도 Not-OK, 너도 Not-OK의 인생관을 가진 사람들은 인생은 허무의 연속일 뿐이며 자신도 남도 결코 사랑받지 못할 인간에 불과하다고 생각한다. 즉, 부모로부터 이해받지 못하고 있다는 감정, 내부지향적이기도 하고 또한 외부지향적이기도 한 양면에서의 분노 그리고 죄책감, 불신감, 대인공포, 원한과 자신 및 타인에 대한 부정적 감정들을 특징으로 하고 있다. 이러한 사람들은 삶 자체에도 의미를 발견하지 못할뿐더러 세상에서도 가치 있는 것을 찾지 못하여 파괴적이며 절망적인 인생관을 갖고 산다.

Tip

자기부정-타인부정의 자세로 나도 Not-OK, 너도 Not-OK의 인생관을 가진 사람들은 인생은 허무의 연속일 뿐이며 자신도 남도 결코 사랑받지 못할 인간에 불과하다고 생각함

(2) 거울자아이론

찰스 쿨리(Charles Horton Cooley, 1864~1929)는 미국의 사회학자이다. 미시간 대학을 졸업한 뒤, 모교의 사회학 교수로서 평생을 연구에 종사하였다. 그의 이론의 특색은 사회생활의 내용은 심리적인 성질의 것이라는 점과 개인과 집단은 전체로서의

찰스 쿨리(Charles Horton Cooley, 1864~1929)

사회의 양면이며 따로 떼어 생각할 수 없다고 한 점이다. 그를 가장 유명하게 한 것은 그의 학설 '제1차 집단'의 개념으로, 이 사회학상의 기본 개념은 현재 널리 사용되고 있다. 주요 저서로 <인간성과 사회 이론>, <사회 과정론> 등이 있다.

쿨리는 '내가 누구인가'라는 자아의식은 다른 사람과의 상호작용을 통해서 형성된다는 이론을 전개하였다. 사회화 과정에서 인간의 자아 형성은 다른 사람이 자기 자신을 어떻게 생각하는가에 따라 행동하면서 발달해 간다고 하였다. 학생이 교사로부터 우수하다고 이야기를 들으면 정말 우수한 줄 알고 우수하게 행동한다는 것이다. 머리가 좋거나 나쁘거나 매력적이거나 아니거나 등이 이렇게 해서 형성된다는 것이다. 쿨리는 이렇게 해서 형성되는 자아를 '거울 속의 자아(looking glass self)'라고 했다.

쿨리의 거울자아이론을 단적으로 설명할 수 있는 하나의 이야기를 제시해 보면, 그리스 신화에 나오는 나르시스에 관한 이야기이다. 나르시스는 연못에 비친 아름다운 얼굴에 그만 매혹당하여 그 얼굴을 만지려고 손을 뻗었으나 어느새 얼굴은 사라져 버렸고 그의 안타까움은 점점 커져만 갔다. 실제로 연못 속의 그 얼굴은 바로 나르시스 자신의 얼굴이었던 것이다. 이것도 모르고 오로지 그 얼굴만을 그리워하던 나르시스는 끝내 상사병으로 죽고 말았다. 그런데 만약 나르시스가 쿨리의 거울자아이론에 등장한다면 상황은 정반대로 전개될 것이다. 즉, 그에게 있어 자기 자신은 연못을 들여다보고 있는 사람이 아니다. 오히려 연못 속에 비친 모습이 나르시스 자신이 되어 버린다.

Tip

나르시스는 연못에 비친 아름다운 얼굴에 그만 매혹당하여 그 얼굴을 만지려고 손을 뻗었으나 어느새 얼굴은 사라져 버렸고 그의 안타까움은 점점 커져만 감

Tip

거울자아란 한마디로 다른 사람들이 나를 어떻게 보고 있는가에 대한 스스로의 상상에 의해 얻어진 느낌

거울자아란 한마디로 다른 사람들이 나를 어떻게

보고 있는가에 대한 스스로의 상상에 의해 얻어진 느낌이라고 할 수 있다. 쿨리에 의하면 인간의 자의식이란 갓난아이들이 다른 사람들과의 부단한 상호작용을 통해서 서서히 형성하게 되는 사회적 산물이기 때문에 '타인'이 없는 상황 속에서 '나'라는 의식이 형성될 수 없다고 보았다. 이러한 맥락 속에서 쿨리는 거울자아(looking glass self)라는 개념을 제시하게 되었다.

내가 신체적으로 어떻게 생긴 존재인지를 거울에 나 자신을 비추어 그 반사영상을 통해서 알게 되는 것과 마찬가지로, 심리적 자아를 파악함에 있어서 사람들은 자기 주위에 있는 타인의 자신에 대한 반응들을 통해서 자기의 자아의식을 형성하게 된다. 예컨대 얼굴이 예쁜 여자는 처음에 다른 사람을 통해서 자기가 예쁘다는 말을 들음으로써 자신이 예쁘다는 것을 안다. 그리고 이러한 과정이 반복되면 마침내 그녀는 자기가 예쁜 사람이라고 생각하고 그에 걸맞게 행동하게 된다. 결국 자아란 자신의 특성보다는 주변 환경과 관련되어 있다는 것이다.

(3) 조하리 창

① 조하리 창의 교류분석

조하리 창(Johari's window)은 교류분석과 함께 대인관계 분석에서 널리 활용되고 있으며, 이는 미국의 조셉 루프트(Joseph Luft)와 해리 잉햄(Harry Ingharm, 1955)의 조하리 창이다(장동운, 1997). 처음에는 대인관계의 유형을 설명하기 위해 개발된 것이었으나 대인관계능력의 개선방향이나 인간갈등의 원인을 설명하는 데 자주 활용된다.

세상을 살아가다 보면 우리는 '나도 내 자신을 잘 모르겠다'고 느끼는 경우가 있으며, 나도 깨닫지 못했던 내 자신의 참모습을 다른 사람

Tip

조하리 창은 자신과 타인에게 투영되는 자기의 모습을 통하여 대인관계에서의 갈등원인을 설명하고, 그 해결방법을 제시함으로써 대인관계 능력의 발전방향을 제시함

들이 일깨워주는 경우가 종종 있다. 조하리 창은 자신과 타인에게 투영되는 자기의 모습을 통하여 대인관계에서의 갈등원인을 설명하고, 그 해결방법을 제시함으로써 대인관계능력의 발전방향을 제시해 주고 있다. 조하리 창은 인식(awareness)을 통해서 관계(relationship)를 설명하는 모델로서 **그림 6-4**와 같이 크게 네 부분(개방영역, 맹목영역, 사적영역, 미지영역)으로, 자신의 자기개방과 자신에 대한 타인의 피드백이라는 것으로 구성되어 있으며 각 부분의 특징은 다음과 같다(장성화, 2009).

첫째, 개방영역(open area)은 자신과 다른 사람이 알고 있는 행동, 정보, 태도, 감정, 희망, 생각, 동기(motivation)에 적용되는 영역이다.

둘째, 맹목영역(blind area)은 우리가 자신에 대해 알지 못하는 것을 다른 사람이 인식할 수 있는 영역이다. 예를 들어, 몸에서 나는 냄새, 코를 만지지 않는 습관 등이다.

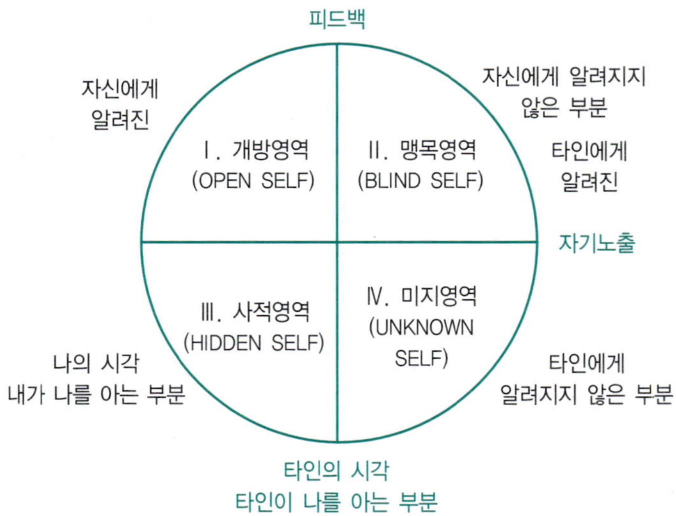

그림 6-4 조하리 창(Lurt, 1961)

셋째, 사적영역(hidden area)은 회피하고(avoided) 감추어진(hidden) 영역으로 우리가 알고 있지만 다른 사람에게 알리지 않은 부분을 나타낸다. 예를 들어, 신부님께 고해성사를 하는 내용이 여기에 해당한다.

넷째, 미지영역(unknown area)은 자신이나 다른 사람이 자신의 어떤 행동이나 동기(motives)에 대해 모르는 영역을 가리킨다. 즉, 최면술 등을 통해서 일부분 알게 되어 영역의 존재를 추정할 수 있고, 알려지는 순간 그 미지의 행동이나 동기는 다른 영역에 영향을 미친다. 따라서 개인의 네 가지 영역은 각기 다르게 영역의 확장과 축소가 이루어진다.

새로운 집단에서 한 개인의 개방영역은 개방과 자발적인 상호작용이 많지 않아서 매우 작을 수밖에 없다. 집단이 성장하고 성숙해지면서 개방영역은 크기가 확장되는데, 이는 우리 자신에 대해 친숙해지고 다른 사람들이 실제 있는 그대로 인지하게 되는 것으로 자신의 행동이 더욱 자유로워지게 된다.

사적영역은 개방영역이 더 커짐에 따라 그 영역이 줄어들게 된다. 영역이 줄어든다는 것은 자신이 알고 느끼는 것을 숨기거나 부정할 필요성이 줄어드는 것을 말한다. 즉, 상호 신뢰가 증진되는 분위기에서 적절한 생각과 감정을 숨길 필요가 줄어들게 되는 것이다.

맹목영역에서의 넓이의 변화는 서서히 이루어진다. 보통 우리는 다른 사람이 행동하는 무엇인가에 대해 느낀 것을 숨기는 심리적 특성이 있어서 맹목영역에서는 사적영역보다 넓이가 줄어드는 데 더 오랜 시간이 소요된다.

미지영역은 추정하는 영역이나 최면술과 같은 실험 조건에서나 약물 복용에 의해서 일시적인 변화를 보여주지만, 그러한 변화가 맹목영역의 변동보다 매우 천천히 일어남을 추정할 수 있다. 어떤 점에서 미지영역은 이론적으로 그린 그림보다 개인의 관계에서 더욱 넓은 영향을 준다.

② 조하리 창의 대인관계 유형

조하리 창을 이용한 대인관계 유형이 있다. 효과적인 대인관계를 유지하기 위해서는 자기개방과 피드백과정을 모두 적절히 이용해야 한다. **그림 6-5**는 자기개방과 피드백을 어떻게 운영하느냐에 따라 달라지는 네 가지 대인관계 유형을 나타낸 것이다(김건태, 1995).

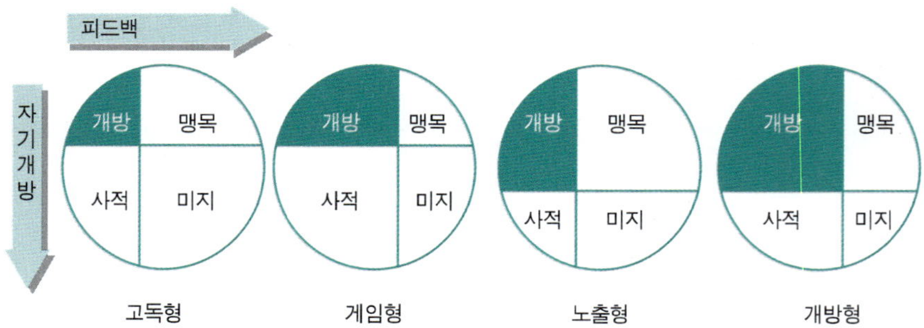

그림 6-5 조하리 창의 대인관계 유형

Tip

자기 개방을 하지 않거나 피드백을 받지 않아서 개방영역이 매우 적은 고독형(loner)이 있다. 고독형은 자신을 노출시키지 못하기 때문에 다른 사람이 그에 대하여 알지 못해서 사적영역이 커진다.

첫째, 자기 개방을 하지 않거나 피드백을 받지 않아서 개방영역이 매우 적은 고독형(loner)이 있다. 고독형은 자신을 노출시키지 못하기 때문에 다른 사람이 그에 대하여 알지 못해서 사적영역이 커진다. 피드백도 받지 않기 때문에 맹목영역도 커지며, 그 결과 다른 사람이 자신을 어떻게 보는지 알지 못하여 결국 미지의 영역이 매우 커진다. 따라서 이 유형의 사람들은 고립되고 혼자 있기를 좋아하고 비사교적이어서 다른 사람에게 냉담하고 무관심한 사람으로 보이기 때문에 접근하기를 주저한다.

둘째, 다른 사람으로부터 정보를 수집하는 데는 성공적이나 그 대신 자신의 정보는 거의 제공하지 않는 유형으로, 개방영역이 맹목영역으로 확대된 게임형이 있다. 이러한 유형은 두 가지 이유가 있다. 하나는 다른 사람이 자기 자신의 취약점이나 부적절성을 이용할 것을 두려워하여 자신을 고의적으로 노출하지 않는 것이며, 또 다른 하나는 다른 사람에게 영향을 미치려는 목적으로 그들에 대한 정보를 수집하기 위해 사용한다. 게임형은 훌륭한 경청자(good listener)로 생각될 수도 있어서, 다른 사람으로부터의 피드백에 매우 수용적이며, 자기 자신을 상대에게 노출하려는 것으로 보인다. 그러나 다른 사람들이 일단 자신들이 일방적인 관계에 있다는 것을 발견하게 되면, 상대방은 게임형의 행동을 의심하게 되고 결국에는 관계를 철회하게 한다.

> **Tip**
>
> 게임형은 훌륭한 경청자(good listener)로 생각될 수도 있어서, 다른 사람으로부터의 피드백에 매우 수용적이며, 자기 자신을 상대에게 노출하려고 함
>
> 노출형은 자기 개방은 많이 하면서 피드백을 거의 받지 않는다. 이러한 유형은 자신의 의견에 자신 있으며 다른 사람의 복종을 요구함

셋째, 자신의 말을 많이 하면서 적게 경청하는 유형으로 개방영역이 사적영역으로 확대된 노출형(exhibitionist)이 있다. 노출형은 자기 개방은 많이 하면서 피드백을 거의 받지 않는다. 이러한 유형은 자신의 의견에 자신 있으며 다른 사람의 복종을 요구하려 한다. 위계적 조직구조에서는 관리자가 이 유형을 주로 사용하고 있다. 왜냐하면 관리자란 주장이 강해야 하고, 매사에 자신감이 있으며, 지시적이 되어야 하기 때문이다. 특히, 부하나 동료와의 관계에서 이러한 경향이 두드러지게 나타난다.

넷째, 자기개방과 피드백을 모두 효율적으로 활용하는 유형으로 개방영역이 미지영역에까지 대각선으로 확장된 개방형(open-minded persons)이 있다. 개방형의 특성은 정직성(candor), 개방성(openness), 대인 간 감수성(interpersonal sensitivity)이다. 이러한 유형의 사람은 능력이 있고,

안정되고, 융통성이 있으며, 외향적인 경향을 나타내서 피드백에 덜 방어적이므로, 대인관계를 통해 자신에 대하여 많이 알게 된다. 따라서 성과와 인간 모두에 높은 관심을 갖는 사람은 다른 사람에 비하여 더욱 개방된 성격을 가지고 있으며, 성과지향적인 사람은 노출형이 많고, 인간지향적인 사람은 게임형이 많다. 고립형보다는 게임형이나 노출형, 게임형이나 노출형보다는 개방형이 더 효과적인 대인관계 유형임을 알 수 있다(김경중, 2002). 조하리 창을 통한 타인의 피드백(feed-back), 즉 타인의 도움으로 몰랐던 나 자신을 알게 되고, 나만이 알고 있는 은폐영역을 개방해 줌으로써 서로의 관계는 깊어짐을 체험하는 것이다. 따라서 타인을 받아들이기 위한 수용하는 자세와 나를 타인에게 개방하는 자세가 중요하다.

(4) HTP와 KFD 그림 검사

Tip

그림 검사(drawing test)는 인간의 내면 세계를 표현하는 하나의 방법이며, 언어로 나타나지 않는 무의식적 표현에서 많은 양의 정보를 줌

그림 검사(drawing test)는 인간의 내면 세계를 표현하는 하나의 방법이며, 언어로 나타나지 않는 무의식적 표현에서 많은 양의 정보를 준다. 그래서 심리장애를 진단하는 객관적 심리 검사(MMPI-2, PAI, K-WAIS 등)를 보완해 주는 수단으로 투사적 심리 검사(HTP, KFD, Rorschach, TAT 등)를 개발하였다. 이러한 투사적 그림 검사(projective test)를 코핏츠(Koppitz, 1984)는 비언어적 언어라고 설명하고, 그림 검사에서 나타난 그림은 내담자의 내면을 표현하는 의사소통의 중요한 수단이라고 강조했다. 그리고 그림 검사의 장점은 경제적이고 용이하여 심리검사에 대한 심리적 부담감을 줄일 수 있고, 가장 대표적인 그림 검사로 집-나무-사람(House-Tree-Person, HTP)과 운동성 가족화 검사(Kinetic Family Drawing,

KFD)라고 볼 수 있다.

① HTP검사

벅(Buck, 1948, 1966)이 개발하고 벅(1966)과 해머(Hammer, 1969)가 발전시킨 HTP 그림 검사가 가장 많이 알려졌고, 초기에는 지능검사의 보조적인 수산으로 고안되었지만, 이후 개인의 지능과 성격의 특징, 그리고 대인관계 등의 모든 것을 측정하는 수단으로 발전하였다. 이 검사법은 집(개인 생활의 물리적인 환경과 대인관계 태도), 나무(무의식적인 심리적·신체적 자아상), 사람(의식화된 자아상, 때로는 양육자)을 A4 용지 각 장에 따로 그리도록 한 다음 그림을 완성한 후에 여러 가지 질문을 하는 사후질문과정(post drawing inquiry)이다.

HTP 그림 검사를 실시하는 방법은 첫째, 검사지 상단에 1번에서 4번까지 번호를 매기고, 둘째, 집, 나무, 사람의 순서로 그리도록 하며, 셋째, 검사도구인 A4(210×297mm), 연필(2B, 4B 정도), 지우개가 필요하다.

검사에 대한 설명으로 "지금부터 그림을 그려보세요. 이것은 잘 그리고 못그리는 것을 검사하는 것이 아니므로 즐거운 마음으로 그리시면 됩니다. 또 이것은 미술대회처럼 사생하는 것이 아니라, 자기가 생각하는 대로 솔직히 그리면 됩니다. A4용지 한 장에 하나씩 모두 4장의 그림을 그릴 것입니다"라고 한다.

Tip

이것은 미술대회처럼 사생하는 것이 아니라, 자기가 생각하는 대로 솔직히 그리면 됨

① 종이를 가로방향으로 제시하고, "이 종이에 집을 그리세요"라고 한 후 "질문에 대해서는 자유롭게 마음대로 하시면 됩니다"라고 말하고 질문 내용과 소용시간을 기록한다.

② 다음에는 종이를 세로방향으로 제시하며, "이번에는 나무를 그려주세요"라고 한 후 "질문에 대해서는 자유롭게 마음대로 하세

요"라고 말하고 질문 내용과 소요시간을 기록한다.

③ 종이를 세로방향으로 제시하고, "이번에는 사람을 한 명 그려주세요. 그리고 사람의 전체의 모습을 그려주세요. 막대 사람이나 만화 주인공은 그리지 마세요" 사람을 다 그린 후에는 남자인가 여자인가를 물어본 후 "반대의 성을 그려 주세요"라고 한다. 주의할 점은 그림이 현저하게 만화처럼 그렸거나 막대형 그림이이거나 추상적인 그림으로 그려진 경우에는 "다시 한 번 그려주세요"라고 한 후 다시 동일한 그림을 그리면 유의미성을 지닌 것으로 해석해야 한다.

Tip

그림의 크게 그리거나 작게 그리는 것을 통해 내담자의 자아존중감, 자아팽창 여부, 자기에 대한 과대평가, 공격성, 충동성 등에 나타나는 행동화의 단서에 대한 정보를 얻음

HTP 그림 검사의 집(house)은 대부분이 가족 간의 생활과 관련성이 있는 것으로 반영된다. 특히 그림의 크게 그리거나 작게 그리는 것을 통해 내담자의 자아존중감, 자아팽창 여부, 자기에 대한 과대평가, 공격성, 충동성 등에 나타나는 행동화의 단서에 대한 정보를 얻을 수 있다.

그림 6-6은 우울증 진단을 받은 중학교 3학년(15세) 여학생의 집 그림으로, 혼자 살고 있는 집이라고 설명한 후 조용히 집에만 있고 싶다고 말했다. 이 여학생은 현재 가족들 간의 관계에서 소통이 되지 않으며, 심리적인 불편감을 호소하고 있다. 특히 자신이 왜 살아야 되는지 잘 모르겠고, 삶에 대한 무기력한 행동들을 가까운 가족들이 이해하여 주지 못하여 힘들다. 왼쪽 구석에 집을 그린 것으로 보아 과거와 관련된 우울감을 느끼고, 이러한 일로 인하여 자신이 없고, 무력감, 위축감, 불안감, 심리적 고독, 자기효능감의 부족함 등은

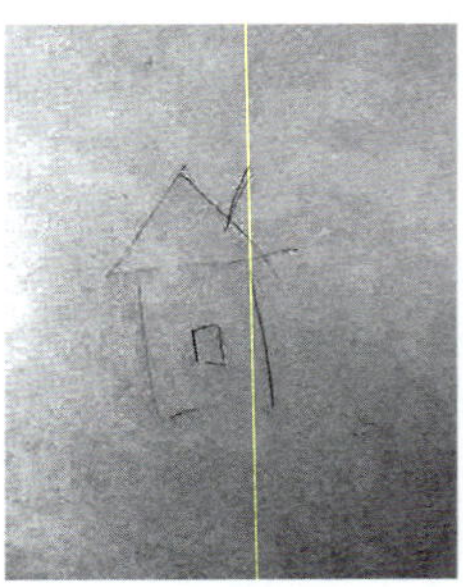

그림 6-6 집 그림 검사

이 그림에 잘 반영되어 나타났다. 어쩌면 가족들 간의 관계에 심리적인 갈등이나 애정 등에 대한 결핍, 환경과 자아 내면에서 자존심이 부족하여 상당한 우울감, 고립감을 느끼고 위축되어 있음을 알 수 있다.

집 그림의 사후 질문은 누구의 집인가? 누가 이 집에 살고 있는가? 이 집의 분위기는 어떠한가? 무엇으로 지어졌나? 나중에 어떻게 될 것 같은가? 그림이 마음에 드는가? 어디에 있는 집인가? 등이 있다.

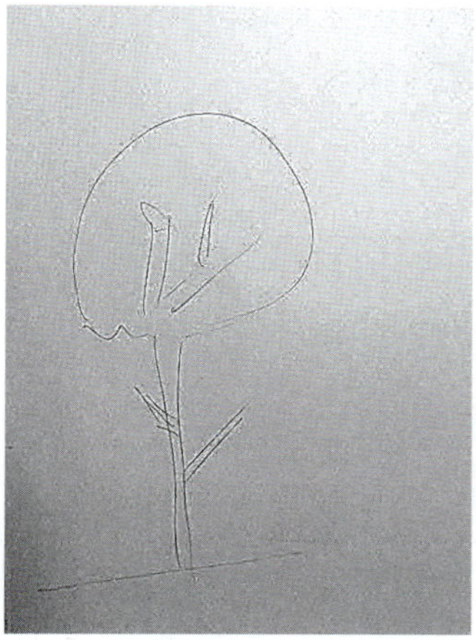

그림 6-7 나무 그림 검사

그림 6-7은 고등학교 1학년인 16세 남학생에게 실시한 심리검사이다(나무그림). 이 남학생은 최근에 학교 친구들로 폭행과 왕따 경험이 있어서 병원에서 처방전을 받아 3개월간 약물치료와 상담을 받고 있다. 이 우울한 심리상태는 무의식적인 감정이 반영되어 자기 자신이 곧 죽게 될 나무라고 설명하는 것은 상당한 부적응적 양상과 정신병리적 특성이 있음을 의미한다. 학교에서 경험한 선행사건으로 인하여 매우 위축되어 있는 사회성과 우울증, 신경증 환자에게서 많이 나타난다. 특히 무엇 대문에 나무가 곧 죽게 될 것이냐고 물어보면, 아무도 관심이 없다. 너무 힘들어서 그렇다 등의 답변을 하는 경우는 내담자가 심리적인 어려움과 외적인 환경적인 요소 그리고 스트레스 사건 때문에 발생했을 가능성이 높다. 경험적으로 우울하고 위축된 아이들에게서 이러한 열쇠구멍과 유사한 나무를 그리는 경향성이 있다. 나무(tree) 그림의 사후 질문은 어떤 나무의 종류인가? 이 나무의 분위기는 어떠한가? 몇 살쯤 된 것 같은가? 무엇으로 지어졌나? 나중에 어떻게 될 것 같은가? 그림이 마음에 드는가? 어디에 있는

집인가? 등이 있다.

그림 6-8 사람 그림 검사

그림 6-8은 중학교 2학년(14세)이 그린 사람 심리검사이다. 자아상을 그린 그림에 심리적인 불안감과 자신이 타인들에게 어떻게 보일지에 매우 예민하고 두려워하고 있는 것이 반영되었다. 어쩌면 사회적 상황에서 위축되고 지나치게 회피적이거나, 입을 그리지 않은 것을 보아 존재감과 가치감을 느끼게 해 주는 타인의 애정이 나타났다. 이 그림으로 솔직하게 반영되었는데 애정의 교류에 있어 심한 좌절감, 무능력감, 위축감, 양가감정을 느끼는 것을 보여준다. 특히 애정을 줄 수 있는 부모와 같은 대상과의 관계에 상당한 갈등이나 결핍이 있을 수 있다. 이처럼 그림 검사를 통해서는 자신에 대한 의식적인 성격이나 감정 상태를 쉽게 알아낼 수 있다.

사람(person) 그림은 사후 질문은 누구인가? 몇 살인가? 무엇을 하고 있는가? 건강한가? 소원은 무엇인가? 나중에 어떻게 될 것 같은가? 등이 있다. 그리고 "나무"나 "사람" 그림은 주로 성격의 핵심적인 갈등 및 방어에 대한 정보를 제공해 주는데, 사람 그림이 보다 의식적인 측면을 반영하는 반면, 나무 그림은 더 깊고 무의식적인 감정을 반영해 준다.

종합적으로 HTP그림 검사에서 해석을 할 때에는 구조적 요소와 내용적 요소 두 측면을 모두 고려해야 하며, 한 개의 신호(sign)만으로 해석의 결정적인 증거를 삼아서는 안 된다. 또한 그림 검사가 내담자에 대한 많은 함축적인 정보를 주기는 하지만, 어떻게 그렸는가를 분석, A4 용지 4장의 공통적 분석, 그림 그리는 순서, 대칭성, 운동성, 원근법, 음영, 생략, 강화, 지우기 등을 통하여 성격의 단면을 이해해 나아가야 한다. 해석 시 유의할 점은 다음과 같다.

> **Tip**
> 그림 검사가 내담자에 대한 많은 함축적인 정보를 주기는 하지만, 어떻게 그렸는가를 분석, A4 용지 4장의 공통적 분석, 그림 그리는 순서, 대칭성, 운동성, 원근법, 음영, 생략, 강화, 지우기 등을 통하여 성격의 단면을 이해함

첫째, 검사 시의 태도와 소요시간은 30초가 지났는데 시작을 못하거나, 2분 이내나 30분 이후에 완성한다면 특별한 의미로 해석(완벽성, 갈등, 강박성향 등)한다.

둘째, 그림 순서는 정신장애가 있는 경우는 그림이 바뀔 때마다 정동반응을 보이거나 순차적으로 대안적인 영역으로 들어가 곤혹이 공포로 변화는 경우가 있다. 그림 순서는 대개 집은 지붕, 벽, 창문 순으로, 나무는 줄기, 가지, 수관, 뿌리 순으로, 사람은 머리, 눈, 코, 입, 목, 몸, 팔, 다리 순서로 그리며, 얼굴을 가장 나중에 그리는 경우는 타인과의 정서적 접촉에 문제가 있으며, 대인관계 문제를 시사한다.

셋째, 그림의 크기는 여백이 얼마 정도 있는지 확인하며, 보통은 2/3정도를 차지하고, 크기는 자존감, 자기확대욕구, 공상적인 자아에 대한 단서를 제공한다. 하지만 지나치게 그림을 작게 그리는 경우는 열등감, 무능력감, 불안감 표현, 폐쇄적, 자기 억제가 강한 사람들인 반면, 지나치게 그림이 클 경우는 환경에 대한 적의, 공격성, 충동성, 사치스러움, 과잉행동성, 조증, 환경으로부터의 압력에 대한 확장 등이 나타난다.

넷째, 위치는 보통 중앙에 위치하지만, 정중앙(완고함, 불안을 나타냄), 오른쪽 치우침(미래 강조, 남성적 특성이 과도함, 남성에 대한 지나친 동일시, 지적 만족), 왼쪽 치우침(자의식이 강함, 내향적인 성향, 과거로 퇴행, 공상적인 경향, 여성적 경향성, 충동의 만족), 위쪽에 위치(높은 목표를 가지며 도달하고자 노력하며

때로는 거기에 도달하기 어려운 감을 가지고 있음, 공상 중에 만족구함, 불확실, 부적절한 탁척주의, 사람들과 거리를 두어 가까이하기에 어려움), 아래쪽에 위치(불안정감, 위화감, 우울한 기분, 자신은 현실적인 것을 지향하고 있다고 생각, 패배감, 불안감, 그림이 작고 선이 약한 경우는 우울경향성), 용지 왼쪽 귀퉁이(불안이 강하고 새로운 경험을 피하고 과거로 퇴행하고자 하는 사람) 등으로 나타난다.

Tip

필압은 에너지 수준, 긴장 정도, 공격성, 충동성에 대한 정보를 제공함

다섯째, 필압은 에너지 수준, 긴장 정도, 공격성, 충동성에 대한 정보를 제공한다. 무엇보다 강한 필압은 극도의 긴장감, 뇌염이나 간질상태, 독단적, 힘이 있고 양가적 감정, 공격적, 자신감이 있는 반면, 약한 필압은 부적절한 적응상태, 주춤거리고 우유부단하고 멍청함, 두려움이 많은 불안 상태, 낮은 에너지 수준, 우울증, 지능이 낮거나 자신의 감정의 지나친 억제로 나타난다.

여섯째, 스트로크는 수평적 운동의 강조(약함, 두려움, 자기방어적), 수직 운동의 강조(남성적, 독단성, 결단력, 광잉 행동성), 곡선강조(건강한 성격, 관습에 얽매이지 않음), 딱딱한 선을 강조(완고하거나 공격적 경향성), 필압의 방향이 계속적인 변화는 낮은 안정감, 진동하는 방향과 의미한 선, 중단된 선은 불안과 우유부단한 모습이 있다. 끊어지지 않고 곧은 운필은 빠르고 단호하며 주장이 강하고, 끊어지지 않은 곡선의 운필은 느리고, 우유부단, 의존적, 감정적인 경향, 여성적 성격과 유순하다.

일곱째, 지우개는 적당히 사용하는 사람은 순응성이 있고, 지나치게 사용한 경우는 불안감, 우유부단함, 불확실성과 자신에 대한 불만이 있다. 특히 불완전함에도 불구하고 지우지 않는 경우는 어느 정도의 병적인 거부반응과 특정 부분만 지우면 그 부분의 상징하는 것에 대한 피험자의 강한 갈등이 있다.

여덟째, 대칭성이 결여되어 있으면 피험자의 불완전감, 신체적 면에

부적응감과 좌우대치성이 지나치면 강박적이고 충동성의 표현을 통제, 타인과 거리감을 두고 접촉, 억압과 지나친 지적 만족 추구, 우울, 망상형 정신분열증, 죄책감이 있다. 특히 대치성 무시를 하면 조증과 히스테리적 경향성이 있다.

아홉째, 방향에 따라 피험자의 환경에 대한 태도와 감정, 대인관계의 평가 등을 알 수 있다. 특히 모든 그림이 완전 정면이면 어느 정도의 경직성과 내면에 불안의 반동형성이 있다(정면(긍정적), 측면(반긍정, 반부정), 후면(부정, 자폐, 자기 고집대로 외계와 접촉하는 사람)).

Tip

세부묘사가 결여되면 공허, 위축, 우울하며, 세부묘사가 과다하면 강박증, 과다한 억제, 의존, 애정 결핍을 보상함

열 번째, 세부묘사가 결여되면 공허, 위축, 우울하며, 세부묘사가 과다하면 강박증, 과다한 억제, 의존, 애정 결핍의 보상이 따른다. 부적절한 세부묘사는 불안, 위축, 부적절감이 있다.

열한 번째, 생략과 왜곡은 그 부분이 피험자에게 갈등이 되고 있다.

열두 번째, 절단은 용지의 하단에서 잘려지면 마음속에 충동성이 강하게 존재하며, 용지 윗부분에서 잘려지면 행동보다 사공에 관심이 높고, 지적인 면에 대한 성취 욕구가 강하고 현실 생활에서 얻을 수 없는 만족을 구한다. 왼쪽에서 잘라지면 과거에 고착, 충동성, 타인에게 의존적이며 강박이 있다. 오른쪽에서 잘려지면 미래로 도피하고자 하는 욕구의 두려움과 지적 통제 경향이 있다.

Tip

그림자와 음영에서 그림자는 의식 수준에 있어서 불안과 갈등이 있음

열세 번째, 그림자와 음영에서 그림자는 의식 수준에 있어서 불안과 갈등이 있다. 특히 내부 전체나 일부분 진하게 칠한 음영은 불안과 강박으로 어찌할 수가 없는 우울, 미숙한 정신상태로 퇴향, 타인에 대한 과민 반응과 불안과 갈등이 있다.

열네 번째, 투시화는 정서적 기질적 원인으로 성격의 통합을 상실,

현실검증의 장애로 자기와 외계와의 관계를 바르게 다룰 수가 없어 양자가 구별되지 않는 상태, 병적인 징조와 정신분열증 환자에게서 나타난다.

열다섯 번째, 원근법은 아래에서 올려다 보면 환경에 접근하기 어려워하는 감정, 가정으로부터의 거부, 열등감, 자기비하, 위화감, 폐쇄적 사고가 있고, 위에서 내려다 보는 그림은 환경에 방관자적 태도를 나타낸 것으로 자신의 우월성, 가정을 벗어남, 가정이나 가정환경에 부여된 가치를 근본적으로 거부하는 사람이다. 또 멀리 보이는 그림은 움츠려드는 사고와 타인에게 근접하기 어려운 감정이 있다. 가까이 보이는 그림은 따뜻한 감정을 지닌다.

열여섯 번째, 운동성은 해석 시 운동성과 동작이 격렬한가, 온건한가, 자발적인가, 강제적인가, 유쾌한 것인가, 불쾌한 것인가를 검토한다. 특히 운동성이 느껴지지 않고 경직된 느낌은 성격이 경직되어 가소성이 없는 정신분열증이며, 확장적 운동은 기분이 밝고 활동적인 경향, 침착성이 없는 성격이다. 수축적 운동은 정신적 피로, 에너지 수준이 낮고 의존적인 성향이 있다.

열일곱 번째, 지면선은 불안하고, 지면선이 경사를 이루거나 양끝이 내려가면 자신이 고립된 의존성, 노출증 경향이 있다. 또한 오른쪽이 내려간 경사는 미래가 불확실하여 위협을 느끼고, 오른쪽이 올라간 경사는 미래를 향하여 노력하고 있다는 것을 나타낸다.

열여덟 번째, 태양은 부모님에 대한 특별한 감정, 날씨는 자신의 환경에 대해 갖고 있는 감정을 표시한다. 또 용지를 제시한 방향과 다르게 회전하여 그리면 공격성, 거부경향이 있고, 1회 이상 시 병적, 한쪽 방향의 회전은 고집성을 의미한다.

열아홉 번째, HTP의 결과만을 맹신하거나 지나친 해석을 해서는 안 되며, 다양한 객관적 검사 등의 자료를 종합하여 고려하여야 한다.

② KFD검사

KFD(Kinetic Family Drawing) 그림 검사의 가족화를 도입한 사람은 헐스(Hulse, 1951)로 아동에게 자신의 가족을 그려보라고 한 뒤, 그림 속의 인물에 대하여 자유롭게 이야기를 나누면서 심리적 어려움을 가족 간의 문제로 찾을 수 있었다. 이후 해머(Hammer, 1958)는 가족화 그림에 개인의 욕구와 환경적 압력 간의 관계, 대인관계 등을 살펴보았다. 그리고 번스와 카우프만(Burns & Kaufman, 1970)이 자신들의 임상경험을 통해 개발한 것으로, 아이들에게 자신의 가족을 모두 그리는데 무엇인가를 하고 있는 내용을 그리도록 행하는 심리검사이다. 이 검사는 A4용지 혹은 스케치북에 자신을 포함한 가족들이 무엇을 하고 있는 모습을 그려야 하며, 눈, 코, 입과 옷차림 등이 나타낼 수 있는 정상적인 사람의 형태로 그려야 한다. 즉, 막대기 형태의 사람을 그리면 안 되고, 가족들과 자신이 무엇인가를 하고 있는 모습으로 그려야 한다. 그림을 그리는 과정 중 내담자가 어떠한 표정과 모습을 보이는지 관찰할 수 있으며, 해석 시 가장 중요한 부분은 가족구성원이 어떻게 그려졌느냐이다. 자주 지웠는지, 신체부위가 생략된 것은 없는지, 팔과 다리의 길이는 적절한지, 실제 가족구성원 중 그리지 않은 사람이 있는지, 가족원이 아닌 사람이 포함되어 있는지 등을 꼼꼼하게 파악해야 한다. 가족화 그림 검사의 5가지 영역은 첫째, 가족 간의 활동 내용은 애착관계, 경쟁관계, 갈등관계 그리고 불안관계를 살펴볼 수 있다. 둘째, 그림양식은 구획나누기 인물 아래선, 포위하기 등이다. 셋째, 인물상

> **Tip**
> 그림 속의 인물에 대하여 자유롭게 이야기를 나누면서 심리적 어려움을 가족 간의 문제로 찾을 수 있음

> **Tip**
> 그림을 그리는 과정 중 내담자가 어떠한 표정과 모습을 보이는지 관찰할 수 있으며, 해석 시 가장 중요한 부분은 가족구성원임

의 특징은 지우기, 생략된 가족, 신체 부분과장 혹은 생략, 필압 등이다. 넷째, 역동성은 위, 아래, 우측, 좌측, 정면, 측면, 뒷면에 그려진 인물, 인물의 크기, 거리 등이다. 다섯째, 그림에 나타난 상징은 자전거, 야구방망이, 고양이, 강아지, 줄넘기, TV 등이다. 이와 같이 가족화 그림 검사는 움직임이 없는 정적인 가족화에 동적인 구성 요소를 추가하여 가족구성원들 사이에 형성되어 있는 친밀감, 단절감 그리고 힘의 분포와 같은 가족 내 역동성을 볼 수 있다. KFD 그림 검사는 HTP와 동일한 방법으로 그림을 그리게 한 후 내담자에게 다양한 질문을 한다. KFD의 그림 검사는 가족구성원들이 어떻게 그렸는지 확인하고, 빠진 가족구성원과 그림을 그린 순서 등을 중심으로 해석한다. 이 검사는 가족구성원의 행동은 역할, 상호작용을 반영해주기 때문에 내담자가 지각하는 가족에 대한 구조적 해석, 상징과 역동성을 고려하여 심리적 상태를 알 수 있다.

그림 6-9는 이혼한 가정의 초등학교 6학년의 학생이 그린 가족화 그림에서 알 수 있듯이, 가족구성원의 역동성이 잘 반영되어 있다. 아버

그림 6-9 가족화 그림 검사

지에 대한 분노, 거부, 적개심 등의 모습이 보이며, 아버지와의 거리는 내담자가 지각하고 있는 구성원 간 친밀성의 정도 혹은 심리적 거리감을 느끼고 있다. 종합적으로 살펴보면, 내담자는 아빠에 대한 두려움과 분노, 거부 등으로 인하여 심리적 부담감을 가지고 있으나, 자신은 어머니, 동생이랑 함께 살아가게 되어 심리적 안정감을 찾아가고 있다.

Chapter 07

가족상담

1) 가족유형

(1) 애착이론

존 볼비(Bowlby, 1907 ~1990)

애착이론의 창시자인 볼비(Bowlby, 1988)는 아동을 관찰하면서 양육자가 신체적 근접성을 유지하는 행동적·정서적 반응들을 설명하였다. 적절한 애착 유대를 형성한 양육자는 아이에게 위안이 되는 존재로서 불안을 덜어주고 안정감을 높여주며 아이는 이런 안전한 기반으로부터 자유롭게 신체적·사회적 환경을 탐색할 수 있다고 보았다.

애착이론에 대한 볼비의 정의는 다음과 같다. 특정한 어떤 사람에게 강한 애착을 느끼는 인간의 경향성을 개념화하고, 애착대상과의 원치 않는 분리 혹은 애착대상의 상실이 발생했을 때 수반되는 불안, 분노, 우울, 정서적 초연과 같은 다양한 정서적 고통과 성격장애를 설명하는 이론 중 하나이다. 애착이론을 새로운 이론이라고 말하는데, 그 이유는 다음과 같다. 애착이론은 일관성 있게 관찰된 사실들을 설명하기 위해 등장한 이론이다. 애착이론의 주체는 일상 속에서 가장 흔히 볼 수 있는 인간의 속성, 즉 특수한 사람과 연결된 정서적 고리의 형성·수정·상실 그리고 이 과정에 수반되는 정서를 의미한다.

> **Tip**
> 애착이론의 주체는 일상 속에서 가장 흔히 볼 수 있는 인간의 속성, 즉 특수한 사람과 연결된 정서적 고리의 형성·수정·상실 그리고 이 과정에 수반되는 정서를 의미함

볼비(1958)가 제시한 행동체계로서의 애착개념은 에인스워스(Ainsworth, 1982)에 이르러 경험적으로 검증하기 위하여 그는 낯선 상황(SSP, Strange Situation Procedure)실험에서 생후 1년 된 아이의 애착행동을 관찰하여 네 가지 유형으로 분류화되는 과정을 거쳐 왔다.

첫째, 안정형(secure)의 아이는 양육자와 분리될 때 저항하지만 재결합하면 진정되어 탐색놀이로 되돌아갔다.

둘째, 불안정-회피형(insecure-avoidant)은 양육자와 분리될 때 약간 저항하고, 재결합하면 불안하게 주위를 맴돌았다.

셋째, 불안-양가형(anxious-ambivalent)은 분리할 때 심하게 저항했고 양육자가 돌아와도 진정되지 않고 양육자의 무릎에 얼굴을 묻거나 화를 내며 매달렸다.

넷째, 불안정-혼돈형(insecure-disorganized)은 양육자와 재결합했을 때 얼어붙은 것처럼 꼼짝 못 하거나 바닥에 쓰러지거나 공허하게 벽에 기대어 있었다.

이러한 애착에 관한 이론으로는 정신분석이론, 사회학습이론, 인지이론, 동물행동학적 이론을 살펴볼 수 있다.

Tip
애착이론의 기초를 이해하는 출발점이다. 따라서 본능은 환경의 영향을 받지 않고 종의 모든 구성원에게 나타나는 공통적인 행동임

무엇보다 정신분석적 맥락에서 애착이론을 설명하려고 노력하였다. 이것은 애착이론의 기초를 이해하는 출발점이다. 따라서 본능은 환경의 영향을 받지 않고 종의 모든 구성원에게 나타나는 공통적인 행동이다. 애착도 일종의 본능적 행동이라면, 다음과 같은 조건을 제시하였다. 첫째, 애착행동은 모든 인간에게 나타나고 일정한 패턴과 예측 가능한 과정을 따른다. 둘째, 애착행동은 대체로 특정 조건에 의해 활성화되고 특정 조건에 의해 종료된다. 셋째, 애착행동은 생존에 기여한다. 넷째, 애착행동의 적응적 속성 때문에 애착행동은 그 사람이 속해 있는 사회시스템 안에서 사회시스템의 일부가 되었을 때만 효과적으로 기능할 수 있다(Mario Maron, 2005). 또한 불안과 갈등 상황에서의 불안을 다루는 특징들과 불안의 발생 정도는 초기 관계 내에서 경험

했던 과거력에 의해 결정되는 것으로 본다.

또한 사회학습이론에서는 영아의 어머니에 대한 애착이 어머니에 대한 의존성을 뜻하는 것으로 보고 있다. 즉, 영아가 어머니와 애착하려는 욕구는 일차적인 생물학적 욕구충족과 수유의 연합을 통해 발달되는 이차적인 충동이라는 것이다(이옥형, 1999). 또 애착 유아는 일반화 과정을 통해 자신의 양육자와 비슷한 사람에게도 근접성 추구행동(proximity seeking behavior)을 보이기도 한다(이봉순, 2004).

한편, 인지발달이론에서는 영아의 애착형성이 인지발달에 기초하고 있다고 보았다. 이러한 애착을 형성하기 위해서는 영아가 친숙한 사람과 낯선 사람을 구별하고 기억할 수 있어야 한다.

마지막으로 볼비는 본능적 행동을 이해하는 데 중요한 토대가 된 동물행동학에 많은 관심을 기울였다. 로렌츠의 각인 연구는 볼비에게 좋은 모델이었다. 로렌츠의 각인연구 내용은 다음과 같다. 조류의 경우, 부화 후 며칠간 새끼에게 어떤 대상을 보여주어 친숙하게 만들면 먹이와 무관한 그 대상과 새끼 사이에 강력한 연결고리가 형성되는 것을 목격한 것이다. 볼비는 엄마와 영아의 애착관계 형성에 영양공급과 구순반응은 중요한 역할을 하지 않는다고 생각했다. 볼비가 동물행동학을 채택한 것은 컴퓨터와 생물학적 유기체인 두뇌의 조직화를 설명할 때 이용되는 통제이론 즉, 사이버네틱 모델을 토대로 정신과정을 개념화하기 시작했음을 의미한다(Mario Maron, 2005).

애착이론은 발달이론, 민감한 반응성이 심리적 발달의 지휘자라는 이론, 내면화와 표상화 이론, 불안이론과 같은 다양한 이론을 포함하고 있다. 따라서 애착이론의 중요성은 초기 발달단계에서 형성되는 아동과 부모의 연결고리를 과학적으로 연구했다는 데 있다. 더욱이 애착이론은 1차 애착장애가 정신병리로 이어지는 과정을 명쾌하게 규명하였다.

(2) 결혼과 이혼

결혼하는 이유는 사람에 따라 다르겠지만, 코쿠부 야스노리 심리학자는 결혼하는 이유를 세 가지로 정의하였다.

첫째, 성적 욕구의 충족(임신에 대한 불안, 죄책감, 떳떳하지 못함으로부터의 회피)이다.

둘째, 사회적 욕구의 충족(기혼자로서의 사회적 인지, 배우자 집안)이다.

셋째, 애정 욕구의 충족이다. 이와는 달리 바람직하지 않은 결혼의 패턴으로 '상대의 임신 등에 대한 책임감에 따른 결혼', '자신이 상대를 구해 준다는 식의 동정에 의한 결혼', '차인 상대에게 복수하기 위한 결혼', '좋아하는 사람이 아닌 다른 사람과 마지못해 하는 결혼' 등을 들 수 있다.

결혼하는 이유가 가지각색인 만큼 부부의 유형 또한 다양하다.

이러한 부부의 관계를 살펴보면, 대등한 관계, 로맨틱한 관계, 부모와 같은 관계, 자식과 같은 관계, 합리적인 관계, 사랑이 깊은 관계, 일정 거리를 유지하는 관계로 구분했다. 그리고 UN의 인구통계연감에서 세계 188개국을 중심으로 이혼에 대해 분석한 결과는 문화나 사회의 차이를 뛰어넘어 공통된 4가지의 이혼 패턴을 발표했다.

첫째, 결혼 후 빠른 시기 내에 이루어지는 조기 이혼이 많다. 특히 4년차에 정점을 이룬다.

둘째, 젊어서 이혼하는 사람이 많다. 나이가 많아질수록 이혼이 감소한다.

셋째, 자식과 상관없이 이혼한다. 단 자녀가 많으면 이혼이 감소한다.

넷째, 이혼한 많은 사람들이 재혼한다. 또한 유자와 야스히코는 이혼에 이르는 부부의 갈등 지표로서 '부부의 공통된 목적은 사라지고 각자 자신의 목적을 우선시함', '공동의 모든 노력이 정지됨', '상대에 대한 서비스가 없어짐', '다른 사회집단과 가족의 우선순위가 바뀜' 등을 지적했다.

이혼을 피하기 위해서는 무엇보다 대화를 시도하는 것이 중요하다. 부부관계에서는 아래의 도표에서 열거하는 조짐이 보인다면 바로 대화를 통해 해결해 나가야 할 것이다(**그림 7-1** 참조).

Tip

이혼을 피하기 위해서는 무엇보다 대화를 시도하는 것이 중요함

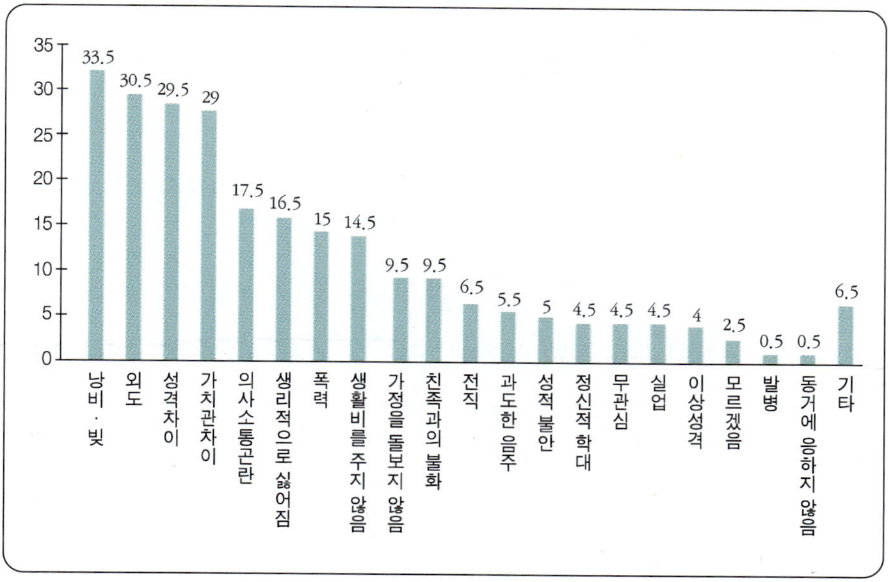

그림 7-1 부부관계에 대한 도식

(3) 유뇨증과 유분증

① 유뇨증

Tip

유뇨증은 신체발달상 배뇨의 조절이 가능한 나이인 3~5세가 지났는데도 의도적(intentional)으로 혹은 불수의적(involuntary)으로 배뇨를 조절할 수 없는 질환임

유뇨증(enuresis)은 신체발달상 배뇨의 조절이 가능한 나이인 3~5세가 지났는데도 의도적(intentional)으로 혹은 불수의적(involuntary)으로 배뇨를 조절할 수 없는 질환을 의미한다. 즉, 소변을 적절히 가리지 못하는 장애로 보통 밤에 자다가 소변을 보므로 흔히 야뇨증이라고 한다. 유뇨증에 대한 우리나라의 관습은 오줌을 싸는 아이에게 이웃집에 가서 소금을 얻어오게 하였으며, 이는 오줌싸개 아이가 이완된 정신을 가다듬게 하고자 한 것이다. 하지만 아이들에게 과도한 긴장이나 불안을 안겨주어 증상이 악화되며, 신경계의 미성숙 등 여러 기질성 원인에 의해 복합적으로 설명되는 유뇨증에 대한 부모들의 그릇된 관점과 이로 인해 아이들이 받을 수 있는 정서적인 영향을 엿볼 수 있는 것이기도 하였다(이세종, 1991).

5세 아이의 경우 유뇨증의 유병률은 남자가 7%, 여자가 3%이며, 10세에서는 남자가 3%, 여자가 2%이고, 18세경에는 남자가 1%이며, 여자는 더 드물게 나타났다. 이러한 유뇨증은 기질적 원인이 없는 기능성 장애(functional impairment)를 말한다. 미국 정신의학회 진단기준편람 제5판(DSM-5)에 의하면 5세 이상의 아이에서 3개월 이상의 연속적인 기간 동안 적어도 일주일에 2회 이상의 유뇨증상을 보이고, 사회생활, 학업 및 기타 중요한 생활 영역에서 위축되거나 기능장애를 보이는 상태로써 약물이나 신체질환에 의하지 않은 경우가 해당된다(APA, 1994; Mikkelsen, 1995).

유뇨증은 임상적으로 일차성과 이차성으로 구분된다. 일차성 유뇨

증(primary enuresis)은 태어나서 현재까지 지속적으로 소변을 가리지 못하는 경우, 배뇨조절을 한 번도 획득하지 못한 경우로써 전체 유뇨증 환자의 75~80%가량을 차지하며, 적어도 6개월 연속으로 밤 시간에 자제하지 못하기 때문이다.

이차성 유뇨증(secondary enuresis)은 어느 시점에서 소변을 가리다가 사회 환경적인 스트레스 등으로 인하여 다시 소변을 가리지 못하는 경우, 배뇨조절을 획득한 후 적어도 6개월 이상의 기간 동안 전혀 유뇨증상이 없다가 다시 유뇨증상이 발병하는 경우가 15~20%를 점유한다(Mark & Frank, 1995). 이러한 유뇨증이 밤에만 유뇨증상이 존재하는 야간형(nocturnal only), 낮에 존재하는 주간형(diurnal only), 밤과 낮 구분없이 나타나는 주·야간형(nocturnal and diurnal) 유뇨증으로 구분된다.

유뇨증의 원인은 아직 명확하게 밝혀지지 않았지만, 유전적 요인, 중추신경계의 미성숙, 방광의 부분적 기능장애, 요 농축능력의 장애, 자발적 배뇨를 할 수 없을 정도의 낮은 방관용적·심리사회적 스트레스, 심리적 갈등, 부적절한 대소변훈련이 유뇨증의 유발과 관련된 것으로 설명하였다. 또한 심리사회적 스트레스도 유뇨증을 유발하는 요인으로 알려졌다. 이는 짧은 기간에 동생의 출생, 어린 나이에 병원 입원, 부모의 이혼이나 사망, 유치원 및 어린이집 입학, 부모의 잦은 이사 등이 있었던 후에 유뇨증이 유발되는 경우가 나타났다. 정신분석학에서는 부모에 대한 불만과 두려움, 분노, 불안애착 등의 억압된 정서적 감정이 유뇨증이라는 수동공격적인 복수의 행태로 나타난다고 보고 복수성 유뇨증이라고 명명하기도 했다(권석만, 2007). 하지만 이러한 유뇨증은 대체로 연령이 높아짐에 따라 자연스럽게 고쳐지는 경우가 있지만, 일부 아동은 심각한 정신적·심리적 문제를 일으키기도 하며, 이는 나중에 대인관계와 학업 등에 영향을 미치는 경우도 있다.

이러한 유뇨증 진단 기준은 다음과 같다(DSM-5).

유뇨증 진단기준 307.6[F98.0]

A. 침구 또는 옷에 불수의적이든 의도적이든 반복적으로 소변을 본다.
B. 이 행동은 임상적으로 확연하게 나타나며, 적어도 연속된 3개월 동안 2회 이상의 빈도로 일어나고, 사회적, 학업적, 직업적, 혹은 다른 중요한 기능 영역에서 임상적으로 유의한 고통과 손상을 초래한다. 반면, 세계보건기구(WHO)는 유뇨증을 과거 3개월 동안 한 달에 2회(7세 미만인 경우) 또는 1회(7세 이상의 경우) 증상을 나타내는 것을 정의하고 있다.
C. 생활연령이 적어도 5세 이상이다(이와 동일한 발달 수준에 있음).
D. 이 행동은 물질(예, 이뇨제, 항정신병 치료약물)의 생리적 영향이나 다른 의학적 상태이(예, 당뇨, 척수이분 증, 발작장애)로 인한 것이 아니다.

다음 중 하나를 명시할 것:
–야간형 단독: 야간 수면 시에만 소변 배출(가장 흔한 아형, 저녁시간의 첫 1/3 시간에 발생)
–주간형 단독: 깨어 있는 시간 동안에 소변 배출(여아들에게 더 흔함)
–주야간형 복합: 위의 2가지 아형의 혼합형
*국제아동실금학회에서 유뇨증이 일차성(6개월 이상의 기간 동안 유뇨 증상이 있는 경우) 또는 이차성(적어도 6개월 이후에 유뇨 증상이 재발함)과 단일증상 혹은 비단일증상(절박 또는 배뇨 지연 같은 방광 증상이 낮 시간 동안 발생할 수 있음)을 토대로 4가지로 아형을 설명했다.

② 유분증

유분증(encopresis)은 와이젠버그(Weisenberg)가 1926년 유뇨증에 대응되는 용어로서 사용하였으며(Hatch, 1988), 증상에 따라 변비 및 대변 실금이 있는 것과 없는 것으로 구분되고 경과에 따라 일차적 유분증과 이차적 유분증으로 구별한다. 일차적 유분증은 대변 가리기가 이전에 성취되지 않았던 경우이며, 이차적 유분증은 일정 기간 대변을 가린 후에 발생하는 경우이다(APA, 1994; 이양희·조영숙·구미향, 2001).

유분증에 대한 미국 정신의학회 진단기준편람 제4판(1994)의 정의에 따르면 유분증은 생활연령 4세 이상의 아동이 적절치 않은 곳에 반복적으로 대변을 보는 것으로 이러한 사건이 적어도 3개월 동안 최소한 1회 이상은 발생해야 하며, 소아의 생활 연령은 최소한 4세는 되어야 한다. 대변 실금이 물질의 직접적인 생리적 효과로 인한 것이 아니어야 하고, 변비와 관련된 기전을 제외한 일반적인 의학적 상태로 인한 것이 아니어야 한다. 아울러 배변이 의도적인 것이 아니라 불수의적일 경우에는 변비, 변 응고, 대량 변실금 등을 동반하는 변의 잔류와 밀접한 관계가 있다. 또한 변비는 대변보기를 피하게 만드는 심리적 원인 때문에 생기기도 한다. 변비의 전체적인 소인은 발열 질환에 의한 탈수, 갑상선 기능 저하증 또는 투약의 부작용이 포함된다.

유분증을 겪는 아동들은 대체로 낮은 자존감, 학교 공포, 불안, 우울, 반항성 장애, 품행장애, 식욕부진과 무기력 또는 유뇨증을 경험하기도 한다(APA, 1994). 즉, 학교나 유치원에 입학하거나, 동생이 태어나거나, 부모 간에 불화가 있거나, 어머니와 떨어져 있게 되거나, 입원하는 경우에 스트레스 증상으로 나타난다. 증상이나 냄새 때문에 가족이나 사람들이 싫어하는 수가 많고 친구들에게도 놀림을 당하는 경우가 있다. 따라서 열등감이 많고 소외감을 느끼는 경우가 많다. 유분증 빈도는 아동 개인에 따라 다르며 흔히 오후에 발생한다(Levine & Bakow, 1976; Loening-baucke & Cruikshank, 1986). 유병률은 대략 5세 아동의 약 1% 정도로 추측되며 여아보다 남아에게서 흔하다(Levine, 1982; Howe & Walker, 1992). 유뇨증과는 대조적으로 유분증은 일차적 유분증보다 이차적 유분증이 많으나 유분증의 발생과 사회계층, 가족 크기, 가족 내에서 아동의 출생순위, 부모의 연령 등과의 관계에 대한 직접적인 증거는 없다(Levine, 1982).

Tip

유분증을 겪는 아동들은 대체로 낮은 자존감, 학교공포, 불안, 우울, 반항성 장애, 품행장애, 식욕부진과 무기력 또는 유뇨증을 경험함

유분증의 증상에 따라 다음 유형으로 나타났다(APA, 1994).

첫째, 변비 및 대변 실금이 있는 것은 신체검사 또는 과거력에서 변비의 증거가 있다. 대변은 특징적으로 형태를 이루고 있지 않고 대변의 누출이 지속적이며, 낮과 잠자는 동안 일어난다. 단지 대변의 소량만이 대변보는 동안 나오게 되고, 이런 실금은 변비치료 후에 사라지게 된다.

둘째, 변비 및 대변 실금이 없는 것은 신체검사 또는 과거력에서 변비의 증거가 없다. 대변은 정상적인 형태와 점도를 유지하고 간헐적으로 대변을 본다. 대변을 특정 위치에서만 보기도 한다. 보통 반항성 장애는 품행장애와 관련되고, 또한 항문자위 행위의 결과일 수도 있다.

부수적인 특징 및 장애로는 유분증이 있는 소아는 수줍음이 많고 난처한 일이 일어날 수 있는 상황을 피하려고 한다는 것이다. 장해의 정도는 소아의 자존심, 또래들의 놀림, 돌보는 사람들의 분노, 처벌, 그리고 거부에 의해 영향을 받는다. 대변 묻힘은 고의적인 것일 수도 있지만, 불수적으로 흘러나온 대변을 깨끗이 하거나 숨기려는 의도로 인한 우연한 것일 수도 있다. 실금이 분명히 고의적인 경우는 반항성 장애나 품행장애의 특징이 나타나기도 한다. 그 빈도는 대략 5세 소아의 1% 정도가 유분증이 있고, 이 장애는 남아가 여아보다 흔하다. 경과를 살펴보면, 유분증은 대략 생활 연령이 4세가 될 때까지는 진단이 내려지지 않는다. 부적절하고 일관성이 없는 대소변 가리기 훈련과 심리사회적 스트레스가 유발요인이 될 수 있는데, 지금까지 두 가지 유형의 경과가 기술되어 왔다.

일차성 유분증은 대변 가리기가 이전에 성취되지 않았던 경우이며, 이차성 유분증은 일정기간 대변을 가린 후에 발생하는 경우이다. 유분증은 몇 년 동안 간헐적으로 악화되면서 지속될 수 있으나 만성화되는 경우는 거의 없다. 감별진단은 일반적인 의학적 상태가 존재할 경우, 의학적 상태의 기전이 변비와 관련이 있는 경우에 한해서 유분증의 진단이 적절하다. 다른 일반적인 의학적 상태(예: 만성 설사)와 관련되는 대변 실금은 유분증의 DSM-5 진단기준은 다음과 같다.

유분증 진단기준 307.7[F98.1]

A. 부적절한 장소(예, 옷 , 바닥)에 불수의적이든 의도적이든 반복적으로 대변을 본다.
B. 이 상황이 적어도 3개월 동안에 월 1회 이상 나타낸다.
C. 생활연령이 적어도 4세 이상이다(또는 이와 동일한 발달 수준에 있음).
D. 이러한 행동은 물질(예, 완화제)의 생리적 영향이나 변비를 일으키는 기전을 제외한 다른 의학적 상태로 인한 것이 아니다.

다음 중 하나를 명시할 것:
변비 및 범람 변실금 있음: 신체검진이나 병력 상 변비의 증거가 있다.
변비 및 범람 변실금 없음: 신체검진이나 병력 상 변비의 증거가 없다.

2) 사랑유형

(1) 사랑의 유형

① 존 앨런 리 사랑의 유형

존 앨런 리(John Alan Lee)

존 앨런 리(John Alan Lee, 1933~2013)는 캐나다의 사회학자이며 심리학자이다. 그는 <사랑의 색깔(1973)>이라는 저서에서 두 가지 원색에 여러 가지 색채의 조합이 이루어지는 것으로 설명했다. 첫째, 리(Lee)는 사랑이란 자연스럽게 발생하는 것이 아니라 학습되는 것으로 보고 사랑의 유형을

1차 유형(primary style)과 2차 유형(secondary style)으로 구분하였다. 1차 유형은 낭만적·열정적 사랑(Eros), 유희적 사랑(Ludis), 동료적 사랑(Storge)이며, 2차 유형에는 세 원형들을 두 가지로 결합시켜 소유적 사랑(Mania), 논리적 사랑(Pragma), 헌신적 사랑(Agape)으로 나눈다. 둘째, 리(Lee)는 색깔이라는 것은 정답이 있는 것이 아니라 사람들에 따라서 다르게 나타난다고 하였다. 즉, 어떠한 사랑의 유형이 좋고 나쁜지를 구별할 수 없다고 하였다.

Tip

1차 유형은 낭만적·열정적 사랑(Eros), 유희적 사랑(Ludis), 동료적 사랑(Storge)이며, 2차 유형에는 세 원형들을 두 가지로 결합시켜 소유적 사랑(Mania), 논리적 사랑(Pragma), 헌신적 사랑(Agape)으로 나눔

② 존 앨런 리의 유형 6가지

1차 유형과 2차 유형을 구체적인 6가지로 제시하였다(이정은·최연실, 2002).

그림 7-2 사랑의 유형 6가지(출처: https://blog.naver.com/english-teacher/220773458343)

첫째, 낭만적 사랑(Eros, 육체적·낭만적 사랑)이다. 이는 강한 정서적 감정이 특징이며, 첫눈에 반한다든지 연인의 신체적인 매력에 끌리는 것으로 사랑이 시작된다. 열정적 사랑의 소유자는 사랑을 인생에서 가장 중요한 것으로 보며, 신체적으로 뚜렷한 이상형을 가지고 있고, 항상 육체적인 매력에 이끌리며, 성적 친밀성의 욕구도 강하고, 충분히 자신을 개방하고, 상대방과 끝없이 대화하기를 즐기는 스타일이다. 또한 이 사랑 유형의 소유자는 자신감이 강하고 자존심이 센 사람들 중에 많이 나타났다.

Tip

열정적 사랑의 소유자는 사랑을 인생에서 가장 중요한 것으로 보며, 신체적으로 뚜렷한 이상형을 가지고 있고, 항상 육체적인 매력에 이끌리며, 성적 친밀성의 욕구도 강하고, 충분히 자신을 개방하고, 상대방과 끝없이 대화하기를 즐기는 스타일임

열정적 사랑에서 나타나는 그 밖의 특성을 다음과 같이 제시하였다(강문희 외, 1999). 첫째, 사랑하는 속도가 매우 빠르며, 상대방에 대한 감정이 강렬하고, 그러한 감정들이 자신의 전체 생활을 지배한다. 둘째, 이성보다는 감성이 앞서고, 오직 한 사람, 단 한 번의 사랑이라고 믿으며, 다른 사람에 대해서는 배타성이 강하다. 셋째, 상대방에게 모든 것을 요구하거나 기대하고, 숙명적이고 운명적인 만남임을 굳게 믿는다. 따라서 이러한 사랑을 추구하는 이들은 자신의 이상에 맞는 사람을 만나게 되면 첫눈에 반할 수 있을 것으로 사료된다.

둘째, 유희적 사랑(Ludis)이다. 라틴어로 놀이나 게임을 의미하는 유희적 사랑은 장난기 있는 심심풀이의 사랑을 의미한다. 즉, 일종의 게임이나 즐거운 오락으로 생각하며 사랑에 빠지거나 헌신할 의사가 없다는 특성을 가진다. 이런 사랑을 하는 사람은 쉽게 애인을 바꿀 수 있고 상대에 대해서도 매우 허용적이며, 한 대상에만 몰입하지 않으므로 여러 대상을 동시에 사랑하기도 한다.

리(1973)는 이 유형의 사랑은 단 한 사람과의 긴밀하고 지속적인 관계를 원하지 않으며, 성적인 대상으로 즐기려 할 뿐 결혼까지 가는 것

을 고려하지 않는다. 즉, 서로가 함께 나누는 사랑보다는 상대방에 대한 배려 없이 자신의 만족과 자기 성취감에 치중함으로써 관계가 오래 지속되지 못한다. 따라서 어떤 사람들은 도덕성 때문에 유희적 사랑을 하는 사람들을 비난하기도 한다.

셋째, 동료적·우애적 사랑(Storge)이다. 이는 천천히 무르익는 좋은 친구 같은 사랑이며, 형제·자매에게서 느낄 수 있는 우애처럼 자연스러운 감정이 점차 자라나는 것이다. 우애적 사랑의 소유자는 사랑이란 많은 시간과 활동을 공유하는 특별한 종류의 우정이라고 보기 때문에 노골적인 감정 표현보다는 다양한 관심사의 공유를 선호한다. 이들은 공유할 수 있는 관심사에 대해 이야기하기를 더 좋아하며, 열정보다는 친구로서 알아 가는 과정을 보다 소중히 여기므로 서서히 발전해 가는 과정에 근거한 지속적이고 진화적인 사랑의 유형이다. 이들은 사랑보다는 신뢰가 더욱 소중한 가치라 생각하며 안정적인 관계를 유지해 간다.

Tip

공유할 수 있는 관심사에 대해 이야기하기를 더 좋아하며, 열정보다는 친구로서 알아 가는 과정을 보다 소중히 여김

넷째, 소유적 사랑(Mania)이다. 이런 열정적 사랑과 유희적 사랑이 결합된 소유적 사랑은 의존성과 질투 및 상대방의 사랑을 강박적으로 확인하고자 하는 특성을 갖고 있다. 사랑의 기쁨에서 슬픔으로 변하는 감정의 기복이 심하고 항상 사랑받고 있다는 것을 확인받기를 원한다. 이런 사랑은 극도의 질투심을 보이고 상대방에게 더 많은 애정과 헌신을 요구하며 상대방에게 자신과 똑같은 수준의 사랑을 강요한다.

친밀한 관계에서의 강한 질투심은 갈등이나 이혼, 심지어는 살인까지 초래할 수 있다. 질투의 감정은 자신이 사랑하고 소유한 사람을 잃었다는 상실감 지각으로 인해 분노 또는 고통의 결과를 초래하고, 결

국 상대방에게 더욱 집착하고 의존하게 된다. 이러한 이유로 잘 먹고, 잘 자지 못하며, 우울증과 같은 신체적 증상이 나타나기도 한다.

다섯째, 논리적(실용적) 사랑(Pragma)이다. 우애적 사랑과 유희적 사랑이 결합된 논리적 사랑은 실용적이며 현실적인 사랑을 하기 때문에 자신의 기준에 적합한 상대방을 의도적으로 찾는다. 자기와 어울리는 배경과 관심사를 지닌 사람을 찾기 위해 유희적 사랑을 활용하여 상대방을 찾는데, 친구 같은 사랑의 대상을 찾는 것이지 열정적인 연애를 추구하는 것은 아니다. 이러한 사랑을 하는 사람은 자신이 원하는 자질을 가진 사람을 의식적으로 가려 뽑고, 친구나 부모와 함께 자신의 선택에 대해 상의하기도 해서 자신에게 가장 잘 어울리는 배우자라고 생각되는 사람을 선택한다. 만일 서로에게 변화가 생겨 상대의 자원교환가치가 전과 같지 않다면 사랑이 끝날 수 있으며, 다시 만나고자 하는 대상 역시 동일한 안목으로 찾는다. 이러한 논리적 사랑을 하는 사람들은 애인을 결정할 때 그 사람이 만족스럽고 보상받을 수 있는 인생에 적절한 사람인지를 중요하게 생각한다.

Tip

논리적 사랑을 하는 사람들은 애인을 결정할 때 그 사람이 만족스럽고 보상받을 수 있는 인생에 적절한 사람인지를 중요하게 생각함

여섯째, 헌신적 사랑(Agape)이다. 이런 열정적 사랑과 우애적 사랑이 결합된 헌신적 사랑의 소유자는 상대방을 위해서 끊임없이 자신을 희생하며 헌신하는 타인 중심적인 특성을 지닌다. 아가페는 나를 내어주는 사랑이다. 이런 사랑을 하는 사람은 심지어 사랑하는 감정이 없다 하더라도 사랑하는 것을 의무로써 받아들인다. 따라서 아가페는 마음이 아닌 머리가 더 많은 작용을 하며 감정이 아닌 의지의 표출이다. 리(1973)는 이렇게 의무적이며 베푸는 사랑 유형을 제시하기는 하였지만, 그러나 완전히 헌신적인 사랑만 하는 사람이 있을 것이라고는 생각하지 않았으며, 그 대신 일시적으로 헌신적일 수 있거나 그런

경향성을 가질 수 있다고 하였다. 따라서 이러한 헌신적 사랑의 수준은 거의 종교적인 수준이라고 할 수 있다.

존 앨런 리의 사랑 유형을 바탕으로 사회학자인 햇코프와 래스웰(Terry Hatkoff & Thomas E. Lasswell, 1979)은 수천 명의 남녀를 대상으로 광범위한 반복실험을 거쳐 50개의 항목으로 구성된 최종 6개의 애정형 척도검사를 개발하였다(김중술, 2001). 따라서 사랑의 유형검사지 **표 7-1**과 채점방법 **표 7-2**는 다음과 같다.

표 7-1 사랑의 유형 척도

번호	내용	응답
1	나는 '첫눈에 반한다'는 것이 가능하다고 생각한다.	Yes / No
2	나는 한참 지난 다음에야 비로소 내가 사랑하고 있음을 알았다.	Yes / No
3	우리들 사이의 일이 잘 풀리지 않으면 나는 소화가 잘 안 된다.	Yes / No
4	현실적인 관점에서, 나는 사랑을 고백하기 전에 먼저 나의 장래목표부터 생각해보지 않으면 안 된다.	Yes / No
5	먼저 좋아하는 마음이 얼마 동안 있고 난 다음에 비로소 사랑이 생기게 되는 것이 원칙이다.	Yes / No
6	애인에게 나의 태도를 다소 불확실하게 해두는 것이 언제나 좋다.	Yes / No
7	우리가 처음 키스하거나 볼을 비볐을 때, 나는 성기에 뚜렷한 반응(발기, 축축함)이 오는 것을 느꼈다.	Yes / No
8	나는 전에 연애했던 사람들 대부분과 지금도 좋은 친구관계를 유지하고 있다.	Yes / No
9	애인을 결정하기 전에 인생설계부터 잘해두는 것이 좋다.	Yes / No
10	나는 연애에 실패한 후 너무나 우울해져 자살까지도 생각해 본 적이 있다.	Yes / No
11	나는 사랑에 빠지면 너무 흥분되어 잠을 이루지 못하는 때가 있다.	Yes / No
12	애인이 어려운 처지에 빠지면 설사 그가 바보처럼 행동한다 하더라도 힘껏 도와주려고 노력한다.	Yes / No
13	애인을 고통받게 하기보다 차라리 내가 고통 받겠다.	Yes / No
14	연애하는 재미란 두 사람 간의 관계를 발전시키면서 동시에 내가 원하는 것을 거기서 얻어내는 재주를 시험해 보는 데 있다.	Yes / No
15	사랑하는 애인이라면 나에 관해 다소 모르는 것이 있다 하더라도 그것 때문에 그렇게 속상해하지 않을 것이다.	Yes / No
16	비슷한 배경을 가진 사람끼리 사랑하는 것이 가장 좋다.	Yes / No
17	우리는 만나자마자 서로가 좋아서 키스를 했다.	Yes / No

번호	내용	응답
18	애인이 나에게 관심을 보이지 않으면 나는 온몸이 쑤시고 아프다.	Yes / No
19	나의 애인이 행복하지 않으면 나도 결코 행복해질 수 없다.	Yes / No
20	제일 먼저 나의 관심을 끄는 것은 대개 그 사람의 외모이다.	Yes / No
21	최상의 사랑은 오랜 기간의 우정으로부터 싹튼다.	Yes / No
22	나는 사랑에 빠지면 다른 일에는 도무지 집중하기 힘들다.	Yes / No
23	그의 손을 처음 잡았을 때 나는 사랑의 가능성을 감지했다.	Yes / No
24	나는 어느 사람과 헤어지고 나면 그의 좋은 점을 발견하려고 애를 쓴다.	Yes / No
25	나는 애인이 다른 사람과 같이 있다는 생각이 들면 도저히 견딜 수 없다.	Yes / No
26	나의 애인 두 사람이 서로 알지 못하도록 교묘하게 재주부린 적이 적어도 한 번은 있었다.	Yes / No
27	나는 매우 쉽고 빠르게 사랑했던 관계를 잊어버릴 수 있다.	Yes / No
28	애인을 결정하는데 한 가지 가장 고려해야 할 점은 그가 우리 가정을 어떻게 생각하는가 하는 것이다.	Yes / No
29	사랑에서 가장 좋은 사랑은 둘이 함께 살며, 함께 가정을 꾸미고 함께 아이들을 키우는 일이다.	Yes / No
30	애인이 원하는 것을 위해서라면 나는 기꺼이 내가 원하는 것을 희생시킬 수 있다.	Yes / No
31	배우자를 결정하는 데 있어서 가장 먼저 고려해야 할 점은 그가 좋은 부모가 될 수 있겠는가의 여부이다.	Yes / No
32	키스나 포옹이나 성관계는 서둘러서는 안 된다. 그것들은 서로 충분히 친밀해지면 자연스럽게 이루어지는 것이다.	Yes / No
33	나는 매력적인 사람들과 바람피우는 것을 좋아한다.	Yes / No
34	나와 다른 사람들 사이에 있었던 일을 애인이 알게 된다면 매우 속상해 할 것이다.	Yes / No
35	나는 연애를 시작하기 전부터 나의 애인이 될 사람의 모습을 분명히 정해놓고 있었다.	Yes / No
36	만일 나의 애인이 다른 사람의 아기를 갖고 있다면, 나는 그 아기를 내 자식처럼 키우고 사랑하며 보살펴 줄 것이다.	Yes / No
37	우리가 언제부터 서로 사랑하게 되었는지 정확히 알 수 없다.	Yes / No
38	나는 결혼하고 싶지 않은 사람하고는 진정한 사랑을 할 수 없을 것 같다.	Yes / No
39	나는 질투 같은 것은 하고 싶지 않지만, 나의 애인이 다른 사람에게 관심을 가진다면 참을 수 없을 것 같다.	Yes / No
40	내가 애인에게 방해물이 된다면, 차라리 나는 포기하겠다.	Yes / No
41	나는 애인의 것과 똑같은 옷, 모자, 자전거, 자동차 등을 갖고 싶다.	Yes / No

번호	내용	응답
42	나는 연애하고 싶지 않은 사람하고는 데이트도 하고 싶지 않다.	Yes / No
43	우리들의 사랑은 이미 끝났다고 생각될 때도, 그를 다시 보면 옛날 감정이 되살아나는 때가 적어도 한 번쯤은 있었다.	Yes / No
44	내가 가지고 있는 것은 모든 것을 나의 애인이 마음대로 써도 좋다.	Yes / No
45	애인이 잠시라도 나에게 무관심해지면, 나는 그의 관심을 끌기 위하여 때로는 정말 바보 같은 짓을 할 때도 있다.	Yes / No
46	깊이 사귀고 싶지는 않아도, 어떤 상대가 나의 데이트 신청에 응하는지를 시험해 보는 것도 재미있는 일이다.	Yes / No
47	상대를 택할 때 고려해야 할 한 가지 중요한 점은 그가 자신의 직업을 어떻게 생각하는가 하는 것이다.	Yes / No
48	애인과 만나거나 전화한 지 한참 되었는데도 아무 소식이 없다면, 그에게 그럴만한 이유가 있기 때문일 것이다.	Yes / No
49	나는 누구와 깊게 사귀기 전에 우리가 아기를 가지게 될 경우 그쪽의 유전적 배경이 우리와 잘 맞는지부터 먼저 생각해본다.	Yes / No
50	가장 좋은 연애관계란 가장 오래 지속되는 관계이다.	Yes / No

표 7-2 사랑의 유형 채점표

스토르게 우애적 사랑	아가페 이타적 사랑	프래그마 논리적 사랑	매니아 소유적 사랑	에로스 낭만적 사랑	루두스 유희적 사랑
2	12	4	3	1	6
5	13	9	10	7	14
8	19	16	11	17	15
21	24	28	18	20	26
29	30	31	22	23	27
32	36	38	25	33	33
37	40	42	39	35	34
50	44	47	43	41	46
·	48	49	45	·	·
합계:	합계:	합계:	합계:	합계:	합계:

*점수 계산은 예를 들어 스트로게 우애적 사랑으로 살펴보면, 8개 문항 중 6개 문항에 체크했다면 6/8 × 100 = 75%가 됩니다. 즉, 채점표는 %$로 계산을 진행하면 됩니다.

③ 스턴버그의 사랑의 유형

스턴버그(Sternberg)

스턴버그(Sternberg, 1986)는 사랑의 행동과 경험들을 연구한 자료 및 여러 이론을 근거하여, 사랑의 삼각이론을 제시하였다. 이 이론은 사랑을 삼각형으로 묘사하는 휴리스틱을 사용하여, 세 가지 사랑의 구성요소를 삼각형의 각 꼭짓점 위에 제시하는 것으로부터 시작된다. 이 이론은 사랑이 친밀감(intimacy), 열정(passion), 결심/헌신(commitment)의 세 가지 요소로 구성되어 있다고 보았다. 따라서 사랑의 삼각형은 **그림 7-3**과 같다.

Tip

스턴버그(Sternberg, 1986)는 사랑의 행동과 경험들을 연구한 자료 및 여러 이론을 근거하여, 사랑의 삼각이론을 제시함

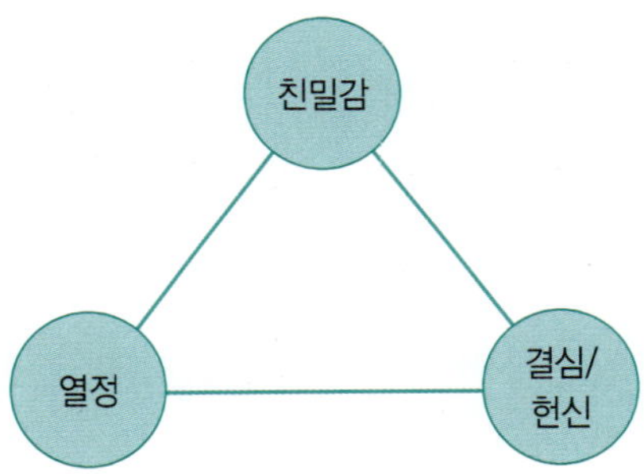

그림 7-3 사랑의 삼각형

첫째, 친밀감은 사랑하는 관계에서 나타나는 가깝고, 연결되어 있으며 결합되어 있다는 느낌을 일컫는다. 거기에 사랑하는 사이에서 경험하는 따뜻함과 같은 느낌들이 포함된다. 스턴버그와 그래젝(Sternberg & Grajek, 1984)은 가까운 관계에서 나타나는 친밀감 10가지를 **표 7-3**에 제시하였다(류소 역, 2002).

표 7-3 스턴버그와 그래제의 친밀감 10가지

번호	내용	번호	내용
1	사랑하는 이의 복지를 증진시키기를 열망한다.	6	자신의 삶에서 사랑하는 이의 가치가 높이 평가된다.
2	사랑하는 이와 함께 행복을 경험한다.	7	상대로부터 정서적 지지를 받는다.
3	사랑하는 이에 대해 존경심을 가진다.	8	상대방에게 정서적 지지를 해 준다.
4	필요할 때 그에게 기댈 수 있다.	9	상대와 친밀한 의사소통을 한다.
5	서로 이해한다.	10	상대와 자신 및 자신의 소유를 나눌 수 있다.

Tip
사랑하는 사람과 결합하기 위해서는 생리적 차원에서의 욕구나 흥분의 정도가 높음

둘째, 열정은 사랑하는 관계에서 낭만이나 성행위 등으로 이끌어주는 강한 신체적 매력이나 요구에 해당된다. 사랑하는 사람과 결합하기 위해서는 생리적 차원에서의 욕구나 흥분의 정도가 높아야 한다. 또 많은 관계에서 성적 욕구가 열정의 중요한 부분을 차지하기도 하지만 다른 요구들인 자아존중감, 타인에 대한 지배 및 복종, 자아실현 같은 욕구들이 열정이라는 경험에 기여하기도 한다. 따라서 열정은 관계가 형성되는 초기에 매우 빠르게 발달하여 그 절정에 달하지만 관계가 지속되더라도 초기에 형성된 수준의 열정을 그대로 유지하든지 또는 그보다 더 낮아지는 것이 전형적이다(윤기현, 2001).

셋째, 결심 및 헌신은 두 가지 측면으로 구성되어 있다. 하나는 단기적인 것, 다른 하나는 장기적인 것이다. 단기적인 것은 어떤 사람을 사랑하기로 하는 결심을 말한다. 장기적인 것은 그 사랑을 지속시키겠다는 헌신을 말한다. 사랑의 결심/헌신은 두 측면이 함께 갈 필요는 없다. 사랑을 하겠다는 결심이 그 사랑에 대한 헌신을 의미하지는 않는다. 또 사랑에 대한 헌신이 사랑하겠다는 결심을 내포하는 것도 아니다. 많은 사람들이 상대를 사랑한다는 혹은 그와 사랑에 빠졌다

는 것을 인정하지 않는 상태에서 그 사람과의 사랑에 헌신을 한다. 그러나 헌신 이전에 사랑에 대한 결심을 하는 경우가 많다.

이러한 개념에서 켈리(Kelley, 1983)는 사랑이란 긍정적인 감정과 행동이라 언급하고, 헌신은 관계를 지속시키는 힘의 안정성이라 할 것을 제안하였다. 따라서 이 사랑의 세 가지 요소를 가지고 가능한 모든 결합을 시도해 보았을 때 8가지의 **표 7-4**와 같은 하위요소를 얻을 수 있다.

표 7-4 사랑의 삼각형 구성요소

속성	구성요소		
	친밀감	열정	헌신
안정성	상당히 높음	낮음	상당히 높음
의식적 조절 가능성	보통	낮음	높음
단기관계에서의 중요성	보통	높음	낮음
장기관계에서의 중요성	높음	보통	높음
애정관계에서의 보편성	높음	낮음	보통
생리적 반응의 관여도	보통	높음	낮음
의식적 자각도	상당히 낮음	높음	상당히 높음
체험되는 강도	불안정함	높음	불안정함

④ 스턴버그의 유형 8가지

사랑의 삼각형 이론은 사랑의 유형을 분류할 때 흥미 있는 관점을 제공한다. 사랑의 3요소로 친밀감, 열정, 결심(헌신)을 들 수 있는데, 이 3요소에서 각각의 존재 여부에 따른 8가지의 조합이 생길 수 있다. 즉, 8가지 하위요소가 묘사하는 것은 사랑의 분류에 기초가 된다. 따라서 8가지 사랑의 유형은 **그림 7-4**와 같다.

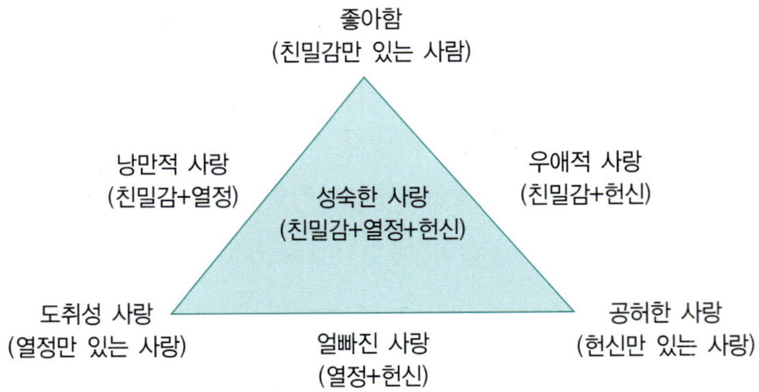

그림 7-4 8가지 사랑의 유형

첫째, 비사랑은 친밀감, 열정, 결심(헌신)의 모든 요소가 빠져 있는 상태이다. 이 사랑은 대부분의 대인관계를 나타낸다. 통상적 상호관계는 사랑도 아니고 우정도 아니다.

둘째, 우정은 사랑의 친밀감과 결심(헌신) 요소의 결합으로 생긴다. 열정의 주된 원천인 육체적 매력이 약해진 오래된 우정 같은 결혼에서 쉽게 나타난다.

셋째, 짝사랑은 첫눈에 사랑하는 것이다. 일반적으로 그 사람의 현재 있는 그대로의 모습으로서보다 오히려 이상적 대상으로서 사랑에 빠져 망상으로 변신하는 사랑이다. 이 사랑은 사랑의 친밀감이나 결심(헌신) 요소 없이 열정적 각성으로부터 나타난다.

넷째, 공허한 사랑은 친밀감이나 열정이 전혀 없이 상대를 사랑하겠다고 결심함으로써 생긴다. 몇 년 동안씩 서로 간의 감정적 몰입이나 육체적 매력을 전혀 느끼지 못하는 정체된 관계에서 나타나는 사랑이다. 공허한 사랑도 일방적인 사랑일 수 있으므로, 한 사람은 상대에게 친밀한 밀착과 유대를 유지하지만 다른 한 사람은 헌신만을 느끼는 수가 있다.

다섯째, 낭만적 사랑은 친밀감과 열정요소가 결합되어 나타난다. 본질적으로 신체적 또는 다른 매력의 추가된 요소에 대한 좋아함이 나타나며 신체적·정서적으로 서로에게 이끌린다.

여섯째, 허구적 사랑은 열정과 결심(헌신) 요소가 결합되어 생기는 것으로 친밀감의 요소가 결여되어 있다. 열정이란 거의 불가피하게 감소하기 때문에 열정이 감소할 때 남는 것은 결심(헌신)이다. 그러나 헌신도 장기간 지속되거나 깊어지기가 쉽지 않다.

Tip

허구적 사랑은 열정과 결심(헌신) 요소가 결합되어 생기는 것으로 친밀감의 요소가 결여됨

일곱째, 우애적 사랑은 사랑의 친밀감과 결심(헌신) 요소의 결합으로 생긴다. 열정의 주된 원천인 육체적 매력이 약해진 오래된 우정 같은 결혼에서 쉽게 나타난다.

여덟째, 완전한 사랑은 친밀감, 열정, 결심(헌신)의 세 가지 요소가 모두 존재할 때 생긴다. 이 사랑은 우리 모두가 갈구하는 사랑이다. 이 사랑에 도달하는 것도 어려우나 그것을 유지하는 것은 더 어렵다.

따라서 **표 7-5**는 사랑의 유형에 대한 분류를 보여주고 있다.

표 7-5 사랑에 대한 분류(Sternberg, 1986)

사랑의 유형	구성요소		
	친밀감	열정	헌신
비사랑	–	–	–
우정	+	–	–
짝사랑	–	+	–
공허한 사랑	–	–	+
낭만적 사랑	+	+	–
허구적 사랑	–	+	+
우애적 사랑	+	–	+
완전한 사랑	+	+	+

+ = 있음, – = 없음.

이상에서 살펴본 사랑의 8가지 유형은 사랑의 삼각형을 구성하는 3요소의 유무에 근거한 부분이다. 어떠한 사랑의 관계이든지 친밀감, 열정, 결심(헌신)의 3요소 중에 하나라도 강하게 나타나야 지속된다. 3요소 간의 상대적 수준은 시간이 경과함에 따라 변화하게 되므로 관계도 시간에 따라 변화하게 된다고 한다.

Tip

스턴버그(Srernberg)의 8가지 사랑의 유형은 사랑의 3요소를 통해서 나타나는 것으로써, 각각의 상호작용과 힘을 통해서 사랑의 유형이 결정됨

스턴버그(Srernberg)의 8가지 사랑의 유형은 사랑의 3요소를 통해서 나타나는 것으로써, 각각의 상호작용과 힘을 통해서 사랑의 유형이 결정된다. 또한 스턴버그의 성숙한 사랑은 리(Lee)가 말하는 아가페 사랑과 마찬가지로 사람으로서는 그 사랑을 완전히 이루기는 불가능하고 그 사랑을 지속시키기는 더욱 어렵다고 할 수 있다. 그러나 그 사랑으로 성숙하기 위한 노력은 끊임없이 이루어져야 한다고 본다. 따라서 스턴버그의 8가지는 **표 7-6**에 제시되었다.

표 7-6 스턴버그의 8가지 사랑의 유형

스턴버그 애정형 척도검사

전 혀 아니다				상당히 그렇다				극 히 그렇다
1	2	3	4	5	6	7	8	9

번호	내용	응답
1	나는 **의 행복을 위해서 적극적으로 지원한다.	1 2 3 4 5 6 7 8 9
2	나는 **과 따뜻한 관계를 맺고 싶다.	1 2 3 4 5 6 7 8 9
3	나는 힘들 때 **에게 의지할 수 있다.	1 2 3 4 5 6 7 8 9
4	**는 힘들 때 나에게 의지할 수 있다.	1 2 3 4 5 6 7 8 9
5	나는 **와 나의 모든 것을 공유할 의향이 있다.	1 2 3 4 5 6 7 8 9

6	나는 **으로부터 상당한 정서적 지지를 받고 있다	1 2 3 4 5 6 7 8 9
7	나는 **에게 상당한 정서적 지지를 주고 있다.	1 2 3 4 5 6 7 8 9
8	나는 **과 말이 잘 통한다.	1 2 3 4 5 6 7 8 9
9	나는 내 인생에서 **를 매우 중요시한다.	1 2 3 4 5 6 7 8 9
10	나는 **와 친밀감을 느낀다.	1 2 3 4 5 6 7 8 9
11	나는 **와 편안한 관계를 느끼고 있다.	1 2 3 4 5 6 7 8 9
12	나는 **가 나를 정말 이해하고 있다고 느낀다.	1 2 3 4 5 6 7 8 9
13	나는 내가 **를 정말 신뢰한다고 느낀다.	1 2 3 4 5 6 7 8 9
14	나에 관한 개인적인 정보를 **와 공유하고 있다.	1 2 3 4 5 6 7 8 9
15	**와 나는 가깝게 맺어져 있다.	1 2 3 4 5 6 7 8 9
16	**를 보기만 해도 나는 흥분이 된다.	1 2 3 4 5 6 7 8 9
17	나는 낮에도 **에 대해서 생각하는 나 자신을 자주 발견한다.	1 2 3 4 5 6 7 8 9
18	**와 나의 관계는 정말 낭만적이다.	1 2 3 4 5 6 7 8 9
19	나는 **이 매우 매력적이라고 느낀다.	1 2 3 4 5 6 7 8 9
20	나는 **를 이상화하고 있다.	1 2 3 4 5 6 7 8 9
21	**처럼 나를 행복하게 만드는 사람을 상상할 수 없다.	1 2 3 4 5 6 7 8 9
22	나는 다른 어떤 사람보다도 **와 함께 있고 싶다.	1 2 3 4 5 6 7 8 9
23	**와의 관계보다 더 중요한 것은 이 세상에 없다.	1 2 3 4 5 6 7 8 9
24	나는 **와 신체적으로 접촉하는 것을 특히 좋아한다.	1 2 3 4 5 6 7 8 9
25	**와의 관계는 뭔가 '마법에 걸린 듯한' 데가 있다.	1 2 3 4 5 6 7 8 9
26	나는 **를 찬미한다.	1 2 3 4 5 6 7 8 9
27	나는 ** 없는 인생을 생각할 수 없다.	1 2 3 4 5 6 7 8 9
28	**와 나의 관계는 열정적이다.	1 2 3 4 5 6 7 8 9
29	낭만적인 영화나 책을 볼 때면 **를 생각하게 된다.	1 2 3 4 5 6 7 8 9
30	나는 **에 대해서 공상을 하곤 한다.	1 2 3 4 5 6 7 8 9
31	내가 **에 대해서 염려하고 있다는 것을 알고 있다.	1 2 3 4 5 6 7 8 9
32	나는 **와의 관계를 지속시키기 위해 최선을 다하고 있다.	1 2 3 4 5 6 7 8 9

33	다른 사람이 우리 사이에 끼어들지 않도록 나는 **에게 헌신할 것이다.	1 2 3 4 5 6 7 8 9
34	나는 **와의 관계가 흔들리지 않을 것이라는 점에 대해 자신감을 가지고 있다.	1 2 3 4 5 6 7 8 9
35	나는 어떤 난관에도 불구하고 **에게 헌신할 것이다.	1 2 3 4 5 6 7 8 9
36	**에 대한 나의 사랑은 남은 인생 동안 계속될 것이다.	1 2 3 4 5 6 7 8 9
37	나는 **를 위해서 항상 강한 책임감을 느낄 것이다.	1 2 3 4 5 6 7 8 9
38	**에 대한 나의 사랑은 확고한 것이다.	1 2 3 4 5 6 7 8 9
39	나는 **와의 관계가 끝나는 것을 상상할 수 없다.	1 2 3 4 5 6 7 8 9
40	나는 **에 대한 나의 사랑을 확신한다.	1 2 3 4 5 6 7 8 9
41	나는 **와의 관계가 영원히 지속될 것이라고 생각한다.	1 2 3 4 5 6 7 8 9
42	나는 **와 사귀는 것을 잘한 결정이라고 생각한다.	1 2 3 4 5 6 7 8 9
43	나는 **에 대한 책임의식을 느낀다.	1 2 3 4 5 6 7 8 9
44	나는 **와의 관계를 계속 유지할 작정이다.	1 2 3 4 5 6 7 8 9
45	설혹 **와 갈등이 생긴다 해도, 나는 여전히 우리 관계를 유지할 것이다.	1 2 3 4 5 6 7 8 9

사랑의 삼각형 채점

첫째, 1번에서 15번까지의 점수를 합산한 것이 친밀감 점수이다.
둘째, 16번에서 30번까지의 점수를 합산한 것이 당신의 열정 점수이다.
셋째, 31번에서 45번까지의 점수를 합산한 것은 개입 점수이다.

(2) 실연

우리는 이성에게 서로 반하여 뜨겁고 강렬한 사랑의 불꽃을 태우기도 한다. 이성과의 사랑이 '결혼'이라는 사랑의 결실로 이루어지기도 하지만, 언제나 행복한 결말을 맺는 것만은 아니다. 흔히 사랑은 불과 같이 시작하고 영원을 약속하지만 많은 사랑들이 애초의 기대나 희망

Tip

이성과의 사랑이 '결혼'이라는 사랑의 결실로 이루어지기도 하지만, 언제나 행복한 결말을 맺는 것만은 아님

을 달성하지 못하고 끝나는 경우가 있다. 실연의 유형을 보면 일방적인 실연, 합의된 실연, 강요된 실연의 세 가지로 구분해 볼 수 있다. 첫째, 일방적인 실연은 두 사람이 사랑하다가 한 사람의 일방적인 요구에 의해서 그 관계가 파기되는 경우이고, 둘째, 합의된 실연은 합의 이혼처럼 사랑하더라도 두 사람이 사랑의 관계를 종식시키기로 서로 합의하고 헤어지는 경우이다. 셋째, 강요된 실연은 당사자의 의사와 상관없이 부모의 반대나, 유학이나 이민과 같이 한 사람의 지리적 이동으로 인해서, 혹은 한 사람의 죽음 등과 같은 외부적 요인에 의해서 사랑의 관계가 지속되지 못하고 중단되는 경우이다.

'실연을 당했을 때, 사람들은 슬픔과 분노, 고통 등의 감정을 드러낸다. 이는 실연을 당해서 나타나는 감정이 아니라 실연과 감정 사이에 나타나는 사고방식 때문에 나타난다고 한다. 이 이론을 합리적 정서행동치료의 ABCDE 방법이라고 하는데(표 7-7 참조), 즉 실연이 슬픔, 분노, 고통을 일으키는 게 아니라, 실연을 통해서 자기 피해의식에 사로잡혀 사고방식이 굳혀지게 되고 이것이 감정으로 드러난다는 것이다.

표 7-7 합리적-정서행동치료

A →	B →	C →	D →	E
실연	사고방식	슬픔, 분노, 고통	논박	새로운 감정

표 7-7에 제시된 바와 같이, 첫째, 실연에 대한 경험(A형)은 여자 친구가 다른 사람이 생겨서 나와의 관계를 끊고 싶다는 소식을 전해왔을 때이다.

둘째, 경험에 대한 비합리적 신념(B형)은 '나는 정말 보잘것없는 인간임에 틀림없어', '나는 앞으로 이 여자친구만한 사람을 결코 만날 수 없을 거다', '그녀가 나를 원하지 않는 것을 보면 아마 나를 원하는 사람은 아무도 없을 것 같다', '말도 안 된다. 어떻게 내게 이런 일이 일어날 수가 있나!', '나쁜 년! 그년이 내게 이렇게 해서는 절대 안 된다', '세상이 이렇게 불공평하고 더럽게 굴러가는 것을 도저히 참을 수 없다' 등이다.

셋째, 고통스러운 정서적 결과(C형)는 우울, 적대감, 슬픔, 분노, 고통으로 나타난다.

넷째, 비합리적 신념에 대한 논박(D형)은 '이 여자가 나와의 관계를 끝내고 싶어 한다고 해서 내가 보잘것없는 인간이라든가 또는 다른 사람과 좋은 관계를 결코 맺을 수 없을 거라든가 혼자서는 절대 행복할 수 없을 거라는 근거는 어디에도 없다', '내가 원하는 대로 일이 잘 안 풀린다는 것이 뭐가 그렇게도 끔찍한 일인가?', '세상일이 어떻게 좋기만 하겠는가?', '그녀가 나를 거절했다고 해서 내가 못난 사람이 (혹은 그녀가 몹쓸 사람이) 되어야 하나?' 하고 생각하는 것들이다.

다섯째, 새로운 정서적 결과 혹은 효과(E형)는 두 가지로 나눈다. 먼저, 슬픔은 '우리가 좋은 관계를 맺어 왔지만 이렇게 끝나게 돼서 아쉽다. 문제가 있긴 했지만 나는 이제 훌훌 털어버리고 새로운 여자 친구를 찾아 나서겠다'라고 생각하는 것들이다. 다른 하나는 속상함이다. 이는 '그녀가 다른 남자를 만날 거라니 속상하다. 하지만 이 일이 참을 수 없을 만큼 끔찍한 일은 아니다'라고 하는 것들이다.

Tip

상실의 단계에서는 실망, 우울, 배신감으로 인해 무절제한 행동과 의욕이 부족하여 모든 일에 흥미와 의욕을 잃음

실연은 크게 3단계로 나눠볼 수 있는데 첫째, 상실의 단계이다. 이 상실의 단계에서는 실망, 우울, 배신감으로 인해 무절제한 행동과 의욕이 부족하여 모든 일에 흥미와 의욕을 잃게 된다. 영화 '봄날은 간다'에

서 남자주인공의 "사랑이 어떻게 변하니?"라는 대사와 함께 한 장면이 묘사되는데, 남자주인공은 집 안에 틀어박혀서 휴대폰만 만지작거리거나 옛 애인의 차에 흠집을 내곤 한다.

둘째, 수용과 치유의 단계이다. 현실을 인정하고 좋은 추억만 기억하려 하는데, 이로써 상황을 정리하고 자기 합리화시키며, 아픔을 치유하며 인생의 전환점을 맞이하게 된다. 같은 영화 '봄날은 간다'에서는 할머니를 통해 치유가 되는데, 남자주인공에게 할머니는 "버스와 여자는 떠나면 잡는 게 아니란다"라는 말을 해 준다.

셋째, 성숙의 단계이다. 반성과 성찰, 자기계발을 통해 이전보다 성숙한 인간관계를 만들어 간다. '만남이 있으면 이별도 있는 법'이다. 즉, 사람은 누군가를 만나 사랑에 빠지고, 그렇게 사랑이 진행되다가 서로 맞지 않거나 애정이 식어버리면 이별이라는 종착역에 도착하게 된다. 이런 사랑의 곡선을 따라 흐르다 보면, 이별이 종착역이 아닌 실연의 아픔의 시작이라는 것은 겪어본 사람들이라면 누구나 다 아는 것이다. 사랑하는 사람을 잃어버린 공허함, 그 공허함을 제대로 떨쳐내 버리지 못한다면, 불안과 분노, 고통의 나락으로 떨어지기 쉽다.

Tip

성숙의 단계이다. 반성과 성찰, 자기계발을 통해 이전보다 성숙한 인간관계를 만들어 감

이별 직후에는 '난 이제 사랑할 수가 없다. 이 사람을 너무 사랑했기 때문에, 이 사람만 바라보고 살 거다'라는 생각만 한다. 그 사람이 아니면 안 된다는 생각을 한다. 또한 이별 후에 어리석게 죽음을 택하거나, 타락하는 사람들을 보면 약간은 어리석다는 생각이 든다. 이별 후의 아픔은 스스로 헤쳐 나와야 할 터널과도 같다. 이별이라는 터널에 들어와서 한 줄기의 빛을 따라 걸어나와 나를 되돌아보고, 새로운

사랑을 찾거나 나의 길을 찾아 나와서 환한 세상을 보면 그것만큼 뿌듯하고 상쾌한 일은 없을 것이다. 무엇보다 자신의 의지가 중요하다는 것을 강조하고 싶다. 나만 아프고 힘든 것이 아니라 주위의 모든 사람들도 같이 아파한다는 것, 그것만 명심한다면 이 힘든 난관도 잘 헤쳐 나갈 것으로 본다.

사랑이란 이름으로 찾아와 실연이라는 이름으로 떠나간다. 이별의 아픔이란 떠나간 사람의 미움이나 분노도 있겠지만, 못난 자신에 대한 책망을 떠나간 사람에게 대신 돌릴 수도 있고, 최선을 다하지 못한 아쉬움으로 인해 더 아플 수도 있다. 무엇보다 이미 돌이킬 수 없는 사랑을 붙잡으려 하기보다는 현재의 사람에게 충실하거나 현재의 나의 모습을 가꾸는 데 투자를 한다면 더 좋은 기회나 사랑이 찾아 올 것이다. "만남이 있으면 이별이 있는 법, 그러나 이별은 또 다른 만남의 시작이다"라는 이 말을 유념한다면, 이별은 결코 사랑의 종착역이 아니라 새로운 만남의 시작이 될 것이다.

(3) 데이트폭력

Tip

데이트폭력(dating abuse)이란 서로 좋아하는 감정을 가지고 만나는 관계에서 일어나는 폭력을 의미함

데이트폭력(dating abuse)이란 서로 좋아하는 감정을 가지고 만나는 관계에서 일어나는 폭력을 의미한다. 이는 한 사람이 일방적으로 상대방에게 행하는 행동적·정서적·신체적 폭력, 성폭력 등의 전체적인 개념으로 상대방을 감시 및 통제하려는 행위가 데이트폭력에 해당된다. 이는 가정폭력과 동일하게 친밀한 관계(intimate partner violence)에 있는 사람에게 폭력을 당한다는 것이다.

한국형사정책연구원(2016)에 의하면, 데이트폭력은 재범률이 높고 반

복적으로 나타나며, 폭력적인 행위가 점점 더 심해져 살인까지 일어나는 사례가 많은 것으로 나타났다. 아울러 연인관계 시절부터 폭력을 당했던 경우에는 결혼한 후 가정폭력까지 이어지는 경향이 늘어나고 있다. 그렇다면 왜 데이트폭력을 당했던 피해자들은 쉽게 법적인 대응을 하지 못하는지 생각해 보아야 한다. 무엇보다 연인관계에서는 데이트폭력에 대한 인지도가 낮고, 인지를 하였다고 해도 가해자가 피해자의 많은 정보를 가지고 있는 관계로 쉽게 신고하지 못한다. 이는 가족, 친구, 주변 인물, 회사 등에 다양한 개인정보가 외부로 유출될 수 있다는 불안감 때문에 조용히 연인관계를 정리하지 법적인 신고를 하지 못하는 경우가 많다.

Tip

무엇보다 연인관계에서는 데이트폭력에 대한 인지도가 낮고, 인지를 하였다고 해도 가해자가 피해자의 많은 정보를 가지고 있는 관계로 쉽게 신고하지 못함

데이트폭력에 대한 유형을 살펴보면 먼저, 행동적 폭력이다. 서로 연인관계라도 상대방을 감시하고 행동을 통제하려고 하는 것이 가장 흔한 데이트폭력이다.

한국여성의전화(2016)는 데이트폭력 경험이 있는 대상자를 중심으로 조사한 결과, 만 18세 이상의 여성 가운데 62%가 행동적인 통제를 받아보았다고 응답하였다. 이는 연인관계라는 속에서 데이트폭력이 일어나는 가장 기본적인 요소로, 가해자가 피해자와의 인간관계, 생활반경 등을 스토커처럼 행동하거나 제약하려는 것이다. 무엇보다 제3자의 개인정보라 할 수 있는 E-mail, SNS, 휴대전화 등을 감시하거나, 피해자가 전화를 받을 때까지 전화하는 행위, 옷차림과 대인관계를 못하게 하는 행위, 24시간 일정을 확인하고 간섭하는 행위, 모임 및 동아리 활동을 못하게 하는 등의 다양한 문제점들이 노출되었다. 따라서 피해자들은 가족, 친구와 주변 인물들로부터 고립되어 데이트폭력에서 헤어 나오지 못하여 힘들어하는 경우도 있다.

둘째, 정서적 폭력이다. 여기서 말하는 정서적 폭력은 언어 및 심리적 등의 다양한 내용들이 포함된다. 대표적으로 언어폭력은 피해자에게 욕을 하거나 윽박지르거나, 비난하거나, 모욕하거나, 무시하는 행위, 위협하는 행위 등이 해당된다. 그리고 심리적 폭력은 피해자의 물건을 부수는 행위, 문을 세게 닫는 행위, 발로 문을 걷어차는 행위, 가족들을 대상으로 행하는 행위, 피해자의 돈을 갚지 않는 행위, 자살 및 자해하려는 행위 등이 해당된다. 이러한 언어폭력과 심리적 폭력으로 피해자에게 정서적 폭력을 행하는 경우가 우리 주변에서 일어나고 있다.

셋째, 신체적 폭력이다. 이 행위는 상대방에게 폭력적인 행동을 행하는 것이다. 순간 욱하는 마음 때문에 피해자의 빰을 때리거나 발로 가해는 행위, 머리채를 잡아서 끌고 다니는 행위, 칼로 상처를 입히는 경우, 담배꽁초로 몸에 상해를 입히는 경우, 물건을 던져서 상처를 입히는 행위, 뜨거운 물 혹은 드라이기 등으로 화상을 입히는 행위 등이 해당된다. 지나친 경우에는 피해자가 기르는 반려동물을 죽이거나 폭력을 행하는 경우도 최근에는 일어나고 있다.

Tip

연인이라는 핑계로 성적 자기의사결정권을 물어보지 않은 상태에서 강제로 성희롱(키스 등의 성희롱)과 성폭력(성관계 등)을 행함

마지막으로 성적 폭력이다. 연인이라는 핑계로 성적 자기의사결정권을 물어보지 않은 상태에서 강제로 성희롱(키스 등의 성희롱)과 성폭력(성관계 등)을 행하는 경우이다. 즉, 아무리 좋은 감정을 가지고 사귀는 사이라도 상대방의 의사없이 일방적인 성관계는 데이트폭력(강간)이다. 또 최근에 대학가 주변이나 유흥주점 근처에서 피해자가 만취한 상황이나 약물 등을 이용하는 성적 폭력이 늘어나고 있다. 이처럼 연인이라는 이유만으로 상대방의 의사를 묻지 않고 행하는 모든 행동이 성적 폭력이 아니라고 판단하는 경우가 종종 있으나, 매우 위험한 문제

로 발전될 수 있으므로 정확한 데이트폭력을 이해하여야 한다. 이는 한국여성의전화(2016)가 가정폭력 및 성폭력상담소로 접수된 데이트폭력 상담이 25.4%를 차지하였고, 유형별로 행동적인 폭력이 62%으로 가장 높았고, 성적 폭력이 48.8%, 정서폭력이 45.9%, 신체적 폭력이 18.5% 순으로 나타났다.

한편, 충남여성정책개발원(2019)에 의하면, 2016년 158건을 기록했던 도내 데이트폭력 신고건수 158건에서 2018년 지난해 1,355건으로 2년 만에 8배 이상 높아졌다. 이러한 데이트폭력의 피해자는 여성이 68.5%로 가장 높았고, 남성은 11.2%, 쌍방은 20.2%로 나타났으며, 데이트폭력 경험은 사귄 후 1~3개월 미만이 23.8%를 기록하는 등 이른 시기에 폭력이 시작되는 것을 발견할 수 있었다(http://www.cctoday.co.kr/news/articleView.html?idxno=2042899).

외국 사례인 영국과 미국을 살펴보면, 먼저, 영국은 1990년에 중반부터 민관에서 가정폭력대처 시스템을 마련한 후 2000년대에 가정폭력에 데이트폭력을 포함시켰다. 단적인 예로, 2009년에 전과범이였던 전연인에게 살해당한 클레어우드(Clare Wood)의 사건 때문에 "클레어법"이라고 불리는 가정폭력 정보공개 청구제도를 도입했다. 이 법은 개인이 배우자나 연인에게 가정폭력이나 폭력전과가 있는지 확인하기 위해 경찰에 정보공개를 요청할 수 있는 법으로, 가정폭력이나 데이트폭력에서 잠재적인 피해자를 보호하는 데 최우선이 있다.

종합적으로 살펴보면, 데이트폭력에 대한 법적 근거가 미흡한 점과 별도의 지원시스템이 없는 관계로 성폭력 기관, 가정폭력 및 성폭력 피해자 지원 범주에 임의적으로 포함시켜서 도움을 주고 있는 상황이다. 물론 각 대학교의 학교생활상담센터, 양성평등상담실, 양성평등기관 등에서 도움을 줄 수 있지만, 데이트폭력 피해자 지원과 가해자 예방 프로그램 등에 대한 정책은 미흡함과 법적인 근거가 보다 명확하게 만들어져야 할 필요성이 제기된다. 그리고 지역적인 상담네트워크를 형성하여 인프라 확충 및 피해자 특성을 고려한 지역별 지원 매뉴얼, 매년 관공서에서 실시하는 성인지 감수성 교육처럼 데이트폭력 및 가정폭력에 대한 강의가 필요할 것으로 사료된다.

3) 가족 간 소통

(1) 역기능적 의사소통의 유형

의사소통 유형은 의사소통의 과정에서 일어나는 메시지의 선택, 전달, 피드백 요소 등으로 쌍방 통행, 일방통행, 일방 차단, 쌍방 차단으로 구분한다. 또는 자유롭게 생각과 감정을 표현하며, 효과적인 문제해결 기술을 지닌 개방적 의사소통과 모순된 메시지와 부정적, 이중속박 및 빈약한 문제해결 기술을 지닌 역기능적 의사소통으로 구분한다.

사티어(Satir, 1972)는 체계론적 관점에서 의사소통의 유형을 논하고 있는데, 상호 분명한 의사소통을 통해 긍정적인 피드백을 주고받으며 관계를 유지하는 기능적 의사소통과 상대방의 의견을 경청하거나 긍정적인 반응을 하지 않고 새로운 상황에서 적절한 의사소통이 부족한 역기능적 의사소통을 구분하였다. 즉, 역기능적 의사소통의 원인을 자부심의 결여라고 보고 "pot level"이 낮다고 표현했다(서미례, 2007). 따라서 역기능적 의사소통을 하는 사람은 자신의 생각과 감정을 기초로 추측하고 가정해서

Tip
역기능적 의사소통의 원인을 자부심의 결여라고 보고 "pot level"이 낮다고 표현함

행동하기 때문에 오해받기 쉽고 목적이나 결과에 도달하기 힘들다고 하였으며, 역기능적 의사소통의 유형은 회유형, 비난형, 초이성형, 산만형의 4가지 유형이 있고, 기능적 의사소통 유형으로는 일치형이 있다. 이들 의사소통 유형에 대해 살펴보면 **그림 7-5**와 같다.

그림 7-5 의사소통의 유형

첫째, 회유형(placating stance)의 사람들은 자신에 대한 존중감을 가치 없게 여기고 다른 사람들의 기분을 맞추려 하고 반대하는 말을 하지 않으며, 비위를 맞추면서 말하고 남이 요구하는 대부분의 것에 동의한다. 흔히 예스맨(yesman)이라 부르는 사람들이 여기에 속한다. 이 유형의 사람들은 자신의 가치를 부정하고 스스로는 정말로 중요하지 않다는 메시지를 자신에게 보내며, 마치 삶의 유일한 목적이 다른 사람의 문제를 덜어주기 위한 것처럼 행동한다.

회유형의 사람들은 자신이 살아남고 안정을 유지하려는 방법으로 자신이 느끼는 감정보다 상대방에게 긍정적으로 대답하는 것이 중요하다고 생각하면서 자신의 스트레스를 다루려고 하는 것이다. 또 이 유형은 사정하는 말, 구걸하는 감정, 의존적인 태도를 취한다. 따라서 회유형을 극복하려면 자기 자신을 돌보아 자기가치와 동등한 감정을

Tip

회유형의 사람들은 자신이 살아남고 안정을 유지하려는 방법으로 자신이 느끼는 감정보다 상대방에게 긍정적으로 대답하는 것이 중요하다고 생각하면서 자신의 스트레스를 다루려고 함

갖도록 해야 한다.

둘째, 비난형(blaming stance)은 회유형과는 반대의 유형이다. 비난형의 사람은 자기주장이 강하고 독선적이며 명령적이고 지시적이다. 자신을 보호하기 위해서 남의 잘못을 찾고 우월하게 행동하며 타인을 무시한다. 겉으로 강한 것처럼 보이나 내적으로는 자신이 가치 없다고 생각하기 때문에 누군가 자신에게 복종할 만한 사람이 옆에 있으면 자신이 중요하게 되었다고 느끼는 비난을 시작한다. 이들은 깊은 내면의 낮은 자아존중감을 털어놓으면 마치 죽는다고 생각할 정도로 실패감에 빠져 있으며, 타인을 비난하기 위하여 다른 사람의 가치를 격하시키고 자신과 상황에만 가치를 둔다.

비난형의 사람은 내면적으로는 외롭고 실패감을 느끼며 실제 자신의 욕구를 숨기려고 하며, 남의 잘못을 찾고 남의 탓으로 돌리며 명령적이고 지시적인 행동을 한다.

Tip

초이성형(super-reasonable stance)의 사람은 의사소통에 있어 자신이나 다른 사람을 과소평가하는 경향을 갖으며 다른 사람의 감정을 부정함

셋째, 초이성형(super-reasonable stance)의 사람은 의사소통에 있어 자신이나 다른 사람을 과소평가하는 경향을 갖으며 다른 사람의 감정을 부정한다. 또한 지나치게 합리적인 상황만을 중요시하며 기능적인 것만을 말하고 대부분 객관적인 자료나 논리에 근거해서 의사소통을 한다. 그리고 이들은 심리적인 자세는 경직되어 있고, 공격적이며 항상 올바른 것을 추구하는 것으로 묘사된다.

일반적으로 조용하고, 차갑고, 감정적이지 않으며 고립적인 성향을 띠고 있다. 대인관계에서 융통성이 없고, 원칙중심이며 많은 사람들에게 초이성형이 이상적인 목표로 보이기도 한다. 초이성형을 변화시키려면 자신과 타인에 대한 애정, 감정, 지적인 것을 통합하도록 해야 한다. 즉, 대인관계에서 경직되어 있고 원칙중심이며 재미없고 강박적

이라고 볼 수 있다.

넷째, 산만형(irrelevant stance)은 일반적으로 즐거워하는 것이나 익살맞은 것과 혼합된 것으로 혼돈스러운 것을 말한다. 산만형은 초이성형과는 정반대의 유형이며, 산만한 유형을 사용할 때 사람들은 계속적으로 움직이거나 토론하고자 하는 주제에 대한 사람들의 관심을 분산시킨다. 산만형의 사람들은 생각이 자주 바뀌고 동시에 혼란스러운 행동을 보이며 어떤 하나의 특별한 주제에 초점을 집중할 수가 없다.

Tip
산만형의 사람들은 생각이 자주 바뀌고 동시에 혼란스러운 행동을 보이며 어떤 하나의 특별한 주제에 초점을 집중할 수가 없음

산만형은 생각 없이 책임 없는 말을 하거나 다른 사람의 말과 맞지 않는 내용으로 의사소통을 하고 주의집중을 잘 못 한다. 위협을 무시하고 마치 위협이 존재하지 않는 것같이 행동하여 주위를 혼란시키며, 혼자 바쁘고 주제에 주의집중을 못 한다. 따라서 산만형을 변화시키려면 자신이 이러한 유형을 사용하고 있다는 것을 인식하여 적절한 상황에서 변화를 위해 융통성 있고, 창의적이며 개방적이 되도록 도와야 한다. 사티어(Satir)는 네 가지의 역기능적 의사소통 유형을 표 7-8과 같이 제시하였다(홍경자, 2007).

표 7-8 사티어의 역기능적 의사소통 유형

구분	회유형	비난형	초이성형	산만형
언어적 표현	제가 잘못했어요, 난 오로지 널 위해 산다, 당신이 없으면 큰일이에요.	모든 게 네 잘못이다, 넌 제대로 하는 게 없다. 문제가 뭐냐.	주어를 생략함(규칙과 옳은 것만 언급), 추상적이고 긴 설명	초점이 없는 대화, 주제가 바뀜, 계속해서 그대로 내버려 둬라.
정서 반응	구걸하는 느낌, 자신 없는 목소리와 자세	내가 대장이다.	냉담한 마음, 조용하고 경직된 자세	혼란스러움, 마음은 콩밭에 있음. 계속 움직임. 비스듬한 자세
행동	사리, 변명, 양보, 우는 소리, 순교적, 모든 것 제공	공격적·명령적, 약점 발견	권위적, 원칙주의, 의도적, 조작적	부적절하게 조정, 지나치게 활동적, 끼어들기

구분	회유형	비난형	초이성형	산만형
내적 경험	난 아무 가치도 없어.	난 외로운 실패자다, 난 세상의 피해자다.	나는 외롭고 상처받기 쉽다, 감정의 동요와 통제의 상실이 두렵다.	이곳은 내가 설자리가 아니다, 아무것도 상관하지 않겠다.
심리 상태	신경과민, 우울증, 자기연민, 자살경향	과대망상, 일탈적 성향	강박적, 긴장되고 반사회적, 사회적 고립	혼돈, 어색함, 정신병적 경향성
신체적 증상	소화기관 장애, 변비, 편두통	혈액순환장애, 고혈압, 관절염, 근육통, 천식	심장과 근육의 경직, 건조성, 암, 임파, 점액질환	신경계통장애, 편두통, 위장장애, 메스꺼움, 변비, 당뇨
초점	자기를 무시, 상황과 타인을 중시	다른 사람은 무시, 자기와 상황은 중시	자기와 타인은 무시, 상황만 중시	자기, 타인, 상황을 모두 무시
강점	배려와 민감성	강한 자기주장	지적 능력과 논리성	낙천성, 창의력
치료 목표	자기 지각하기, 자신의 욕구, 감정, 경계선, 책임 인식, 주장훈련, 분노조절훈련	인지적 왜곡의 교정, 자기감정의 조절, 정확한 규칙의 설정, 경청훈련	비언어적 표현에 대한 통찰력, 신체이완훈련, 공감훈련	감수성훈련(감정인식, 신체접촉), 주의집중(명상, 정관), 주장훈련

표 7-8에 제시된 바와 같이, 역기능적인 의사소통은 대부분이 낮은 자기가치의 감정으로부터 일어난다. 이것은 자신의 진정한 감정을 숨기거나, 제대로 그것을 인식하지 못하거나 이러한 역기능적인 형태가 다른 사람들과 어울리는 방법이라고 생각한다. 역기능적인 의사소통은 상황에 따라 누구에게나 나타날 수 있으며 한 가지 혹은 두 가지 이상이 혼합되어 나타난다. 그러므로 네 가지의 역기능적 의사소통에 대한 치료의 대표적인 기능적 의사소통 유형인 일치형을 알아본다.

Tip

일치형(congruent stance)에서는 메시지의 모든 부분들이 같은 방향을 향하여 목소리와 얼굴 표정, 몸의 자세, 음정 등이 일치된 메시지를 전함

일치형(congruent stance)에서는 메시지의 모든 부분들이 같은 방향을 향하여 목소리와 얼굴 표정, 몸의 자세, 음정 등이 일치된 메시지를 전한다. 따라서 일치형의 의사소통은 다음과 같은 속성을 가지고 있다. 자신의 독자성을 존중하며, 개인의 에너지와 사람과 사람 사이의 에너지가 자유롭게 교류된다. 개인적인 특징을 존중하고 자신과 다른

사람을 신뢰하고 사랑하며, 때론 모험을 하기도 하고 상처를 입기도 하는 등 변화에 대하여 융통성이 있고 개방적이다. 또한 자신의 내적 외적 자원들을 사용하여 타인과 교류하며, 친교가 개방적이고 자신에게 자유롭고 다른 사람을 수용하는 데 있어서도 자유롭다(고정민, 2003).

사티어(Satir)가 이러한 기능적·역기능적 의사소통 유형을 구분하고 각 유형들의 특징을 관찰하고 분석한 것은 가족 내에서 의사소통의 유형에 따라 나타날 수 있는 여러 문제들을 정확히 알고 해결하려는 데에 그 목적이 있다.

김종두(2000)는 원만한 인간관계를 위해 필요한 7가지 의사소통의 원리를 레드필드(Redfield)의 연구에 의거하여 다음과 같이 일곱 가지로 제시하였다.

첫째, 명료성은 의사소통의 간결한 문장과 평이한 용어를 사용해야 한다. 그리하여 전달하는 내용이 보다 분명하고 체계적이어야 하며, 과거·현재·미래가 명확하게 비교될 수 있어야 한다.

둘째, 일관성은 의사소통에서 처음의 명령과 나중의 명령에 모순이 있어서는 안 되며, 명령은 조직의 목표와 부합되어야 한다.

셋째, 적기·적시성은 의사소통 사용 시 알맞은 시기를 선택하여야 하며, 때를 놓쳐서는 안 된다. 필요한 정보는 필요한 시기에 적절히 입수되어야 한다는 것이다. 그러나 교실 수업에서는 수업 내용의 연계성을 명확히 해야 한다는 의미이다.

넷째, 적정성이다. 이는 의사소통의 양은 적정량을 넘으면 안 되며, 교실 수업의 예를 들면 단기간에 너무 많은 양의 내용을 가르치고 학습하는 것은 교사와 학생 모두에게 효과적이지 못하다는 의미이다.

다섯째, 분포성이다. 정보는 전달자로부터 수신자에게 올바르게 전달되어야 한다. 즉, 수신자가 누가 될 것인가를 확실히 정하면 사용할

Tip
정보는 전달자로부터 수신자에게 올바르게 전달되어야 함

의사소통의 수단도 달라진다. 의도, 정보 및 지시 등은 발신자로부터 일정한 경로를 거쳐 명확하게 수신자에게 전달되어야 한다. 뿐만 아니라 교실에서는 수신자에게 정보가 정확하게 전달될 수 있도록 적정 공간에 적정 인원이 수용되어 있는지, 학생들은 어떻게 분포되어 있는지를 살펴보고 분포 상황에 맞도록 정보를 전달하는 것도 매우 중요하다.

여섯째, 적응성과 통일성은 의사소통에 있어 적응성과 통일성을 조화시켜야 한다는 것이다. 즉, 각각의 다른 내용의 대화는 상호 간에 수용될 수 있는 차원에서 전체적으로 통일된 시각으로 표현되어야 한다.

일곱째, 관심과 수용이다. 효과적인 의사소통은 수신자의 관심과 수용태도에 의해 결정된다는 것이다. 그러므로 수신자에 대해 이해와 수긍을 제고해야 한다. 이처럼 인간관계를 형성함에 있어서 의사소통은 인간관계를 촉진시키기도 하고 저해시키기도 하므로 효과적인 의사소통은 인간이 행복하고 만족스러운 삶을 살아가는 데 가장 기본적인 필수 요건이 된다고 할 수 있다.

표 7-9 사티어 의사소통 검사지

* 다음 문항들을 읽고 현재 자신에게 적절하다고 생각되는 문항에 체크하세요.	
1. 나는 상대방이 불편하게 보이면 비위를 맞추려고 한다. ( ) 2. 나는 일이 잘못되었을 때 자주 상대방의 탓으로 돌린다. ( ) 3. 나는 무슨 일이든지 조목조목 따지는 편이다. ( ) 4. 나는 생각이 자주 바뀌고 동시에 여러 가지 행동을 하는 편이다. ( ) 5. 나는 타인의 평가에 구애받지 않고 내 의견을 말한다. ( ) 6. 나는 관계나 일이 잘못되었을 때 자주 내 탓으로 돌린다. ( ) 7. 나는 다른 사람들의 의견을 무시하고 내 의견을 주장하는 편이다. ( ) 8. 나는 이성적이고 차분하며 냉정하게 생각한다. ( ) 9. 나는 다른 사람들로부터 정신이 없거나 산만하다는 소리를 듣는다. ( )	

10. 나는 부정적인 감정도 솔직하게 표현한다. ( )
11. 나는 지나치게 남을 의식해서 나의 생각이나 감정을 표현하는 것을 두려워한다. ( )
12. 나는 내 의견이 받아들여지지 않으면 화가 나서 언성을 높인다. ( )
13. 나는 나의 견해를 분명하게 표현하기 위해 객관적인 자료를 자주 인용한다. ( )
14. 나는 상황에 적절하지 못한 말이나 행동을 자주하고 딴전을 피우는 편이다. ( )
15. 나는 다른 사람이 내게 부탁을 할 때 내가 원하지 않으면 거절한다. ( )
16. 나는 사람들의 얼굴 표정, 감정, 말투에 신경을 많이 쓴다. ( )
17. 나는 타인의 결점이나 잘못을 잘 찾아내어 비판한다. ( )
18. 나는 실수하지 않으려고 애를 쓰는 편이다. ( )
19. 나는 곤란하거나 난처할 때는 농담이나 유머로 그 상황을 바꾸려 하는 편이다. ( )
20. 나는 나 자신에 대해 편안하게 느낀다. ( )
21. 나는 타인을 배려하고 잘 돌보아주는 편이다. ( )
22. 나는 명령적이고 지시적인 말투를 자주 사용하기 때문에 상대가 공격받았다는 느낌을 받을 때가 있다. ( )
23. 나는 불편한 상황을 그대로 넘기지 못하고 시시비비를 따지는 편이다. ( )
24. 나는 불편한 상황에서는 안절부절못하거나 가만히 있지를 못한다. ( )
25. 나는 모험하는 것을 두려워하지 않는다. ( )
26. 나는 다른 사람들이 나를 싫어할까 두려워서 위축되거나 불안을 느낄 때가 많다. ( )
27. 나는 사소한 일에도 잘 흥분하거나 화를 낸다. ( )
28. 나는 현명하고 침착하지만 냉정하다는 말을 자주 듣는다. ( )
29. 나는 한 주제에 집중하기보다는 화제를 자주 바꾼다. ( )
30. 나는 다양한 경험에 개방적이다. ( )
31. 나는 타인의 요청을 거절하지 못하는 편이다. ( )
32. 나는 자주 근육이 긴장되고 목이 뻣뻣하며 혈압이 오르는 것을 느끼곤 한다. ( )
33. 나는 나의 감정을 표현하는 것이 힘들고, 혼자인 느낌이 들 때가 많다. ( )
34. 나는 분위기가 침체되거나 지루해지면 분위기를 바꾸려 한다. ( )
35. 나는 나만의 독특한 개성을 존중한다. ( )
36. 나는 나 자신이 가치가 없는 것 같아 우울하게 느껴질 때가 많다. ( )
37. 나는 타인으로부터 비판적이거나 융통성이 없다는 말을 자주 듣기도 한다. ( )
38. 나는 목소리가 단조롭고 무표정하며 경직된 자세를 취하는 편이다. ( )
39. 나는 불안하면 호흡이 고르지 못하고 머리가 어지러운 경험을 하기도 한다. ( )
40. 나는 누가 나의 의견에 반대해도 감정이 상하지 않는다. ( )

각 번호별로 개수를 합하였을 때 가장 많은 문항이 자신의 의사소통유형이 된다.

1,6,11,16,21, 26,31,36번	2,7,12,17,22, 27,32,37번	3,8,13,18,23, 28,33,38번	4,9,14,19,24, 29,34,39번	5,10,15,20,25, 30,35,40번
회유형	비난형	초이성형	산만형	일치형

(2) 효과적인 대화의 기술

상담에서 내담자와 상담자 간의 첫 대면에서 대화기술이 어떤 식으로 이루어지는가에 따라 상담 작용에 크게 영향을 받는다. 이러한 대화기술은 부모와 자녀관계, 친구들과의 관계, 교사와 학생의 관계 등과는 전혀 다른 성질을 지니고 있다. 효과적인 대화기술이 상담에서 이루어지기 위해서는 상담자와 내담자 간에 의사소통, 즉 대화의 주원인인 관계 형성이 효율성이 있어야 된다는 점이다. 이러한 상담자와 내담자 간의 효율성 있는 대화 관계가 형성되기 위한 가장 기초적인 대화기술 세 가지를 살펴보면 **그림 7-6**과 같다.

Tip

효과적인 대화기술이 상담에서 이루어지기 위해서는 상담자와 내담자 간에 의사소통, 즉 대화의 주원인인 관계 형성이 효율성이 있어야 함

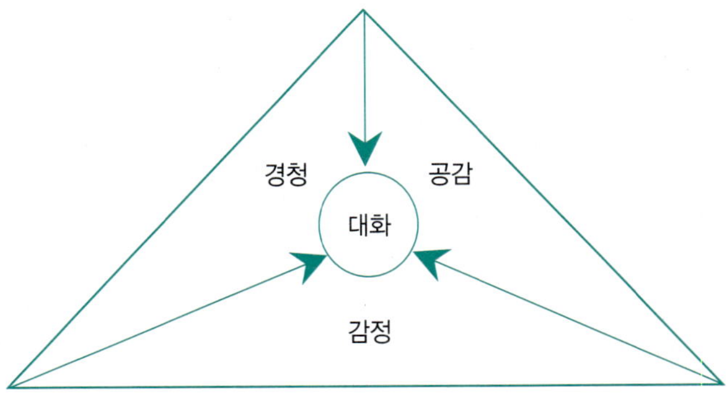

그림 7-6 효과적인 대화기술

첫째, 경청(listening)은 효율적이고 촉진적인 의사소통을 위한 태도인 동시에 기술이라고 할 수 있다. 경청이란 상대방의 말을 잘 듣는다는 것인데, 이것은 상대방에게 관심을 집중하고서 상대방의 언어적인 말뿐만 아니라 표정이나 행동과 같은 비언어적인 메시지에도 민감하게 주의를 기울이는 것을 말한다(장성화, 2009).

의사소통을 할 때에 사람들은 많은 경우에 비언어적인 메시지를 통하여 의사를 전달한다. 효율적인 의사소통을 하기 위해서는, 상대방의 얼굴 표정이나 메시지가 그의 감정이나 생각을 훨씬 더 정확하게 나타내기 때문에 신체언어에 신경을 써야 한다. 또한 상대방의 표현된 말을 경청할 때에도 표면적인 내용뿐만 아니라 그 이면에 감추어진 생각이나 느낌까지도 알아채야 한다. 예를 들어, "지금 몇 시야?"와 같은 표현은 그 맥락에 따라 여러 가지 의미로 표현될 수 있다. 다시 말해서 '상대방이 약속시간에 늦어서 기분이 나쁘다'라든지, 혹은 '지금 배고픈데 밥 먹으러 갈 때가 되지 않았느냐', '강의가 재미없으니 빨리 끝났으면 좋겠다'라든지 상황에 따라 여러 가지 의미로 해석될 수 있다.

Tip

효율적인 의사소통을 하기 위해서는, 상대방의 얼굴 표정이나 메시지가 그의 감정이나 생각을 훨씬 더 정확하게 나타내기 때문에 신체언어에 신경을 써야 함

우리는 상대방이 내 말을 잘 경청하고 있음을 여러 가지 경로를 통해서 느낀다. 상대방의 표정이나 몸가짐, 고개의 끄덕거림, 적절한 반응 등을 통하여 '내 말을 잘 듣고 있구나' 혹은 '건성으로 듣고 있구나' 하는 것을 감지하게 된다. 우선 무엇보다도 중요한 것은 경청 그 자체이다. 경청하지 않으면 아무리 경청하는 듯한 표정과 반응을 보인다 해도 소용없다. 상대방의 말을 경청한 다음에는 상대방으로 하여금 '경청 받는다'는 느낌을 갖도록 나의 관심을 전달하는 방법 또한 중요하다. 전달 방법으로는 적절한 고개의 끄덕임, "아하, 응, 그랬구나" 등의 단순한 음성 반응, 관심 어린 질문, 상대방의 말의 반복, 요약, 환원 등이 있다. 사람은 누군가 상대방의 말에 진심으로 귀를 기울여줄 때에 그가 경험할 수 있는 최고의 돌봄을 체험하게 된다. 따라서 경청은 말하는 사람의 자존감을 고양해 주며 자기개방과 노출을 증진시킴으로써 자기탐색을 촉진시킨다.

Tip

자신이 직접 경험하지 않고도 다른 사람의 감정을 그와 거의 유사한 수준으로 이해함

둘째, 공감적 이해(empathy understanding) 혹은 공감은 조력관계에서 핵심적인 것이다. 이것은 자신이 직접 경험하지 않고도 다른 사람의 감정을 그와 거의 유사한 수준으로 이해하는 것이다. 상담자는 내담자가 지닌 감정, 의견, 가치, 이상, 고민, 갈등 등 그가 처해 있는 모든 상황(구광현, 2006)과 그의 입장에서 보는 것인데, '공감적'이라는 것은 사실이나 사건뿐만 아니라 말하는 사람의 감정이나 생각, 태도, 신념까지도 이해한다는 것이다. 이를 가리켜 로저스는 상담자가 내담자의 내적 준거체계를 이해하는 것이라고 한다. 상대방을 공감적으로 이해하기 위해서는 상대방의 입장에서 느끼려고 노력해야 하며, 이때 듣는 사람은 말하는 사람 자신이 아니기에 상대방의 생각이나 감정 등을 아는 것만으로는 충분치 않고 자신이 이해한 바를 상대방에게 전달하는 것이 매우 중요하다. 따라서 상담자의 공감적 이해능력에는 두 가지 기초적인 요소를 포함한다. 먼저, 상담자와 내담자의 말 속에 깔려 있는 핵심적인 감정을 포착하는 것으로 이것은 감수성의 차원이며, 또 다른 하나는 상담자가 이해한 바를 내담자에게 전달하는 의사소통의 차원이다. 내담자를 공감적으로 이해하고 있음이 전달되면 내담자는 자신이 이해받고 있다는 느낌을 갖게 되며, 상담자를 보다 신뢰하게 되어 자신을 깊이 드러내 보이게 된다. 공감적 이해의 수준은 가장 낮은 단계인 자기 입장에서의 이해에서부터, 상대방에 대한 피상적 이해, 보다 높은 수준인 상대방에 대한 심층적인 이해의 수준에 이르기까지 여러 단계가 있다. 여기서 우리는 상담자가 반응하는 공감적 이해수준이 조력관계의 질을 좌우하는 주된 요소임을 알 수 있다.

공감적 이해는 상대방과 다른 생각이나 의견을 가지고 있더라도 상대방의 생각이나 느낌 등을 공감할 수 있다. 이러한 의사소통에서 상

대방에게 나의 생각이나 의견을 고집하지 않고, 상대방의 의견에 동조하지 않고서도, 상대방에 대한 공감적 이해를 할 수 있다. 아울러 공감과 동의는 다른 차원의 내용임을 이해시켜야 한다.

셋째, 자기감정을 명확하게 의사 표현하는 것이다. 우리는 흔히 일상적인 대화에서는 감정이나 느낌을 교환하기보다는 사실이나 사건, 조금 더 나아가 생각까지도 나눈다. 그렇지만 우리가 상대방의 말이나 행동에 대해 느끼는 감정이나 정서를 적절하게 표현하고 공유할 수 있을 때 우리의 대화가 촉진되며, 속 깊은 마음의 대화를 나눌 수 있는 단계에 이르게 된다. 나아가 효과적인 조력관계를 유지하기 위해서는 느낌이나 정서를 나누는 정의적인 수준에서의 의사소통이 이루어져야 한다. 정의적인 수준에서 의사소통을 촉진시키는 기술로는 I-Message(나-전달법) 기법이 있다.

나-전달법이란 나를 주어로 사용해서 나의 느낌이나 감정을 진솔하게 표현하는 방법을 말한다. 이것은 상대방을 비난하지 않고 문제가 되는 상대방의 행동과 그 행동의 결과를 구체적이고 객관적으로 기술함으로써, 그 행동이 나에게 미친 영향이나 감정을 솔직하게 말하는 방법이다. 또한 나-전달법은 부정적인 가정뿐만 아니라 상대방에 대한 긍정적인 가정을 전달하는 데도 효과적이다. 따라서 나-전달법을 사용하면 진솔하고 심층적인 의사소통이 이루어지고 새로운 통찰력이 일어나게 된다.

Tip

나-전달법은 부정적인 가정뿐만 아니라 상대방에 대한 긍정적인 가정을 전달하는 데도 효과적임

그러므로 우리는 서로를 이해하고 세상에 관해 아는 것들을 서로 나누며, 공감적인 유대관계를 가지고 살아가기 위해서 바람직한 의사소통법을 알아야 한다. 우리는 인간이 의사소통 수단을 통해 다른 사람과 관계를 맺는다는 것과 의사소통에 대한 지식을 바탕으로 일상생

활에 적용하려는 훈련과 노력이 뒷받침될 때 바람직한 결과를 얻을 수 있다. 따라서 상대가 누구든 내가 더 우월하거나 못났다는 생각보다 상대방과 나는 대등한 인격체임을 알고 자신과 상대를 존중할 줄 알아야 한다.

Chapter 08

학교상담

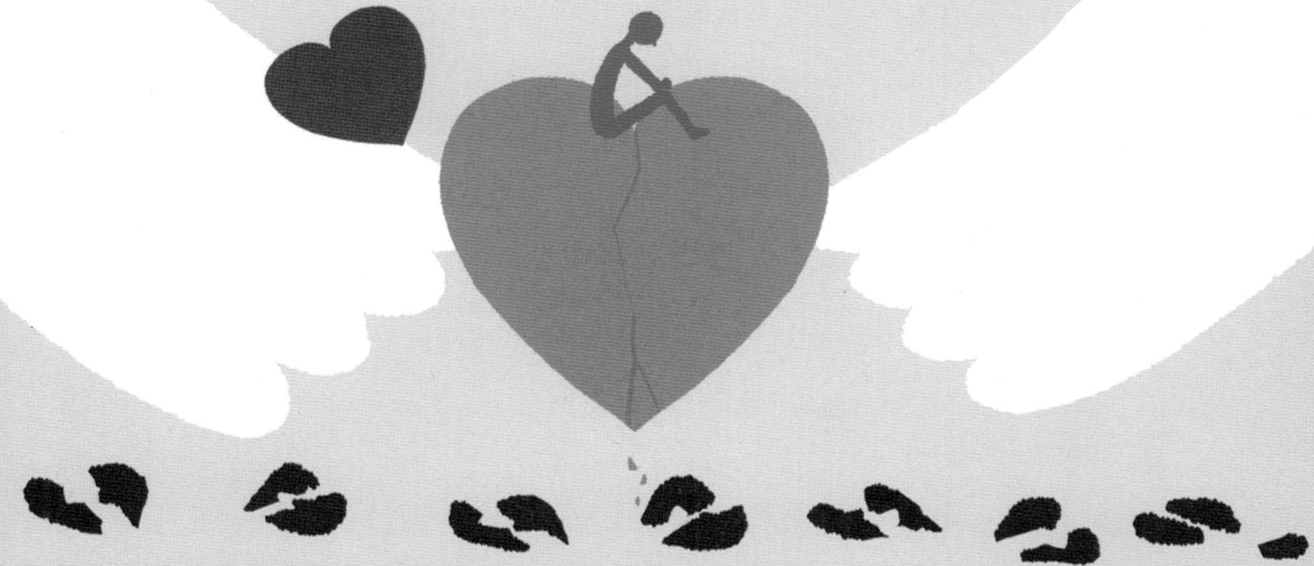

1) 학교적 요소

(1) 학교부적응

학교적응은 학생들이 학교생활에 긍정적인 태도를 가지며 바람직한 사회·정서적 행동을 보이는 것으로 교육적 진보의 중요한 전조가 된다(Ladd, Kochenderfer & Coleman, 1996). 이에 반해 학교부적응이란 여러 가지 부적응 행동 특성들이 학교라는 생활영역에서 나타나는 것으로 개인의 욕구가 학교 내 환경과의 관계에서 수용 또는 충족되지 못함으로 인하여 갈등과 부적절한 행동을 표출하는 것이다(이경은, 1998). 학교부적응과 비슷한 용어는 학교공포증(school phobia), 학교회피(school withdrawal), 중도포기(drop out) 등이 있다. 학교공포증이란 주로 정신의학적인 접근에서 사용되며 '미국정신장애의 진단과 편람'에 기준을 두고 있다. 학교회피란 종교적·계급적 적대감 등의 이유로 자녀가 학교에 가지 않도록 적극 지지하는 것을 의미한다. 중도포기란 학생이 수업에 계속 참여할 의사의 여부와 상관없이 유급, 성적저하, 친구관계, 선후배 관계 등의 이유로 도중에 중퇴하는 것을 의미한다.

Tip

학교회피란 종교적·계급적 적대감 등의 이유로 자녀가 학교에 가지 않도록 적극 지지하는 것을 의미함

학교부적응의 유형은 다음과 같다.

첫째, 학교 내의 교육목표, 철학, 내용, 방법, 규칙 등을 위반하면서 학교에 출석하는 경우로 대부분 학생의 신분으로 청소년 비행, 일탈 행위, 반사회적 행동을 나타내는 경우를 의미한다. 즉, 폭력행위의 가해자, 학교 내에서의 흡연, 약물남용(음주 포함) 및 중독, 성적 일탈, 유해시설 접촉(유흥가 등), 기물파손, 도벽, 갈취 등의 경우이다. 이런 증상을 보이는 대부분의 학생은 심리적으로 욕구불만이 누적되어 있으며

(특히 가정에서의 부모와의 관계가 부적절함) 자아기능도 약하고, 심한 열등감을 느끼며 자아 도취감이 높다. 또한 문제를 합리적으로 해결할 수 있는 능력이 부족하고 목적의식도 없으며 현실을 비현실적으로 받아들인다. 공격적 행동이 매우 많이 나타나고 미성숙한 면을 보인다. 따라서 자신에 대한 긍정적인 정체성 확립이 어렵다. 최근에는 일탈, 비행의 양상이 점차 심각한 상태에 이르러 사회의 범죄행위로까지 나타난다고 보고하고 있다. 특히 폭력행동은 집단화되고 있는 추세이며, 그 연령층이 점차 낮아지고 있고 여학생도 가해자로 나타난다.

Tip

폭력행동은 집단화되고 있는 추세이며, 그 연령층이 점차 낮아지고 있고 여학생도 가해자로 나타남

둘째, 부적절한 교우관계, 집단 따돌림, 학교폭력 등으로 학교를 떠나는 경우로 서로 다른 개인의 심리적 취향 및 성격 유형 등에 대해 잘 이해하지 못하거나 오해가 생겨 교우관계를 새롭게 하고자 다른 학교로 전학하는 경우도 있고 학교 내에서 힘 있는 몇몇 학생의 압력, 폭력, 폭언, 집단따돌림 주도 등으로 학생이 다른 곳으로 도피하는 경우도 있다. 전자의 경우는 자신의 의지로 학교를 떠나는 경우이며 이런 일은 학교 현장에서 많이 일어나지는 않는다. 반면에 후자의 경우는 본인은 해당 학교에서 학습하기를 원하지만(교우 및 거리상의 이유 등) 할 수 없이 그 상황을 피하는 경우를 의미한다.

셋째, 학교 및 교육적 활동 모두를 떠나는 경우로 '학교'라는 제도적 교육환경에서 완전히 벗어나 모든 교육활동의 수용을 거부하거나 회피, 도피하는 경우를 의미한다. 이 학생들은 부모가 함께 동행하여 학교에 등교시켜도 1교시 시작 전에 학교 담을 넘어 인근 지역사회의 각종 유흥시설에 접촉하면서 거리를 배회하고 청소년 비행(물건 훔치기 등) 행위를 보이는 경우가 많다. 경찰서, 보호관찰소 등에도 자주 출입한다. 반면에 컴퓨터 게임(온라인 게임)에 중독되어 종일 PC방 혹은 자

신의 집에서(이 경우는 대개 부모의 양육이 불가능한 경우) 컴퓨터 오락을 하며 칩거하는 경우도 있다. 매일 아침 교사가 해당 학생의 집을 방문하거나 PC방을 찾아가 학생을 설득해야 겨우 학교에 등교하는 경우이다. 어떤 경우는 학교에 안 가는 이유를 학생이 명확하게 설명할 수 없는 경우도 있다. 이유를 자신도 알 수 없기에(그냥 학교가 싫어서) 그것을 주위 사람들에게 납득시키기가 어렵다. 그저 차라리 자신을 차단하고 고립되는 것을 택한다. 이는 일종의 자기방어인 셈이다.

학교부적응의 요인으로는 개인적 요인으로 개인의 신체 및 지적 능력 장애, 결함으로 인해 학교생활에 많은 제한을 받는 경우이다. 또한 개인의 정서적인 불안, 정신장애로 인해 학교생활에 부적응을 나타내는 경우도 있다. 특히 편집증, 정신분열증을 보이는 학생은 자신과 타인에 대한 지각이 왜곡되고, 의심이 많으며, 불안하여 집단 내에서 함께 적응하기 어려운 경우가 많다. 가정적 요인으로 부모와 자녀 간의 의사소통이 거의 없거나 부모가 자녀에 대한 자녀교육의 의무를 등한시하는 경우에 자녀들은 사랑과 관심, 애정에 대한 욕구불만이 증가하고 그 욕구에 반대되는 행위(일탈행위)를 함으로써 이를 보상받고자 한다.

Tip

개인의 정서적인 불안, 정신장애로 인해 학교생활에 부적응을 나타남

부모가 모두 살아 있으나 부부의 심리적 갈등이 심해 불화가 잦은 경우('위기가족'이라 칭함)도 자녀들은 정서적으로 안정되지 못하고 항상 불안하며 심지어 정신분열의 증상을 보이는 경우도 있다. 부부 갈등이 심한 가정의 자녀가 대인관계를 피하고 아무도 만나지 않기를 원하는 경우도 있다. 즉, 부모의 부적절한 양육태도 및 지도방법이 청소년의 부적응 행동에 영향을 주는데 특히 문제가 되는 것은 거부적이며 일관성이 없는 지도방법이다. 학교적(교육 전반에 관한) 요인으로 부적절한 교육제도 및 교육내용으로 대부분의 우리나라 학생의 학습목

표는 '대학 진학'이다. 좋은 사람, 참된 사람이 되고자 노력하기보다는 이보다 더 급하고 중요하게 우선적으로 완수해야 할 과제인 대학 진학에 최선을 다해야 한다. '참되고 좋은 사람'은 그 후의 문제이다. 우선 대학에 입학하고 그때 가서 생각해도 늦지 않다고 생각한다. 사회가 '4년제 명문대학' 출신자들을 선호하기에 어쩔 수 없이 낙오하지 않으려면 대학 입학을 위해 공부해야 하는 것이다. 따라서 인성, 덕성을 무시한 지식 습득 위주의 교육제도가 학교교육의 주류를 이루며 이는 많은 학생들에게 스트레스를 안겨주게 되고 소수의 몇몇 학생들을 제외하고는 열등감, 실패감을 가져다준다. 교사와의 측면요인으로는 교사와 학생 간의 관계도 청소년들의 학교생활에 많은 영향을 준다. 교사가 학생의 의견을 무시하고 일방적으로 지시할 때, 학생을 의심할 때, 학생의 잘못한 행동에 대해 부모를 모욕하거나 가정교육을 탓할 때 학생은 커다란 충격을 받으며 성장하면서 지워지지 않는 상처로 남을 수 있다.

Tip

인성, 덕성을 무시한 지식 습득 위주의 교육제도가 학교교육의 주류를 이루며 이는 많은 학생들에게 스트레스를 안겨주게 되고 소수의 몇몇 학생들을 제외하고는 열등감, 실패감을 가져옴

교우와의 관계요인으로는, 앞서 설명한 대로 청소년기에 있어서 교우관계는 학교적응–부적응에 큰 영향을 미친다. 청소년기는 친구, 또래와의 문화를 중요하게 생각하며 이 관계를 통해 자신을 살펴보고 또한 타인을 이해하게 된다. 이는 자아 성장에 큰 영향을 미치는 것이다. 긍정적인 교우관계는 강한 응집력을 주어 소속감을 느끼게 되고 정서적으로 안정시켜주는 역할을 한다. 반면, 부정적인 교우관계는 긴장감을 유발하게 되어 항상 불안하고 위축된다. 특히 집단으로 따돌림을 경험하는 것은 청소년의 자아 성장에 상당히 부정적인 영향을 미치게 된다. 지역사회 및 각종 영상 매체적 요인으로 청소년이 속해 있는 인근 지역사회는 그 학생에 대한 '생태학적 교실'이다. 즉, 학생

은 학교 내에서의 교육과정을 통해서만 학습하는 것이 아니라 학교 밖에서의 생태적인 환경을 통해 많은 것을 학습한다. 따라서 고품질의 고급문화를 접하는 학생과 저급한 품질의 싸구려 문화를 지속적으로 접하는 학생은 가치관, 인생에 대한 태도, 행동 등이 상이하게 나타날 것이다. 그러므로 비교육적 환경, 유흥가 등은 학교부적응에 영향을 준다.

각종 영상매체(특히 컴퓨터 게임)도 학생들의 부적응을 초래하게 하는데 이것은 특히 사회계층에 상관없이 서서히, 점차 지속적으로 영향을 미치는 특징이 있다. 거의 대부분의 학생들은 컴퓨터 게임에 익숙해져 있다. 학교에서 또래들과 대화할 때 대화의 공통 요소가 최근에는 게임에 관련된 것인데, 이것에 대해 잘 모르거나 관심이 없다면 또래문화에 적응하기 어려운 실정이다. 따라서 학생들은 재미로, 호기심으로, 또래문화와의 접촉방법(무의식적으로)으로 컴퓨터 게임을 계속하고 있으며 스스로 조절하는 힘이 약하게 되어 점차 컴퓨터 게임 중독에 빠지게 된다. 또한 TV, 영화, 스포츠 신문, 만화 등의 내용이 점차 선정적이고 폭력적인 면을 많이 보이고 있는데 이는 감수성이 예민하고 모방심리가 강한 청소년들에게 상당히 부정적인 영향을 미치고 있는 실정이다.

(2) 학교부적응 해결방안

학교부적응을 해결하기 위한 방안으로는 어떠한 측면을 고려해야 할까? 아마도 어느 한 분야만으로는 해결하기 힘들 것이다. 따라서 개인, 가정, 학교, 지역사회 모두가 함께 노력해야 하는 종합적·생태학적인 접근 방법이 필요하다.

개인적인 측면으로 첫째, 자신을 살펴본다. 우선 자신의 생각, 행동에 이상이 없는지 살펴봐야 한다. 나에게 문제가 있지는 않은지, 타인을 대하는 태도에는 이상이 없는지를 생각해야 한다. 내가 생각하는 것이 정당한 것인지, 어떤 기준으로 그렇게 생각하며 이 생각이 다른 학생에게 좋은 영향을 주는지도 분별해야 한다. 자신은 무조건 옳고 타인의 잘못만을 생각하는 것은 잘못이다.

Tip

심리적으로 갈등 상황에 있으면 이를 해소하기 위한 방법으로 학교 상담교사를 찾아가거나 외부의 상담기관, 병원 등을 찾아가 자신의 문제에 대해 함께 해결할 수 있는 조력자와 상담을 함

만약 자신의 문제가 크다고 생각되면 이를 해결하기 위해 노력해야 한다. 심리적으로 갈등 상황에 있으면 이를 해소하기 위한 방법으로 학교 상담교사를 찾아가거나 외부의 상담기관, 병원 등을 찾아가 자신의 문제에 대해 함께 해결할 수 있는 조력자와 상담을 해야 한다.

학교의 제도, 규범이 잘못되었다고 생각되면 왜 그것이 잘못인지, 왜 비합리적인지를 생각하고 그에 따른 자신의 계획도 선택해야 한다. 이를 수용할 것인지, 학교장 혹은 교사에게 건의하여 고쳐나갈 것인지, 아니면 다른 대안(대안학교 등)을 찾을 것인지를 판단해야 한다. 무조건 학교 규칙에 대안 없이 비판하는 것은 득보다 실이 더 많다.

둘째, 목적의식을 갖고 세상을 바라보는 관점을 바꾼다. 사람은 의미 있는 존재이다. 각자 삶의 목적이 있는 것이다. 따라서 자신의 삶에 대한 목적과 의미를 알고자 노력해야 한다. 삶의 목적이 분명한 학생은 모든 생활에서 활력이 있고 자신감이 있으며 자아정체감이 높다. 도달해야 할 목표가 분명하므로 사소한 일에는 신경 쓰지 않는다. 그러므로 마음과 생각이 대범해지고 크게 생각한다. 그러나 목적이 없는 삶은 항상 흔들린다. 어디로 가야 할지 몰라 방황하고 배회한다. 왼쪽에서 뭐라 하면 그쪽으로 귀를 기울이고 오른쪽에서 무엇이 나타

나면 그쪽에 마음을 둔다. 항상 불안정하고 자아정체감이 낮다. 따라서 내가 세상에 태어난 이유, 삶의 지향점, 어떻게 사는가 등에 관해 지속적으로 생각해야 한다. 세상을 바라보는 관점도 무조건적인 비판보다는 항상 그 원인과 현상, 본질 등을 생각해 보며 대안이 있는 비평적 시각이 필요하다.

가정적 측면으로 볼 때 자녀교육에 관한 일차적인 책임은 가정에 있다. 부모는 자녀양육의 권리와 의무를 지닌다. 이는 피할 수 없는 일이다. 세월이 변해도 맞벌이 부부가 증가하고 보육시설이 증가해도 부모의 자녀교육에 관한 책임은 면할 수 없다. 따라서 부모는 올바른 자녀교육을 위해 노력해야 한다. 공부해야 한다. 부모는 그냥 되는 것이 아니다. 부모 됨에 대해 공부하고 깊이 생각해야 한다. 부모가 올바른 생각을 해야 자녀도 바른 생각과 행동을 하게 되는 것이다.

Tip

학교에서 기물파손, 흡연, 수업 방해 등의 일탈행동을 보이는 대부분의 학생은 부모와의 대화시간이 적거나 거의 없는 경우가 많음

학교에서 기물파손, 흡연, 수업 방해 등의 일탈행동을 보이는 대부분의 학생은 부모와의 대화시간이 적거나 거의 없는 경우가 많다. 자녀는 부모의 관심과 사랑을 원하지만 부모가 이를 채워주지 못할 때 자녀는 반항하고 저항하는데, 불특정 다수인에게 이를 나타낸다. 특히 학교 내에서는 권위로 상징되는 교사에게 자신의 불만족을 표출한다. 따라서 부모는 현재 자녀의 상태가 어떠한지, 무엇을 생각하고 바라며 무엇이 부족한지 이해하려고 노력해야 한다.

혹시 자신의 자녀가 부적응행동을 보일 때는 그 현상만을 바라보고 자녀에게 화를 내거나 자녀에게 손찌검을 해서는 안 된다. 우선 자녀의 마음과 정서를 안정시키며 부적응행동에 대해서 판단하거나 권위를 내세워 잘못을 따지지 말고(마치 판사처럼) 그 자녀의 상태를 있는 그

대로 받아들이고 점차(매우 천천히) 부적응의 원인을 살펴봐야 한다. 처음부터 "너 왜 그랬니?" 하면 자녀는 우선 자신을 방어하며 거짓말을 해서 그 상황을 모면할 수도 있기 때문이다. 결과에 대한 집착보다는 과정과 원인을 생각하고 문제해결보다는 부모-자녀 간의 '관계 형성'에 더 중점을 두어야 한다.

학교적(교육 전반에 관한) 측면으로 첫째, 교육제도 및 내용으로 7차 교육과정이 이미 도입되어 현재 각 학교에서는 이를 기반으로 교육활동을 전개하고 있다. 특히 창의적 재량활동의 도입, 특별활동의 강화, 수준별 수업 등이 강화되었다. 그러나 아직도 사고능력 신장, 인성, 창의성 중심의 교육보다는 대학입시에 직접적으로 관련이 있는 교육활동 및 내용에 교사, 학부모, 학생 모두가 더 관심을 두고 있는 실정이다. 참된 사람, 좋은 사람은 나중이다. 우선은 명문대학에 입학하는 것이 더 중요하다고 생각한다. '좋은 학교'의 개념도 얼마나 많은 학생이 명문대학에 입학했느냐에 달려 있다. 이러한 상태가 계속되면 학교부적응은 줄어들지 않을 것이다. 인문계 고교과정의 경우 학교수업을 잘 이해하지 못하고 그냥 막연히 학교에 등교하는 학생들은 학교부적응을 나타내기에 충분한 '잠재적 부적응 상태'를 보인다. 이들이 언제 학교를 거부하고 다른 대안(대안학교, 검정고시, 등교 거부)을 향할지 모르는 일이다. 혹은 학교라는 것에 부정적 각인이 되어 '배운다는 것' 자체를 거부할지도 모른다. 이 땅의 청소년들이 배움의 길을 거부하고 자유롭게 생을 즐기기만 하며 살아가는 일이 증가한다면 이는 개인적·국가적으로 모두 손해이다. 학교는 왜 존재하는지 그리고 그 학교에서는 무엇을 해야 하는 것인지 학교(교육)는 스스로 계속 연구해야 할 것이다.

둘째, 교사 및 교우 관계적 측면으로 교사는 학교현장에서 매우 중요한 역할을 한다. 특히 요즘같이 학생들이 대부분의 시간을 학교에서 보내는 경우에는 더욱 그러하다. 아동-청소년기에는 모방, 동일시의 기제가 수행되므로 학생들은 교사의 행동 및 가치관에 자연스럽게 접촉하면서 자신의 행동 및 가치관과 동화, 조절을 하며 동일시하게 된다.

> **Tip**
> 교사 및 교우 관계적 측면으로 교사는 학교현장에서 매우 중요함

교사와 학생과의 관계가 긍정적이면 학생은 안정적인 상태 속에서 학교에 잘 적응할 것이고, 교사와 학생과의 관계가 갈등적이며 부정적일 경우는 학생, 교사 모두가 정서적인 불안정을 겪게 될 것이다. 불안정을 경험하는 학생은 해당 학급, 학교를 벗어나고 싶어 하는 등의 부적응을 보일 것이며 대안을 찾지 못할 경우는 심리적인 스트레스를 지속적으로 경험하게 된다. 특히 결손가정, 위기가정에서 자란 학생들은 부모의 관심, 애정을 많이 경험하지 못했기에 학교에서 담임교사, 때로는 학생이 좋아하는 교사의 관심과 사랑을 원한다. 청소년기에 있어서 교사의 칭찬 한마디가 학생의 인생에 큰 전환점이 되는 경우가 있고, 교사의 무시, 경멸, 무관심 등으로 큰 상처를 안고 살아가는 경우도 있다.

> **Tip**
> 교우관계는 학교 내에서 교사-학생 간의 관계만큼이나 중요한 요소임

교우관계는 학교 내에서 교사-학생 간의 관계만큼이나 중요한 요소이다. 어떤 학생들은 교우관계를 더 중요하게 생각하는 경우도 있다. 또래의 문화와 함께 어울릴 수 있을 때 대부분의 학생은 소속감을 갖게 되어 심리적으로 안정을 유지한다. 반면에 또래와의 대화단절, 문화의 이질성 등을 지속적으로 경험하게 되면 소속감을 갖기 어렵고 소외감을 느낀다. 청소년기 때 자신의 고민을 가장 먼저 말하고 조언을 구하는 대상이 부모, 교사의 비중보다 친구가 더 높게 나타나는 것은, 권위자(부모, 교사 등)는 대부분 자신의 이야기를 듣자마자 판단을 하지만 친구는 끝까지 들어주고 자신

의 감정을 이해해 주려고 노력해 주기 때문이다. 따라서 청소년들은 '마음이 맞는' 친구와는 굳게 우정과 의리를 지키며 심리적 안정을 유지한다. 학교부적응을 보이는 학생들은 이러한 문화에 접하는 것이 어렵거나 사회성 기술이 부족하여 이를 회피하는 경우도 많다. 이러한 경우는 학교의 담임교사가 몇 학생을 '또래상담자'로 지명하고 부적응을 보이는 학생에게 접근하도록 하여 자연스럽게 또래문화와 접촉할 수 있도록 해 주는 일도 중요하다.

만약 집단따돌림을 당하고 있는 학생이 있다면 교사는 가해학생을 일방적으로 처벌하지 말고 피해자, 다른 교우들, 가해자의 순으로 직접 면담을 해가면서 집단의 응집력, 역동성 등을 이해하기 위해 노력해야 한다. 왜 이런 일이 발생했는지, 가해자는 누구이며 몇 명인지, 다른 학생들은 어떤 반응을 보였는지, 그 집단의 분위기는 어떠한지 등을 살펴야 한다. 또한 전문 상담실을 운영하여 최소한 학생의 고민을 들어줄 수 있는 인적자원 및 환경이 있어야 한다. 학생이 학교부적응에 관한 고민을 스스로 털어놓기만 해도 문제의 절반 이상은 해결되는 셈이기 때문이다.

인적자원은 청소년 상담관련 대학원 이상의 학력을 소지하고 전문적인 소양을 쌓은 상담전문가를 배치하고 환경으로는 학생의 상담내용에 대해 비밀을 보장해 줄 수 있는 독립적이며 아늑한 공간이 필요하다. 수업이 있을 때는 교실에 입실하고 필요 시 상담실에서 교사-학생이 만나 대화하는 것이 아니라 상담전문가가 항상 상담실에 상주하여 학생이 찾아오면 언제든지 반갑게 맞이할 수 있도록 해야 할 것이다.

(3) 학교폭력

학생들은 학교에서 가장 많은 시간을 보내며, 동급생들과 생활하면서 사회성을 배워 나가는 곳이 학교이다. 그런데 최근에 학교에서 일어나는 학교폭력은 성인처럼 잔인하고 학생들 간의 폭력이 집단화 등의 다양한 문제점들이 노출되고 있다. 이에 2004년에 제정된 학교폭력 예방 및 대책에서는 학교폭력을 학교 내외에서 학생 간에 발생한 폭행, 협박, 따돌림 등에 의하여 신체적, 정신적, 재산상의 피해를 수반하는 행위로 정의하였지만, 2012년에 개정된 2차 학교폭력 예방 및 대책의 법률에는 학교폭력을 학교 내에서 학생 간에 발생한 상해, 폭행, 감금, 협박, 약취, 유인, 명예훼손, 모욕, 공갈, 강요, 강제심부름, 성폭력, 따돌림, 정보통신망을 이용한 음란 및 폭력 정보 등에 의해 신체적, 정신적 그리고 재산상에 피해를 수반하는 행위로 학교폭력의 범위를 넓혔다.

Tip

학교폭력을 학교 내에서 학생 간에 발생한 상해, 폭행, 감금, 협박, 약취, 유인, 명예훼손, 모욕, 공갈, 강요, 강제심부름, 성폭력, 따돌림, 정보통신망을 이용한 음란 및 폭력 정보 등에 의해 신체적, 정신적 그리고 재산상에 피해를 수반하는 행위임

2019년 현재까지 3차에 걸쳐 학교폭력 예방 및 대책에 대한 기본계획을 발표했고, 2013년에 학교폭력 예방 어울림 프로그램을 개발하여 현재까지 지속적으로 개발 및 개정하여 단위학교에서 프로그램을 사용하고 있다. 즉, 2013년에 302개교이던 어울림 프로그램 적용 학교가 2018년에 초등학교 3,785학교로 확대되었고, 2018년 하반기에는 9,000여 학교로 확산할 계획을 교육부가 발표했다(교육부, 2018). 따라서 학교폭력은 청소년 개인뿐만 아니라 우리가 살아가고 있는 사회 모두가 책임져야 할 문제로 인식되어야 하기에, 학교폭력 예방 및 대책에 대한 시사점을 다각적인 방법으로 접근하지 않으면 해결하기 어려운 문제라는 점을 인식해야 한다.

학교폭력의 특징을 3가지로 살펴보면(정현주·김하나·최보영, 2012), 첫째, 학교폭력이 점진적으로 비인간적 방법과 잔인해지는 특징이 있다. 가해 학생들은 가해 이유를 재미있어서, 이유 없음 등으로 응답하는 것을 볼 때, 뚜렷한 목적 없이 학교폭력을 행사하고 피해학생에 대한 미안함과 죄의식이 전혀 없는 특징이 있다. 둘째, 학교폭력을 행하는 학생의 나이가 점진적으로 낮아지고 있는 점과 조직적 혹은 집단적인 방법으로 피해학생을 괴롭히는 모습이 나타나고 있다. 먼저, 피해학생 중 53.6%가 초등학교를 다닐 때 학교폭력 피해를 경험했고, 가해학생은 58%가 초등학교 시절부터 가해한 것으로 나타난 반면, 일부 학생들은 폭력서클 및 각 지역의 성인 조직과 연계되어 있는 것을 언론을 통해 볼 수 있다. 셋째, 학교폭력을 행하는 학생들을 이전에는 성적이 좋지 않거나 불우한 환경의 청소년들이 가해자가 된다고 생각했지만, 근래에는 성적도 우수하고 대인관계도 좋은 학생들이 무차별적인 가해행동을 하는 경우가 나타나고 있다.

한편 학교폭력은 가해자와 피해자의 악순환이 이어지고 있다. 이유는 학교폭력으로 가해자가 되는 경우도 있지만, 일부는 이미 피해자로서 폭력을 당한 학생들도 있어 가해자와 피해자의 구별이 불명확하게 나타나고 있다. 즉, 학교폭력 피해 경험이 있는 학생이 다시 폭력을 당하지 않기 위하여 스스로 해결한 방법이 다른 학생에게 폭력을 행사하는 경우 등이 악순환으로 나타나고 있다. 따라서 학교폭력은 학생 시기만이 문제가 아니라 성인이 된 이후에도 가해학생과 피해학생들은 큰 부정적인 영향을 받는다. 피해학생들의 심리적 문제는 성인 이후에도 나타나고, 가해학생들은 성인이 된 후로 그대로 방치하게 되면 문제행동이 더 심각하게 나타나 사회부적응 및 범죄자로 전환될 경우도 있다(정현주·김하나·최보영, 2012).

학교폭력의 유형에는 신체적 폭력, 언어적 폭력, 금품갈취, 따돌림, 성폭력 등의 다양한 학교폭력 유형들이 나타나고 있다.

Tip

학교폭력의 유형에는 신체적 폭력, 언어적 폭력, 금품갈취, 따돌림, 성폭력 등의 다양한 학교폭력 유형임

첫째, 신체적 폭력은 가해학생이 피해학생에게 해를 끼치기 위해 물리적인 힘을 사용하거나 해를 끼치는 행동 등으로 공포심과 위협을 행하는 폭력을 의미한다. 이는 가해학생이 피해학생을 발로 차거나 주먹으로 때리는 행위, 기절시키는 행위, 화장실 문을 잠그고 폭력을 행하는 행위, 칼과 방망이 등의 흉기로 행하는 행위, 집단으로 폭력을 행하는 행위 등이 신체적 폭력에 해당된다. 최근에는 피해학생들이 도망가는 것을 막기 위해 옷을 벗기고 구타하는 행위나 감금하여 구타하는 행위 등의 감금죄, 주먹이나 발로 때리는 행위인 상해죄 및 폭행죄, 일정한 장소로 피해학생을 데리고 가서 구타하는 행위인 약취죄 등의 처벌을 받는다.

둘째, 언어적 폭력은 가해학생이 피해학생에게 해를 끼치기 위한 목적으로 다른 동급생들이 보는 앞에서 피해학생을 공격적인 말투로 공격하는 행위, 성적 공격 행위, 배경공격 행위, 생김새 공격 행위, 저주 및 희롱으로 공격 행위, 욕설과 협박 공격 행위 등이 속한다. 동급생 혹은 타인들 앞에서 모욕적인 언어폭력을 한 경우는 모욕죄와 명예훼손죄 등의 처벌을 받는다.

셋째, 금품갈취는 가해학생들이 피해학생들에게 돈을 갚을 생각이 없는 가운데 빌리는 행위, 피해학생이 명품 혹은 가해학생의 마음에 드는 옷을 입고 오면 옷을 빼앗는 경우, 교통카드, 휴대전화, 노트북 등의 개인 물품 등이 해당된다. 이는 금품을 갈취하는 옷이나 교통카드, 학용품 등은 공갈죄, 폭행과 협박으로 상대방의 권리행사를 방해하는 행위인 와이파이셔틀, 빵셔틀, 급식셔틀 등은 강요죄로 처벌을

받는다.

넷째, 따돌림은 두 사람 이상의 가해학생들이 특정 피해학생을 의도적으로 괴롭히기 위해 피해학생을 반복적으로 소외시켜 인격적인 무시를 하거나 해를 주는 일체적인 행위를 의미한다. 즉, 두 사람 이상의 가해학생들이 피해학생의 말을 따라하거나 왕따처럼 소외시켜 면박을 주는 행위, 다른 학생들과 어울리지 못하도록 골탕 먹이는 행위, 고립시키거나 모욕을 주는 행위 등이 해당된다. 이는 가해학생들이 피해학생이 다른 학생들과 함께 어울리지 못하도록 막는 행위는 강요죄, 싫어하는 말과 말을 따라하는 행위인 모욕죄, 빈정거리는 행위와 면박주기 등의 행위인 모욕죄로 처벌을 받는다.

마지막으로 성폭력은 상대방의 의사에 반하는 모든 가해 행위로 성폭력, 성희롱, 성추행 등이 포함된다. 성폭력은 폭행, 협박하여 성행위(성기삽입, 성교행위, 성기에 고통)를 강제로 하는 것이고, 성희롱은 성적인 말과 행동으로 피해학생에게 성적인 굴욕감과 수치감을 느끼도록 하며, 성추행은 피해학생에게 폭행과 협박을 하면서 신체적인 접촉을 행하는 행위를 의미한다. 폭행 및 협박하여 강제적 성행위와 유사 성행위 등은 성폭력 범죄이고, 성적인 말과 행동, 피해학생에게 성적인 굴욕감과 수치감은 모욕죄이고, 아동청소년의 성보호에 관한 법률에 의한 강체추행은 수사기관에 꼭 신고를 하여야 하다. 이러한 경험을 당하는 피해학생들은 심리적, 신체적, 정서적 어려움을 경험하므로 우울, 불안, 외로움, 고독감, 무력감 등을 느껴서 스스로 가치 없음에 괴로워하거나 심하면 자살 및 자해하는 경우도 나타나고 있다. 또래관계에 어려움이 생기게 되므로 성적이 급격하게 떨어지거나, 무기력함과 수치심, 분노 등으로 생을 마감하는 경우가 늘어나고 있다. 종합적으로 피해학생들에게 많은 상처를 주거나 심리적 어려움을 주지 않기 위해서 학교폭력은 반드시 근절되어야 한다.

(4) 대안학교

대안학교의 개념 정의를 위해서는 '대안'에 대한 정의가 먼저 이루어져야 한다. 대안이라는 용어는 영어의 'alternative'에서 비롯된 것으로 사전적 정의에 따르면 둘 혹은 셋 이상에서 하나를 택할 여지가 바로 대안이며(조용태 · 이선숙, 2000), 양자택일의 상황에서 기존의 것 대신에 선택할 수 있는 것을 말하기도 하는데 과연 기존의 교육과는 완전하게 대비되는 새로운 교육이 가능한지가 의심스러우며, 대안교육은 개념적인 표현이라기보다는 교육 현장에서 알고 있는 변화의 실제를 가리키는 표현이라고 말하고 있다(이종태, 2001).

대안교육에 관한 이해는 무엇보다도 그 개념에 대한 의미파악에서부터 시작되어야 한다. 대안교육(alternative education), 대안교육운동(alternative education movement), 실험학교(experimental school), 열린교육(open education) 등이 새로운 교육 형태를 나타내는 개념으로 혼재되어 사용되고 있는 현실 속에서 이에 대한 명확한 의미규정은 반드시 필요한 일이며, 그러한 의미규정이 선행되어야 '대안교육'에 대한 이해가 보다 확실해질 수 있다(권현숙, 1999). 이와 같이 공교육 제도에서 탈피하여 새로운 대안과 교육의 본질적인 회복을 수립하는 등의 과정에서 대안학교라고 불렸다. 대안학교라는 용어의 구체적인 사용은 1960년대 중반에서 1970년대에 미국에서 시작되었다. 이때 미국에서는 기존의 학교에 대한 비판적 시각에서 학생들의 다양한 요구에 부응하기 위하여 여러 실험학교가 등장하게 되었는데 이들을 자유학교 또는 대안학

Tip

공교육 제도에서 탈피하여 새로운 대안과 교육의 본질적인 회복을 수립하는 등의 과정에서 대안학교라고 부름

교라고 불렀다.

이러한 대안교육에서는 교육목적을 개인이 지닌 모든 가능성을 총체적으로 개발하는 데 두고 있으며, 이것을 달성하기 위한 핵심적인 방법은 교사와 학생 간의 훌륭한 인간관계를 마련하는 데 두고 있다. 특히 대안교육은 교수·학습의 모든 측면에서 자유·가치·존엄·전인적 인간에 주요 관심을 두며(권현숙, 1999), 인간이 갖추어야 할 내면적인 상태에서 교육목표를 찾음으로써 인본주의적 사상을 통해 교육을 실천해 나가고 있으며 교육의 궁극적 목표를 자아실현에 두고 아동을 존중하면서 훌륭한 인간관계의 형성에 그 초점을 맞추는 교육을 추구하고 있다.

대안교육의 관심은 인간의 욕구를 충족시켜줄 수 있고, 인간의 내적 흥미를 유발시킬 수 있는 교육프로그램 개발에 있으며, 이러한 프로그램이 제공되면 아동은 근본적으로 자신의 내부 속에 스스로 성장할 수 있는 잠재력과 호기심을 발휘하여 가르치지 않아도 배우게 된다는 것이다(권현숙, 1999). 결국 내적 동기유발·인간의 존엄성·개별화·사회화 발견과 개인의 의미·인간의 잠재성·책임감·융통성·자아개념 등을 기초개념으로 하고 있다. 이렇게 개인의 사적 자유의 보장을 교육의 본질로 보고 인간의 본성과 자발적 성장을 교육의 과정으로 인식한다는 점에서 대안교육의 아동관, 학습관과 학교생활 및 적응 등의 형성에 많은 영향을 주었다.

Tip

내적 동기유발·인간의 존엄성·개별화·사회화 발견과 개인의 의미·인간의 잠재성·책임감·융통성·자아개념 등을 기초개념으로 함

교육부(2004)에서는 제도적이며 실천적 차원에서 정의를 내렸다. 대안학교란 공립학교들이 제공하는 전통적이고 정형화된 것과는 다른 새로운 경험을 추구하도록 학생과 학부모들을 위해 특수한 교수법과 프로그램, 활동, 여건들을 제공하는 학교로 정의하고 있으며, 「교육

법」에서는 자연친화적이고 공동체적인 삶의 전수를 교육목표로 하여, 학습자 중심의 비전형적인 교육과정과 다양한 교수방법을 추구하는 대안학교로 정의하고 있다. 스미스(Smith, 1976)는 대안학교란 '표준화를 지향한 획일적인 체제에 대한 반발에서 비롯된 다양한 형태의 학교'로 정의했다. 학생과 학부모, 교사의 자유로운 선택 가능성, 참여와 헌신에 의한 유지, 포괄적인 목적과 목표의 설정, 학교 운영의 유연성, 학생 수 200명 이내의 작은 규모와 그로 인한 탈관료적 성격 등을 미국에서는 1960년대 이후 등장한 대안학교의 정의로 들고 있다. 또한 쿠퍼(Cooper, 1994)는 대안학교란 '표준적인 공립학교들이 제공하는 전통적인 것과는 다른 경험을 추구하며, 아동과 학부모들을 위하여 특별한 교수법과 프로그램, 활동, 여건 등을 제공할 수 있도록 고안된 학교'라고 정의하였다.

고병헌(1999)은 대안학교의 정의를 세 가지로 분류했다.

첫째, 대안학교에서 말하는 대안은 기존의 학교교육에서 기피하고 있는 이념적인 성향이나 인간관, 자연관, 사회관, 세계관들에 대한 근본적인 문제제기를 근거로 하고 있다. 즉, 문제해결적이고 미래 지향적인 가치의 선택이라는 적극적 의미를 담고 있어 대안학교는 단순히 새로운 것과는 다르다는 것을 의미한다. 새롭다는 것은 행동적·제도적 변화가 아니라 근본적인 사고의 변화, 가치 형성의 변화, 기존 가치들의 근본적인 전제들과 현 사회질서와 학교제도가 뿌리를 두고 있는 토대 그 자체의 변화까지도 포함되어야 한다는 것이다.

Tip

대안학교에서 말하는 대안은 기존의 학교교육에서 기피하고 있는 이념적인 성향이나 인간관, 자연관, 사회관, 세계관들에 대한 근본적인 문제제기함

둘째, 대안교육운동은 기본적으로 사회운동의 한 영역으로 '현실 변혁적'이어야 한다. 즉, 운동(movement)이란 '선의 공동체를 만들어 구조악에 저항하고 불복종하는 것이며'(양희규, 1997), 그 핵심적 성격으로는

대안교육운동도 '끊임없이 현실과의 접점을 형성하고 그것과의 긴장 관계 속에서 개입·발언·실천할 때에만 그 역동성'을 유지할 수 있다. 따라서 대안교육운동은 제도교육과의 관계를 전제로 하지 않고서는 논의 자체가 무의미하며 바로 이 점에서 과연 기존의 교육과는 완전히 대비되는 새로운 대안교육이 가능할지 고민할 필요가 없다. 오히려 대안교육을 실천하는 사람들에게는 제도교육 전체를 어떻게 하면 대안교육적 성격이 묻어나게 만드는지에 대한 시급하고도 생산적인 고민이다.

셋째, 대안교육운동의 고유한 성격은 바로 대안교육운동이 교육운동이라는 사실에서 나온다. 즉, 운동이라는 말에서 대안교육운동의 운동으로서의 보편성이, 교육이라는 말에서 교육운동으로서의 특수성이 나오는 것이다. 교육(education)은 어느 운동(movement)이나 홍보(campaign)와는 달리, 가치 지향의 성격을 가지며, 관계방식도 전인격체인 학생을 매개로 하여 교육의 3주체(교사·학생·부모)가 유기적 관계를 형성한다.

또한 김희동(1997)은 유형에 따라 '제도교육 안(alternative education within schooling)', '제도교육 곁(alternative education near schooling)', '제도교육 밖(alternative education beyond schooling)'이라는 세 가지의 유형으로 분류했다.

첫째, 제도교육 안의 유형은 제도교육의 가치를 방법적 차원에서 인식하여 새로운 교육방식을 제도교육 내에 도입하여 열린 학습을 시도하려고 한다. 즉, 제도교육의 틀 속에 있는 작은 틈새를 이용하여 대안교육을 실천하려고 하는 것이다. 이는 교육과정과 수업방식의 변화를 통한 열린 교육 모형이라고 할 수 있다. 이 유형에 거창고등학교, 풀무농업기술고등학교, 영산성지고등학교 등이 속한다.

둘째, 제도교육 곁의 유형은 제도교육 속에서는 대안교육을 할 수 없지만 제도교육 밖에서 새로운 교육프로그램을 가지고 방과 후와 주말, 방학기간을 통하여 자유롭게 교육활동을 시도한다. 즉, 제도교육을 받는 아이들에게 새로운 내용을 제공하여 제도교육의 피해를 덜 받게 하고, 나름대로의 비판력을 키우려는 자유교육형 학교라고 할 수 있다. 이 유형에 공부방, 방과 후 프로그램, 여럿이 함께 만드는 학교 등이 포함된다.

셋째, 제도교육 밖의 유형에서 대안학교의 실천 형태들은 제도교육의 한계를 인식하고 그것을 넘어서는 대안적 사회를 구성하면서 새로운 교육을 하려고 한다. 즉, 학교 밖의 대안교육은 기존의 학교라는 공간 자체를 거부하는 흐름으로 제도권 밖에서 지역 특성에 맞는 작은 학교를 설립하려는 움직임이다. 이 유형에 비인가 학교로 출발한 간디학교, 안산의 들꽃 피는 학교, 민들레 학교, 창조학교, 엄마 사랑 유치원, 함께 크는 우리 등이 있다.

Tip

제도교육 밖의 유형에서 대안학교의 실천 형태들은 제도교육의 한계를 인식하고 그것을 넘어서는 대안적 사회를 구성하면서 새로운 교육을 함

이종태(2002)는 설립 이념과 형태 및 지향성을 중심으로 '자유학교형 대안학교', '생태학교형 대안학교', '재적응학교형 대안학교', '고유이념 추구형 대안학교'라는 네 가지의 유형으로 분류했다.

첫째, 자유학교형은 학교교육의 지나친 통제와 억압 및 교사 중심성을 비판하고 아동의 무한한 잠재가능성에 대한 신념을 중시한다.

둘째, 생태학교형은 생태교육과 노작교육, 지역사회와 학교의 결합을 중시한다.

셋째, 적응학교형은 학교교육에 적응하지 못하는 학생들을 주 대상으로 하는 학교이다.

넷째, 고유이념 추구형은 독특한 교육이념과 교육방식을 추구하는 학교이다. 이러한 내용을 종합해 보면 대안학교란 현행 공교육체제가

가지고 있는 문제나 한계에 대한 비판점을 보완하는 것뿐만 아니라 기존의 교육방법, 교육과정, 교육체계와는 다른 새로운 독자적인 유형과 운영방식으로 제반 교육문제를 해결하고자 시도하는 교육을 의미한다(장성화, 2005).

2) 일반적 요소

(1) 청출어람

일반적으로 '교육'하면 가장 먼저 머릿속에 떠오르는 고사성어가 바로 '청출어람'이다. 역사적으로 청출어람에 대한 대표적인 학자는 소크라테스, 플라톤, 아리스토텔레스를 들 수 있다. 제자가 훌륭한 스승의 가르침을 바탕으로 꾸준히 정진하여 장차 스승을 능가하는 훌륭한 사람이 된다는 의미인 청출어람은 교육의 목표에 딱 들어맞는 셈으로 당연히 교육이 추구해야 하는 이상이다(손윤철, 2006).

Tip

제자가 훌륭한 스승의 가르침을 바탕으로 꾸준히 정진하여 장차 스승을 능가하는 훌륭한 사람이 된다는 의미인 청출어람은 교육의 목표에 딱 들어맞는 셈으로 당연히 교육이 추구해야 함

청출어람(青: 푸를 청, 出: 날 출, 於: 어조사 어, 藍: 쪽 람)은 푸른 물감이 쪽빛보다 푸르다는 뜻으로, 제자가 스승보다 나음을 일컫는 말이다. 이 용어는 중국 전국시대의 유학자(儒學者)로서 성악설(性惡說)을 창시한 순자(荀子)의 '권학편'에서 나오는 한 구절을 인용한 것이다. 즉, 학문은 그쳐서는 안 된다(학부가이기: 學不可以已), 푸른색은 쪽에서 취했지만(청취지어람: 青取之於藍), 쪽빛보다 더 푸르고(이청어람: 而青於藍), 얼음은 물이 이루었지만(빙수위지: 氷水爲之), 물보다 더 차다(이한어수: 而寒於水)는 뜻이다. 이는 학문에 뜻을 둔 사람은 끊임없이 발전과 향상을 목표로 하여 노력해야 하고 중도에서 그만두어서는 안 된다는 뜻으로, 그렇게 함

으로써 그 사람의 학문은 더욱 깊어지고 순화되어 한 걸음씩 완성에 가까워질 수 있음을 의미한다.

여기서 '푸름과 얼음'의 비유가 등장한다. 이 두 가지는 모두 사람에게 있어서는 학문과 마찬가지로 그 과정을 거듭 쌓음으로써 그 성질이 더욱 깊어지고 순화되어 가는 것이다. 스승에게 배우기는 하지만 그것을 열심히 익히고 행함으로써 스승보다 더 깊고 높은 학문과 덕을 갖게 될 수 있다. 여기서 제자가 스승보다 뛰어나다는 뜻인 '청출어람'이 나왔으며, '출람'이란 말도 여기서 비롯된 말이다. 또한 재주 있는 사람들을 '출람지재'라고 한다. 비록 제자일지라도 열심히 하면 얼마든지 스승을 능가할 수 있음을 강조한 순자의 주장을 구체적으로 보여주고 있다.

Tip

스승에게 배우기는 하지만 그것을 열심히 익히고 행함으로써 스승보다 더 깊고 높은 학문과 덕을 갖음

북조(北朝) 북위(北魏)의 이밀(李謐)은 어려서 공번을 스승으로 삼아 학문을 했다. 그는 학문의 발전 속도가 매우 빨라 열심히 노력한 결과 몇 년이 지나자 스승의 학문을 능가하게 되었다. 공번은 이제 그에게 더 이상 가르칠 것이 없다고 생각하고 도리어 그를 스승으로 삼기를 청했다. 그러자 친구들은 그의 용기를 높이 사고 또 훌륭한 제자를 두었다는 뜻에서 '청출어람'이라고 칭찬했다. 이와 유사한 우리나라의 속담에 '나중 난 뿔이 우뚝하다'는 말이 있는데, 이는 '출람기재(出藍之才)', '출람지예(出藍之譽)', '후생각고(後生角高)', '출람지영예(出藍之榮譽)' 등과 함께 '청출어람'과 같은 뜻으로 사용되고 있다.

(2) 줄탁동기

줄탁동기 또는 줄탁동시(同時)란 병아리가 알에서 나오려면 어미 닭

Tip

줄탁동기 또는 줄탁동시(同時)란 병아리가 알에서 나오려면 어미 닭과 새끼가 알 안팎에서 동시에 쪼아야 함

과 새끼가 알 안팎에서 동시에 쪼아야 한다는 뜻이다. 원래 중국의 민간에서 쓰던 말이라고 한다. 임제종(臨濟宗)의 공안집(公案集: 화두집)이자 선종(禪宗)의 대표적인 불서(佛書)인 송(宋)나라 때의 벽암록(碧巖錄)에 공안으로 등장하면서 불가(佛家)의 중요한 공안이 되었다.

공안은 화두라고도 하는데 깨우침을 위한 물음의 핵심이자 수수께끼로 책으로 말하면 제목과 같은 것이다. 선을 수행하는 승려들은 하나의 공안만 가지고도 평생을 참구하기도 한다. 그만큼 몇 자 안 되는 공안일지라도 그 속에는 깨달음의 이치가 숨어 있어 그 뜻을 말로 표현하는 데는 한계가 있다. 반면, 공안의 원래 뜻이 공공기관의 문서라는 점에서 보면 일단 깨닫기만 하면 더하거나 뺄 것 없이 그 뜻이 명백해지는 것이 공안이다. 그러나 깨달음을 말로 표현하기 위해 문자의 뜻에 얽매이는 순간 깨달음은 순식간에 날아가 버리고 다시 관념에 빠진다.

선종은 이러한 관념의 세계를 용납하지 않았기 때문에 공안은 최소한의 언어만을 사용한다. 줄탁동기 역시 깨우침과 관련된 공안이다. 병아리가 알에서 나오려면 먼저 스스로 알을 깨기 위해 부리로 알을 쪼아야 한다. 그러면 알을 품던 어미 닭이 소리를 알아듣고 동시에 밖에서 알을 쪼아 안팎에서 서로 쪼아댄다. 여기서 병아리는 깨달음을 향해 앞으로 나아가는 수행자이고, 어미 닭은 수행자에게 깨우침의 방법을 일러주는 스승이다. 새끼와 어미가 동시에 알을 쪼지만 그렇다고 어미가 새끼를 나오게 하는 것은 아니다. 어미는 다만 알을 깨고 나오는 데 작은 도움만 줄 뿐 결국 알을 깨고 나오는 것은 새끼 자신이다. 이 말은 스승은 깨우침의 계기만 제시할 뿐이고 나머지는 제자가 스스로 알아서 해야 한다는 말이다. 깨달음에도 때가 있어 깨달아

야 할 때 깨닫지 못하면 헛일이라는 뜻도 들어 있다.

Tip

줄탁동기! 요즘 말로 표현하면 '타이밍을 절묘하게 맞추다, 난관 극복을 위해 서로 힘을 모으다, 상생의 지혜를 발휘하다, 백지장도 맞들면 낫다' 등으로 해석해도 무방함

줄탁동기! 요즘 말로 표현하면 '타이밍을 절묘하게 맞추다, 난관 극복을 위해 서로 힘을 모으다, 상생의 지혜를 발휘하다, 백지장도 맞들면 낫다' 등으로 해석해도 무방할 듯싶다. 삼성경제연구소(SERI: Samsung Economic Research Institute)가 한국 기업의 최고경영자(CEO: Chief Executive Officer) 수백 명을 대상으로 미국 월스트리트발 경제위기 상황을 극복하는 데 들어맞는 한자성어를 조사한 결과, 이 말이 가장 많이 인용되었다고 한다. 여기서 지칭된 미국발 위기는 세계 4위 투자은행 리먼 브라더스의 파산보호 신청, 90년이 넘는 역사를 자랑하는 메릴린치사가 BOA 사로의 피인수합병 등 2008년 9월 15일에 발생한 초대형 사건 등의 사태를 이야기한다. 세계적 명성의 초대형 금융사들을 순식간에 역사 속으로 사라지게 한 이날의 사태는 글로벌 경제를 바람 앞의 촛불 같은 전도 불투명한 상황으로 내몰고 있지는 않은가? 왜! 돈 많은 최고경영자들이 줄탁동기해야 한다고 생각하는가? 그것을 생각해 보아야 한다(http://cafe.daum.net/32tpahdla). 아울러 우리가 받은 만큼, 그것이 부모에게 혹은 형제에게 아니면 친지에게 받은 것이든 우리가 받은 도움만큼 우리도 새 병아리들을 그렇게 정성스럽게 탁! 탁! 탁! 도와주었던가? 쪼아 주었던가? 한번 곰곰이 생각해 보아야 한다.

(3) 피그말리온 효과

피그말리온(Pygmalion)은 그리스 신화에 나오는 키프로스의 왕이자 당대에 유명한 조각가였다. '피그말리온 효과'는 그 이름에서 유래된 심리학 용어이다.

그는 어느 날 대리석으로 아름다운 여인상을 조각했다. 그 여인상을 피그말리온은 갈라테이아(여인상)라고 불렀고 그녀의 아름다움에 넋을 잃어버렸다. 그 여인상으로 인해 피그말리온은 상사병이 들어 자리에 눕기까지 하였는데, 이 애처로움을 보다 못한 아프로디테가 그의 소원을 들어주었다. 미의 여신인 아프로디테는 자신 못지않게 아름다운 조각상 갈라테이아에게 생령(명)을 불어넣어 준 것이다. 그러자 조각상이던 갈라테이아가 살아 움직이기 시작했다. 미소를 짓고 다가오는 갈라테이아를 본 순간 피그말리온도 자리에서 일어났다. 그리고 그 신화 속의 피그말리온이라는 사람, 즉 그 말은 꿈을 먹고 사는 사람, 이상을 실현하려고 노력하는 사람을 의미하게 되었다. 피그말리온 효과(Pygmalion effect)는 여기서 유래한 것으로, 긍정적 기대는 기적을 일으킨다는 것이다(김영한 · 이상우, 2007).

흔히 주위에 있는 사람들은 일반적으로 기대되는 행동을 하는 경우가 많다. 다시 말해 우리의 행동은 널리 공유되는 기준이나 기대에 지배된다. 교육은 바로 꿈을 현실로 만들어내는 일이고, 그것을 감당하는 교사는 이상을 현실로 만들어가는 사람들이기에 피그말리온의 그 이상은 바로 교육이 지향하는 그 꿈, 피그말리온의 이상을 학교 현장에서 밝혀보려고 노력했다. 교육학이나 심리학에서는 피그말리온 효과라 하여 칭찬을 통해 생산되는 에너지 혹은 기대라는 개념으로 해석하고 있다. 즉, 한 사람이 다른 사람에게 기대를 갖는다면, 그 기대가 현실로 나타난다는 것이 피그말리온 효과 이론이다.

피그말리온의 교육적 원리는 단순하고 직선적이고, 교사가 학생에 대해 지적 성장에 관한 기대를 하면 그 기대에 부응하도록 학생의 지적 수행능력도 향상된다는 것이다. 교사가 학생의 지적 능력에 대해 기대를 갖게 되면 학생은 교사의 기대대로 학생 스스로 학습 능력을 향상시킨다. 즉, 피그말리온 효과는 개인의 기대가 현실로 드러나 다른 사람의 행동에 긍정적인 영향을 주는 것을 의미한다(Brookover, 1969; Chapman & McCauley, 1993). 따라서 피그말리온 이론은 교사의 기대가 교사와 학생 간의 상호작용에 영향을 미치는 방식을 다루며, 교사의 기대에 따라 학생의 학습 행동이 유발된다는 학생의 자기충족적 예언 과정을 통해 학생의 학습 성취도를 결정하게 된다는 것을 의미한다.

Tip

교사가 학생의 지적 능력에 대해 기대를 갖게 되면 학생은 교사의 기대대로 학생 스스로 학습 능력을 향상시킴

한편, 심리학 용어로 피그말리온 효과를 자성예언(self-sustaining prophecy), 자기충족적 예언(self-fulfilling prophecy)이라고 하고, 로젠탈이 피그말리온 효과를 교육적으로 실험하였기 때문에 교육학 용어로는 로젠탈 효과라고 정의하였다. 따라서 심리학자인 로젠탈과 제이콥슨(1968)은 'Pygmalion in the Classroom'이란 주제로 한 초등학교에서 "선생님에게 어린이 지능 향상을 예측할 수 있는 새로운 테스트입니다"라고 설명하고 검사를 실시했다. 그 후 20% 정도의 아이를 뽑아 놓고 "이 아이들은 앞으로 지적발달이나 학업이 틀림없이 급상승할 것입니다"라고 선생님에게 결과보고를 해 주었다. 그런 암시 후 8개월이 지난 다음 과거에 했던 것과 똑같은 지능 테스트를 하였다. 실험결과 다시 실시한 지능검사에서 이때 뽑힌 학생들의 평균점수가 실제로 높아졌다. 교사들이 지적 능력이 우수한 학생들이라고 생각되는 학생들에게 기대를 갖고 관심을 보여주고 칭찬했기 때문에 해당 학생들은 공부에 대한 관심이 높아졌고 능력까지 향상될 수 있었다. 즉, 교사의 기대에 변화가 일어나자 임의 표집한 어린이들의 지적 수행능력에 변화가 일어났던 것이다. 학생의 지적 능력에 대한 교사의 기대를 결정하는 여러 요소가 있다. 학생의 학업 수행을 직접 관찰하기 전에 교사는 그 학생에 대한 나름의 기대를 지니고 있는 경우가 많다. 어떤 방법을 통

해 얻은 것이든 상관없이 교사의 기대는 교육상의 자기 충족 예언으로 작용할 수 있다는 증거가 있고, 또 그에 대한 이론 형성에 노력해 왔다. 이처럼 피그말리온 효과는 일상생활 속에서 타인의 행위에 대한 예상이나 기대가 그 행위에 영향을 미친다는 이론이다. 이와 같이 학생들의 긍정적인 변화를 이끌어내는 역할을 해 준다는 점에서 교육학, 심리학, 재활의학 등에서 관심을 보이는 학문이다.

Tip

학생들의 긍정적인 변화를 이끌어내는 역할을 해 준다는 점에서 교육학, 심리학, 재활의학 등에서 관심을 보임

Appendix: 부록

한국상담심리교육복지학회 윤리규정

[제1장 총칙]

제1조(목적)

이 규정은 한국상담심리교육복지학회 회원의 올바른 연구윤리와 연구방법을 확립하고, 연구에서의 부정행위 발생 시 공정하고 체계적인 검증을 하기 위한 연구윤리위원회(이하 "위원회"로 표기)의 운영에 관한 사항을 규정함을 목적으로 한다.

제2조(적용대상)

이 규정은 한국상담심리교육복지학회 모든 회원(이하 "회원"으로 표기)에 대하여 적용한다.

제3조(적용범위)

① 연구윤리 확립과 연구진실성 검증과 관련하여 다른 특별한 규정이 없는 한 이 규정에 따른다.
② 현행법이 윤리규정을 제한할 경우는 전자가 우선적으로 적용된다. 만약 윤리규정이 현행법이 요구하는 것보다 엄격한 기준을 설정하고 있다면, 학회 회원은 윤리규정을 따라야 한다.
③ 회원이 소속되어 있는 기관이 윤리규정에 반하는 요구를 할 경우, 회원은 자신이 윤리규정에 이미 서약하였음을 알리고, 윤리규정을 준수하는 방식으로 그 갈등을 해결하도록 노력한다. 또한, 윤리규정에 반하는 기관의 요구를 위원회에 알리고 자문을 구하여야 하며, 위원회는 적절한 자문을 해주어야 한다.
④ 본 규정에 명시되지 않은 사항은 관례에 따른다.

제4조(윤리규정 서약)

① 한국상담심리교육복지학회 회원으로 가입하기 위해서는 윤리규정에 서약해야 한다. 본 윤리규정의 발효시 기존 회원은 본 윤리규정에 서약한

것으로 간주한다.

② 윤리규정의 수정 절차는 한국상담심리교육복지학회 회칙 개정 절차에 준한다. 윤리규정이 수정될 경우, 수정 전의 규정에 서약한 회원은 추가적인 서약 없이 새로운 규정에 서약한 것으로 간주한다.

제5조(연구윤리 확약서)

① 연구자가 학회지에 논문을 투고할 때 투고자의 연구윤리 규정준수를 확인하기 위해 연구윤리 확약서 제출을 의무화한다.

② 투고자는 학회지에 논문게재를 신청할 때 연구윤리 확약서를 연구윤리 위원회에 제출한다.

제6조(용어 정의)

① "연구부정행위"라 함은 연구를 제안, 수행, 발표하는 전 과정에서 고의 또는 중대한 과실로 내용을 조작·표절, 중복 게재 등 연구의 진실성을 해치는 행위를 말하며 이는 다음 각 호와 같다.

1. "조작"이라 함은 연구자료나 연구결과 등을 허위로 만들거나 사실과 다르게 변경·누락하여 연구가 진실에 부합하지 않도록 하는 행위를 말한다.
2. "표절"이라 함은 타인의 아이디어, 연구과정, 연구결과 등을 적절한 출처 표시 없이 자신의 연구에 사용하는 행위를 말한다.
3. "중복 게재"라 함은 국내외를 막론하고 이전에 출판된 자신의 연구물(게재 예정이거나 심사 중인 연구물 포함)을 새로운 연구물인 것처럼 출판(투고)하는 행위를 말한다.
4. 기타 연구 진실성을 심각하게 해하는 행위를 포함한다.

② "제보자"라 함은 연구부정행위를 인지한 사실 또는 관련 증거를 한국상담심리교육복지학회에 알린 자를 말한다.

③ "피조사자"라 함은 제보 또는 학회의 인지에 의하여 연구부정행위의 조사대상이 된 자를 말한다.

④ "판정"이라 함은 조사결과를 확정하고 이를 제보자와 피조사자에게 문서로써 통보하는 절차를 말한다.

⑤ "연구 참여자"라 함은 아동교육학 연구를 위한 연구 대상이 되어 관찰, 설문, 면접 등의 연구 과정에 참여하게 되는 사람을 말한다.

⑥ "속이기"라 함은 더욱 정확한 연구 결과를 도출할 수 있도록 하기 위하여 연구 참여자들이 자신이 연구 대상임을 인지하지 못하도록 숨기는 행위를 말한다.

⑦ "사후보고"라 함은 연구가 모두 끝난 후 연구 참여자들에게 연구의 목적과 결과에 대한 정보를 제공하는 행위를 말한다.

[제2장 연구윤리위원회의 설치와 운영]

제7조(구성)

① 연구윤리위원회의 위원은 이사회의 추천을 받아 회장이 임명한다.

② 연구윤리위원회 위원의 임기는 한국상담심리교육복지학회 임원의 임기와 동일하다.

제8조(기능)

위원회는 한국상담심리교육복지학회(이하 "본 학회"라 한다) 회원의 연구윤리와 관련된 다음 각 호의 사항을 심의한다.

1. 학회와 관련된 논문, 계획서, 보고서 등에 대하여 제기된 연구윤리에 관한 사항
2. 연구윤리 및 교육에 관한 사항
3. 학회와 관련된 연구 정직성에 관해 제기된 선의의 고발 사항
4. 학회와 관련된 연구 부정행위에 대한 조사
5. 학회와 관련된 연구과제의 연구책임자나 관리책임자가 부의하는 연구윤리에 관한 사항
6. 기타 연구윤리위원장이 부의하는 연구윤리에 관한 사항

제9조(회의)

① 위원회는 회장의 요청이 있을 경우 또는 위원장이 필요하다고 인정할 경우 위원장이 소집한다.

② 위원회는 재적위원 과반수의 출석으로 성립하고, 출석위원 과반수의 찬성으로 의결한다. 단, 위임장은 위원회의 성립에서 출석으로 인정하되 의결권은 부여하지 않는다.

③ 위원회의 심의 대상인 연구에 관여하고 있는 위원은 그 연구와 관련된 심의에 참여할 수 없다.

④ 위원장은 심의를 위하여 필요한 경우 연구책임자 혹은 관리책임자에게 자료의 제출 또는 보고를 요구할 수 있다.

제10조(위원회의 권한과 책무)

① 위원회는 조사과정에서 제보자, 피조사자, 증인, 참고인에 대하여 출석과 자료 제출을 요구할 수 있다.

② 피조사자가 정당한 이유 없이 출석 또는 자료 제출을 거부할 경우에는 혐의 사실을 인정한 것으로 추정할 수 있다.

③ 위원회는 연구기록이나 증거의 멸실, 파손, 은닉 또는 변조 등을 방지하기 위하여 상당한 조치를 취할 수 있다.

④ 위원회 위원은 심의와 관련된 제반 사항에 대하여 비밀을 준수하여야 한다.

[제3장 연구윤리]

제11조(학문의 자유와 사회적 책임)

연구에 종사하는 회원은 학문의 자유에 대한 기본권을 가지며, 그에 따른 다음과 같은 사회적 책임과 의무를 가진다.

1. 사상, 종교, 나이, 성별 및 사회적 계층과 문화가 다른 집단의 학문적 업적에 대하여 편견 없이 인정하여야 한다.

2. 자신의 연구에 대한 비판에 개방적이고, 자신의 지식에 대하여 끊임없이 회의하는 자세를 가져야 한다.
3. 자신의 주장을 반박하는 설득력 있는 증거를 발견하면 자신의 오류를 수정하려는 자세를 가져야 한다.
4. 새로운 연구 문제, 사고 체계 및 접근법에 대하여 편견 없이 검토하여야 한다.

제12조(기관의 승인)

연구수행 시 기관의 승인이 요구될 때, 회원은 연구를 수행하기 전에 연구계획에 대한 정확한 정보를 제공하고 승인을 얻어 승인된 연구계획안에 따라 연구를 수행하여야 한다.

제13조(연구 참여자에 대한 책임)

① 연구 참여자의 인격, 사생활을 침해받지 않을 개인의 권리와 자기결정권을 존중한다.
② 연구 참여자의 안전과 복지를 보장하기 위한 조처를 하고, 위험에 노출되지 않도록 하여야 한다.
③ 연구 참여자에게 심리적, 신체적 손상을 주어서는 아니 되며, 예상하지 못한 고통의 반응을 보일 경우 연구를 즉시 중단하여야 한다.\

제14조(연구 참여에 대한 동의)

① 연구 참여는 자유의지로 결정되어야 한다. 따라서 회원은 연구 참여자로부터 연구 참여에 대한 동의를 받아야 한다. 동의를 얻을 때에는 다음 사항을 알려주고, 이에 대해 질문하고 답을 들을 수 있는 기회를 제공한다.
   1. 연구의 목적, 예상되는 기간 및 절차
   2. 연구에 참여하거나 중간에 그만둘 수 있는 권리 및 연구 참여를 거부하거나 그만두었을 때 예상되는 결과

3. 참여 자발성에 영향을 줄 것으로 예상되는 잠재적 위험, 고통 또는 해로운 영향
4. 연구에 참여하여 얻을 수 있을 것으로 예상되는 이익 및 참여에 대한 보상
5. 비밀 보장의 한계

② 회원은 자료 수집을 위하여 연구 참여자의 음성이나 영상이 필요한 경우에는 기록하기 전에 연구 참여자로부터 동의를 받아야 하는데, 다음의 경우는 예외로 한다.

1. 연구의 내용이 공공장소에서 자연 관찰하는 것이거나, 그 기록이 개인의 정체를 밝히거나 해를 끼치는 데 사용될 것으로 예상되지 않을 경우
2. 연구 설계에 속이기가 포함되어 있어서, 기록 후에 기록 사용에 대한 동의를 얻어야 하는 경우

③ 실험 처치가 포함된 중재 연구를 수행하는 회원은 연구 시작부터 참여자에게 실험 처치의 본질, 통제집단이 이용할 수 있거나 없게 될 서비스, 처치집단 또는 통제집단에의 할당 방법, 참여자가 실험 참여를 거부하거나 실험 도중에 그만두고 싶은 경우 이용 가능한 처치 대안, 연구 참여에 대한 보상 및 금전적 대가 등의 사항을 분명하게 알려준다.

④ 회원이 학생 등 자신에게 의존적인 사람을 대상으로 연구를 수행하는 경우, 연구 참여가 수강 과목의 필수사항이거나 추가 학점을 받을 수 있는 기회가 된다면 수강학생에게 다른 대안적 활동을 제공하여 학생 스스로 선택할 수 있도록 한다.

⑤ 회원은 다음과 같은 경우에 연구 참여자로부터 연구 참여에 대한 동의를 받지 않을 수 있다.

1. 비밀이 보장되는 익명의 질문지, 자연관찰 또는 자료수집 연구인 경우
2. 교육 장면에서 수행되는 교육 실무, 교과과정 또는 교실 운영 방법 및 조직 장면에서 수행되는 직업이나 조직 효율성에 대한 연구인 경우
3. 연구 참여자의 반응 노출이 참여자들을 형사상 또는 민사상 책임의 위험에 놓이게 하지 않고, 재정 상태 및 고용가능성 또는 평판에 손상을 입히지 않으며, 연구가 고통을 주거나 해를 끼치지 않을 것으

로 판단되는 경우

4. 국가의 법률 또는 기관의 규칙에 의해 허용되는 경우

⑥ 모든 저자의 현 소속 및 직위를 논문 첫장과 영문초록 모두에서 명확히 표시한다. 미성년자의 경우 현 소속, 직위, 학년을 표시한다(00학교/학생/학년).

제15조(연구에서의 속이기)

① 회원은 속이기 기법을 사용하는 것이 연구에서 예상되는 과학적, 교육적, 혹은 응용 가치에 의해서 정당한 사유가 되고, 또한 속임수를 쓰지 않는 효과적인 대안적 절차들이 가능하지 않다고 결정한 경우를 제외하고는 속임수가 포함된 연구를 수행하지 않는다.

② 회원은 연구에 참여할 사람들에게 신체적 통증이나 심한 정서적 고통을 일으킬 수도 있다는 정보는 속이지 않는다.

③ 회원은 연구 참여자들에게 실험에 포함된 속임수를 가능한 빨리, 가급적이면 연구 참여가 끝났을 때, 아니면 늦어도 자료수집이 완료되기 전에 설명하여 참여자들이 자신의 실험 자료를 철회할 수 있는 기회를 준다.

제16조(연구 참여자에 대한 보상과 사후보고)

① 회원은 연구 참여에 대해 적절한 정도의 보상을 한다. 그러나 연구 참여를 강요하게 될 정도로 지나치게 부적절한 금전적 또는 기타의 보상을 제공하지 않는다.

② 회원은 연구 참여자들에게 연구의 목적, 결과 및 결론에 대한 정보를 제공하는 것이 과학적 가치와 인간적 가치를 손상시키지 않는 한, 참여자들이 이에 대한 정보를 얻을 수 있는 기회를 제공한다.

③ 회원은 연구절차가 연구 참여자들에게 피해를 입혔다는 것을 알게 되면, 그 피해를 최소화하기 위한 조치를 취한다.

제17조(평가의 개발과 사용)

① 회원은 검사도구, 면접, 평가기법을 목적에 맞게 실시하고, 번안하고, 채점하고, 해석하고, 사용하여야 한다.

② 회원은 타당도와 신뢰도가 검증된 평가도구를 사용하여야 한다. 그렇지 못한 경우에는 검사결과 및 해석의 장점과 제한점을 기술한다.

③ 검사 및 기타 평가기법을 개발하는 회원은 표준화, 타당화, 편파의 축소와 제거를 위해 적합한 심리측정 절차와 전문적 지식을 사용해야 한다.

④ 회원은 평가서 작성 및 이용에 있어서, 객관적이고 학문적으로 근거가 있어야 하고 세심하고 양심적이어야 한다.

제18조(무자격자에 의한 평가)

회원은 무자격자가 아동교육심리검사 기법을 사용하도록 허용해서는 안 된다. 단, 적절한 감독 하에 훈련의 목적으로 사용하는 경우는 예외로 하며, 이런 경우에는 훈련생의 교육 및 경험에 비추어 수행할 수 있는 평가 기법들에 한정하고 훈련생이 그 일을 유능하게 수행할 수 있는지 지속적으로 감독한다.

제19조(사용되지 않는 검사와 오래된 검사결과)

회원은 현재 사용되고 있지 않거나 현재의 목적에 유용하지 않은, 제작된지 오래된 검사나 척도, 실시 후 시간이 많이 경과된 검사결과에 기초하여 평가, 중재 결정, 중재 권고를 하지 않아야 한다.

제20조(연구결과 보고)

① 회원은 자료를 조작하지 않는다.

② 회원은 연구대상 개개인이 식별될 수 있는 자료는 익명화하여 보고하여야 한다.

③ 회원은 출판된 자신의 자료에서 중대한 오류를 발견하면, 정정, 취소, 정오표 등 적절한 출판수단을 사용하여 오류를 바로잡기 위한 조치를

취한다.

제21조(표절)

회원은 자신이 행하지 않은 연구 결과나 주장의 전체 또는 일부분을 적절한 출처 표기 없이 자신의 연구 결과이거나 주장인 것처럼 논문이나 저술에 제시하지 않는다.

제22조(출판 업적)

① 회원은 자신이 실제로 수행하거나 공헌한 연구의 출판물에 대해서만 저자로서의 책임을 지고 업적으로 인정받는다.

② 논문이나 기타 출판 업적의 저자나 저자의 순서는 상대적 지위에 관계없이 연구에 기여한 정도를 상대적으로 정확하게 반영하여야 한다. 단체의 장이나 지도교수 등 단순히 어떤 직책에 있다고 해서 저자가 되거나 제1저자로서의 업적을 인정받는 것은 정당화될 수 없다. 연구나 저술(번역)에 학술적, 전문적으로 상당한 기여를 했음에도 불구하고 공동저자(역자)나 공동연구자로 기록되지 않는 것 역시 정당화될 수 없다. 연구나 저술(번역)에 대한 작은 기여는 각주, 서문, 사의 등에서 적절하게 고마움을 표시한다.

③ 예외적인 상황을 제외하고, 학생의 석사학위 또는 박사학위 논문을 토대로 한 여러 명의 공동 저술인 논문에서는 학생이 제1저자가 된다.

제23조(연구물의 중복 게재 혹은 이중 출판)

① 국내외를 막론하고 이전에 출판된 자신의 연구물(게재 예정이거나 심사 중인 연구물 포함)을 새로운 연구물인 것처럼 출판(투고)하거나 출판을 시도하지 않는다.

② 특정 학술지에 논문을 투고하는 행위는 해당 논문이 현재 다른 학술지의 심사대상이 아니며, 모든 저자가 논문의 투고 및 게재에 동의했음을 의미한다. 따라서 심사 결과 게재가 확정되는 경우 반드시 논문을 게재

해야 한다. 동일한 논문을 하나 이상의 학술지에 동시 투고하는 것은 비윤리적 출판행위이므로 지양해야 한다.

③ 하나의 연구로부터 수집된 연구 자료를 업적 부풀리기를 목적으로 나누어 출판하는 조각출판 행위는 지양 한다.

④ 이미 발표된 연구물을 사용하여 출판하고자 할 경우에는, 출판하고자 하는 학술지의 편집자에게 이전 출판에 대한 정보를 제공하고 중복 게재나 이중 출판에 해당되는지 여부를 확인하여야 한다.

제24조(인용 및 참고 표시)

① 공개된 학술 자료를 인용할 경우에는 정확하게 기술하도록 노력해야 하고, 상식에 속하는 자료가 아닌 한 반드시 그 출처를 명확히 밝혀야 한다. 개인적인 접촉을 통해서 얻은 자료는 그 정보를 제공한 연구자의 동의를 받은 후에만 인용할 수 있다.

② 다른 사람의 글을 인용하거나 아이디어를 차용(참고)할 경우 반드시 각주(후주)를 통해 인용 및 참고 사실을 밝혀야 한다.

제25조(결과 재검증을 위한 연구자료 공유)

① 회원은 연구결과 발표 후 다른 연구자가 발표된 결과를 재검증하기 위한 목적으로 연구 자료를 요청하는 경우, 연구 참여자에 대한 기밀이 보호될 수 있고 소유한 자료에 대한 법적 권리가 자료 공개를 금하지 않는 한 자료를 제공한다.

② 제25조 ①항에 의해 자료를 제공받은 회원은 오로지 그 목적으로만 자료를 사용할 수 있으며, 그 외의 다른 목적으로 자료를 사용하고자 할 경우에는 사전에 서면 동의를 얻어야 한다.

[제4장 연구심사 관련 윤리]

제26조(편집위원)

① 편집위원은 투고된 논문의 게재 여부 결정의 모든 책임을 지며, 저자의 인격과 학자로서의 독립성을 존중해야 한다.

② 편집위원은 학술지 게재를 위해 투고된 논문을 저자의 성별, 나이, 소속 기관은 물론이고 어떤 선입견이나 사적인 친분과도 무관하게 오로지 논문의 질적 수준과 투고 규정에 근거하여 공평하게 취급하여야 한다.

③ 편집위원은 투고된 논문의 평가를 해당 분야의 전문적 지식과 공정한 판단 능력을 지닌 심사위원에게 의뢰해야 한다. 심사 의뢰 시에는 저자와 지나치게 친분이 있거나 지나치게 적대적인 심사위원을 피하여 가능한 한 객관적인 평가가 이루어질 수 있도록 노력한다. 단, 같은 논문에 대한 평가가 심사위원 간에 현저하게 차이가 날 경우에는 해당 분야 제3의 전문가에게 자문을 받을 수 있다.

④ 편집위원은 투고된 논문의 게재가 결정될 때까지는 심사자 이외의 사람에게 저자에 대한 사항과 논문의 내용에 대해 비밀을 유지하고 저작권을 존중하여야 한다.

제27조(심사위원)

① 심사위원은 학술지의 편집위원(회)이 의뢰하는 논문을 심사규정이 정한 기간 내에 성실하게 평가하고 평가 결과를 편집위원(회)에게 통보해 주어야 한다. 만약 자신이 논문의 내용을 평가하기에 적임자가 아니라고 판단될 경우에는 편집위원(회)에게 지체 없이 그 사실을 통보한다.

② 심사위원은 논문을 개인적인 학술적 신념이나 저자와의 사적인 친분 관계를 떠나 객관적 기준에 의해 공정하게 평가한다.

③ 심사위원은 전문 지식인으로서의 저자의 인격과 독립성을 존중하여야 한다. 평가 의견서에는 논문에 대한 자신의 판단을 밝히되, 보완이 필요하다고 생각되는 부분에 대해서는 그 이유도 함께 상세하게 설명해

야 한다. 가급적 정중하고 부드러운 표현을 사용하고, 저자를 비하하거나 모욕하는 표현은 삼간다.

④ 심사위원은 논문 평가를 위하여 조언을 구하는 경우를 제외하고 심사대상 논문에 대한 비밀과 저작권을 엄수한다.

제28조(논문의 수정)

① 저자는 논문 평가 과정에서 제시된 편집위원과 심사위원의 의견을 가능한 한 수용하여 논문에 반영되도록 노력하여야 한다.

② 편집위원과 심사위원의 의견에 동의하지 않을 경우에는 그 근거와 이유를 상세하게 적어서 편집위원(회)에게 알려야 한다.

[제5장 연구윤리 위반 검증]

제29조(부정행위 제보 및 접수)

① 회원은 다른 회원이 윤리규정을 위반한 것을 인지하게 되면 그 학자로 하여금 윤리규정에 주목하게 함으로써 문제를 해결하도록 노력한다. 그러나 문제가 해결되지 않거나 명백한 윤리규정 위반으로 비공식적 방식이 적절하지 않은 경우, 본 학회 연구윤리위원회에 보고한다.

② 제보자는 한국상담심리교육복지학회 편집위원회 사무국에 직접 또는 전화, 서면, 전자우편 등으로 제보할 수 있으며 실명으로 제보함을 원칙으로 한다. 단, 익명의 제보라 하더라도 서면 또는 전자우편으로 논문명(또는 연구과제명)과 구체적인 부정행위의 내용과 증거를 포함하여 제보한 경우는 이를 실명제보에 준하여 처리하도록 한다.

제30조(부정행위 조사)

① 위원회는 구체적인 제보가 있거나 상당한 의혹이 있을 경우에는 부정행위 존재 여부를 조사하여야 한다.

② 연구윤리 위반에 대한 조사는 기밀을 유지하고, 학회의 이익에 반하지 않아야 한다.

제31조(출석 및 자료 제출 요구)

① 윤리규정 위반으로 보고된 회원은 위원회에서 행하는 조사에 협조해야 한다. 조사에 협조하지 않는 것 자체가 윤리규정 위반이 된다.

② 위원회는 제보자, 피조사자, 증인, 참고인에 대하여 진술을 위한 출석을 요구할 수 있으며, 이 경우 피조사자는 이에 반드시 응해야 한다.

③ 위원회는 피조사자에게 자료의 제출을 요구할 수 있으며, 증거자료의 보전을 위하여 해당 연구기관장의 승인을 얻어 부정행위 관련자에 대한 해당 연구 자료의 압수, 보관 등을 할 수 있다.

제32조(제보자와 피조사자의 권리 보호와 비밀엄수)

① 어떠한 경우에도 제보자의 신원을 직접, 간접적으로 노출시켜서는 아니 된다.

② 윤리규정 위반에 대해 한국상담심리교육복지학회 이사회의 징계 결정이 내려질 때까지 위원은 피조사자의 신원을 외부에 공개해서는 아니 된다.

③ 조사와 관련된 일체의 사항은 비밀로 하며, 조사에 직접, 간접적으로 참여한 자는 조사와 직무수행 과정에서 취득한 모든 정보를 부당하게 누설해서는 아니 된다. 다만, 합당한 공개의 필요성이 있는 경우 위원회의 의결을 거쳐 공개할 수 있다.

제33조(기피, 제척, 회피)

① 위원에게 공정성을 기대하기 어려운 사정이 있을 경우에 제보자 또는 피조사자는 그 이유를 밝혀 기피를 신청할 수 있다. 기피 신청이 인정된 경우에 기피 신청된 위원은 당해 조사와 관련하여 배제된다.

② 당해 조사와 직접적인 이해관계가 있는 자는 안건의 심의, 의결, 조사

에 관여할 수 없다.

③ 위원장은 위원 중 당해 조사와 이해관계가 있는 위원에 대해서는 당해 조사사안과 관련하여 위원의 자격을 정지할 수 있다.

제34조(이의 제기 및 소명기회의 보장)

윤리규정 위반으로 보고된 회원에게 이의 제기 및 충분한 소명의 기회가 주어져야 한다.

제35조(판정)

① 위원회는 이의 제기 또는 소명의 내용을 토대로 조사내용과 절차를 확정한다.

② 윤리규정 위반의 판정은 재적위원 과반수 출석과 출석위원 3분의 2 이상의 찬성으로 판정한다.

[제6장 후속 조치]

제36조(조사 결과에 따른 조치)

① 연구윤리위원회의 징계 건의가 있을 경우, 회장은 이사회를 소집하여 징계 여부 및 징계 내용을 최종적으로 결정한다. 윤리규정을 위반했다고 판정된 회원에 대해서는 경고, 회원자격 정지 내지 박탈 등의 징계를 할 수 있다.

② 연구윤리 위반 확인판정이 있는 경우, 이를 공표하고 다음과 각 호와 같이 조치한다.

1. 연구윤리 위반 논문의 학회지 게재 불허
2. 연구윤리 위반 논문이 게재된 경우 학회지의 논문목록에서 삭제
3. 연구윤리 위반 논문의 게재 취소 사실을 회원 및 관련 학술기관에 공지

4. 연구윤리 위반 연구자에 대하여 3년 이상 학회지 논문 투고 금지
5. 기타 적절한 조치

③ 공공의 이익을 위하여 필요하다고 판단되는 경우 위원회의 심의와 이사회의 재적위원 과반수의 의결을 거쳐서 징계의 내용을 기관이나 개인에게 알릴 수 있다.

④ 위원회는 본 학회의 연구윤리와 관련하여 고의 또는 중대한 과실로 진실과 다른 제보를 하거나 허위의 사실을 유포한 자에 대해서는 회원자격을 박탈 또는 정지할 수 있다.

제37조(결과의 통지)

위원장은 조사결과에 대한 위원회의 결정을 서면으로 작성하여 지체 없이 제보자 및 피조사자 등 관련자에게 통지한다.

제38조(재조사)

피조사자 또는 제보자는 위원회의 결정에 불복할 경우 제37조의 통지를 받은 날로부터 14일 이내에 서면으로 위원회에 재조사를 요청할 수 있다.

제39조(명예회복 등 후속조치)

조사결과 연구부정행위가 없었던 것으로 확정될 경우, 위원회는 피조사자의 명예회복을 위해 노력하여 적절한 후속조치를 취할 수 있다.

제40조(기록의 보관 및 공개)

① 조사와 관련된 기록은 조사 종료 시점을 기준으로 3년간 학회에 보관한다.

② 판정이 끝난 이후 연구윤리 위반에 대한 조사의 결과는 학회에 보고해야 하며, 제보자, 조사위원, 증인, 참고인, 자문에 참여한 자의 명단 등 신원과 관련된 정보에 대해서는 당사자에게 불이익을 줄 가능성이 있을 경우에 위원회의 결의로 그 공개대상에서 제외할 수 있다.

[부 칙]

1. 본 규정은 2014년 12월 1일부터 시행한다.
2. 본 규정은 2019년 12월 1일부터 시행한다.

참고문헌

강문희 · 이광자 · 박경(2001). 인간관계의 이해. 서울: 학지사.

강석화 · 나동석(2013). 대학생의 대학생활스트레스와 자살생각의 관계에서 우울의 매개효과. 한국청소년학회, 20(4), 49-71.

고기숙 · 이면재 · 김영은(2012). 대학생의 스마트폰 중독적 사용 경험 연구. 디지털콘텐츠학회지, 13(4), 501-516.

고병헌(1999). 공동체운동과 대안적 성인교육. Andragogy Today(한국성인교육학회지), 2(1), 71-121.

고유식(2004). 인류-문화 종교 연구방법론으로서의 오이디푸스 콤플렉스 연구. 감리교신학대학교 석사학위논문.

고정민(2003). Holland의 직업성격 유형에 따른 고등학생의 의사소통 유형 분석. 서강대학교 교육대학교 석사학위논문.

곽민주(2004). 청소년의 휴대폰 이용실태와 중독적 이용. 충북대학교 대학원 석사학위논문.

교육부(2004). 대안학교. 교육인적자원부.

구광현 외(2006). 교육심리학. 서울: 동문사.

권석만(2007). 현대 이상심리학. 서울: 학지사.

권선만(2000). 우울증. 서울: 학지사.

권현숙(1999). 대안교육의 교육관과 실천사례 연구. 한국교원대학교 대학원 석사학위논문.

김건태(1995). 조직행동론. 서울: 금문사.

김규수 · 류태보(1993). 교류분석 치료. 서울: 형설출판사.

김남성(1983). 인지적 행동수정. 서울: 교육과학사.

김동일 역(2007). ADHD 학교상담. 서울: 학지사.

김영순(2004). 고등학생의 휴대폰 중독과 심리성숙도의 관계. 인하대학교 교육대학원 석사학위논문.

김영한 · 이상우(2007). 피그말리온 리더십. 서울: 랜덤하우스 코리아.
김윤희(1989). 부부관계 · 부모-자녀의사소통 · 가족기능과 청소년 자녀비행과의 관계연구. 숙명여자대학교 대학원 박사학위논문.
김정숙(2003). 휴대폰 과다사용 청소년의 자아존중감 및 우울, 충동성. 단국대학교 대학원 석사학위논문.
김정택 · 신동균(1978). STAI의 한국표준화에 관한 연구. 최신의학, 21(11), 69-75.
김정택 · 심혜숙 · 제석봉 역(1995). MBTI 개발과 활용. 서울: 한국심리검사연구소.
김정희(2004). 현대 심리치료. 서울: 학지사.
김종두(2000). 교육과 의사소통. 경기: 양서원.
김태익(2008). 휴대폰 문자메시지의 의사소통 유통에 따른 청소년의 친구관계와 심리적 변인의 차이. 경남대학교 대학원 박사학위논문.
김현철(2007). 청소년의 휴대폰 중독에 영향을 미치는 심리적 요인에 관한 연구. 대전대학교 경영행정 · 사회복지대학원 석사학위논문.
김혜온 · 김성혜(2006). 현실치료 집단상담 프로그램이 인터넷 중독 초등학생의 자아존중감, 내적통제성 및 인터넷 중독 개선에 미치는 효과. 교육연구, 18, 11-22.
김호성(1998). 토근강화기법을 이용한 학습부진아의 행동수정과 학업성취 효과. 영남대학교 대학원 석사학위논문.
김희동(1997). 이것은 내가 바라던 삶이 아니다. 처음처럼, 2, 38-42.
리처드코치(2005). 80:20 법칙. 공병호 역. 경기: 21세기 북스.
마리오마론(2005). 애착이론과 심리치료. 이민희 역. 서울: 시그마프레스.
민성길(2007). 최신정신의학 제5판. 서울: 일조각.
박순천 · 백경임(2004). 휴대폰의 중독적 사용 청소년의 MMPI 특성. 대한가학회지, 42(9). 135-147.
박애선 역(2004). 자신의 분노를 이기는 방법. 서울: 시그마프레스.
박천익(1998). 파레토 복지경제학. 대구: 대구대학교 출판부.
박철옥(2007). 새터민 대인관계적 외상경험, 용서, 경험회피와 외상후 스트레스 증상간의 관계. 이화여자대학교 대학원 석사학위논문.
방선욱 외(2003). 심리학의 이해. 서울: 교육과학사.
서미례(2007). 대학생의 의사소통 유형에 따른 이성관계 만족도의 차이 연구. 건양대학교 대학원 석사학위논문.

서수균·김윤희 역(2007). 합리적 정서행동치료. 서울: 학지사.

손윤철(2006). 제자가 나의 큰 스승이었다. 서울: 경향미디어.

손현경(2005). 중학생의 휴대폰 사용 및 중독 실태와 사회심리적 특성. 부산대학교 교육대학원 석사학위논문.

송원영(1998). 자기효능감과 자기통제력이 인터넷의 중독적 사용에 미치는 영향. 연세대학교 대학원 석사학위논문.

신광우·김동일·정여주·고정현·엄나래(2011). 스마트폰중독 진단척도 개발 연구. 한국정보화진흥원.

신민섭(2002). 그림을 통한 아동의 진단과 이해. 서울: 학지사.

신혜원(2019). 질적 연구에서의 윤리적 문제 : 질적 연구자 경험 사례를 중심으로. 이화여자대학교 대학원 박사학위논문.

심란희(2004). 인터넷 중독과 자기효능감, 자기통제력, 부모자녀관계, 친구관계의 관련성. 춘천교육대학교 교육대학원 석사학위논문.

심혜숙·김정택(1993). MBTI 성장프로그램 안내서(I). 서울: 한국심리검사연구소.

아윈·바바라 사라손 공저, 김은정 외 2인 옮김(2001). 이상심리학. 서울: 학지사.

안세라(2003). 인터넷 중독에 영향을 미치는 사회 심리적 요인에 관한 연구: 서울, 인천지역 중학생을 대상으로. 경희대학교 대학원 석사학위논문.

양심영·박영선(2005). 청소년의 휴대폰 중독성향의 예측모형. 대한가정학회지, 43(4), 1-16.

양희규(1997). 대안문화를 향한 노력-간디학교. 환경과 생명, 12(봄).

여성가족부(2019). 2018년 청소년 인터넷 및 스마트폰 이용습관 진단조사 결과.

오세진·김청송·신맹식·양계민·이요행·이장한·이재인·정태연·조성근·조수현·현주석(2015). 인간행동과 심리학. 서울: 학지사.

오영희·엄정애(1999). 부모교육. 경기: 동현출판사.

옥금자(2005). 미술치료 평가방법의 이론과 실제. 서울: 하나의학사.

우재현(1999). 교류분석(TA)프로그램. 대구: 정암서원.

원호택(1999). 인간관계와 적응. 서울: 서울대학교 출판부.

유숙경·장성화(2019). 스마트폰 중독, 불안, 자아분화와 대학생의 생활적응 간의 관계. 한국웰니스학회, 14(1), 171-184.

유혜자 역(2008). 분노폭발. 서울: 한림출판사.

윤기현(1991). 인간관계론. 서울: 무역경영사.
이경림(2006). 파레토법칙의 인식과 영재교육경영의 문제점 및 개선방안에 관한 연구. 건국대학교 대학원 박사학위논문.
이경희·이경숙(2017). 초등학생의 인터넷 게임 중독, 가족기능성, 또래폭력 가해경험, 피해경험이 또래폭력 행위 가능성에 미치는 영향. 한국콘텐츠학회논문지, 17(7), 425-436.
이동훈·양미진·김수리(2010). 청소년 자해의 이해 및 특성에 대한 고찰. 청소년 상담연구, 18(1), 1-24.
이봉건 역(2005). 이상심리학. 서울: 시그마프레스.
이봉순(2004). 청소년이 지각한 부·모애착과 자아정체감이 대인관계에 미치는 영향. 계명대학교 석사학위논문.
이상필(1990). 학업우수아와 부진아의 욕구 및 성격특성 비교연구. 한국교원대학교 대학원 석사학위논문.
이선애(2004). 중학생의 인터넷 중독적 사용과 사회적 적응능력의 관계 연구. 홍익대학교 교육대학원 석사학위논문.
이성진 외(2004). 교육심리학. 서울: 한국방송대학교 출판부.
이성진(1988). 학교에서의 행동수정. 서울: 배영사.
이세종(1991). 신경성이란 무엇인가. 뇌기능의 음양론. 서울: 진수출판사.
이숙 외(2002). 훈련중심 부모교육. 서울: 학지사.
이순진 외(2000). 외상후 스트레스 장애. 서울: 학지사.
이양희 외(2001). 유분증 아동을 위한 배변훈련프로그램의 효과 연구. 소아·청소년정신의학, 21(2), 263-274.
이영애·이나경 역(2014). 간단명료한 심리학. 서울: 시그마프레스.
이옥형(1999). 영유아발달. 경기: 양서원.
이인정·최혜경(1995). 인간행동과 사회환경. 경기: 나남출판.
이정은 외(2002). 미혼남녀의 심리경향에 따른 사랑 유형 분석-Jung의 심리유형론과 Lee의 사랑유형을 중심으로. 대한가정관리학회지, 40(3), 137-153.
이종목(1989). 직무 스트레스의 원인, 결과 및 대책. 서울: 성원사.
이종태(2001). 대안교육과 대안학교. 서울: 민들레.
이종태(2002). 대안교육, 어떻게 볼 것인가. 대한민국국회보, 4.
장동운(1997). 갈등관리. 서울: 무역경영사.
장선철(2005). 인간의 이해. 서울: 태영출판사.

장성화·박영진(2010). 청소년의 자아정체감, 학교생활적응, 스트레스가 인터넷 중독에 미치는 영향. 인문학논총, 15(2), 195-226.

장성화·오은정(2009). 학생들의 휴대폰 중독과 우울, 불안, 학교생활만족도와의 관계. 한국수산해양교육학회, 21(2), 259-268.

장성화·진석언(2009). 기독교 청소년가 일반 청소년의 휴대전화 중독, 사회적 지지 및 정신건강 비교. 한국기독교상담심리치료학회, 17, 179-202.

장성화(2005). 국내 대안학교의 교육과정 비교분석. 건국대학교 대학원 석사학위논문.

장성화(2009). 쉽게 풀어 쓴 인간관계론. 서울: 동문사.

장성화(2009). 인간관계론. 서울: 동문사.

장성화·박영진(2010). 청소년의 자아정체감, 학교생활적응, 스트레스가 인터넷 중독에 미치는 영향. 인문학논총, 15(2), 195-226.

장혜진·채규만(2006). 기술중독에 빠진 청소년들의 심리적 특성에 대한 연구. 휴대폰 사용중독을 중심으로, 한국심리학회지: 건강, 11(4), 839-852.

전윤식·강영심·황순영 역(2004). 행동치료. 서울: 시그마프레스.

정보통신부(2008). 유·무선 통계 가입자 현황.

정보통신윤리위원회(2007). 인터넷 중독 실태조사.

조병기(2006). 오이디푸스 콤플렉스 관점에서 바라본 <갈매기>의 뜨레쁠레프와 뜨리고린의 대립적 행동에 관한 연구. 중앙대학교 석사학위논문.

조성준·이인숙(2006). 아로마치료. 서울: 학지사.

조수철·신민섭(2007). 소아정신병리의 진단과 평가. 서울: 학지사.

조수환(2001). 건전한 삶을 위한 정신건강. 서울: 동문사.

조용태·이선숙(2000). 우리나라 대안학교의 이념과 역사. 교육학논총, 21(1), 151-170.

중앙심리부검센터(2018). 심리부검면담결과보고서. 서울: 중앙심리부검센터.

최승완·홍혜경(2009). 에센셜 아로마테라피. 경기: 청문각.

최영실(2005). 융의 심리유형론의 관점에서 본 사티어 의사소통 유형 이론의 재 고찰. 이화여자대학교 대학원 석사학위논문.

최정윤·박경·서혜희 공저(2000). 이상 심리학. 서울: 학지사.

최정윤(2002). 심리검사의 이해. 서울: 시그마프레스.

추정선(2003). 정신위생과 심리치료. 서울: 교육과학사.

통계청(2018). 2017년 사망원인 통계. 대전: 통계청.

한국소비자보호원(2004). 청소년 이동전화 및 우선인터넷 이용실태.

한국인터넷진흥원(2006). 2006년 상반기 정보화실태조사.
한국청소년연맹(2001). 인간관계훈련의 이론과 실제. 경기: 양서원.
한주리 · 허경호(2004). 이동전화 중독 척도개발 및 타당성 검증. 한국언론학보, 48(6). pp. 138-165.
홍경자(2007). 의사소통의 심리학. 서울: 이너북스.
홍용기 외(2003). 인간관계론. 서울: 한울.
구글 이미지: https://www.google.co.kr/
다음 카페: http://cafe.daum.net/32tpahdla.
두산백과사전(네이버, naver.com)
인터넷 자료: http://economy.hankooki.com
http://www.etnews.co.kr
http://smileagain.or.kr/home
http://myhome.naver.com/depressed119/
http://www.baejy.com/smile/
연합뉴스(2018). 대학생 5명중 2명 '올 1학기에 휴학 계획 있다.' 연합뉴스. 2018.2.27.
한국심리학회 윤리규정: http://www.koreanpsychology.or.kr/aboutkpa/article.asp?page=4
한국상담심리교육복지학회 연구윤리: http://www.akcpew.org/

Ainsworth, M. D. S.(1982). Attachment: Retrospect and prospect. In C. M. Parkes & J. Stevenson-Hinde(Eds). *The Place of Attachment in Human Behavior*. London: Routledge.
American Psychiatric Association(1994). Diagnostic and Statistical Manual of Mental Disorders. 4th Ed. American Psychiatric Association. Washington DC, R.R. Donnelley & Sons Company, 424-432.
American Psychiatric Association.(1994). Diagnostic and Statistical Manual of Mental Disorders. 4th Ed. American Psychiatric Association. Washington DC, R.R. Donnelley & Sons Company, 108-110.
American Psychiatric Association.(2000). *Diagnostic and statistical manual of mental disorders (4th ed., text revision). Washington, DC: Author.*
American Psychiatric Association.(2013). *Diagnostic and statistical manual of mental disorders-5th edition(DSM-5)*. Washington, DC: Author.
American Psychiatric Association.(2013). *Diagnostic and statistical manual*

of mental disorders-5th edition(DSM-5). Washington, DC: Author.

Anderson, R. H. and Mitchell, B. M.(Ed.).(1995). Universal acess to e-mail: Feasibility and societal implication. Santa Monica, CA: Rand Corporation.

Apter, S. J. & Conoley J. C.(1984). *Childhood behavior disorders and emotional disturbance: An introduction to teaching troubled children.* Englewood Cliffs, NJ: Prentice Hall Publishing Co.

Averil J. R.(1983). Studies on anger and aggressio: Implications.

Barsky, A, J., Geringer, E., & Wool, C. A.(1998). A cognitive- educational treatment for hypochondriasis. *General Hospital Psychiatry, 10*, 322-327.

Baumeister, R. F.(1990). Suicide as escape from self. *Psychological Review*, 97, 90-113.

Berne, E.(1964). *Gamespeopleplay*. New York: GrovePress.

Bowlby, J.(1988). *A Secure Base: Clinical applications of attachment theory.* London: Routledge.

Brookover, B. W.(1969). Review Note-Pygmalion in the classroom: Teacher expectation and pupils intellectual development. *American Sociological Review, 34*, 283.

Buck, J.(1948). The House-Tree-Person technique: A qualitative and quantitative scoring manual. *Journal of Clinical Psychology*, 4, 397-405.

Buck, J.(1966). *The House-Tree-Person technique*. Los Angles: Western Psychological Services.

Buck, J.(1966). *The House-Tree-Person technique*. Los Angles: Western Psychological Services.

Burns, R. C., & Kaufman, S, H.(1970). Kinetic Family Drawings (K-F-D): *An Introduction to Understanding Children Through Kinetic Drawing.* New York: Brunner/Mazel.

Chapman, G. B. & McCauley, C.(1993). Early career achievements of National Science Foundation(NSF) graduate applicants: looking for Pygmalion and Galatea effects on NSF winners. *Journal of Applied Psychology, 78*, 815-820.

Copper, B. S.(1994). *Alternative Schools and Programs, in The International Encyclopedia of Education*(2nd ed.). New York: Elsevier Science.

Eggen, P. D., & Kauchak, D.(1992). *Educational psychology: Classroom connections,* New York, Macmillan Publishig Company.

Egger, O., & Rauterberg, M.(1996). Internet Behaviour and Addiction. http://www.ifap.bepr.ethz.ch/~egger/ibg/res.html.

Eillen, D. Gambrill., Edwin J. Thnoas., & Robert. D.(1971). Procedure for Sociobehanioral Practice inopen settings. *Social work, 16*, 57-58.

Flannery, R. B.(1999). Psychological trauma and posttraumatic stress disorder: a review. *International Journal of Emergency Mental Health, 1*(2), 77-82.

Goldberg, I.(1996). Internet Addiction. Electronic message posted to research discussion list.
http://www.rider.edu/users/suler/psycyber/supportgp.html.

Griffiths(1999). Internet Addiction. *The Psychologist*, 12(5), pp. 245- 250.

Hammer, E.(1958). *The clinical application of projective drawings*. Springfield, Il: Charles C Thomas.

Hammer, E.(1969). Hierarchical organization of personality and the H-T-P, achromatic and chromatic. In Buck J. N., & Hammer, E., F.(Eds.) *Advances in House-Tree-Person Techniques: Variation and Applications*. Los Angels: Western Psychological Services.

Harter, S., & Marold, D. B.(1992). Psychosocial risk factors contributing to adolescent suicide ideation. In G. Noam & S. Borst(Eds). *Child and adolescent suicide*. San Francisco: Jossey-Bass.

Hatch, T. F.(1988). Encopresis and Constipation in children. *Pediatr Clin Nor Am 35(2)*, 257-280.

Hatkoff, T. S., & Lasswell, T. E.(1979). Male-female similarities and differences in conceptualizing love, In M. Cook & G. Wilson(Eds.), Love and attraction: An international conference. Oxford: Pergamon Press.

Hebb, D. O.(1955). Drives and the CNS(conceptual nervous system). Psychological Review, 62, 234-254.

Hostie, Raymond.(1957). Religion and the Psychology of Jung. Sheed and

Ward.

Howe, A. C. & Walker, C. E.(1992). Behavioral Management of Toilet Training, Enuresis, and Encopresis. *Pediatr Clin Nor Am 39(3)*, 413-432.

James, W.(1890). *Principles of Psychology*. New York: Holt.

Jung, C. G.(1971). Psychological types. Collected works, 6. Princeton, N.J: Princeton University Press.

Kelley, H. H.(1983). Love and commitment. In Kelley, et al., Close relationahips(pp. 265-314). New Yore: Freeman.

King, J. L., and Kraemer, K. L.(1995). Information infrastructure, national policy, and global competitiveness. *Information infrastructure and Policy*, 4, 5~28.

Klonsky, E. D., & Olino, T. M.(2008). Identifying clinically distinct subgroups of self-injurers among young adults: a latent class analysis. *Journal of Consulting and Clinical Psychology,* 76(1), 22-27.

Klonsky, E. D., May, A. M., & Glenn, C. R.(2013). The relationship between nonsuicidal self-injury and attempted suicide: Converging evidence from four samples. *Journal of Abnormal Psychology, 122(1), 231-237.*

Lee, J. A.(1973). *The colors of love: An exploration of the ways of loving.* Don Mills, Ontario, Canada: New Press.

Levine, M. D. & Bakow, H.(1976). Children with encopresis: A study of treatment outcome. *Pediatrics*, 58(6), 845-852.

Levine, M. D.(1982). Encorpesis: Its potentiation, evaluation, and alleviation. *Pediatr Clin Nor Am*, 29(2), 315-330.

Locke, E. A.(1976) The Nature and Causes of Job Satisfaction. *Handbook of Industrial and Organizational Psychology, 1*, 1297-1343.

Loening-Baucke, V. & Cruikshank, B.(1986). Abnornmal defecation dynamics in chronically constipated children with encopresis. *J Pediatr*, 108(4), 562-566.

Lurt, J.(1961). The Johari Window. *Human Relations Training*. Vol. 5, NO, 1, 6-7.

Mark, S. D., & Frank, J. D.(1995). Review of nocturnal enuresis. *Bri J*

Urol 75, 427-434.

Martin, G., & Pear, J.(2006). Behavior Modification. 이임순, 이은영, 임선아 역. 서울: 학지사.

Maslow, A. H.(1943). A Theory of Human Motivation. *Psychological Review, 5*, 370-396.

Maslow, A. H.(1970). *Motivation and personality*(2nd ed.). New York: Harper & Row.

Maslow, A.(1954). *Motivation and personality*. New York: Harper.

Maslow, A.(1970). *Motivation and Personality*.

McDougall, W.(1908). *An introduction to social psychology.* London: Methuen.

McNeal, E., T. & Cimbolic, P.(1986). Antidepressants and biochemical theories of depresssion. *Psychological Bulletin*, 99. 161-374.

Mikkelsen, E. J.(1995). Elimunation disorders: Comprehensive Textbook of Psychiatry 6th ed, ed by Kaplan HI and Sadock BJ, Williams & Wilkins, Baltimore, 2337-2340.

Nock, M. K.(2010). Self-injury. *Annual Review of Clinical Psychology, 6, 339-363.*

Nock, M. K., & Kessler, R. C.(2006). Prevalence of and risk factors for suicide attempts versus suicide gestures: analysis of the National Comorbidity Survey. *Journal of Abnormal Psychology, 115(3), 616-623.*

Posner, K., Brodsky, B., Yershova, K., Buchanan, J., & Mann, J.(2014). In Nock, M. K.(Ed), Oxford library of psychology. The Oxford handbook of suicide and self-injury(pp. 7-22). N.Y., US: Oxford University Press.

Rauschenberger, S. H.(1995). Fantasy proneness and psycho-pathology. *Journal of Abnormal Psychology*, 104(2), pp. 373-380.

Rosenthal, R. & Jacobson, L.(1968). *Pygmalion in the classroom: Teacher expectation and pupils intellectual development*. New York: Holt, Rinehart & Winston.

Santrock, J. W.(1998). *Adolescence*(7th ed.). McGraw-Hill.

Satir(1972). *People-making*. Alto California: Science and Behavior Book.

Inc.

Skinner, B. F.(1938). *The Behavior of organism*. New York: Appleton Century Crofts.

Smith, V. H.(1976). *Alternative schools: The development of options in public education*. Licoln, New York: Professional Educators Publications.

Sternberg, R. J.(1986). A triangular theory of love. *Psychological Review, 93*, 119-135.

Sternberg, R. J.(2002). 사랑의 기술. 류소 역. 서울: 사군자.

Sternberg, R. J., & Grajk, S.(1984). The nature of love. *Journal of Personality and Social Psychology, 47*, 312-329.

Vroom, V.(1964). *Work and Motivation. Wiley and Sons,* New York: Wiley.

Warwick, H. M. C., Clark, D. M., Cobb, A. N., & Salkovskis, P. M.(1996). A conrolled trail of cognitive-behavioural treatment of hypochondriasis. *Britisb Journal of Psychiatry, 169,* 189-195.

Whitlock, J., Muehlenkamp, J., & Eckenrode, J.(2008). Variation in nonsuicidal self-injury: Identification and features of latent classes in a college population of emerging adults. *Journal of Clinical Child & Adolescent Psychology, 37(4), 725-735.*

Wilkinson, P., & Goodyer, I.(2011). Non-suicidal self-injury. *European child& adolescent psychiatry, 20*(2), 103-108.

Young, k. S.(1996). Internet Addiction: The emergence of a new clinical disorder. *Cyberpsychology and Behavior*, 1, 3, 237-244.

Zuckerman, M.(1979, 1994). Sensation seeking: beyond the optimal level of arousal. Hillsdale, N.J. : New York: L. Erlbaum Associates.

찾아보기

ㄱ

ㅇ

ㅈ

ㅊ

ㅋ

ㅌ

인명

저자 소개

• **장성화(張星化)**

건국대학교(학사) 동 대학원 교육학과에서 교육심리 전공으로 석·박사학위를 받았고, 침례신학대학교 신학대학원(M. Div)에서 공부를 하였다. 건국대학교, 경북대학교, 청주대학교, 대전대학교, 배재대학교 등 현장에서 상담이론과 실제를 겸한 강의를 하였고, 육군통신학교, 용인대학교 학생상담센터, 전북과학대학교 학생상담센터 등에서 상담 실무 경험을 쌓았다. 현재는 공군사관학교 심리학 교수로 재직 중이며, 이전에 전북과학대학교 교수, 사이버대학교 상담심리학과 교수, 한국상담심리교육복지학회 학회장 및 수련감독, 한국상담학회 수련감독, 한국상담심리치료학회 수련감독, 한국청소년상담학회 수련감독 등 다수의 자격증과 『내가 직접 실행해보는 SPSS·AMOS 통계분석』(동문사, 2016), 『쉽게 풀어 쓴 인간관계론』(동문사, 2009), 『리더십개론』(교육과학사, 2019), 『학교폭력 예방의 이론과 대책』(동문사, 2013), 『집단상담』(동문사, 2013), 『수업심리학』(학지사, 2010), 『교육심리학』(정민사, 2015), 『진로상담 및 진로교육』(동문사, 2011), 『상담심리학』(정민사, 2016), 「대안학교 학생들의 학교적응 관련변인들의 인과적 구조분석」(열린교육학회, 2010), 「사관생도의 소명의식이 학교생활적응에 미치는 영향: 심리적 안녕감의 매개효과」(학습자중심교과교육연구, 2018), 「대학생이 지각하는 심리적 독립과 진로신념이 진로준비행동에 미치는 영향: 진로결정자기효능감의 매개효과」(상담심리교육복지, 2019), 「초등학교 고학년이 지각한 또래관계와 스마트폰 중독의 관계: 자기통제력을 매개변인으로」(아동교육, 2019) 등의 20편의 저·역서 및 62편의 논문이 있다.

• **성경주(成京珠)**

한남대학교에서 상담학 전공으로 박사학위를 받았고, 현재 극동대학교 교양대학 조교수, 진로심리상담센터 주임교수로 재직 중이다. 한남대학교, 공주교육대학교, 건양대학교, 건양사이버대학교에서 외래교수로 상담이론 및 실제를 강의하였고, 건양대학교 연구전문조교수로 근무하였다. 한국상담심리교육복지학회 수련감독, 한국상담학회 수련감독, 한국미술심리치료학회 미술심리상담사 1급 등 다수의 자격증과 「청소년 사이버불링에 미치는 요인 탐색 연구」(한국상담심리교육복지학회, 2020), 「청소년의 학교폭력 피해경험, 차별경험이 사이버불링에 미치는 영향」(한국융합과학회지, 2019), 「대학생의 스마트폰 중독유형에 따른 대인관계 적응수준」(사회과학연구, 2019), 「청소년의 내재화 문제행동과 삶의 만족도 간의 관계: 자아탄력성과 직업선택의식의 매개효과」(청소년학연구, 2018), 「청소년이 지각한 부모의 양육태도, 또래애착 및 학습습관이 진로정체감 형성에 미치는 영향」(놀이치료연구, 2017), 「대학생의 대상관계와 자살생각 간의 관계에서 자기 비난적 우울과 의존적 우울의 매개효과」(청소년학연구, 2016) 등 청소년의 문제행동, 공격성 및 정신건강에 관한 다수의 연구를 진행하였다.

교양으로 읽는 **심리학개론** 제2판

초 판 1쇄 발행 / 2020년 3월 4일
제2판 1쇄 발행 / 2021년 8월 25일
제2판 2쇄 발행 / 2025년 2월 25일

•

공저자 / 장성화 · 성경주
발행인 / 이 중 수
발행처 / **동 문 사**

•

서울특별시 서대문구 홍제원 1길 12
(홍제동 137-8)
Tel : 02)736-3718(대), 736-3710, 3720
Fax : 02)736-3719
등록번호 : 1974.4.27. 제9-17호
가격 : 22,000원

•

ISBN : 979-11-6328-346-1 (93180)
E-mail : dong736@naver.com
www.dongmunsa.com